TRICK 17

HÄKELN

MANUELA SEITTER
MARTINA HEES
VALENTINA SOBOTA

INHALT

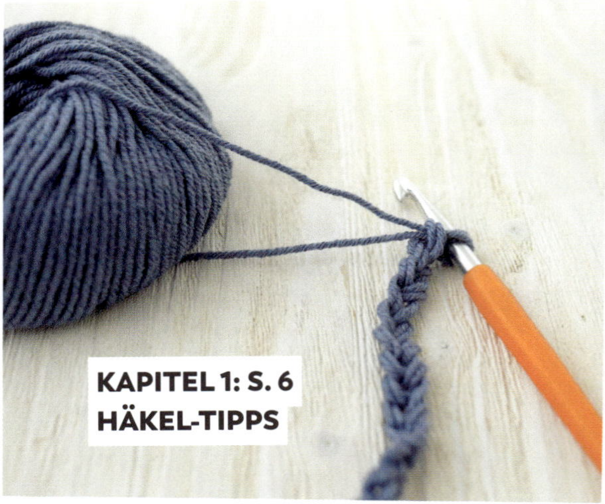

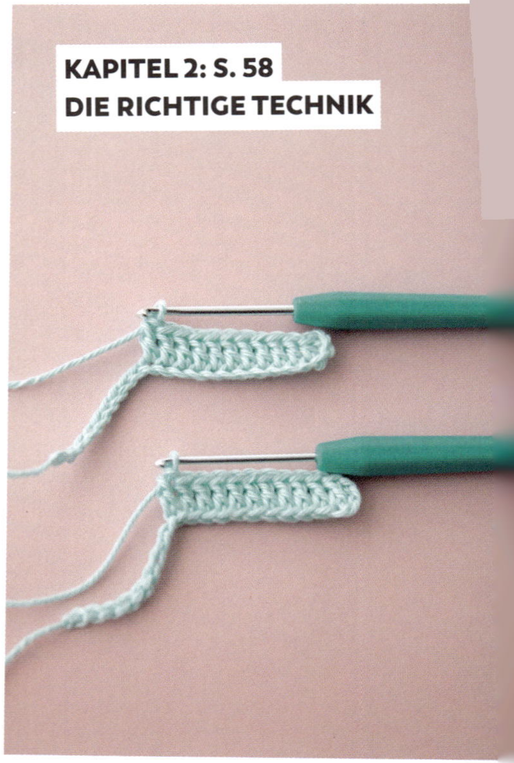

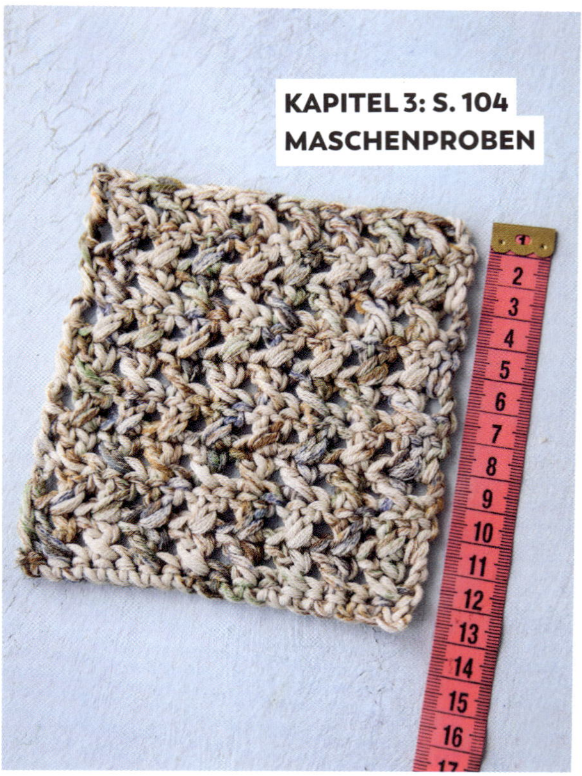

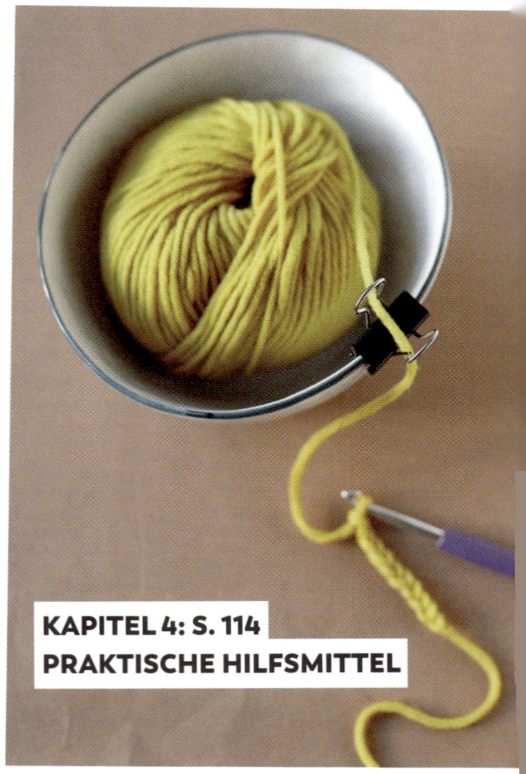

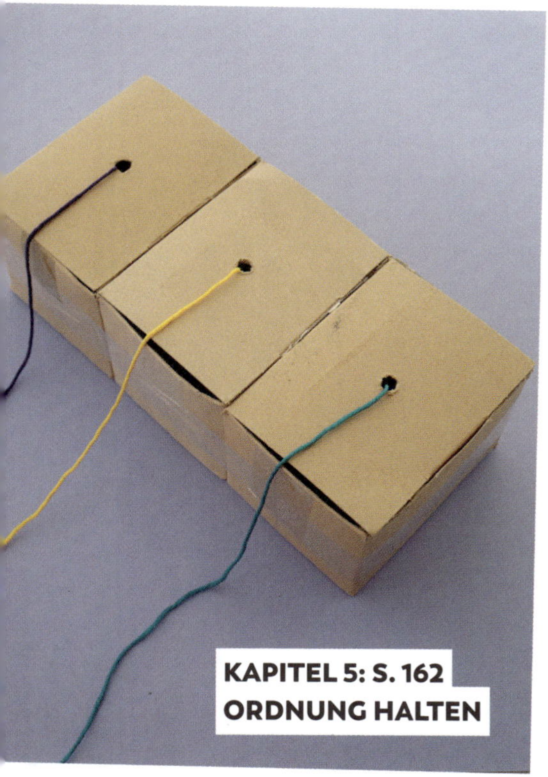

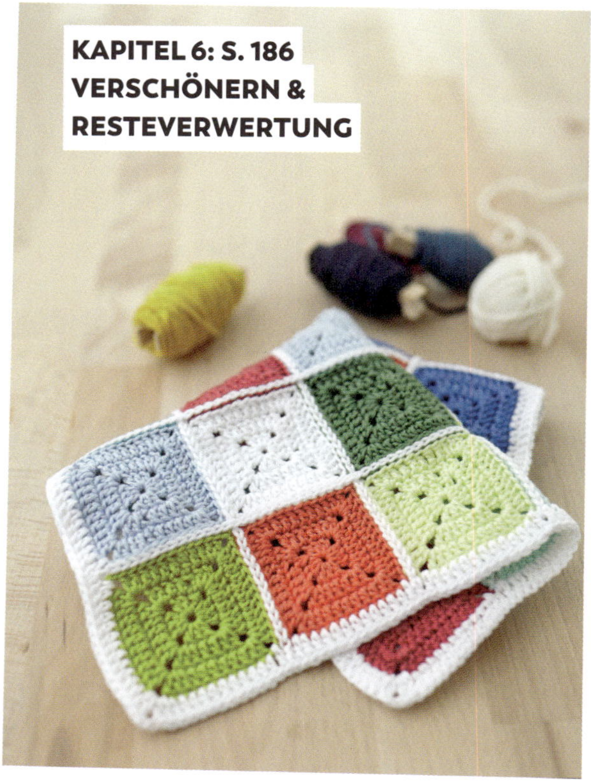

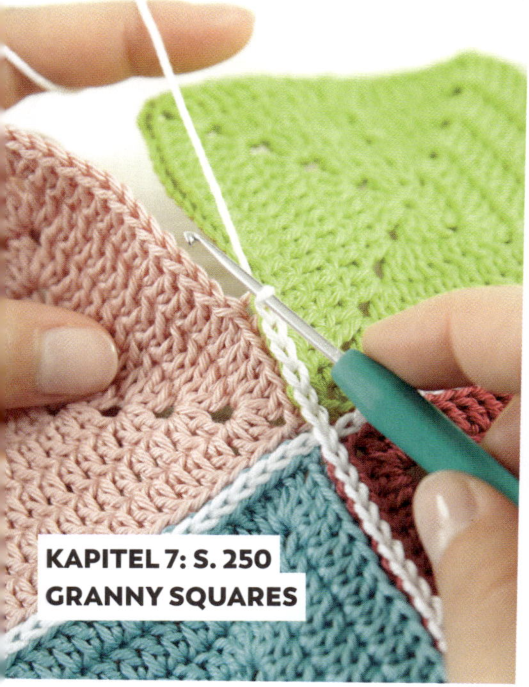

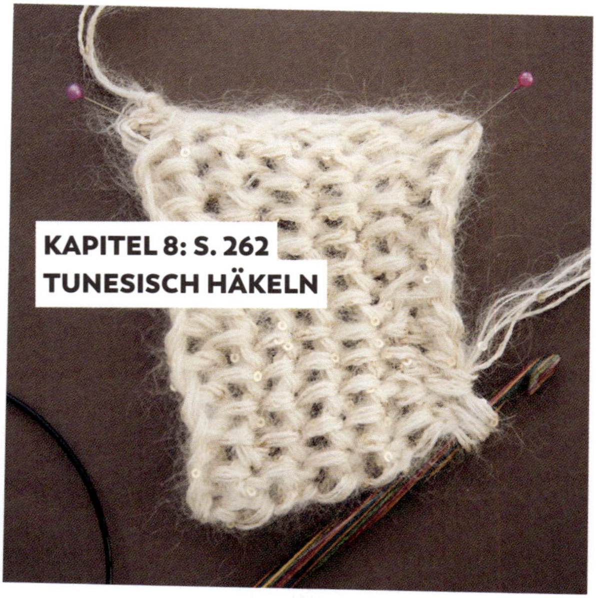

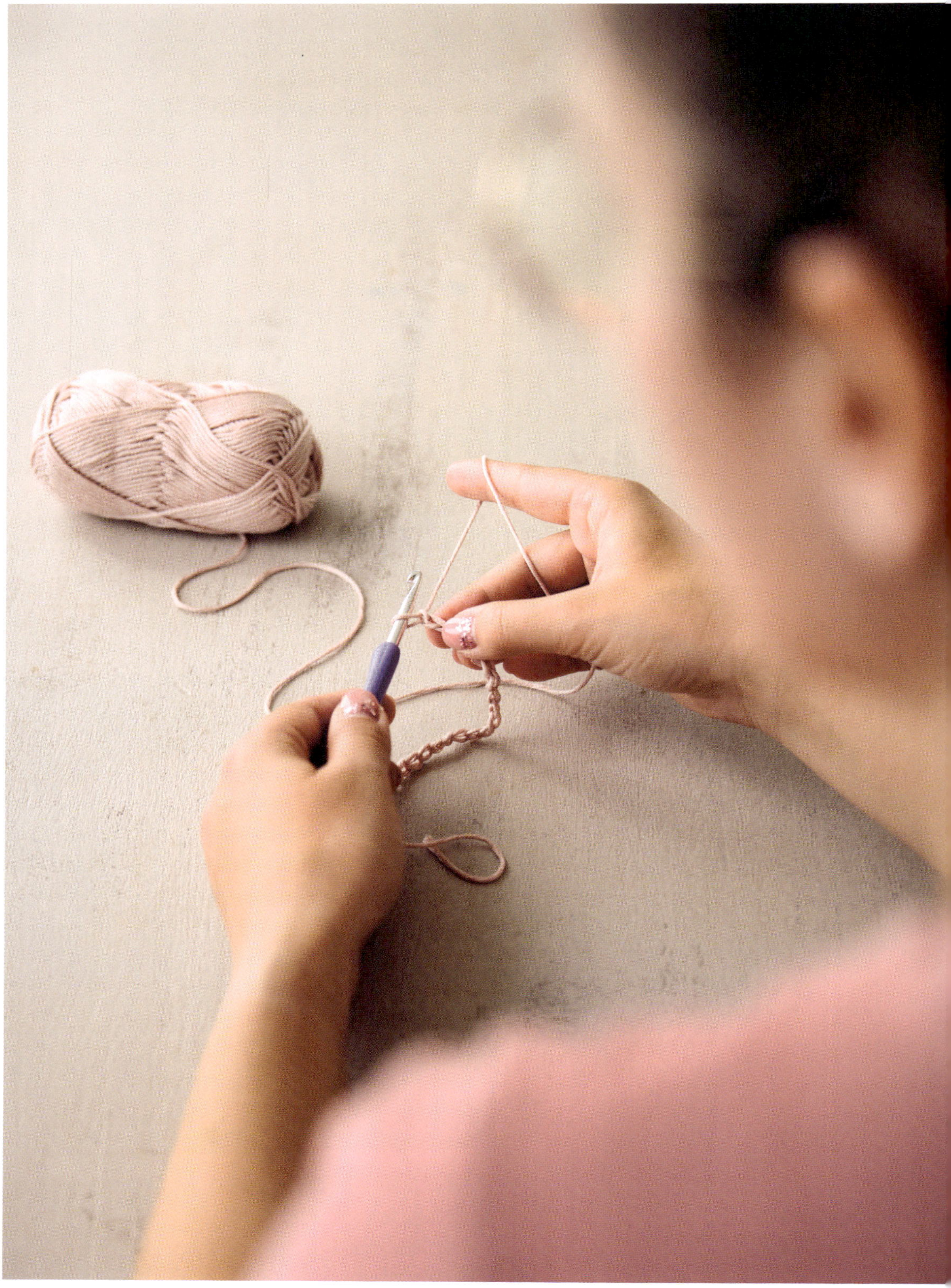

VORWORT

Häkeln ist eine Handwerkskunst, die uns seit Generationen begleitet und verbindet. Es ist eine Tätigkeit, die nicht nur unsere Kreativität und Geschicklichkeit herausfordert, sondern auch eine wunderbare Möglichkeit bietet, unsere eigene individuelle Note in jedes Häkelstück einzuflechten.

Dafür haben wir wochenlang im Internet recherchiert, Freunde und Verwandte gefragt und gegrübelt, um dir unser geballtes Wissen in einem Buch präsentieren zu können. Dieses Buch soll dir dabei nicht nur zahlreiche Tipps und Tricks an die Hand geben, sondern auch dabei helfen, dein nächstes Häkelprojekt auf eine höhere Stufe zu heben.

Wir wünschen viel Spaß beim Lesen, ausprobieren, Ordnung schlaffen und natürlich beim Häkeln!

Martina Hees
Valentina Sobota
und
Manuela Seitter

1

Häkel-

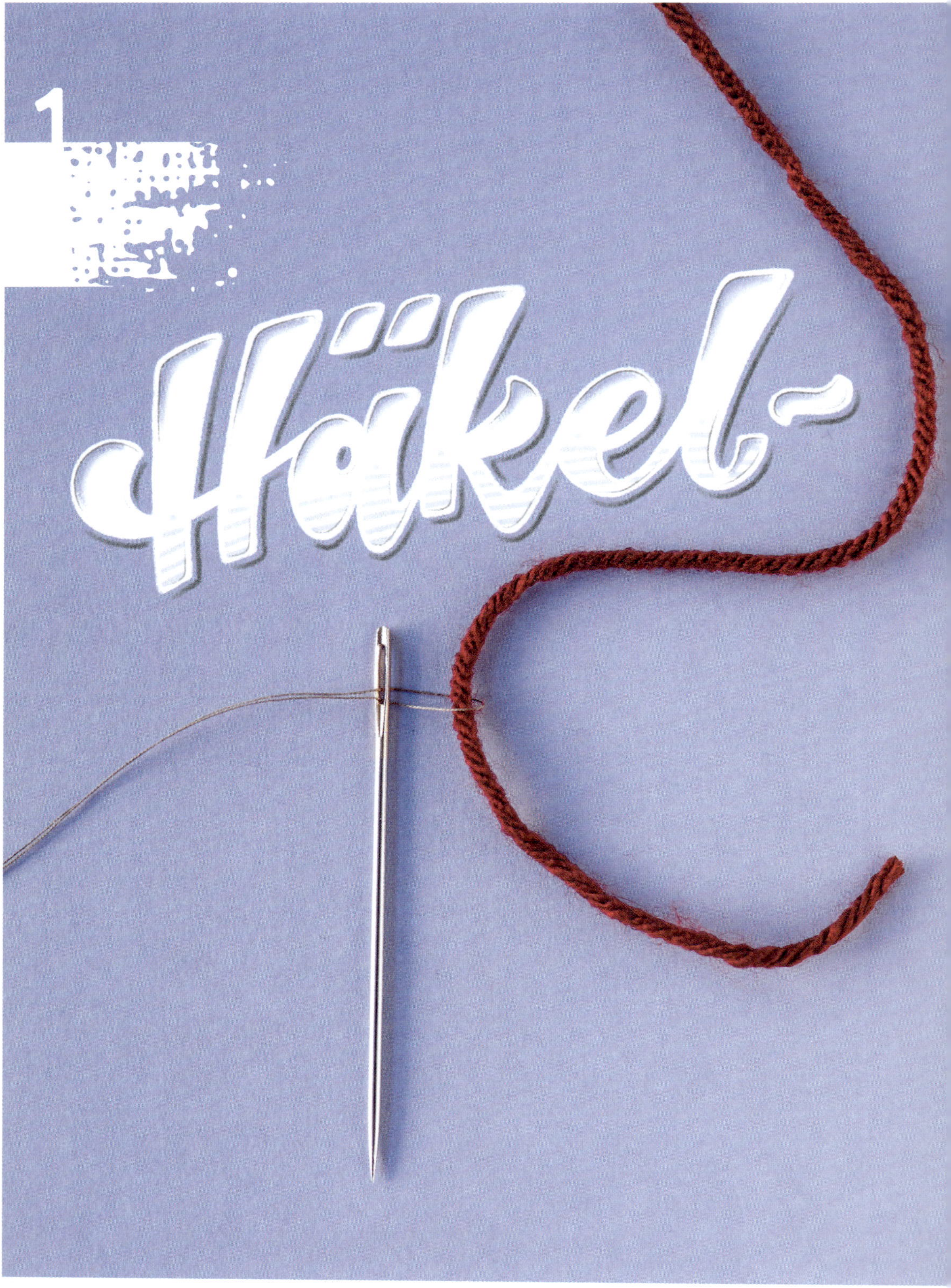

TIPPS

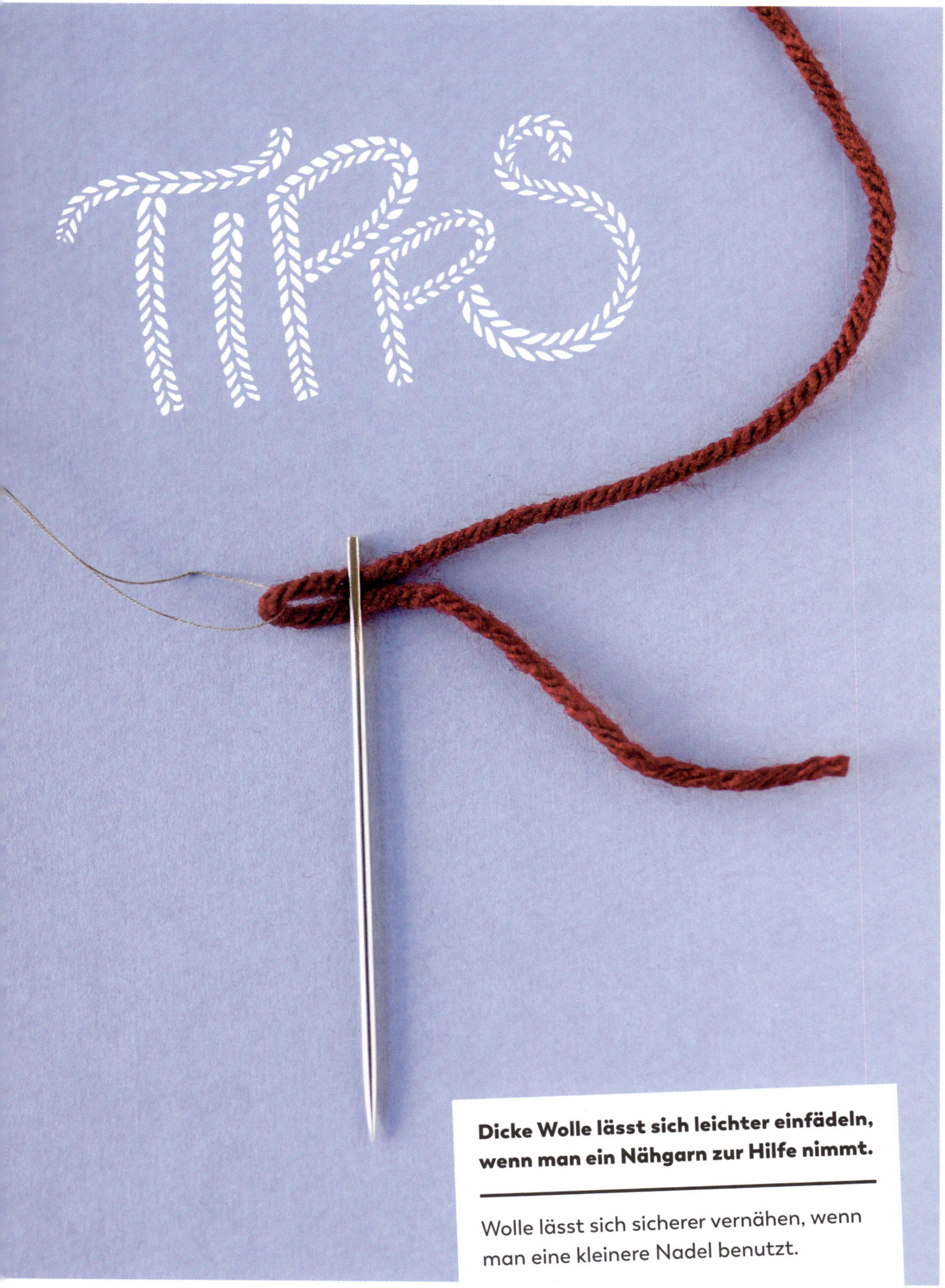

Dicke Wolle lässt sich leichter einfädeln, wenn man ein Nähgarn zur Hilfe nimmt.

Wolle lässt sich sicherer vernähen, wenn man eine kleinere Nadel benutzt.

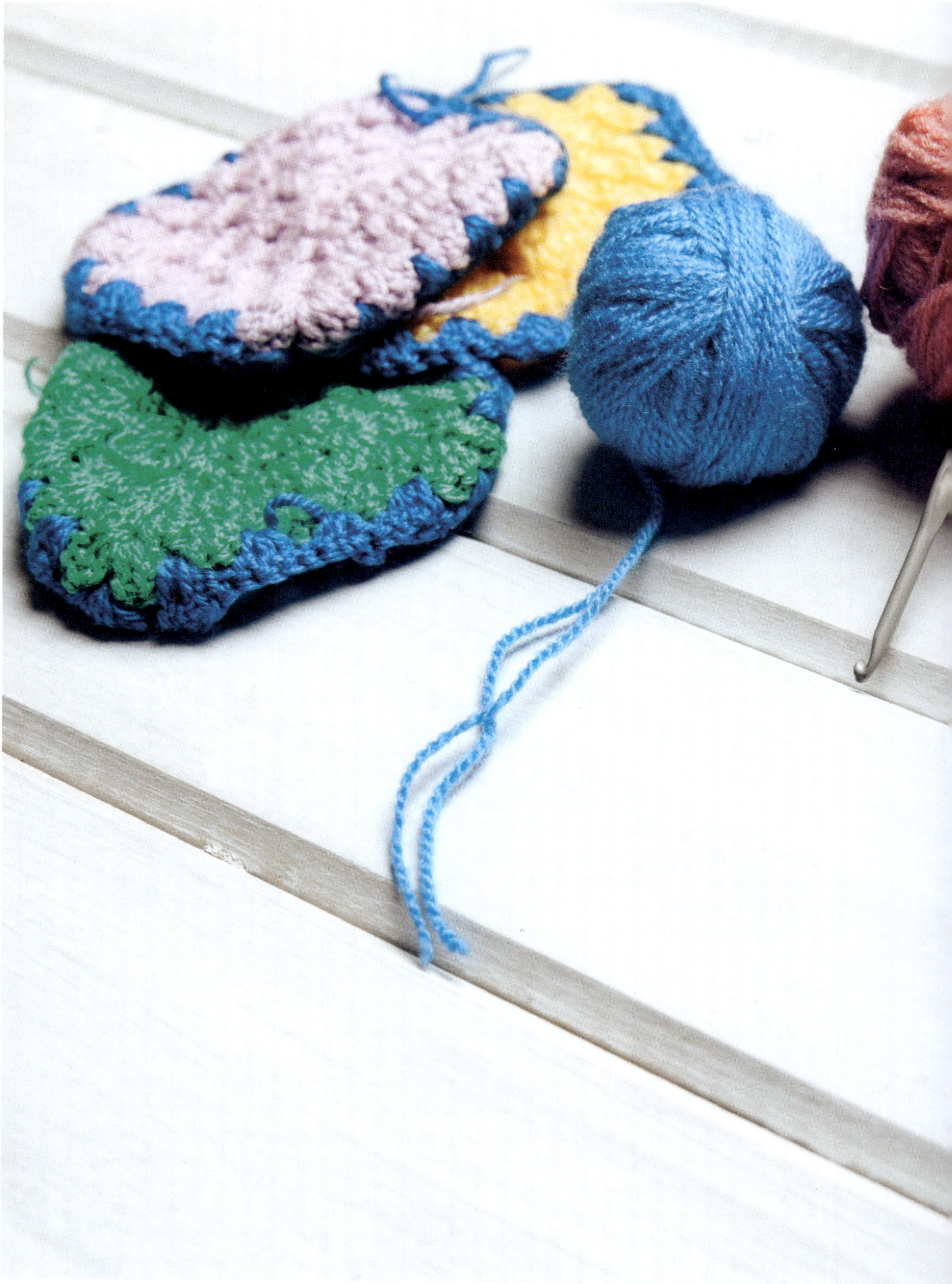

Kein Meister ist je vom Himmel gefallen! Aber mit den richtigen Tipps und Tricks bist du nicht mehr so weit davon entfernt. In diesem Kapitel findest du allgemeine Tipps, die dir das Leben (oder eher gesagt, das Häkeln) leichter machen sollen und die dir dabei helfen werden, dein nächstes Projekt zu einem Meisterwerk werden zu lassen.

2

VON KRATZIG ZU FLAUSCHIG

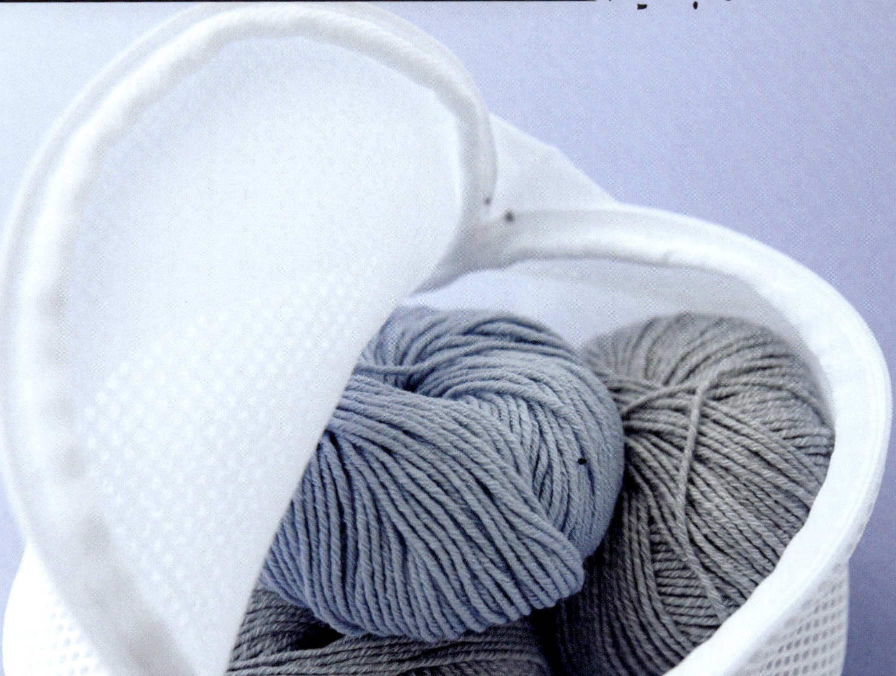

Die Wolle kratzt? Entferne die Banderole, lege den Knäuel in ein Wäschenetz, im Wollwaschgang kalt waschen, im Trockner antrocknen.

Durch das Vorwaschen wird auch späteres Einlaufen verhindert. Aber Vorsicht: Beachte unbedingt die Angaben auf der Banderole!

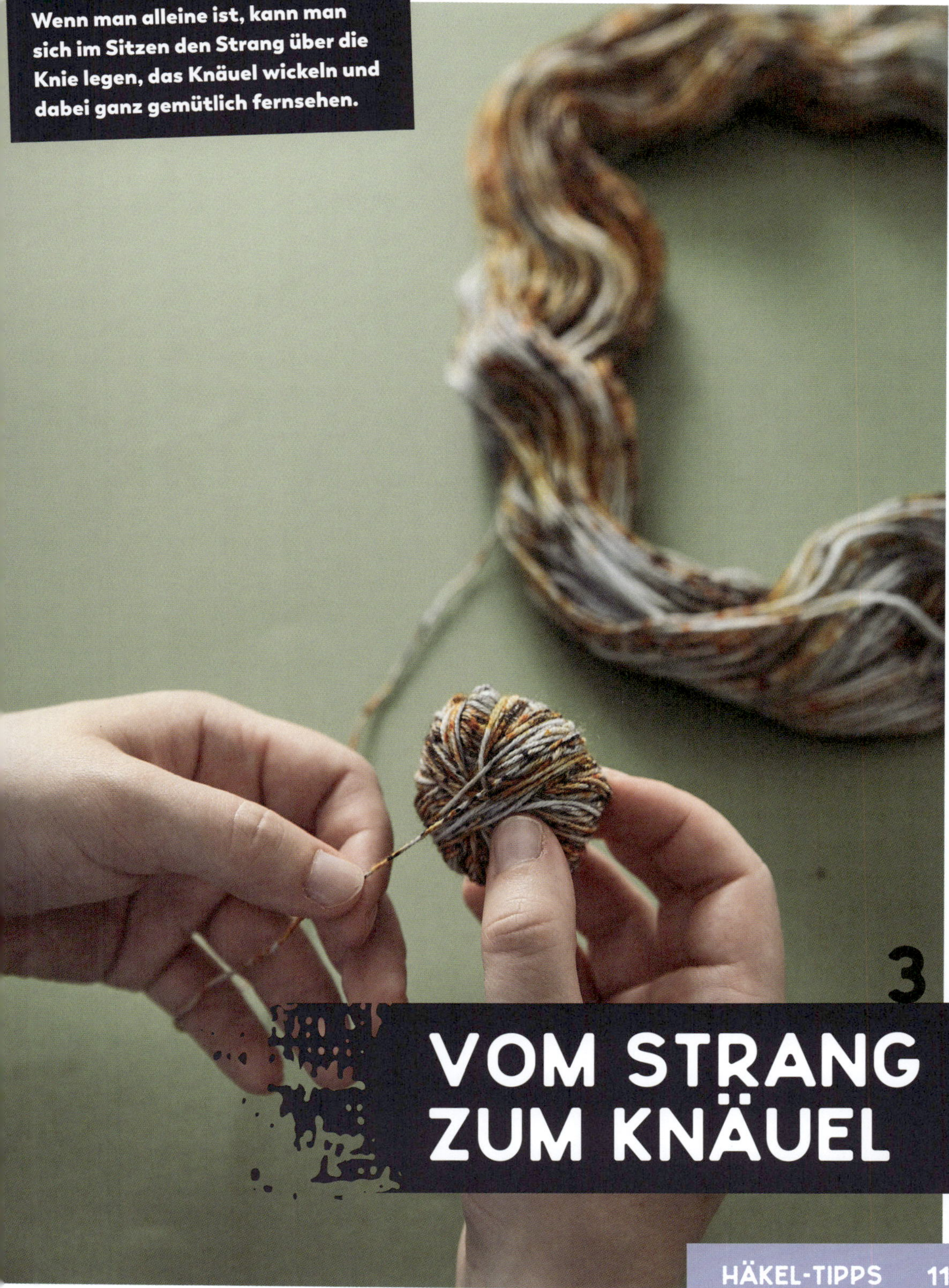

Wenn man alleine ist, kann man sich im Sitzen den Strang über die Knie legen, das Knäuel wickeln und dabei ganz gemütlich fernsehen.

3

VOM STRANG ZUM KNÄUEL

4 YOGA FÜR DIE HÄNDE

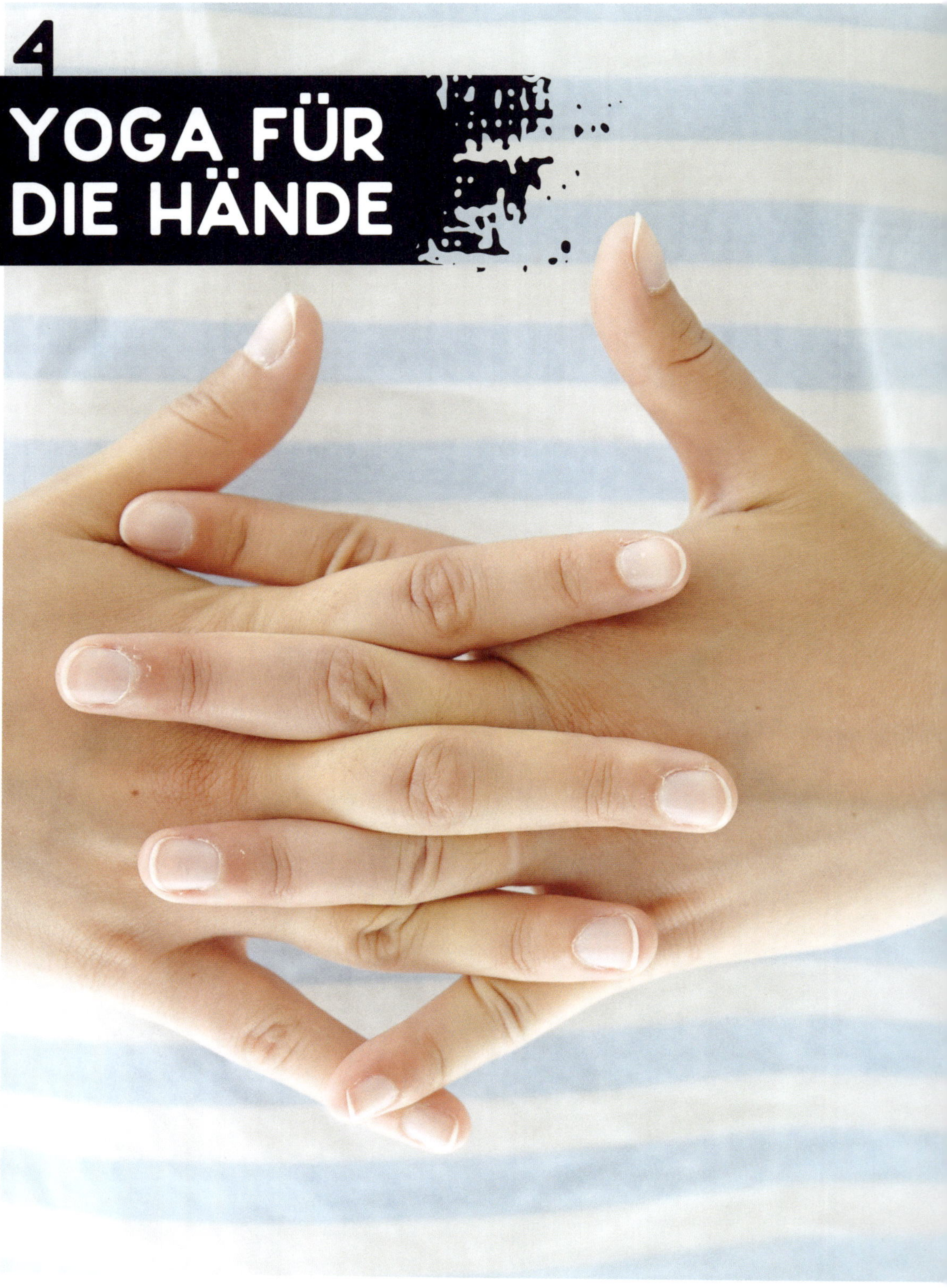

Häkeln kann ganz schön anstrengend sein! Wenn du längere Zeit am Stück häkelst, können die Hände schonmal unangenehm müde werden und sogar verkrampfen. Dem beugst du am besten mit regelmäßigen Pausen vor – oder mit ein paar einfachen Dehnübungen für die Hände.

Übung 1: Falte die Hände vor der Brust und drücke die Finger vorsichtig durch. Halte die Spannung einige Sekunden lang.

Übung 2: Ziehe leicht an deinen Fingern, einer nach dem anderen kommt dran.

Und am Ende der Handyoga-Einheit: Ordentlich durchschütteln! Dann bist du wieder locker und gehst die nächsten 1000 Maschen ganz entspannt an.

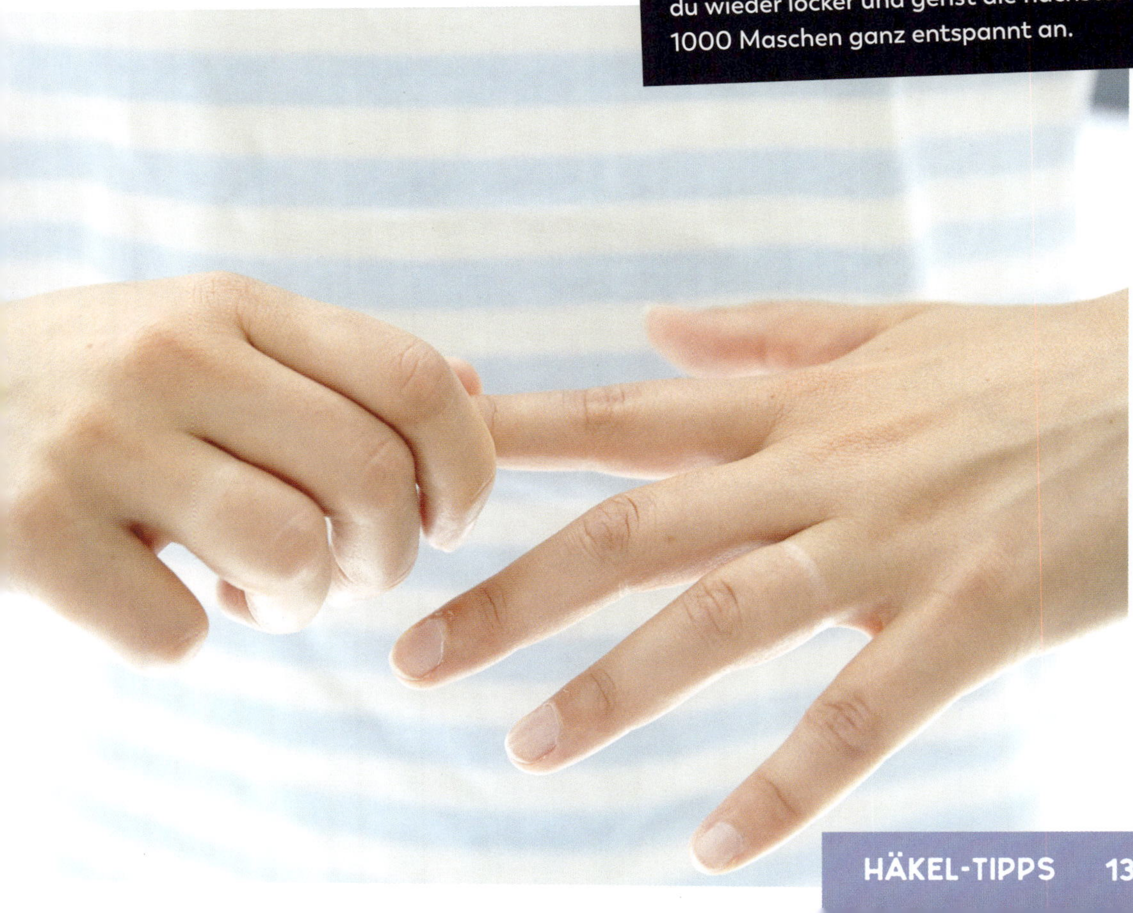

Du musst einen Faden doppelt verhäkeln, hast aber nur ein Knäuel? Nimm doch einfach den Faden von außen und den Faden von innen.

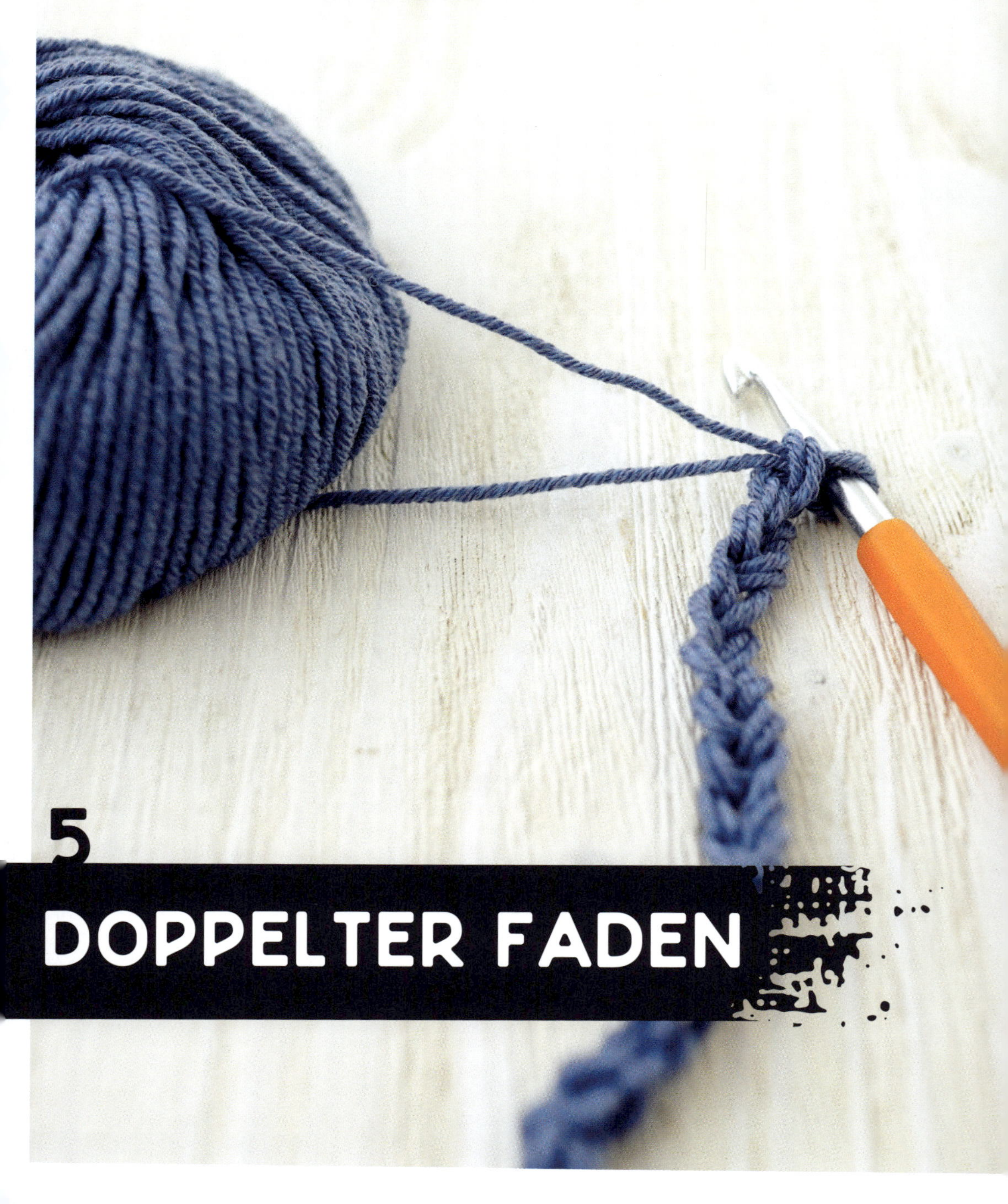

5 DOPPELTER FADEN

6

KEINE GARNENDEN MEHR VERNÄHEN

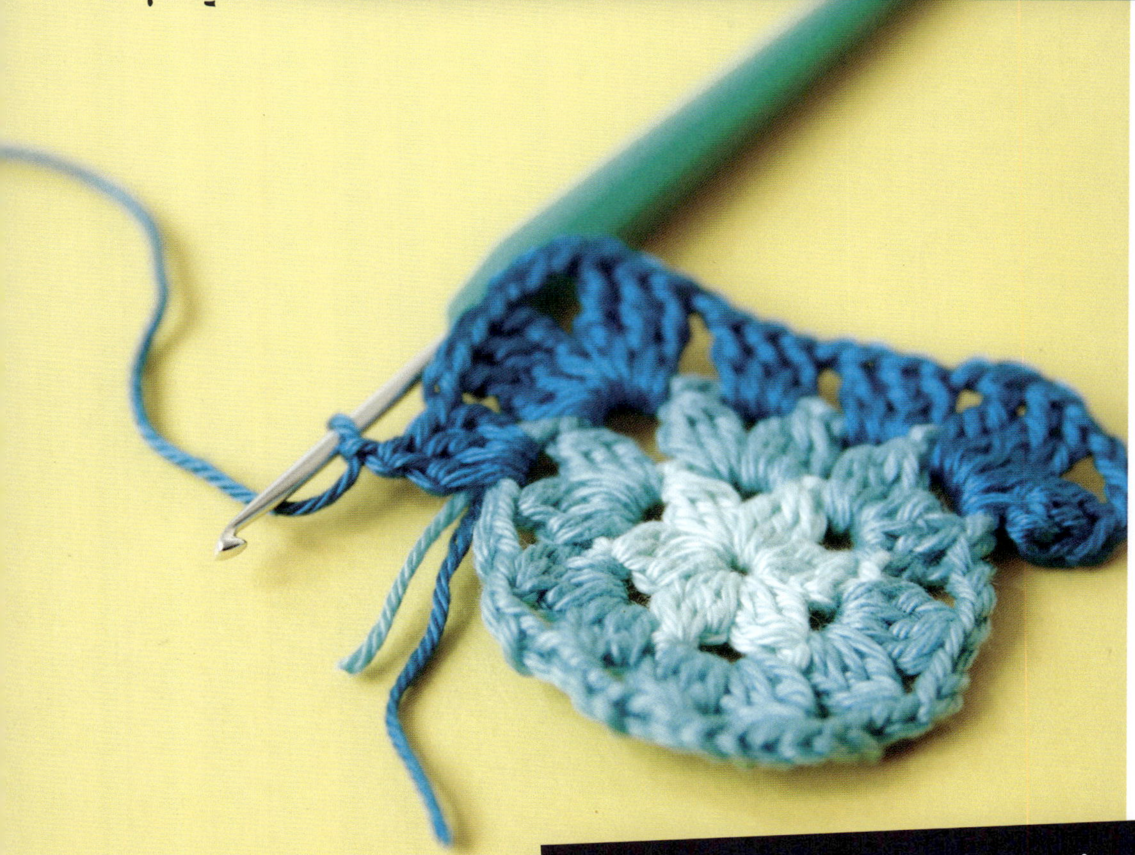

Spare Zeit und arbeite die Garnenden bereits während des Häkelns ein. Bei einer größeren Arbeit, wie z. B. einer Decke, ist das sehr von Vorteil. So sparst du dir am Ende das Vernähen unzähliger Fäden.

Bei Beginn eines neuen Knäuels kann man Anfangs- und Endfaden gleich mit einhäkeln.

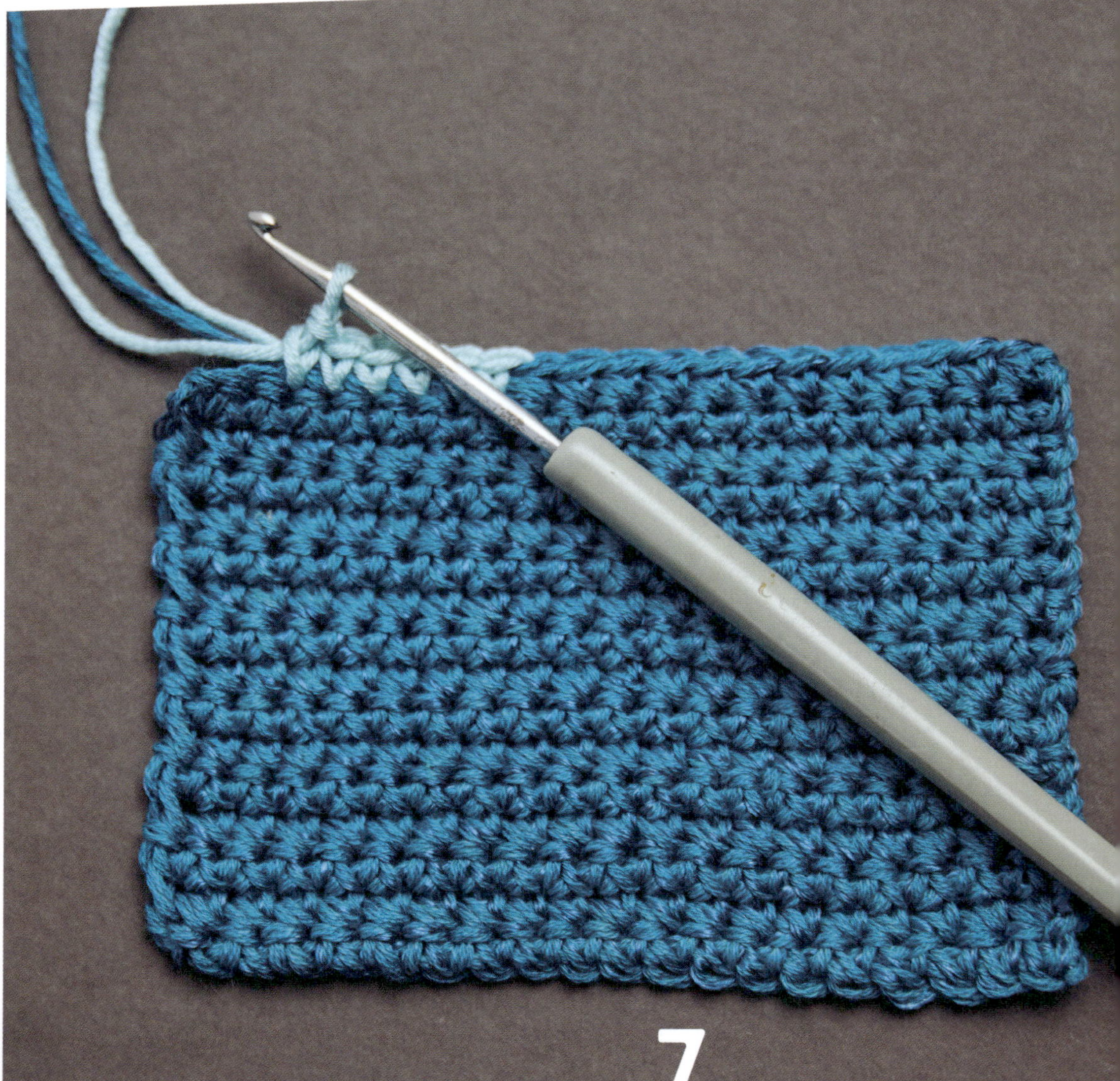

7

KEIN VERNÄHEN

Fängst du eine große Arbeit an, wie z. B. eine Decke, achte unbedingt darauf, dass die Knäuel alle die gleiche Partienummer haben. Das ist wichtig, da sonst Farbabweichungen in der Arbeit entstehen können.

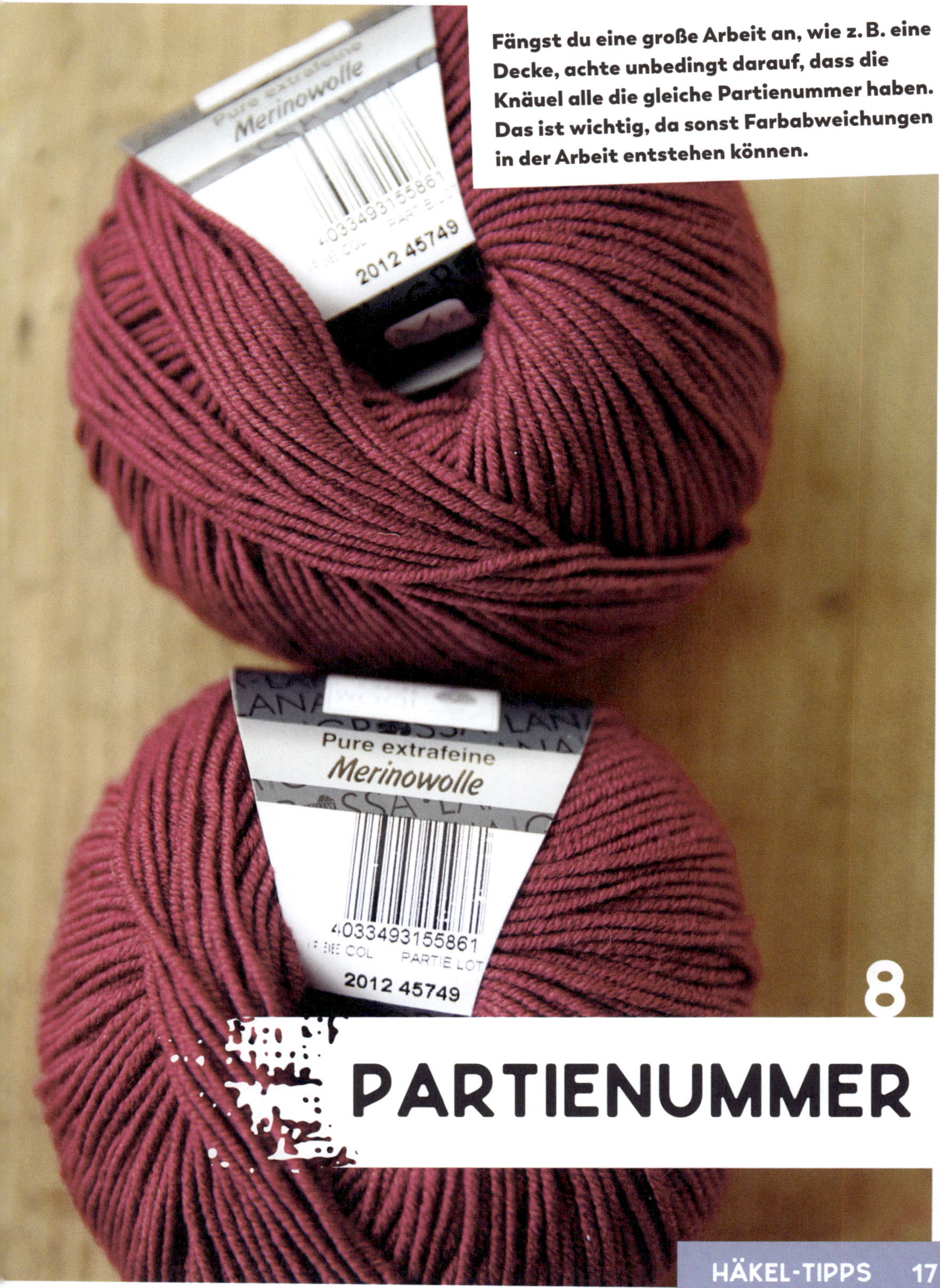

8 PARTIENUMMER

Beim Häkeln mit handgefärbten Garnen arbeitest du am besten immer mit zwei Knäueln gleichzeitig, indem du jeweils zwei Reihen mit dem ersten Knäuel und zwei Reihen mit dem zweiten Knäuel im Wechsel häkelst. Bei Runden wird in jeder Runde gewechselt. So vermeidest du Wiederholungen und bekommst ein gleichmäßiges Farbbild.

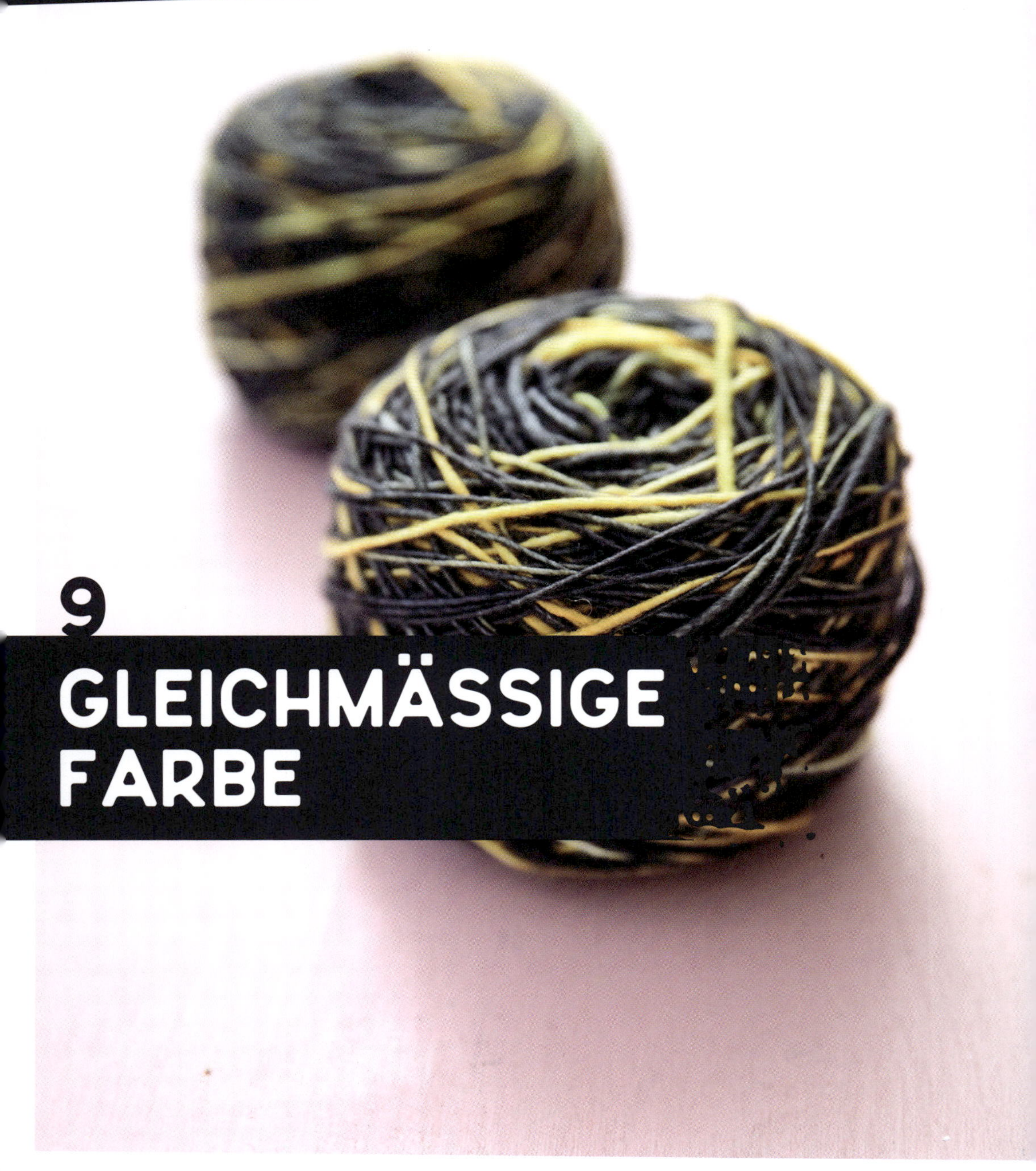

9 GLEICHMÄSSIGE FARBE

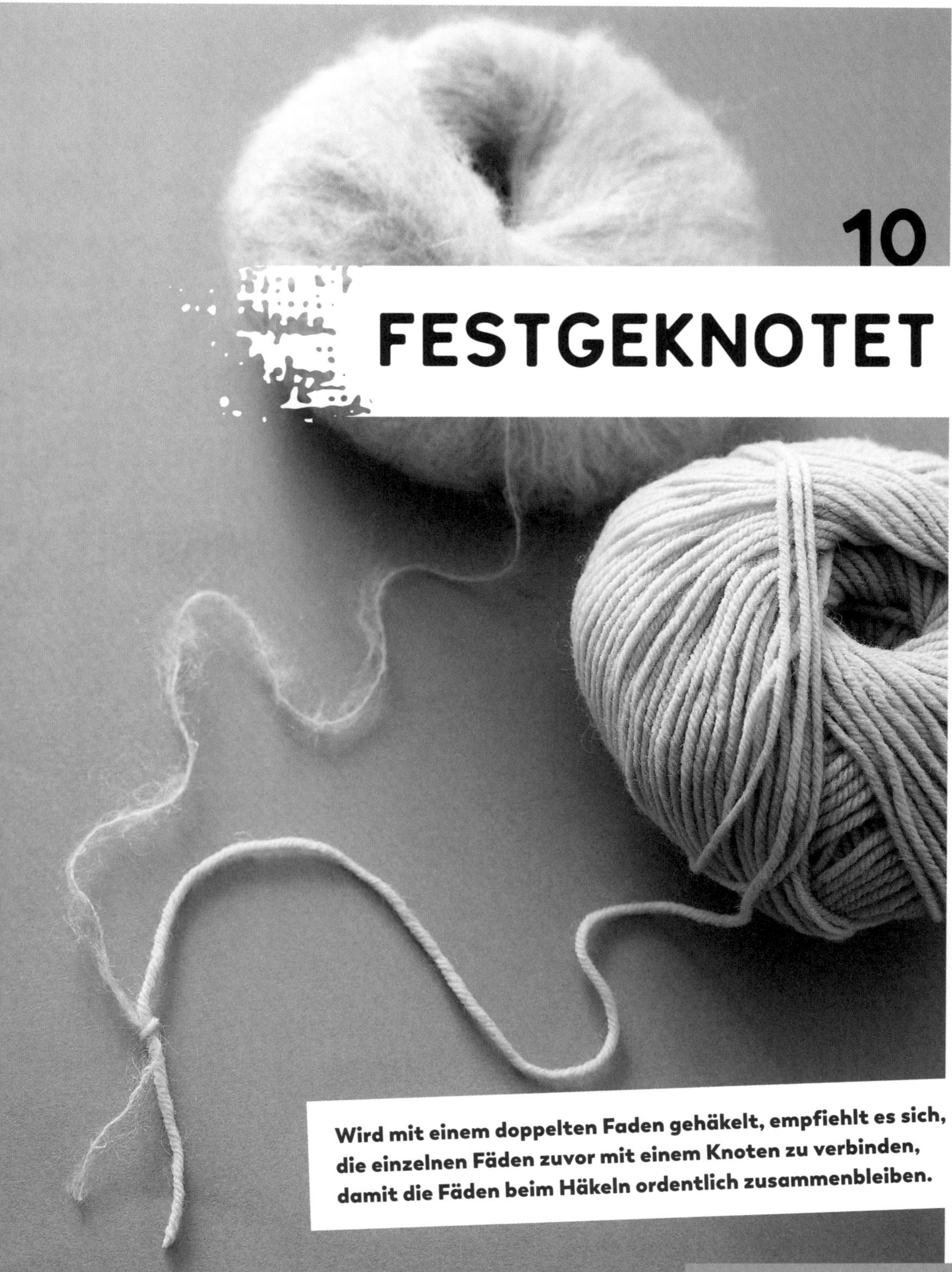

10

FESTGEKNOTET

Wird mit einem doppelten Faden gehäkelt, empfiehlt es sich, die einzelnen Fäden zuvor mit einem Knoten zu verbinden, damit die Fäden beim Häkeln ordentlich zusammenbleiben.

11 GARNE ERSETZEN

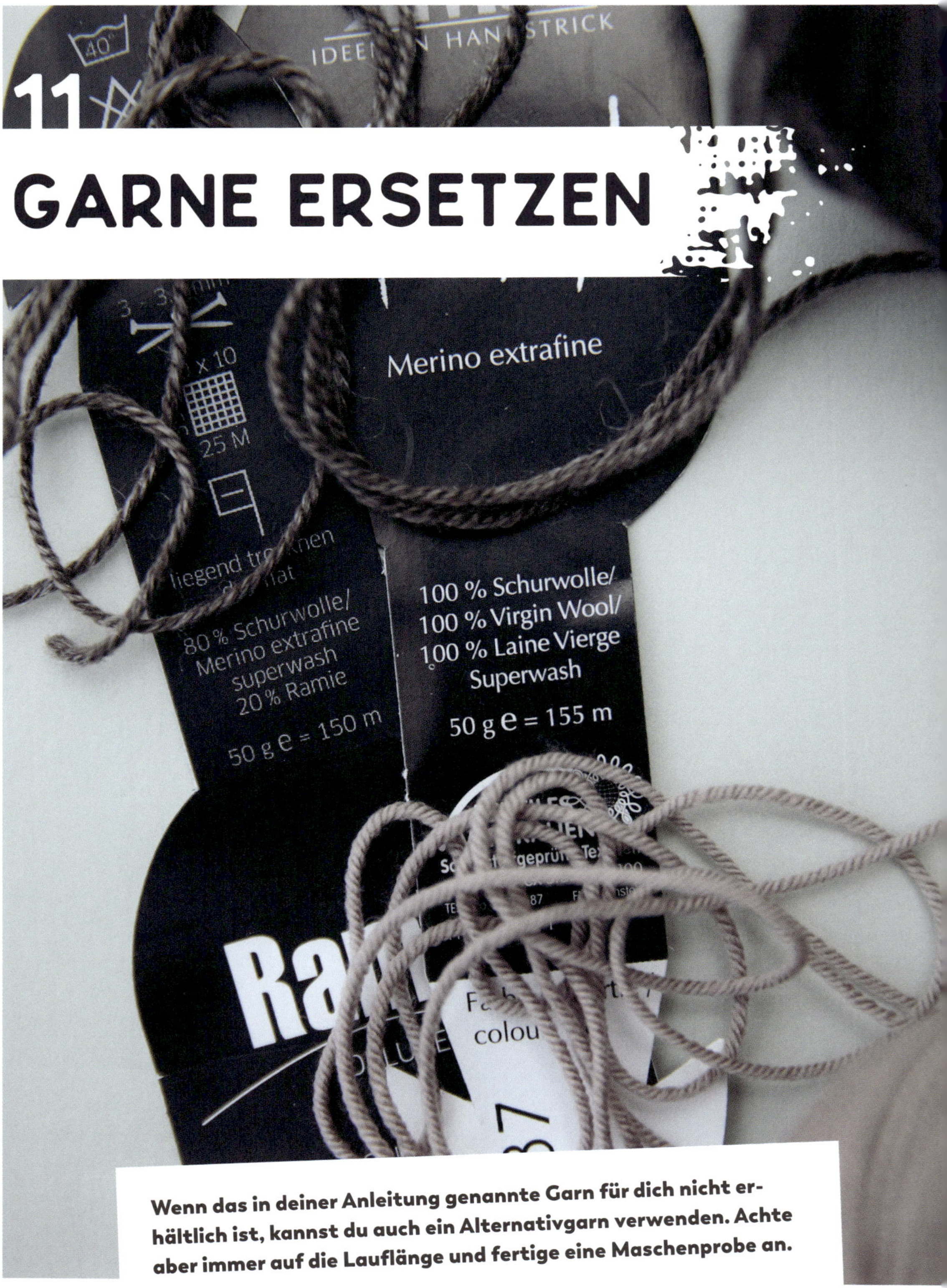

Wenn das in deiner Anleitung genannte Garn für dich nicht erhältlich ist, kannst du auch ein Alternativgarn verwenden. Achte aber immer auf die Lauflänge und fertige eine Maschenprobe an.

12 FARBWECHSEL

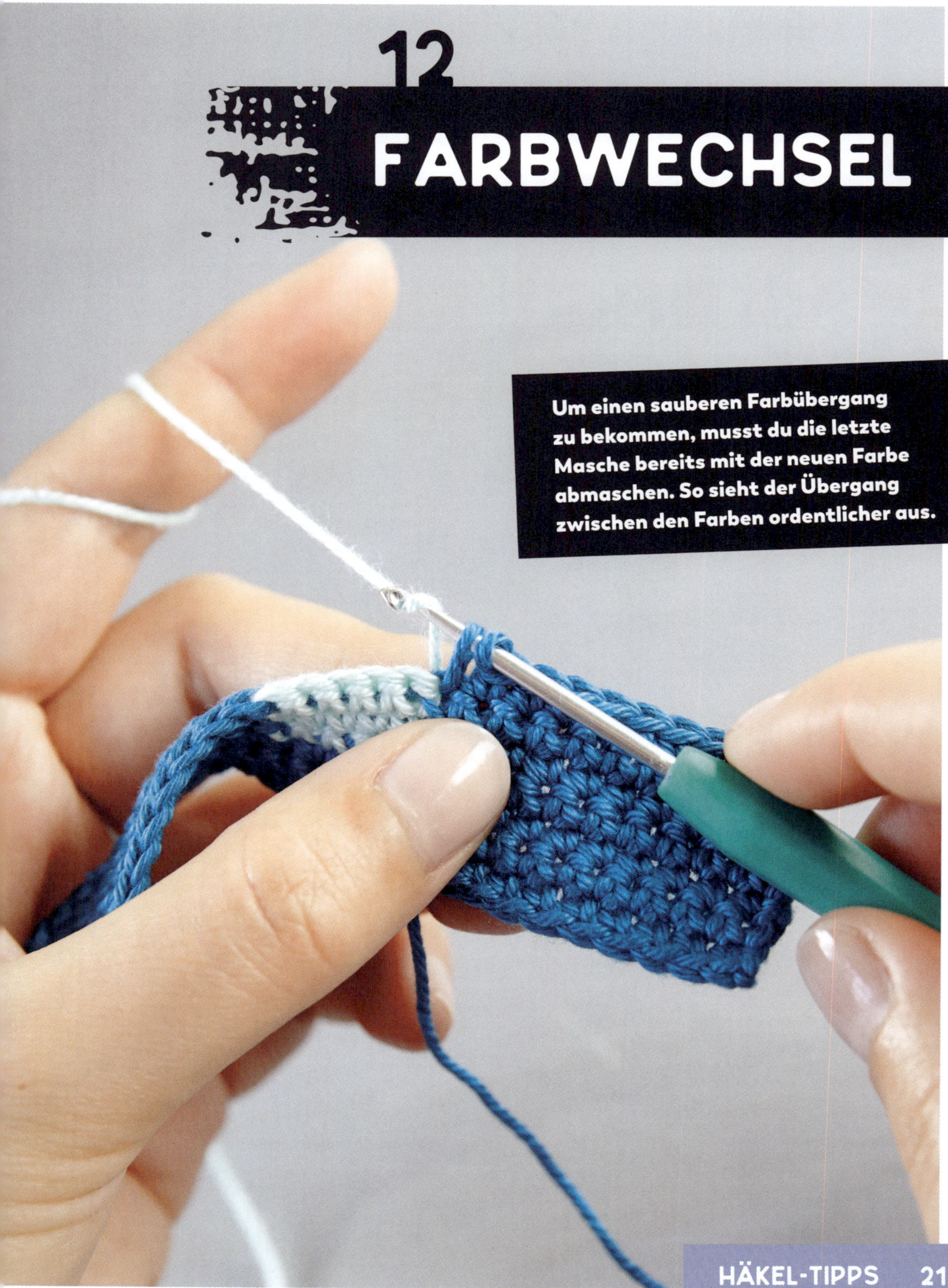

Um einen sauberen Farbübergang zu bekommen, musst du die letzte Masche bereits mit der neuen Farbe abmaschen. So sieht der Übergang zwischen den Farben ordentlicher aus.

13

GARN-TREUE

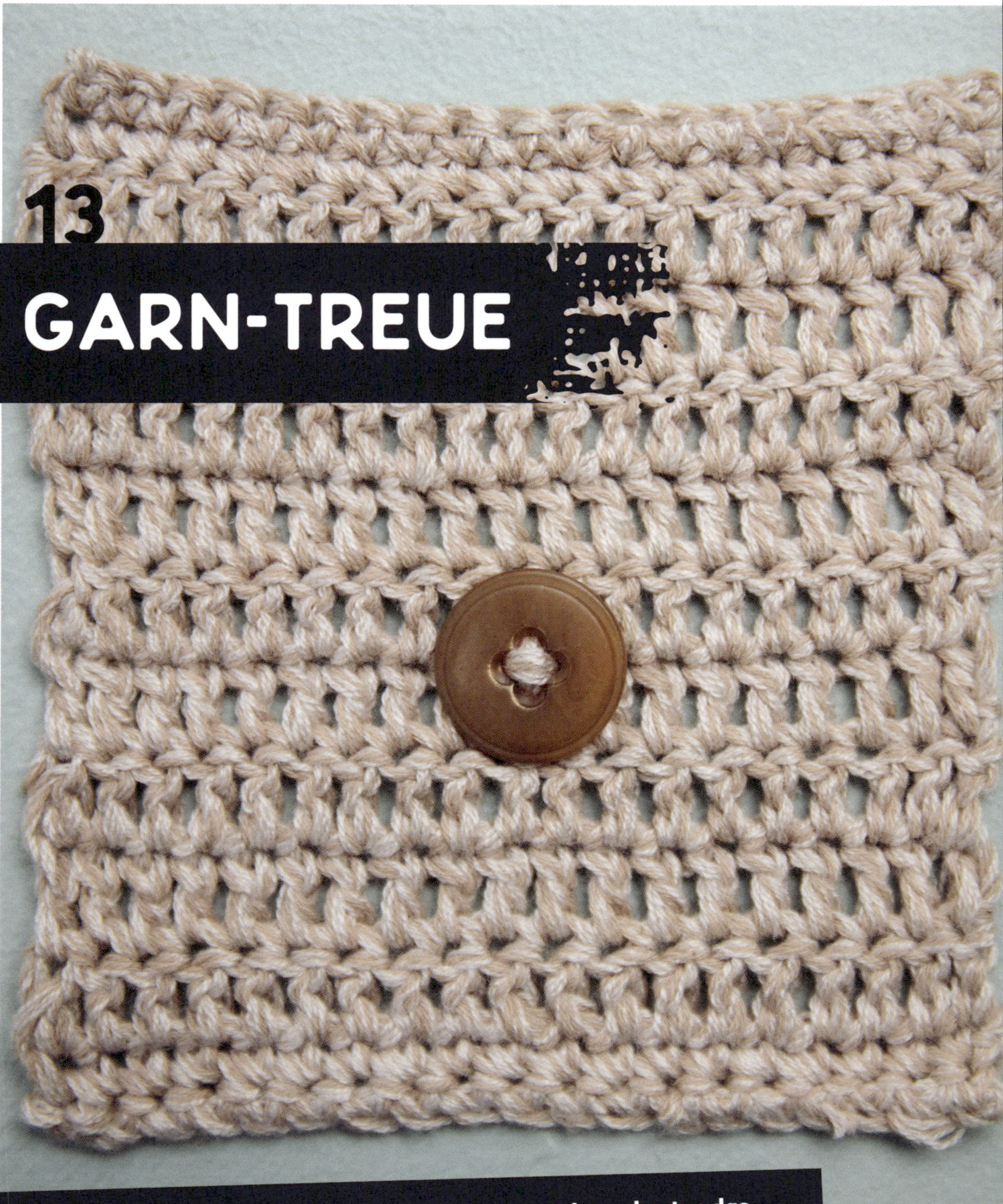

Wenn du dein Häkelprojekt zusammennähst, verwende am besten das Garn, das du auch zum Fertigen des Projekts verwendet hast. Das gleiche gilt das für das Annähen von Knöpfen.

Du kannst auch dein Garn splitten, um einen dünneren Faden zu erhalten.

Spalte die Wollenden, lege sie ineinander und rolle mit den Handflächen die Enden zusammen. Die Wolle verfilzt und geht nach dem Verhäkeln nicht mehr auseinander. Besonders gut funktioniert dies mit Dochtgarnen.

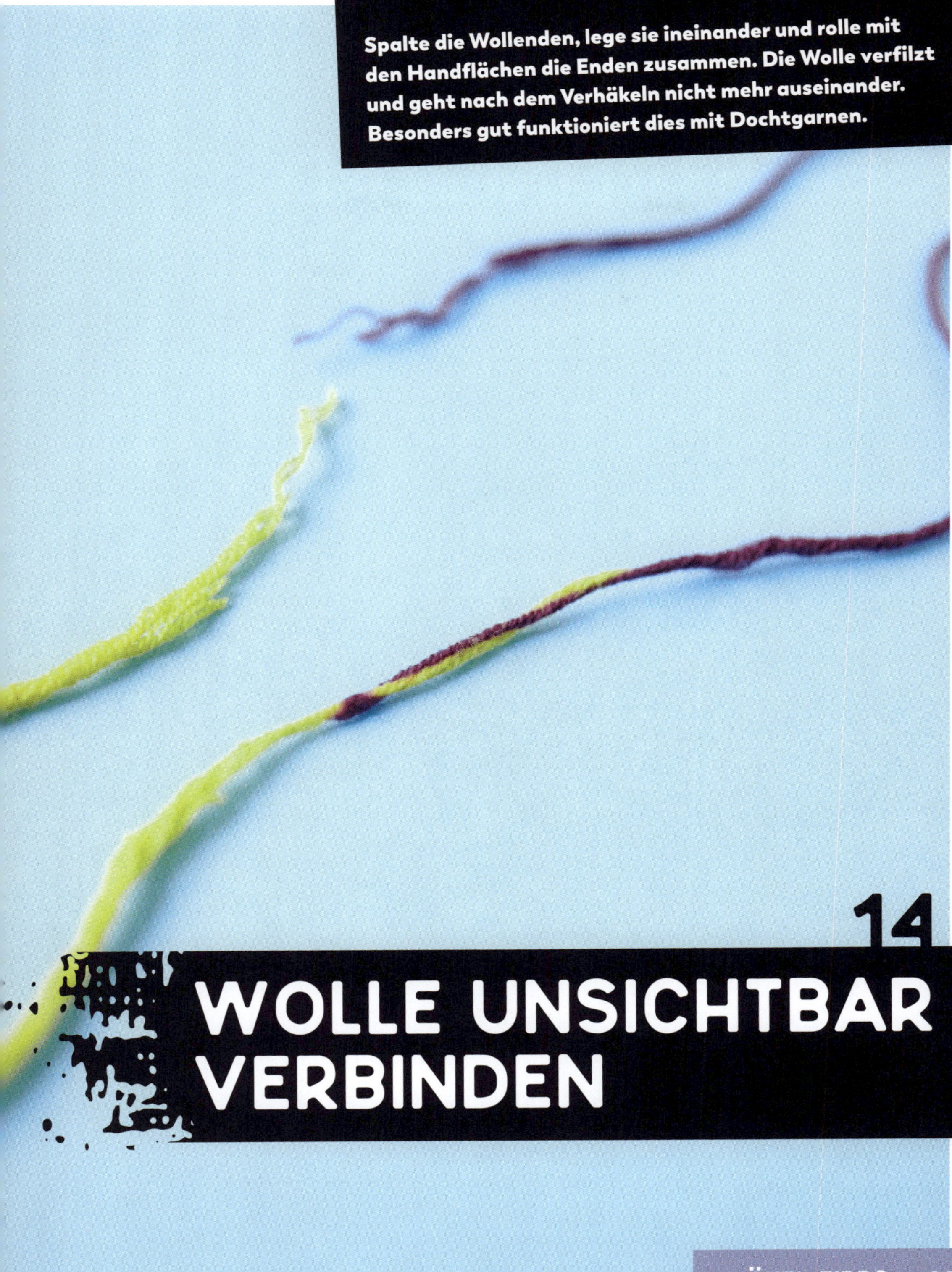

14

WOLLE UNSICHTBAR VERBINDEN

15 SELBSTREINIGEND

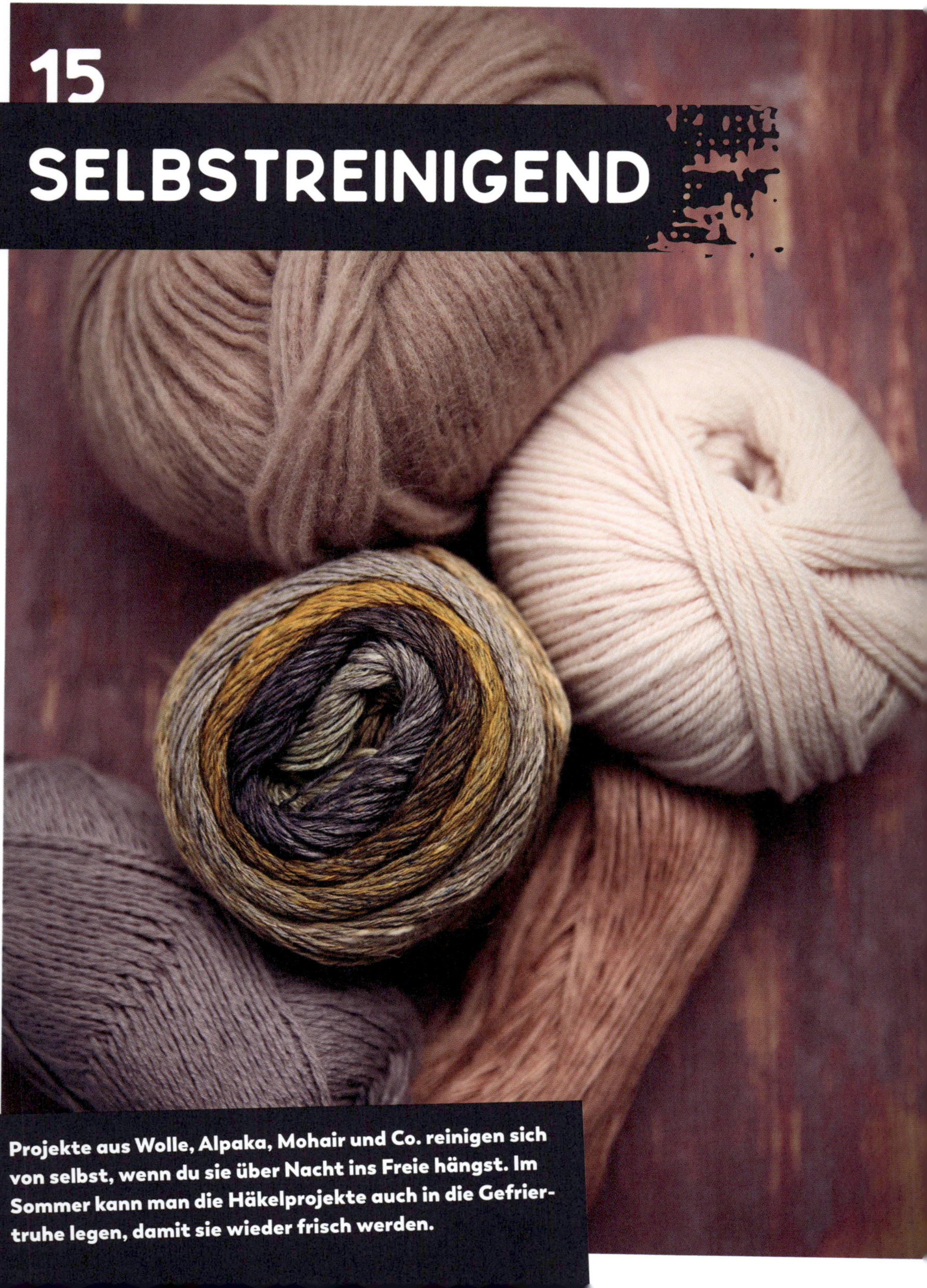

Projekte aus Wolle, Alpaka, Mohair und Co. reinigen sich von selbst, wenn du sie über Nacht ins Freie hängst. Im Sommer kann man die Häkelprojekte auch in die Gefriertruhe legen, damit sie wieder frisch werden.

Wird ein Häkelstück von Hand gewaschen, dann nach dem Ausdrücken in ein Handtuch wickeln und darauf herumhüpfen – so wird das überschüssige Wasser entfernt.

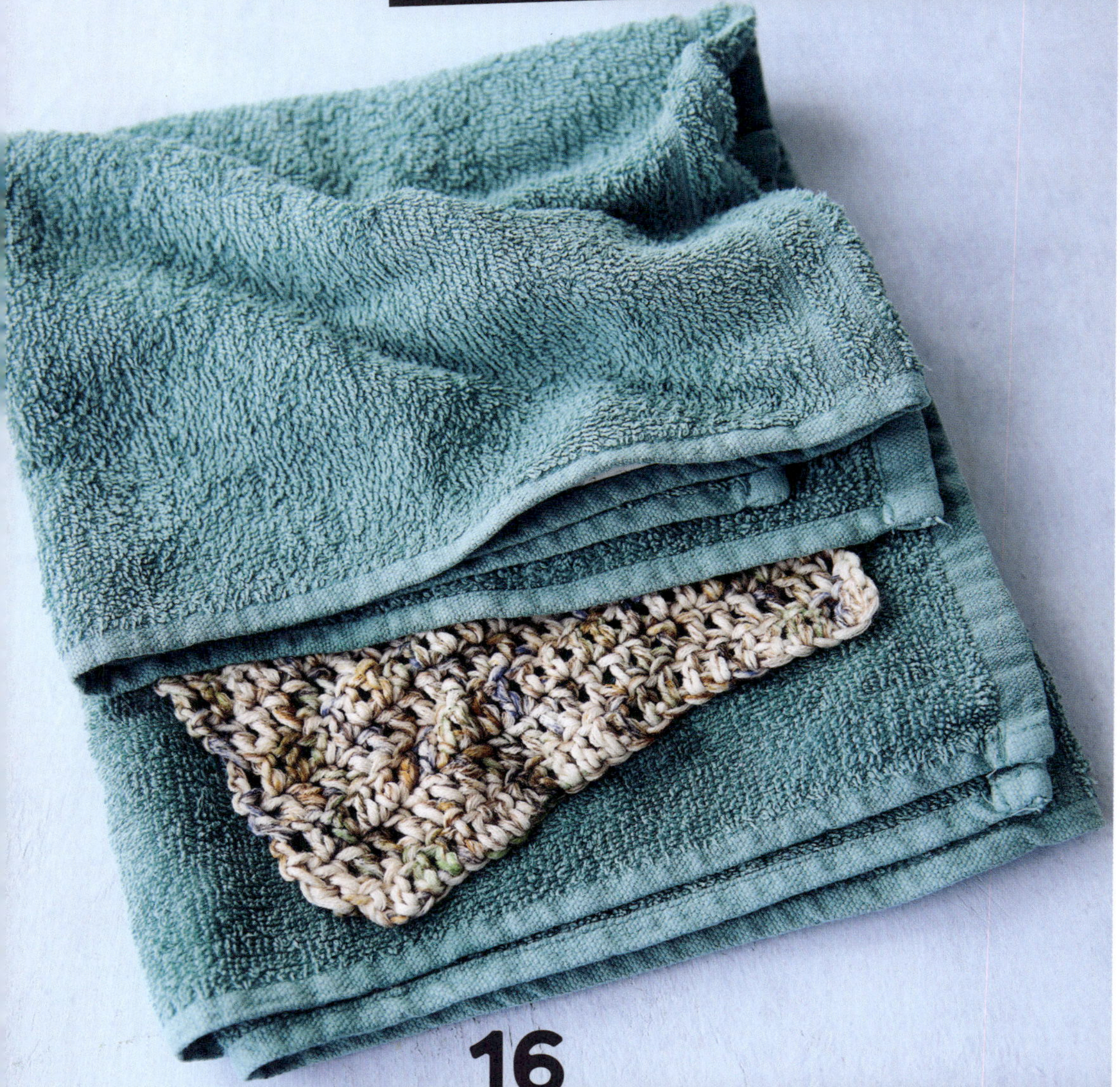

16 JUMP AROUND

Wenn sich die Arbeit wellt, lässt sich das meist durch vorsichtiges Dämpfen und Glattstreichen beheben.

Empfindliches Garn mit einem dünnen Tuch abdecken. Nur dämpfen, nicht bügeln!

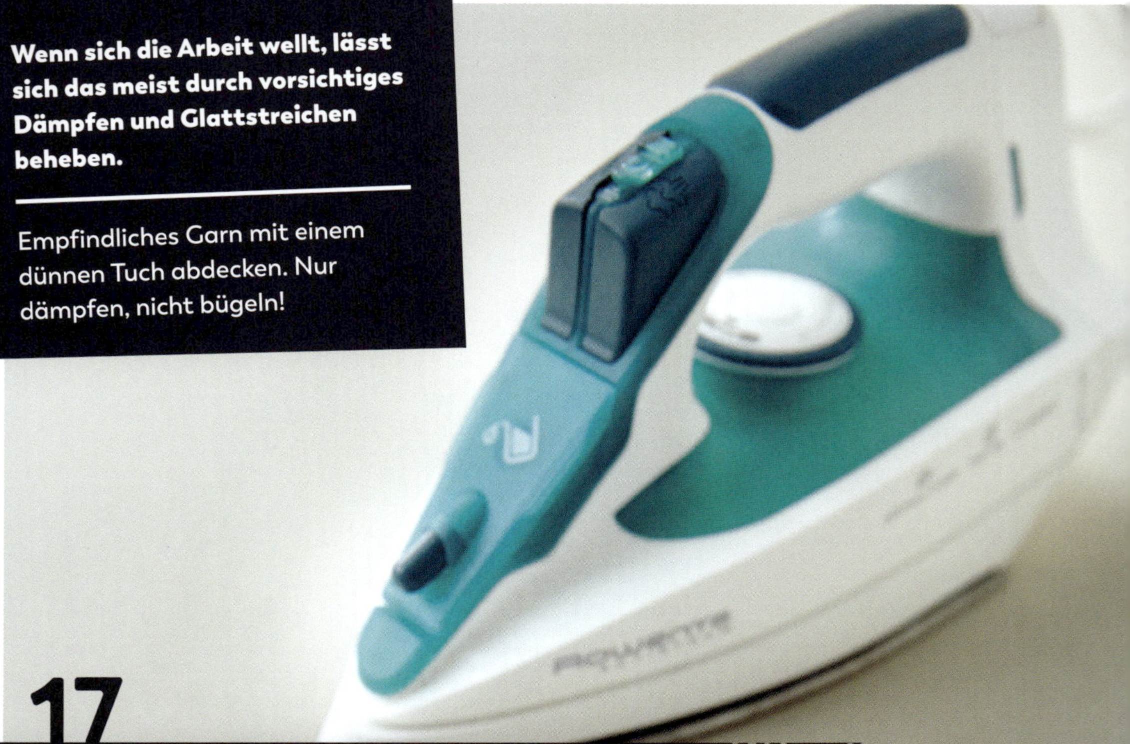

17 WELLIGE ARBEIT

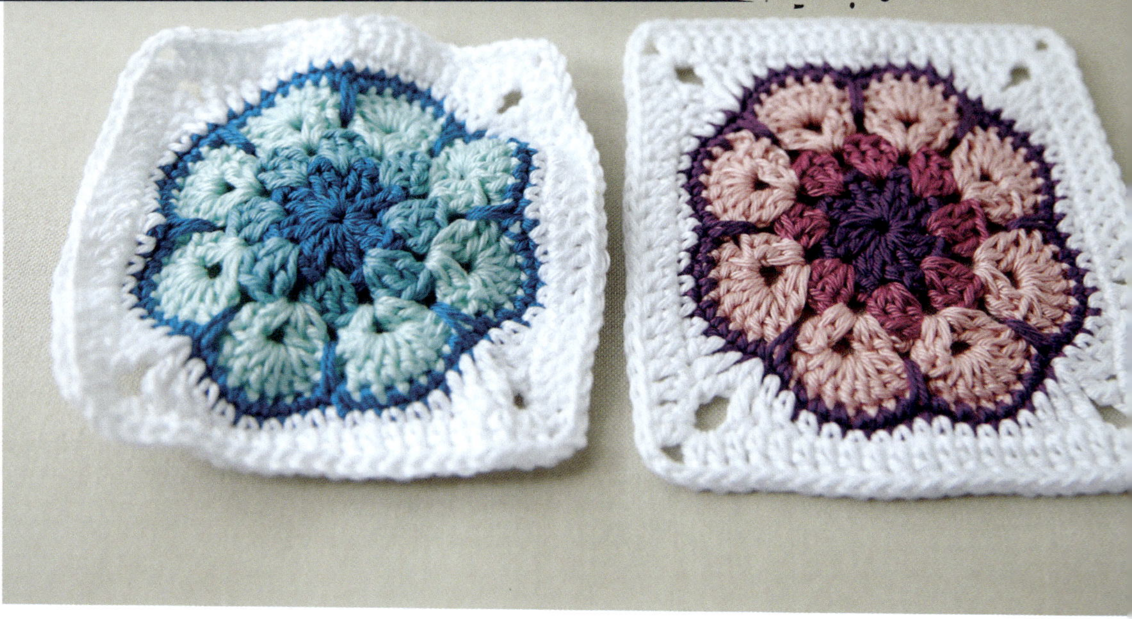

Nach dem Waschen Häkeltops oder Jacken liegend trocknen und in Form bringen.

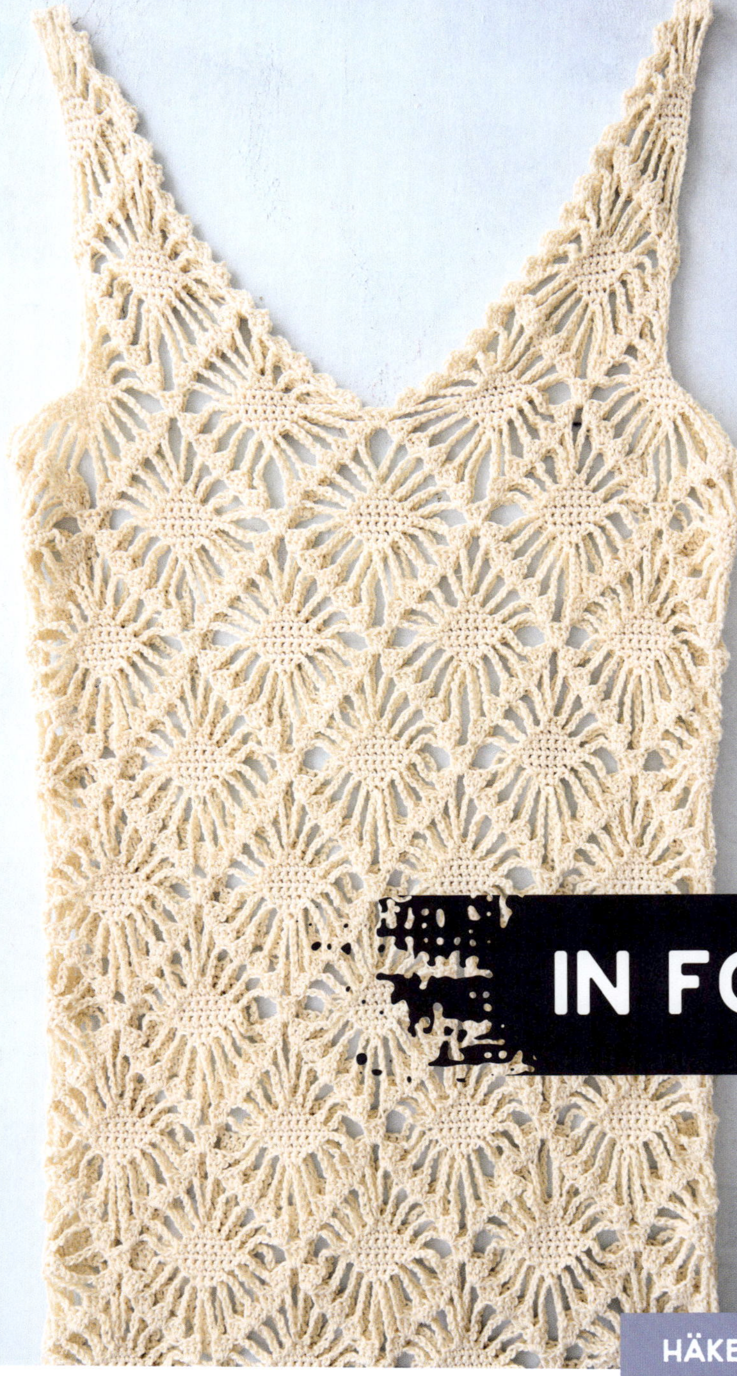

18 IN FORM

19

FESTIGKEIT

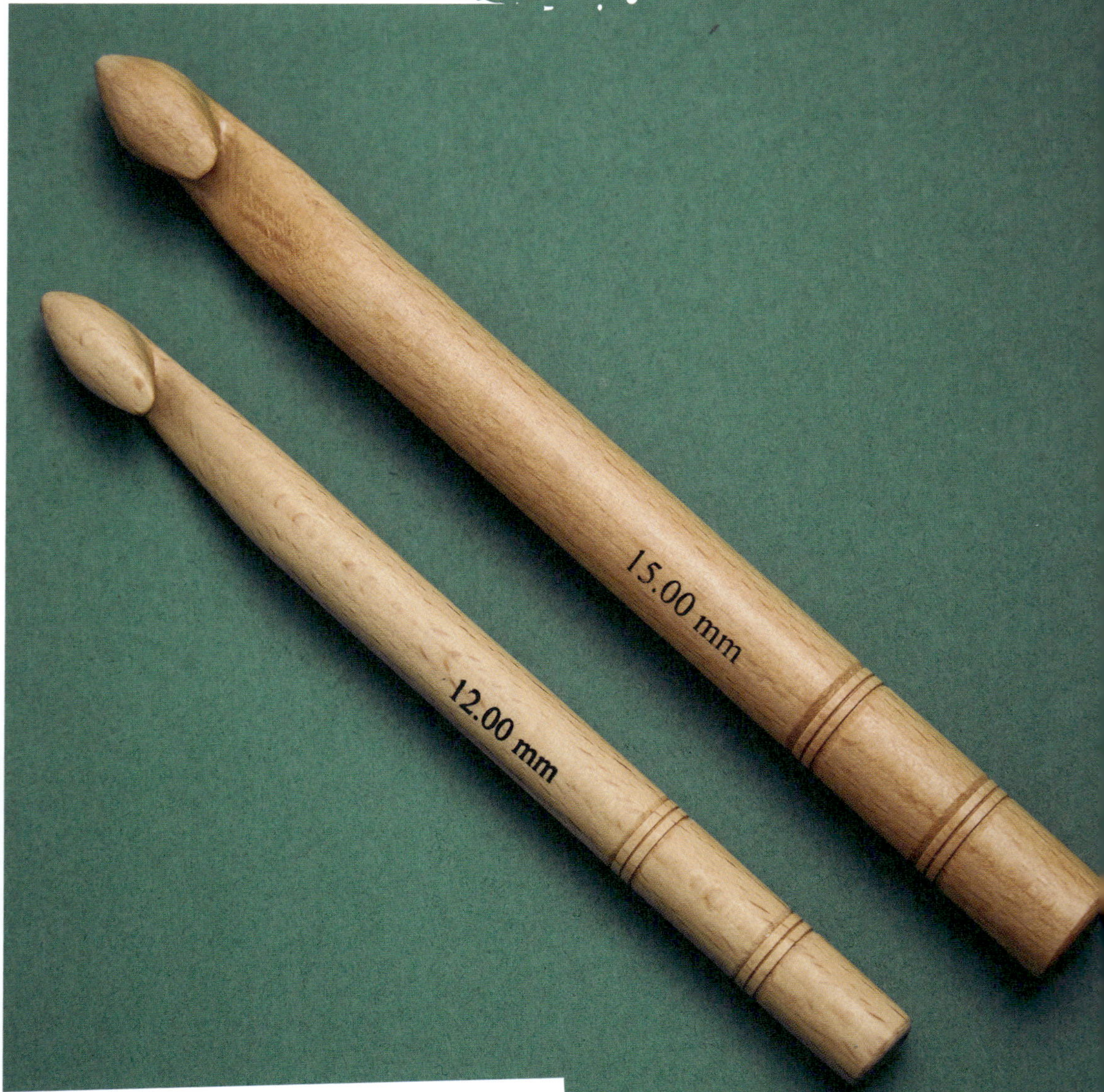

Um eine optimale Festigkeit beim Häkeln von Taschen oder Körben zu bekommen, nimm einfach eine Häkelnadel 2-3 Stärken kleiner.

Wenn du zu fest häkelst, verwende unbedingt eine größere Häkelnadel.

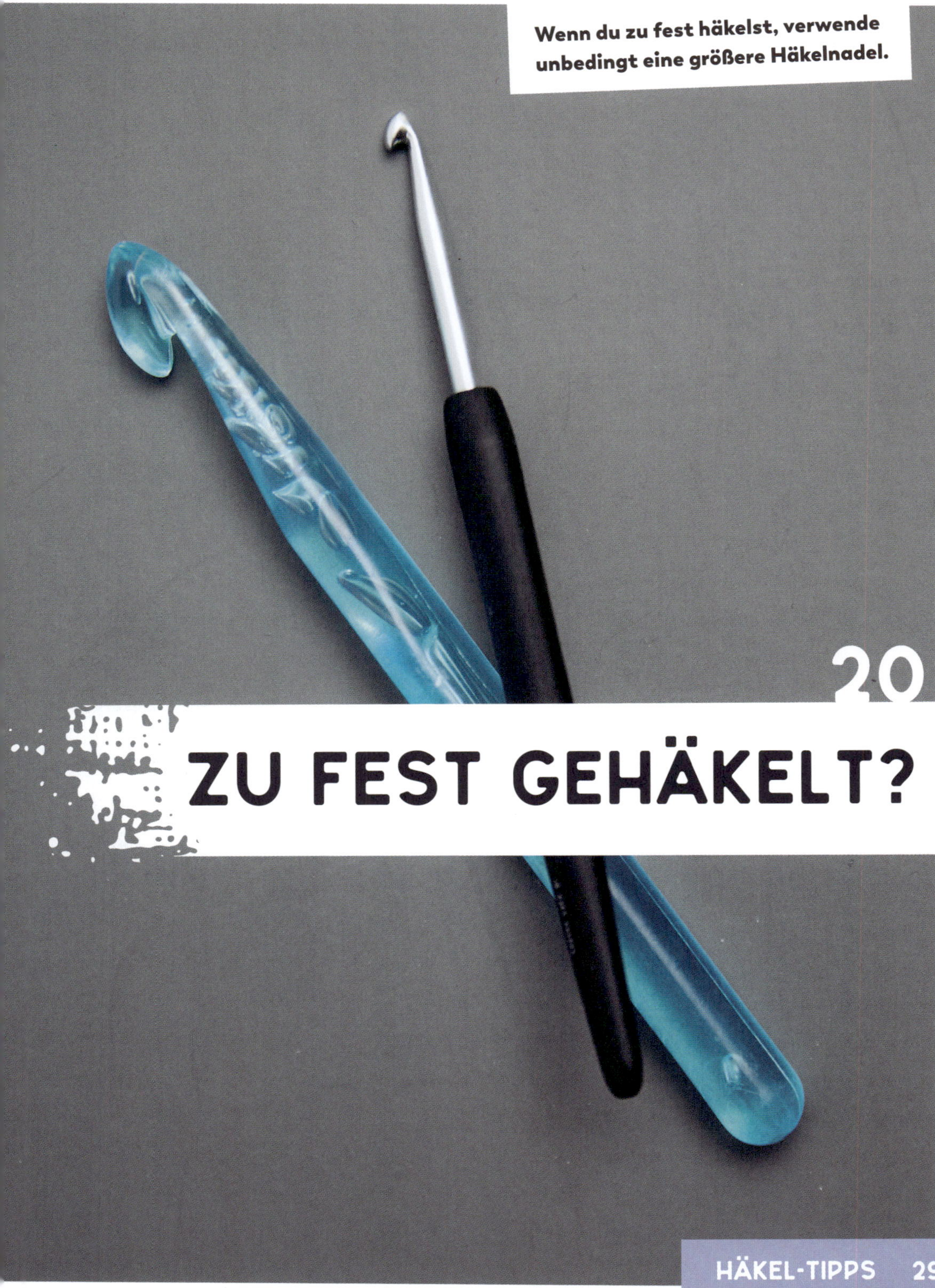

20

ZU FEST GEHÄKELT?

21

VERKNOTET

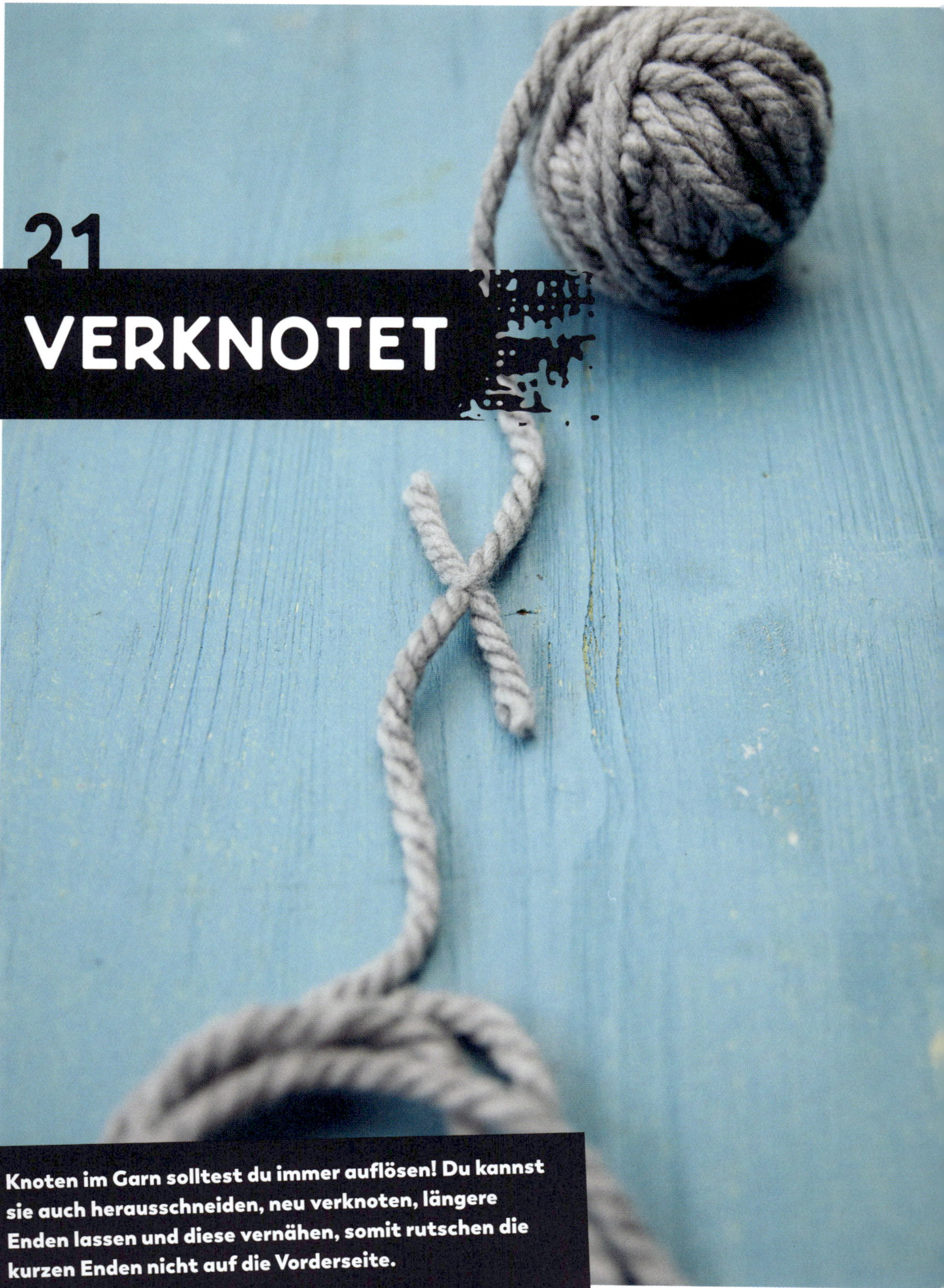

Knoten im Garn solltest du immer auflösen! Du kannst sie auch herausschneiden, neu verknoten, längere Enden lassen und diese vernähen, somit rutschen die kurzen Enden nicht auf die Vorderseite.

Dünne Häkelnadeln liegen mit Griff besser in der Hand. Aus Fimo kannst du dir einen persönlichen Griff anfertigen.

Nach der Anleitung auf der Verpackung härten – fertig!

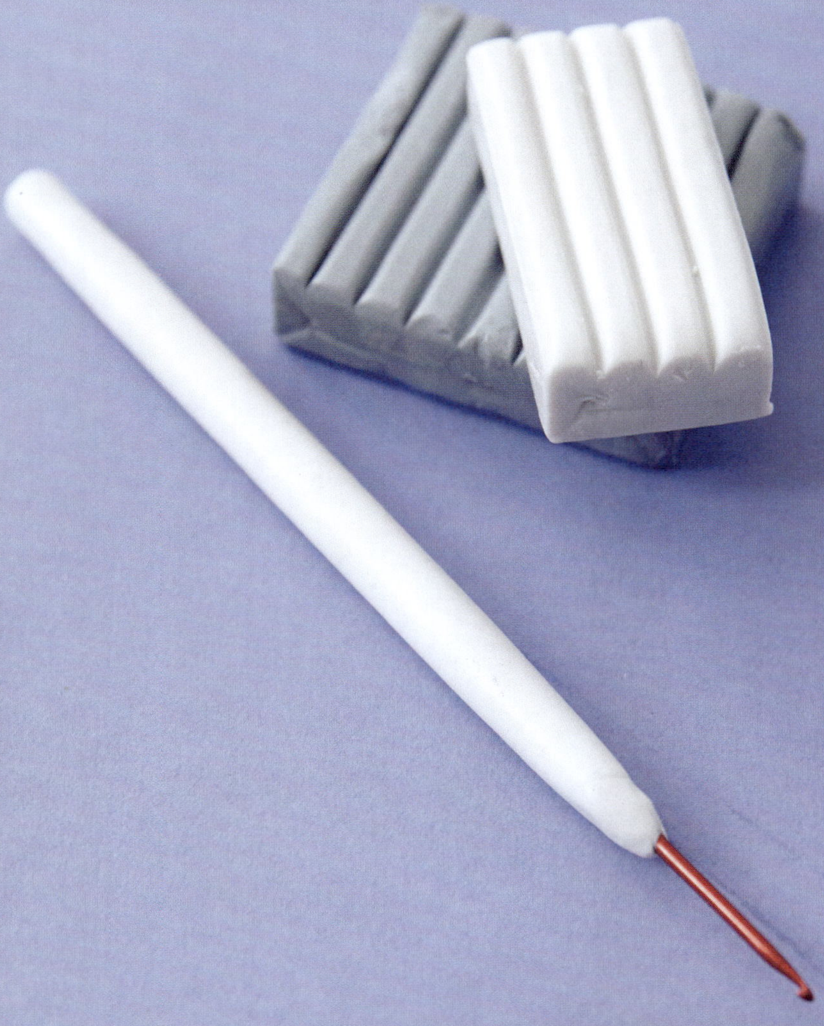

22 GUT IM GRIFF

Es gibt viele verschiedene Griffe für Häkelnadeln. Etwas exotischere sind zum Beispiel aus Oliven- oder Walnussholz.

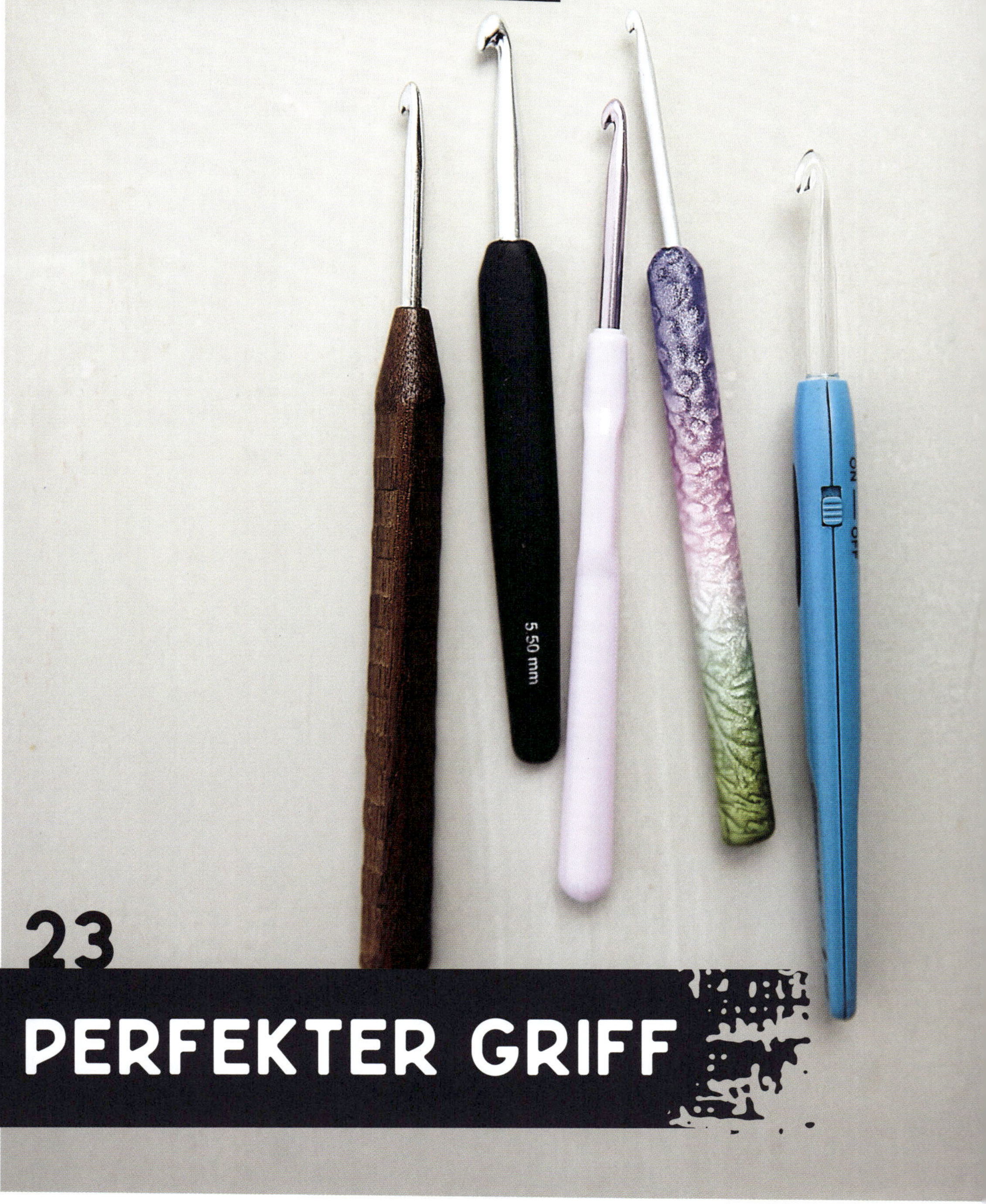

23 PERFEKTER GRIFF

Behalte die erste Masche immer im Auge. Das ist besonders wichtig, wenn in Spiralrunden gearbeitet wird.

Wenn kein Maschenmarkierer zur Hand ist, eignen sich auch Büroklammern, Ohrringe, Haarnadeln oder schlicht das Garnende.

24 MASCHENMARKIERER

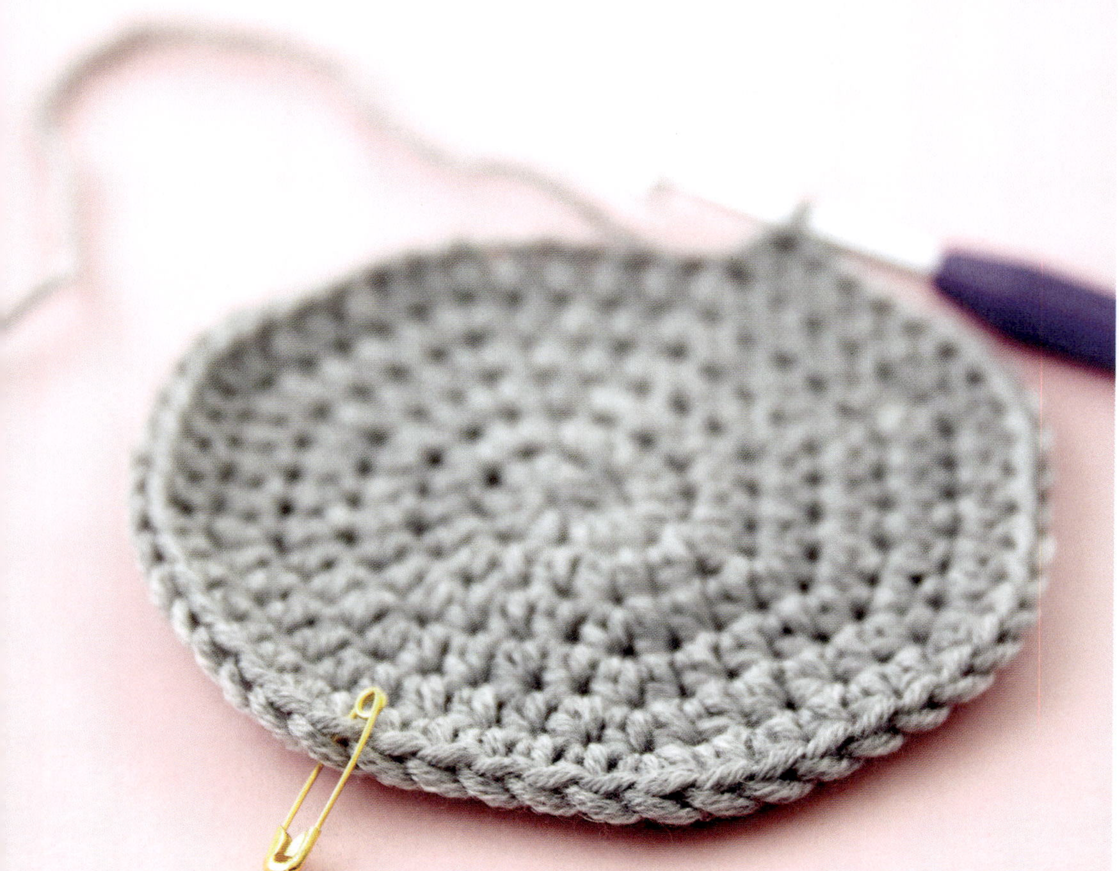

25

CAL, UFO.?!

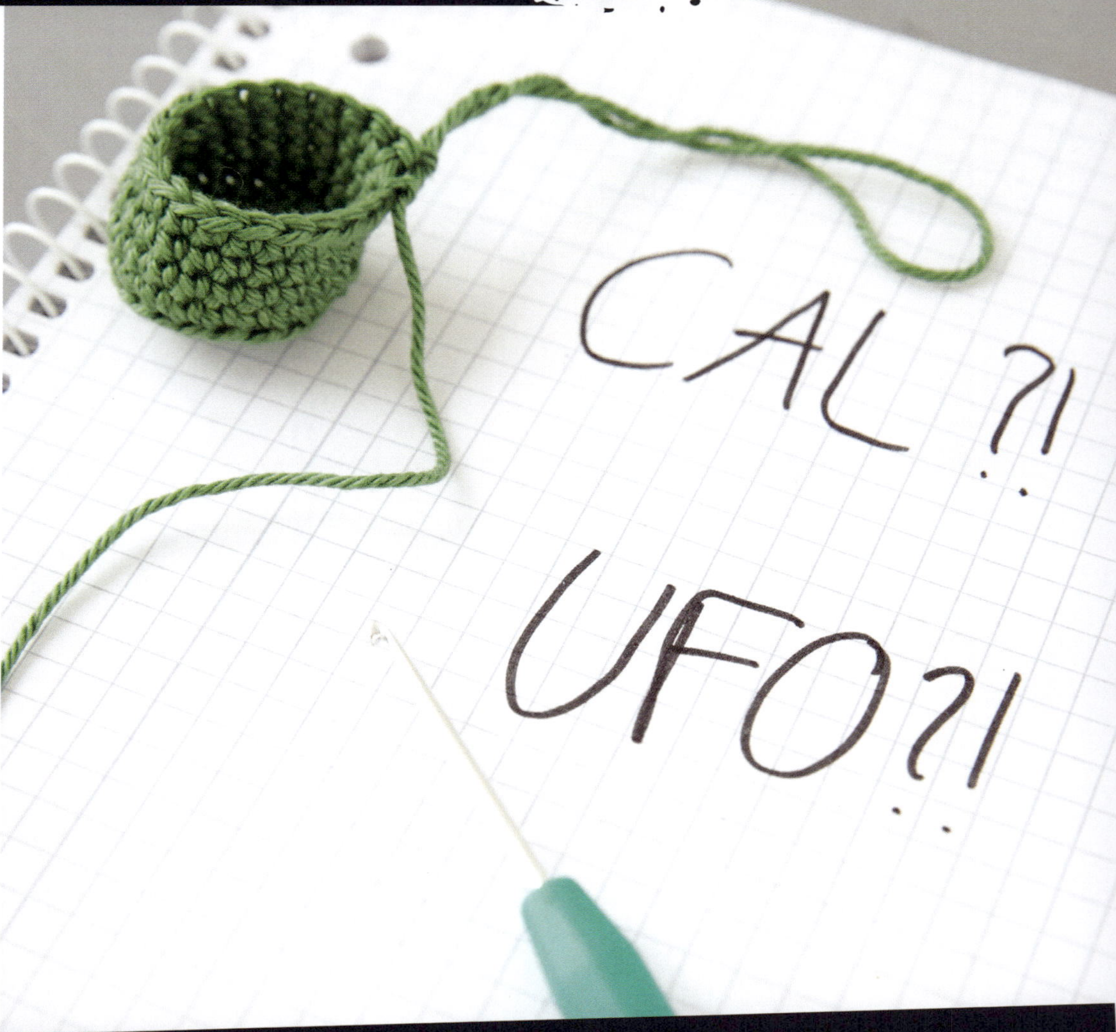

Die Abkürzung CAL steht für „Crochet Along". Dabei häkeln viele Häklerinnen zur gleichen Zeit das gleiche Modell und tauschen sich im Internet darüber aus.

Ein UFO ist ein „Unfinished Object" (nicht beendetes Objekt). Damit bezeichnen Häklerinnen Projekte, die oftmals vor längerer Zeit begonnen, aber noch nicht vollendet wurden.

Wenn du nach einer Häkelanleitung für mehreren Größen arbeitest, streiche zuerst alle Angaben durch, die nicht deiner Größe entsprechen. Gleich ist die Anleitung viel übersichtlicher. Oder markiere deine Größe in den Häkelanleitungen mit einem Textmarker, damit du den Überblick behältst.

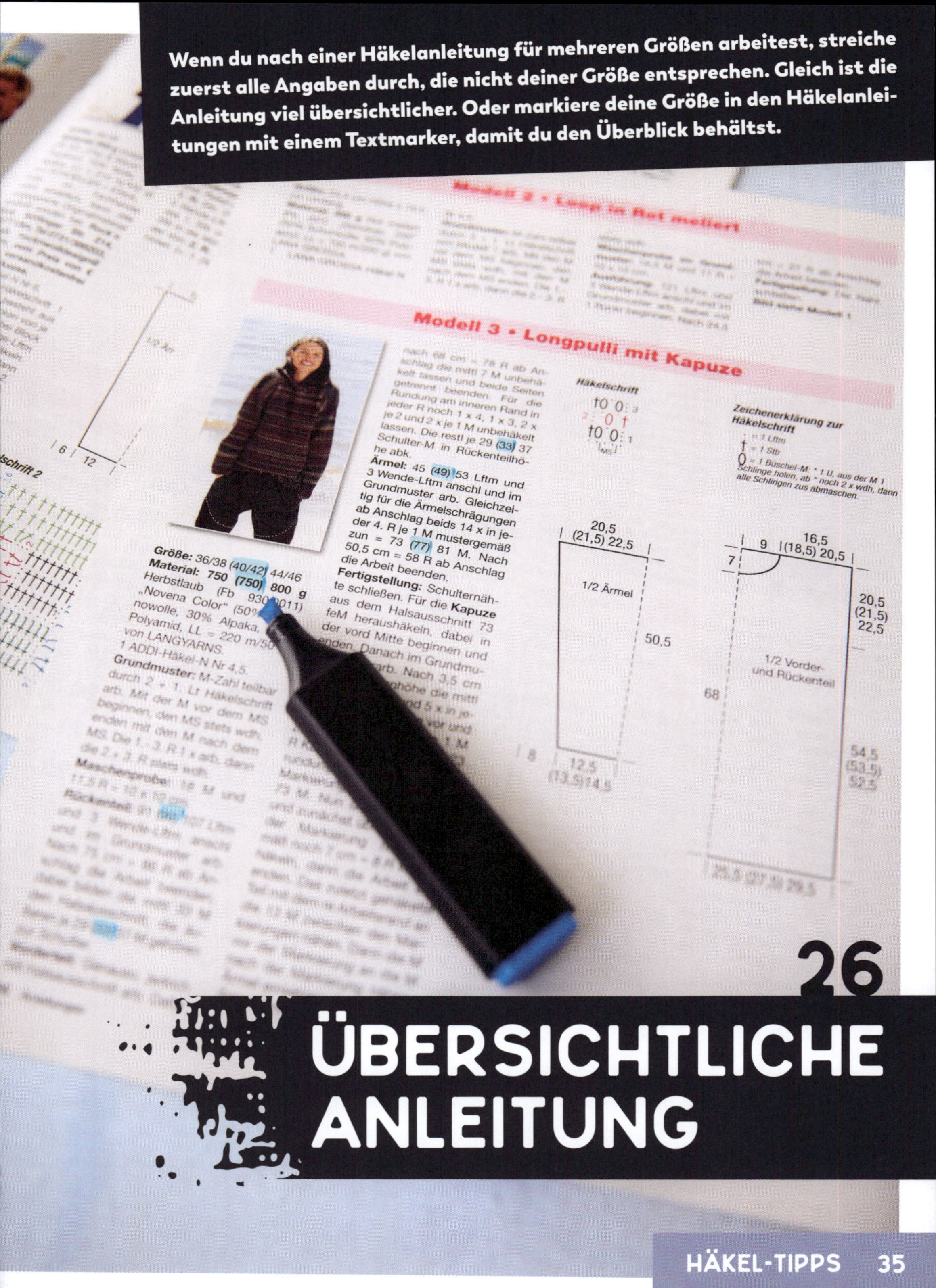

26 ÜBERSICHTLICHE ANLEITUNG

Maxi-Granny-Square-Kissen

it seinen leuchtenden Baumwollgarnen ist das Kissen perfekt für sonnige Tage. Häkeln mehrere Kissen für ein Sofa oder ein ganzes Set für Ihre Gartenmöbel.

ERIAL

garn (LL 121 m/50 g) in 8 Farben,

cm x 46 cm, in neutraler Farbe
l 4,0 mm

nprobe
t ist etwa 1,8 cm breit.
Rapporten = 10 cm x 10 cm.

sen von 46 cm x 46 cm.

det auf Seite 35 oben

hrift S. 148

Anleitung

In beliebiger Fb 5 Lm anschl und mit zum Ring schließen.

1. Rd: 3 Lm (zählt als 1. Stb), 2 Stb in Ring häkeln, * 3 Lm, 3 Stb in den Ring ab * noch 2x wdh, 3 Lm, mit 1 Km in d 3. Lm vom Rd-Beginn schließen (= 4 Gruppen).

Den Faden abschneiden und in neuer beliebigem 3-Lm-Bogen neu anschlin

2. Rd: 3 Lm (zählt als 1. Stb), [2 Stb, 3 Lm, 3 Stb] in denselben Lm-Bogen, * 1 Lm, 3 M übergehen, [3 Stb, 3 Lm, 3 Stb] in den nächsten 3-Lm-Bogen, ab * noch 2x wdh, 1 Lm, mit 1 Km in die 3. Lm vom Rd-Beginn schließen (= 8 Stb-Gruppen).

Den Faden abschneiden und in neuer Fb an

3-Lm-Bogen, ab * noch 3x wdh, die letzte

in den nächsten 3-Lm-Bogen wdh, letzte Wdh endet bei ** die 3. Lm vom Rd-Beginn sch (= 16 Stb-Gruppen).

Den Faden abschneiden und Fb an beliebigem 3-Lm-Boge anschlingen.

4. Rd so oft wdh, bis etwa d oder die Häkelarbeit etw m groß ist. Dabei die Zu gegeben fortführen, d. h. a eine Gruppe aus 3 Stb zuneh

Wenn in einer Beschreibung Arbeitsschritte in Klammern oder Sternchen gesetzt sind, werden diese einfach wiederholt gearbeitet. Zum Beispiel: 6x *6 Stb, 1 M verd.* = 48 Stb.

Das heißt: man häkelt 6 Stb, das 7. wird verdoppelt. Die Anweisung wird insgesamt 6x hintereinander gearbeitet, am Ende hat man 48 Stb.

27 KLAMMERN UND STERNE

28 HIEROGLYPHEN?!

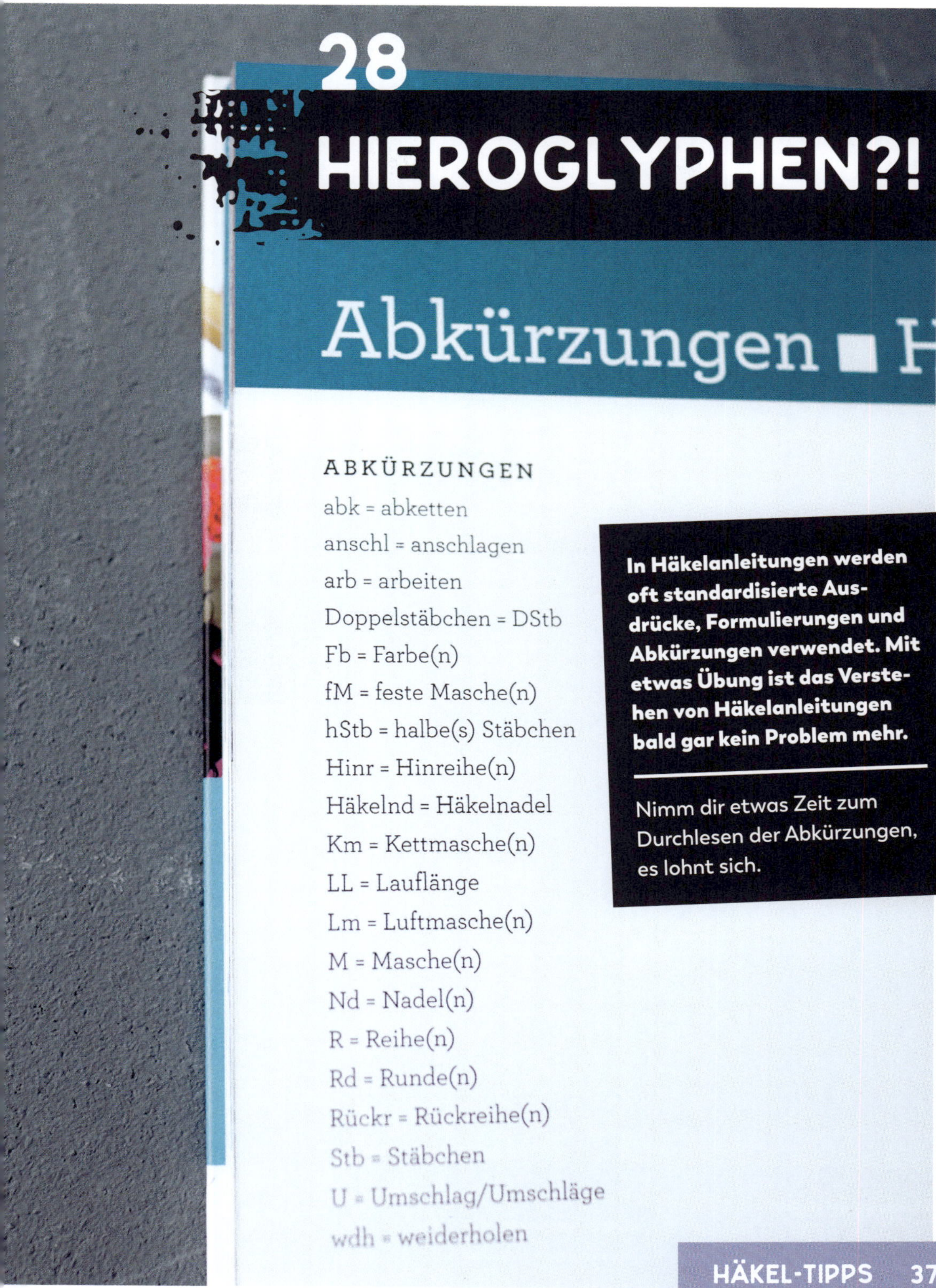

Abkürzungen ■ H

ABKÜRZUNGEN

abk = abketten
anschl = anschlagen
arb = arbeiten
Doppelstäbchen = DStb
Fb = Farbe(n)
fM = feste Masche(n)
hStb = halbe(s) Stäbchen
Hinr = Hinreihe(n)
Häkelnd = Häkelnadel
Km = Kettmasche(n)
LL = Lauflänge
Lm = Luftmasche(n)
M = Masche(n)
Nd = Nadel(n)
R = Reihe(n)
Rd = Runde(n)
Rückr = Rückreihe(n)
Stb = Stäbchen
U = Umschlag/Umschläge
wdh = weiderholen

In Häkelanleitungen werden oft standardisierte Ausdrücke, Formulierungen und Abkürzungen verwendet. Mit etwas Übung ist das Verstehen von Häkelanleitungen bald gar kein Problem mehr.

Nimm dir etwas Zeit zum Durchlesen der Abkürzungen, es lohnt sich.

29
RAPPORT

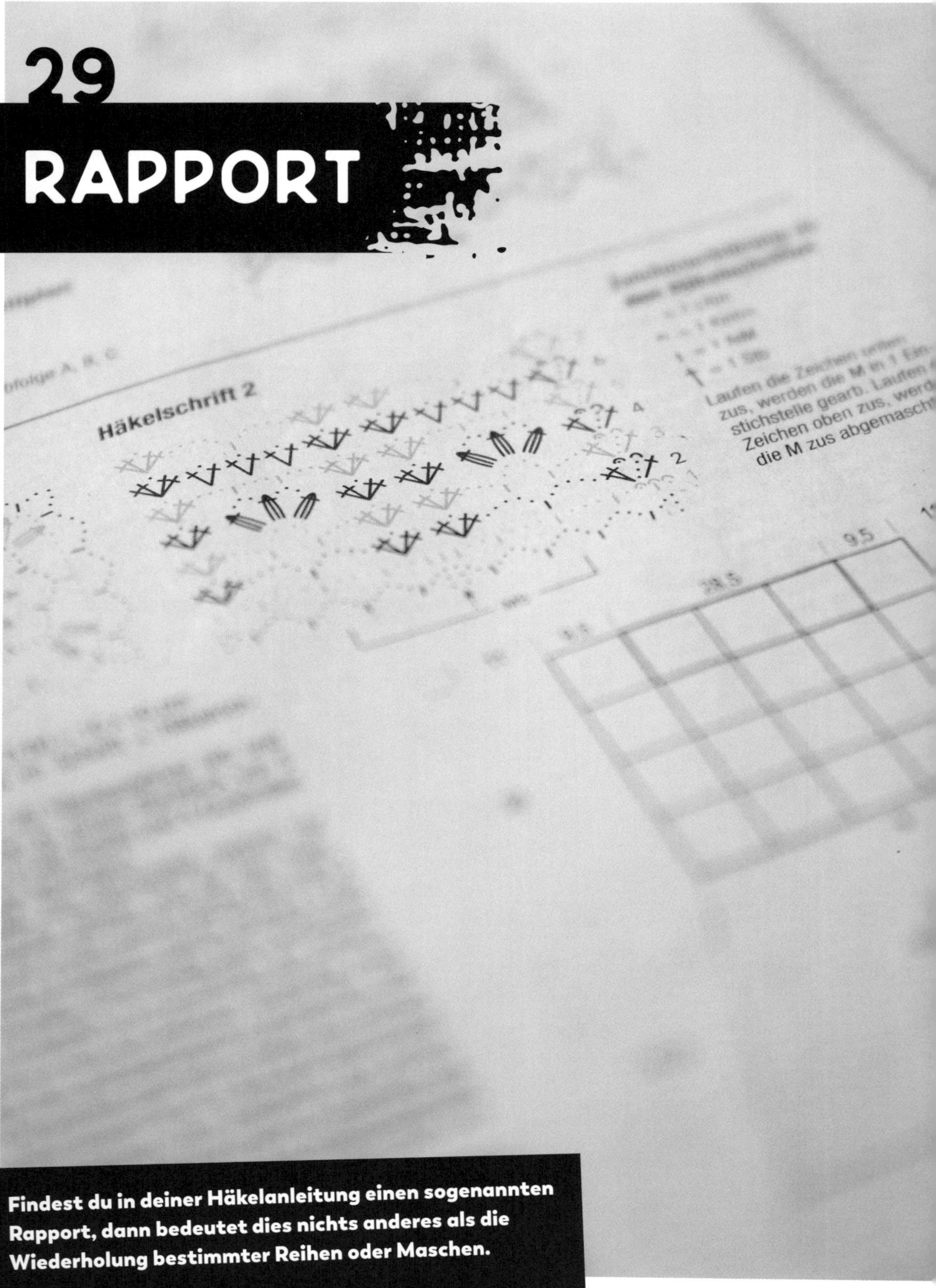

Findest du in deiner Häkelanleitung einen sogenannten Rapport, dann bedeutet dies nichts anderes als die Wiederholung bestimmter Reihen oder Maschen.

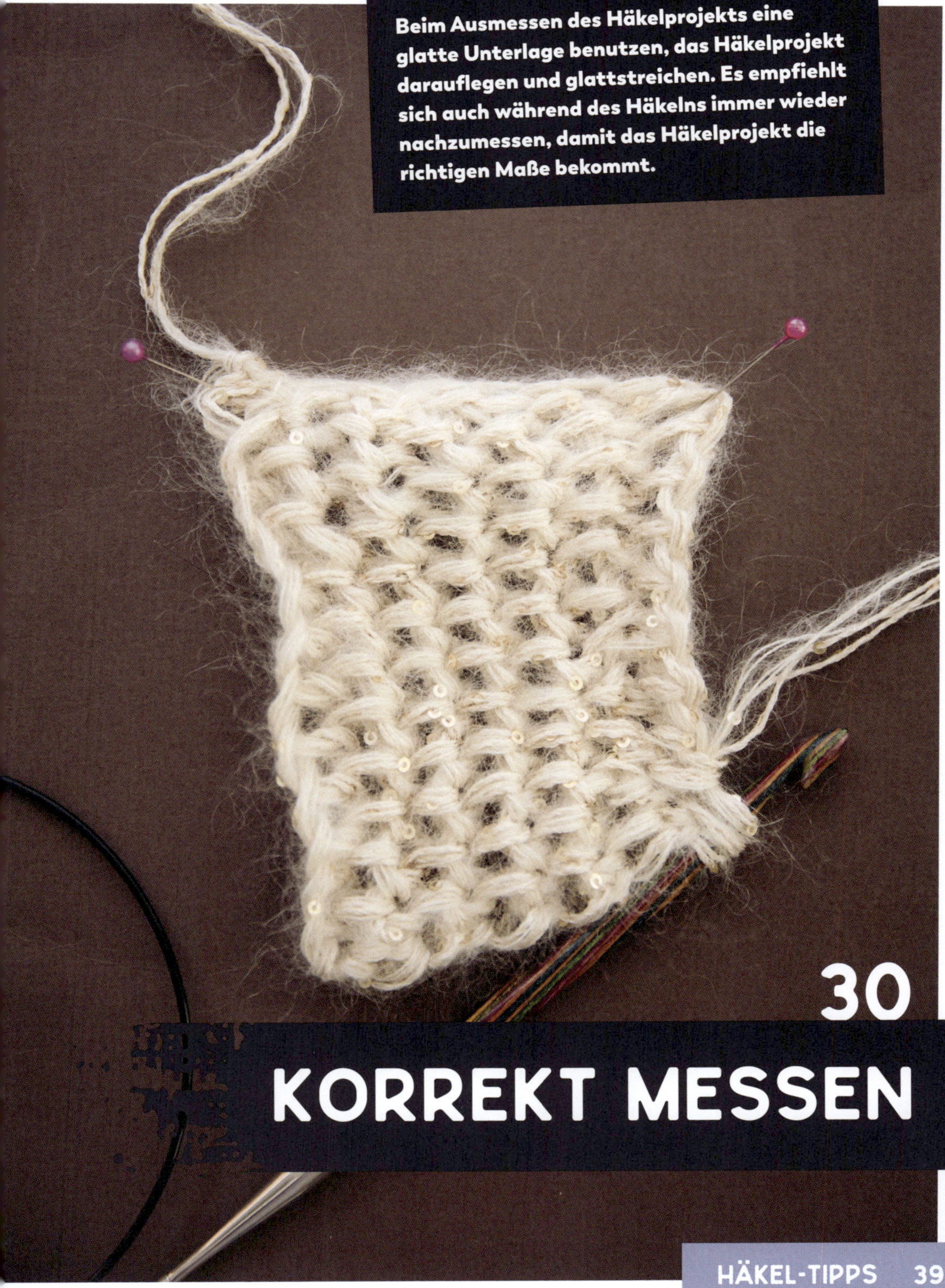

Beim Ausmessen des Häkelprojekts eine glatte Unterlage benutzen, das Häkelprojekt darauflegen und glattstreichen. Es empfiehlt sich auch während des Häkelns immer wieder nachzumessen, damit das Häkelprojekt die richtigen Maße bekommt.

30 KORREKT MESSEN

31

HÄKELMATHE

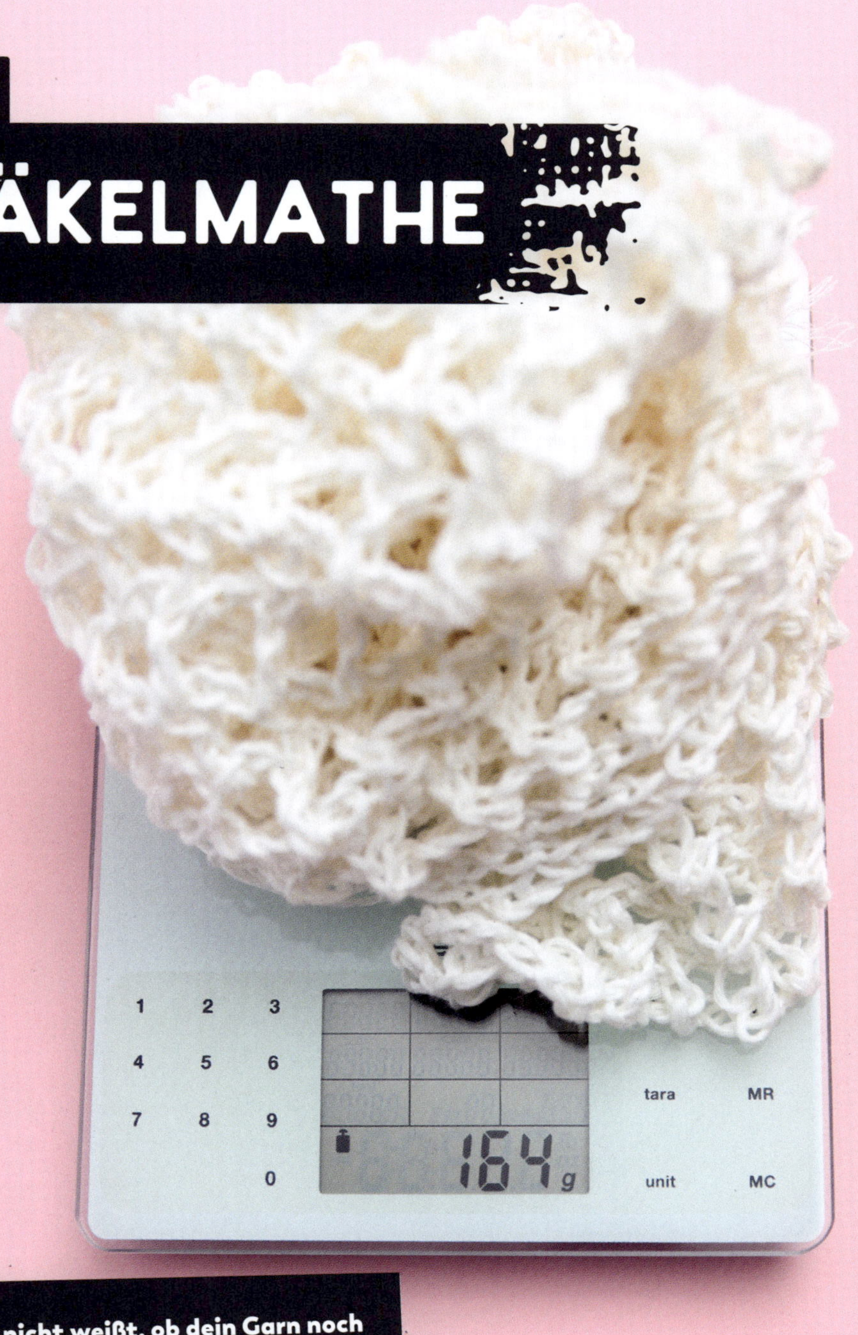

Wenn du nicht weißt, ob dein Garn noch reicht, leg dein Projekt auf die Küchenwaage und anschließend das restliche Garn. So kannst du ausrechnen, wie viel Garn noch benötigt wird.

Häkeln regt das Gehirn an und verbessert auch die motorischen Fähigkeiten.

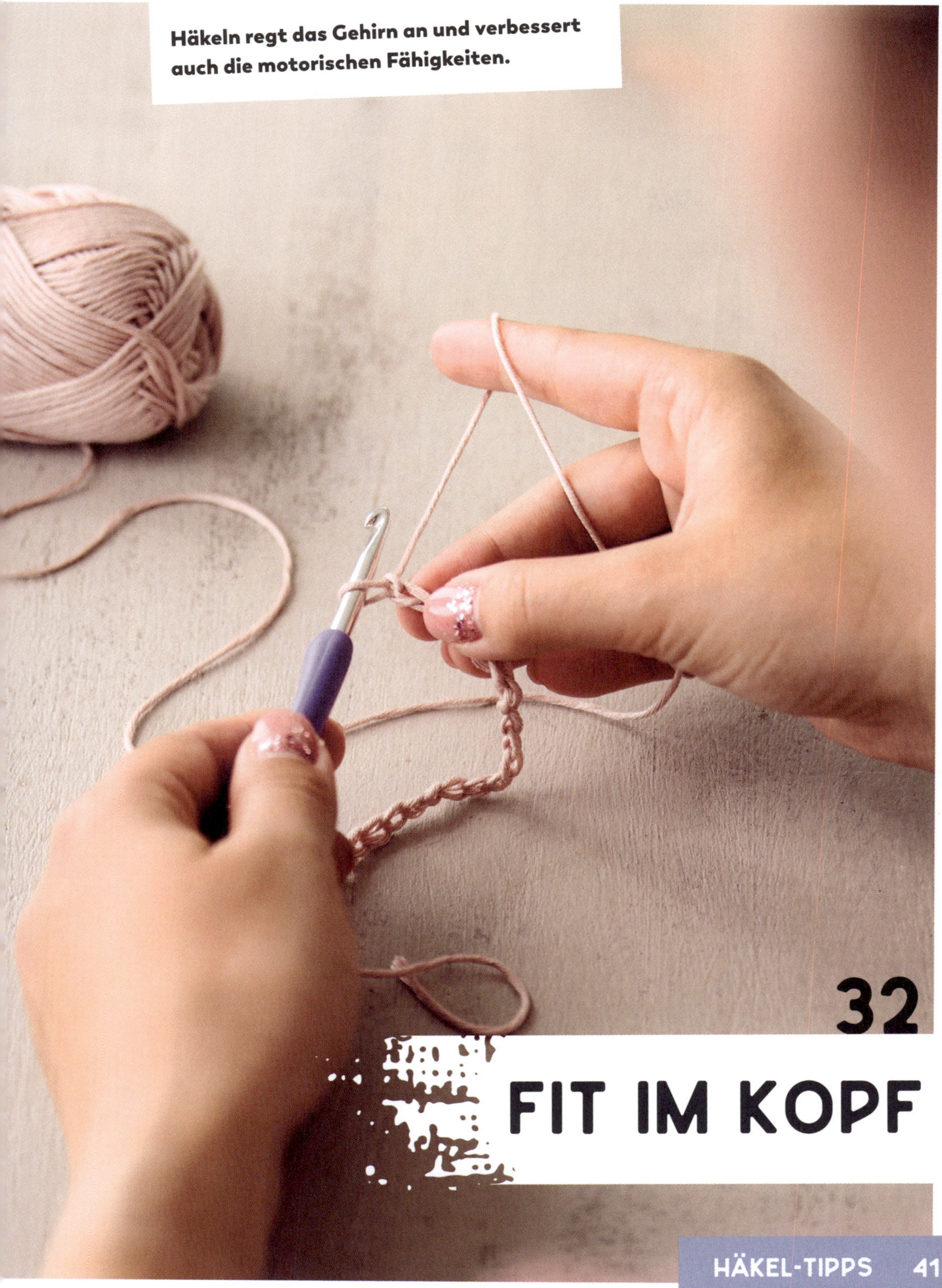

32 FIT IM KOPF

33

1, 2, 3 …

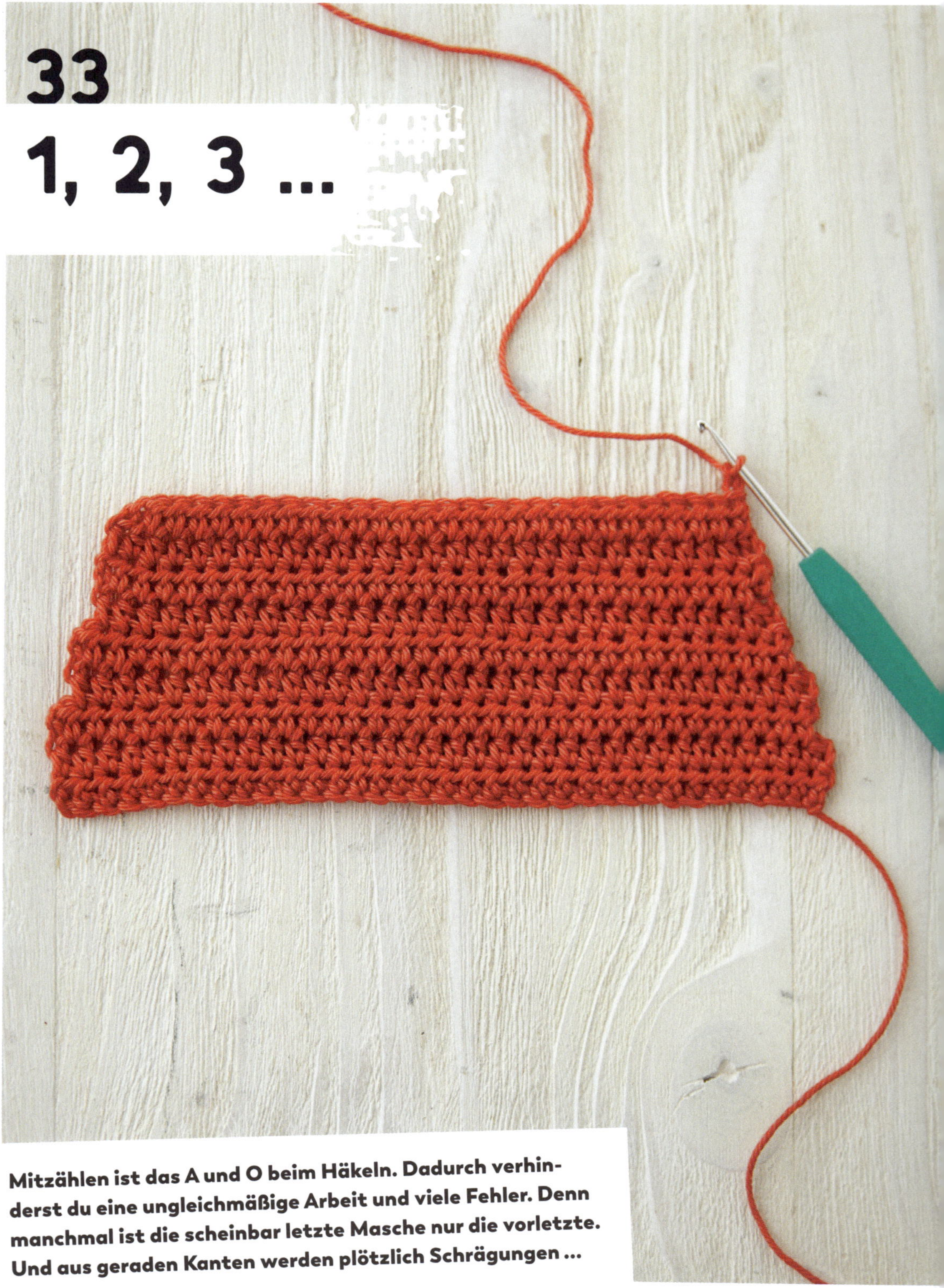

Mitzählen ist das A und O beim Häkeln. Dadurch verhinderst du eine ungleichmäßige Arbeit und viele Fehler. Denn manchmal ist die scheinbar letzte Masche nur die vorletzte. Und aus geraden Kanten werden plötzlich Schrägungen …

Um das Zählen der Reihen bei Zunahmen zu erleichtern, kann man einen Markierungsfaden einziehen oder umhäkeln.

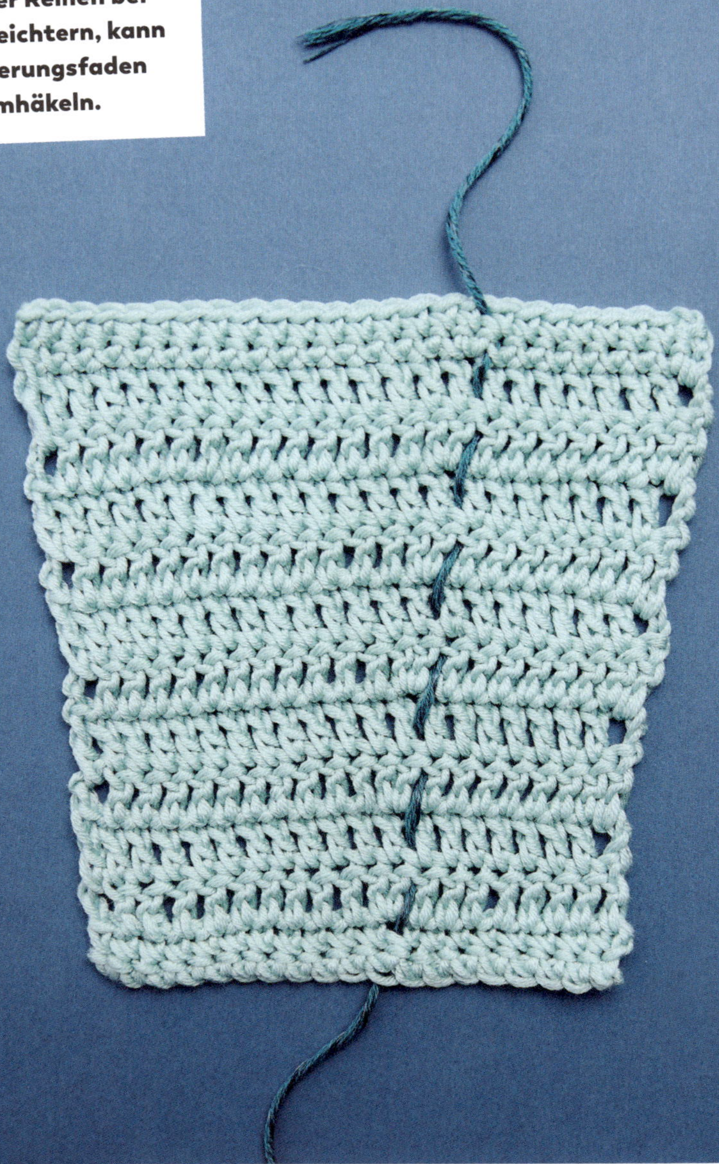

34

DEINE REIHEN SIND GEZÄHLT

35

GUT SICHTBAR

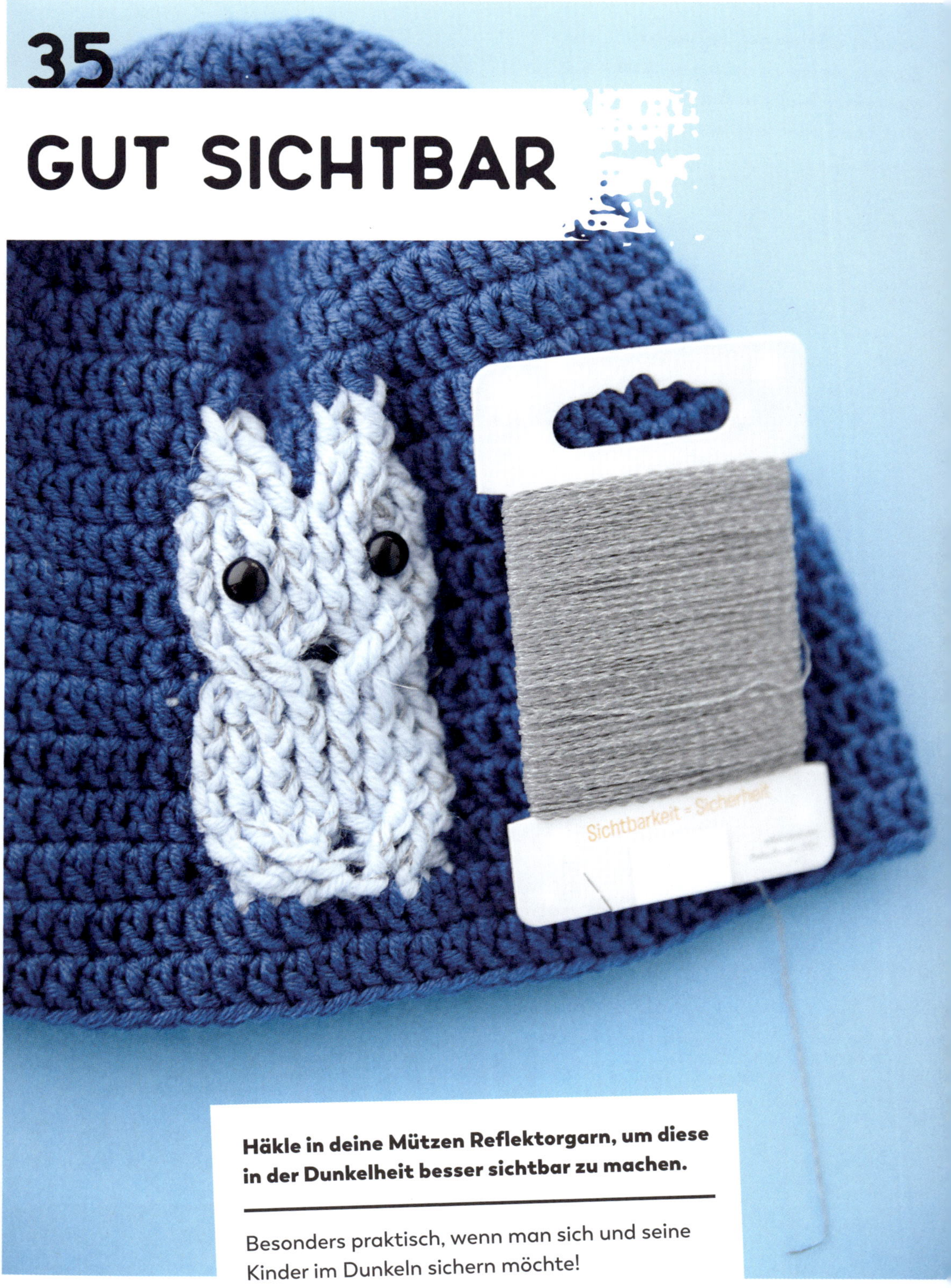

Häkle in deine Mützen Reflektorgarn, um diese in der Dunkelheit besser sichtbar zu machen.

Besonders praktisch, wenn man sich und seine Kinder im Dunkeln sichern möchte!

Das ist einfach und geht so: Kopfumfang messen, durch 3,14 teilen, = Durchmesser des Tellers. Die Höhe misst man von einem Ohrläppchen, über den Kopf, bis zum anderen Ohrläppchen. Die Hälfte ergibt die Mützenhöhe.

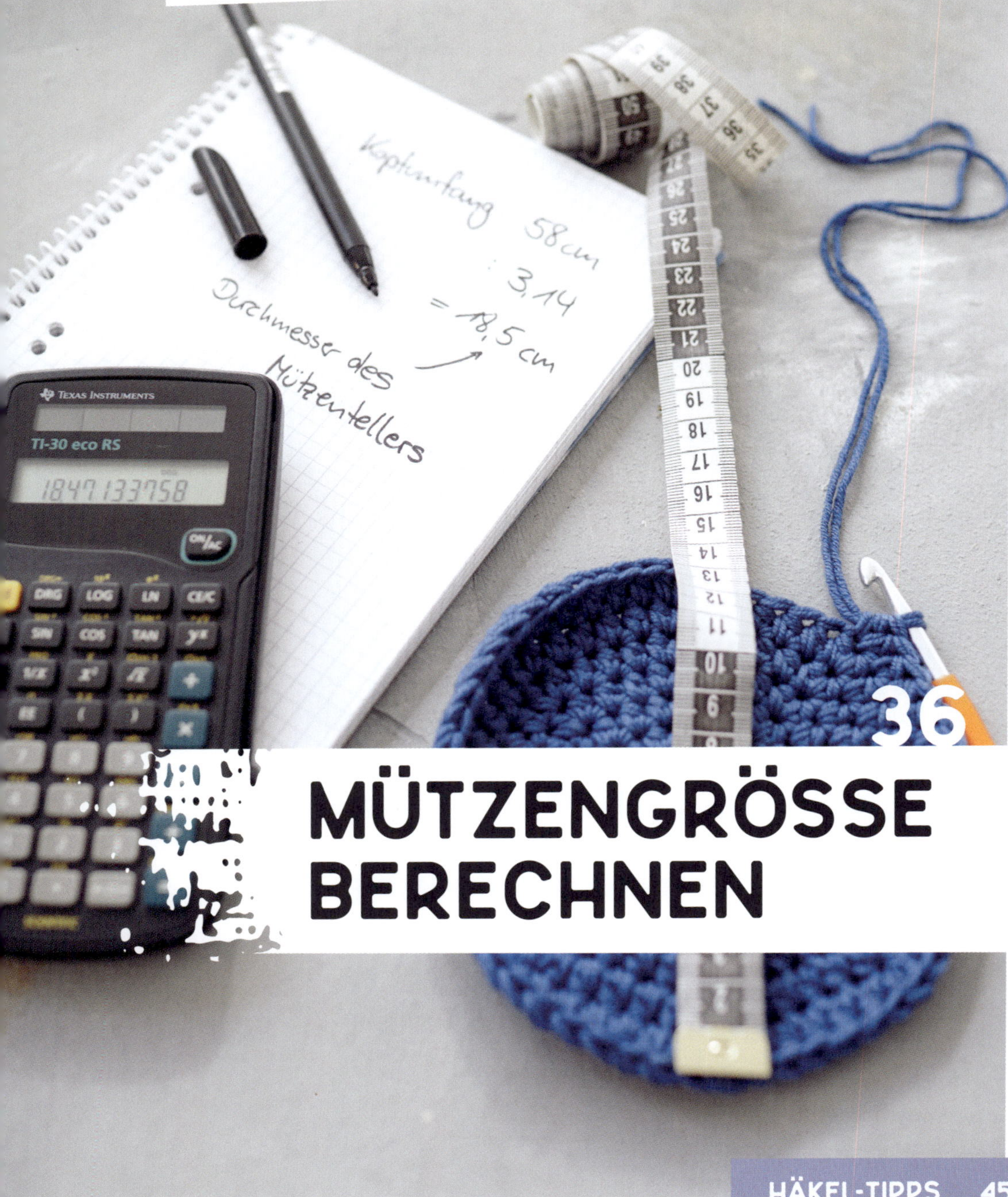

36

MÜTZENGRÖSSE BERECHNEN

37

DIY-TEXTILGARN

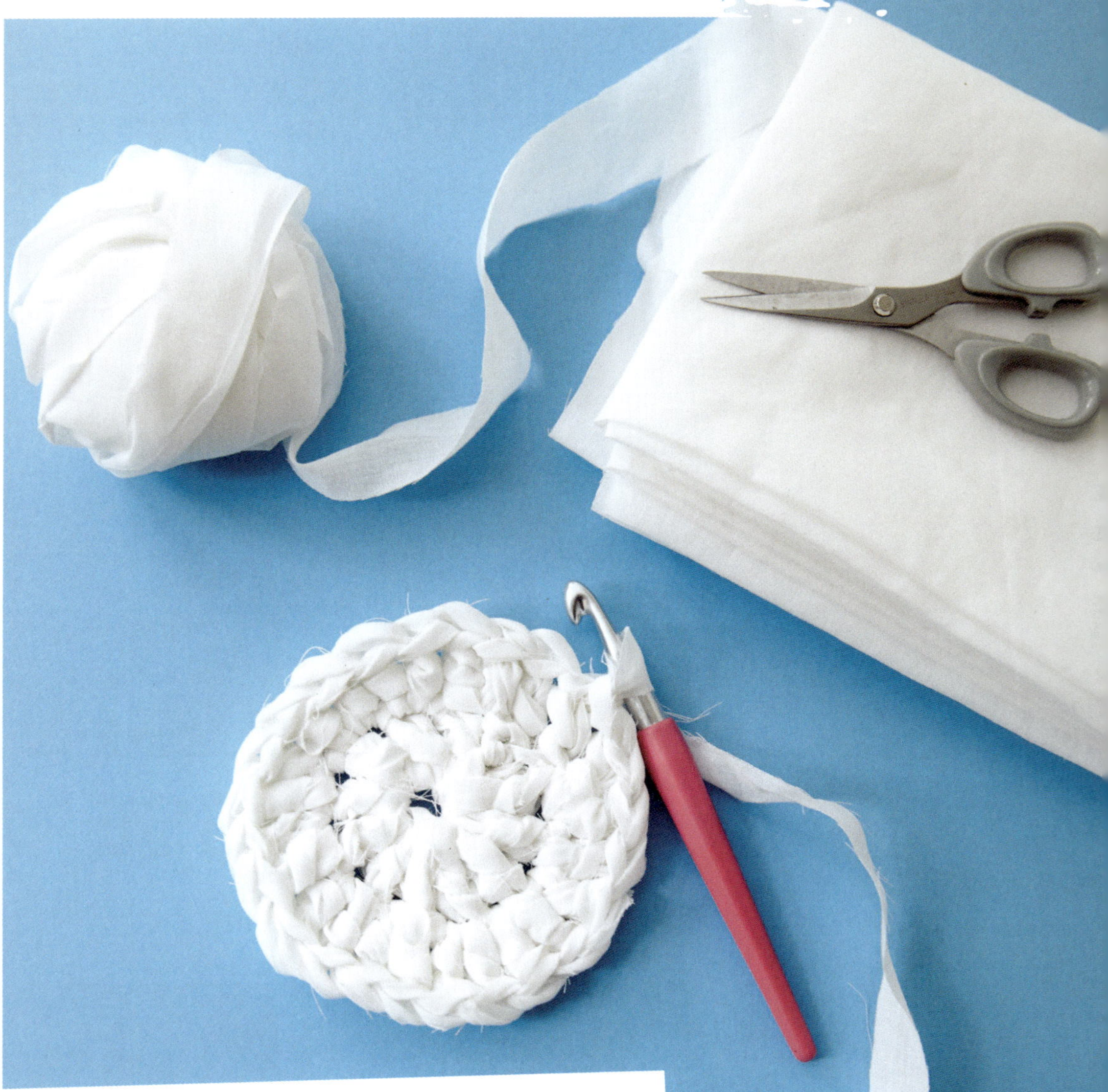

Textilgarn kannst du auch aus einem alten Bettlaken, alter Bettwäsche oder T-Shirts selbst herstellen.

Lässt sich auch super in deinem Wunsch-Ton einfärben!

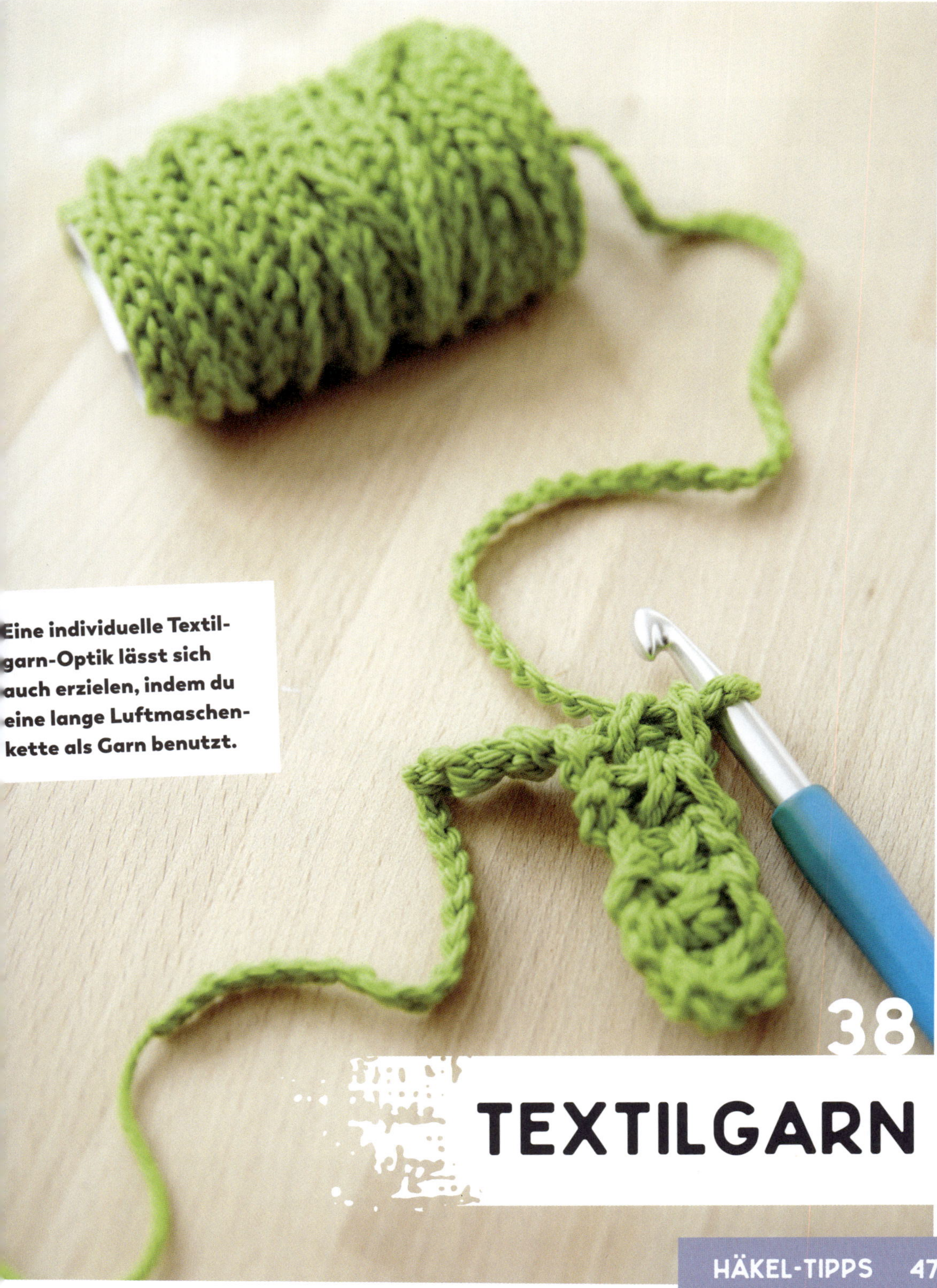

38 TEXTILGARN

Eine individuelle Textilgarn-Optik lässt sich auch erzielen, indem du eine lange Luftmaschenkette als Garn benutzt.

39
GUT GEBETTET

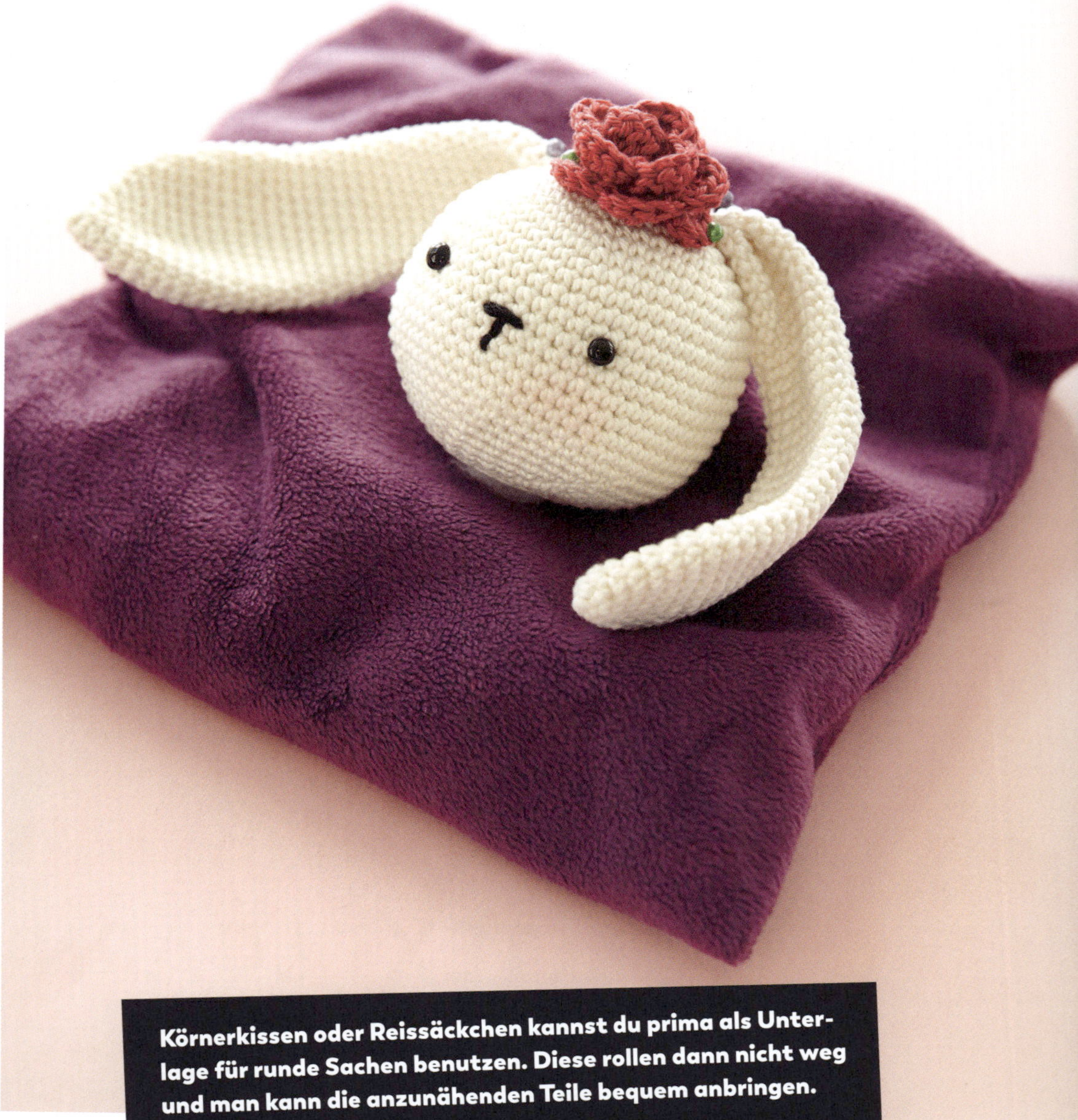

Körnerkissen oder Reissäckchen kannst du prima als Unterlage für runde Sachen benutzen. Diese rollen dann nicht weg und man kann die anzunähenden Teile bequem anbringen.

Um eine feste Arbeit zu bekommen, was bei Amigurumi wichtig ist, empfiehlt es sich, eine Nadelstärke kleiner zu nehmen, als für das gewählte Garn auf der Banderole empfohlen wird.

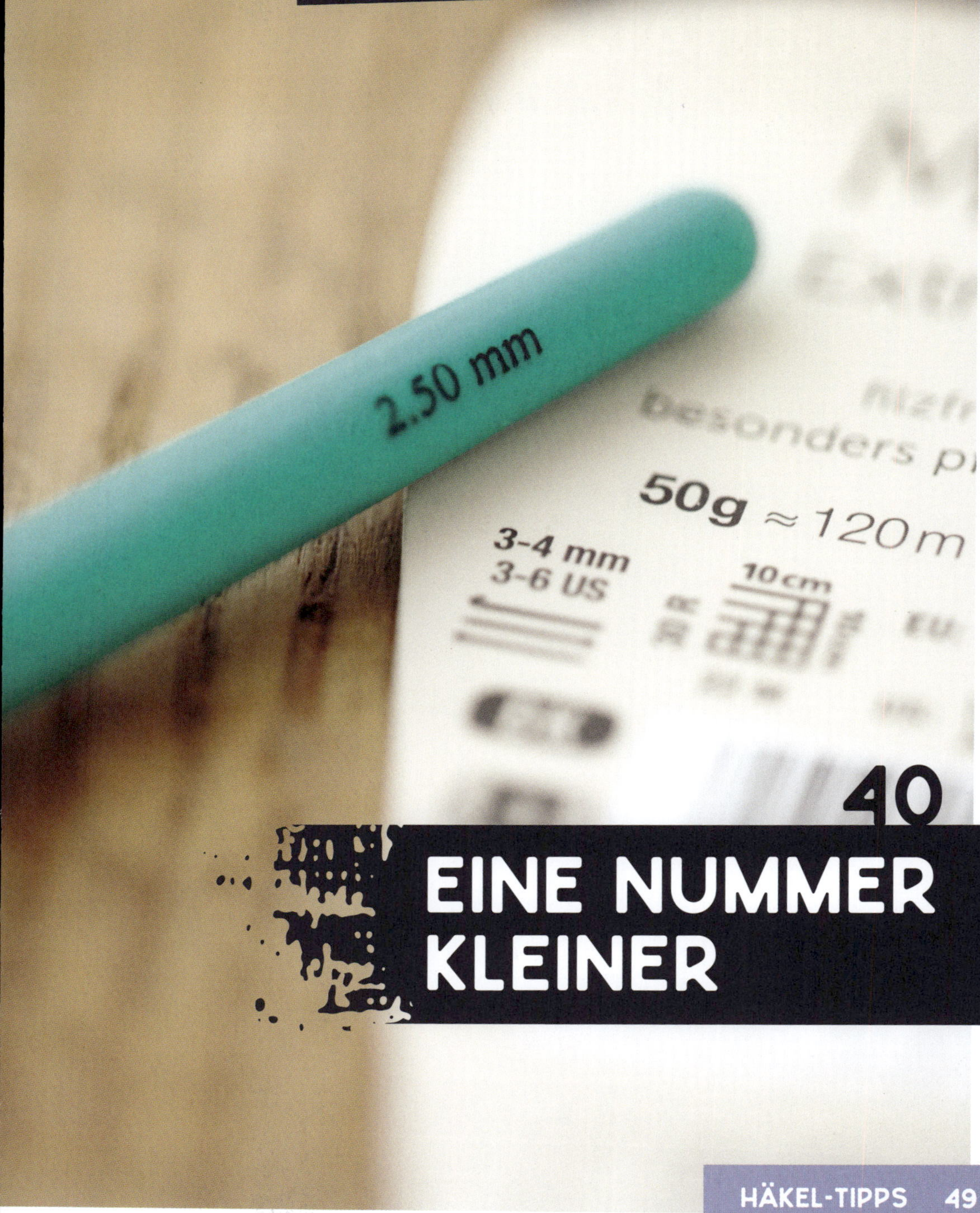

40 EINE NUMMER KLEINER

41

ANGENADELT

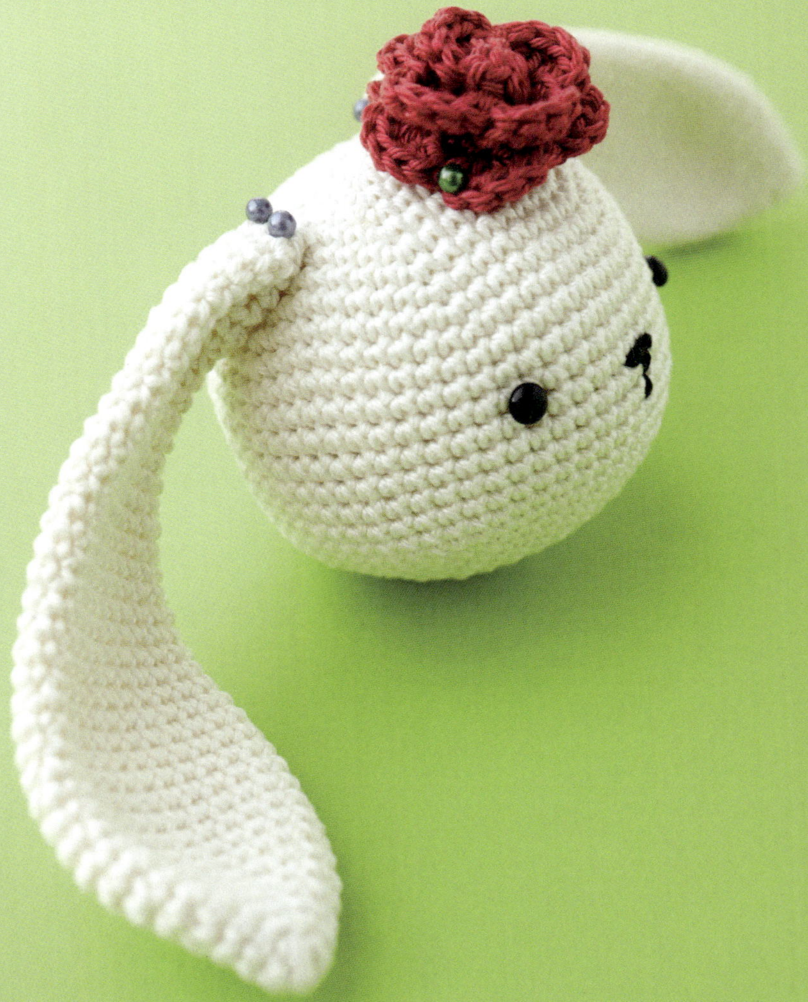

Werden Teile an den bereits fertigen Körper genäht, empfiehlt es sich diese vorher mit Stecknadeln zu fixieren.

So kannst du die richtige Position der Teile bestimmen.

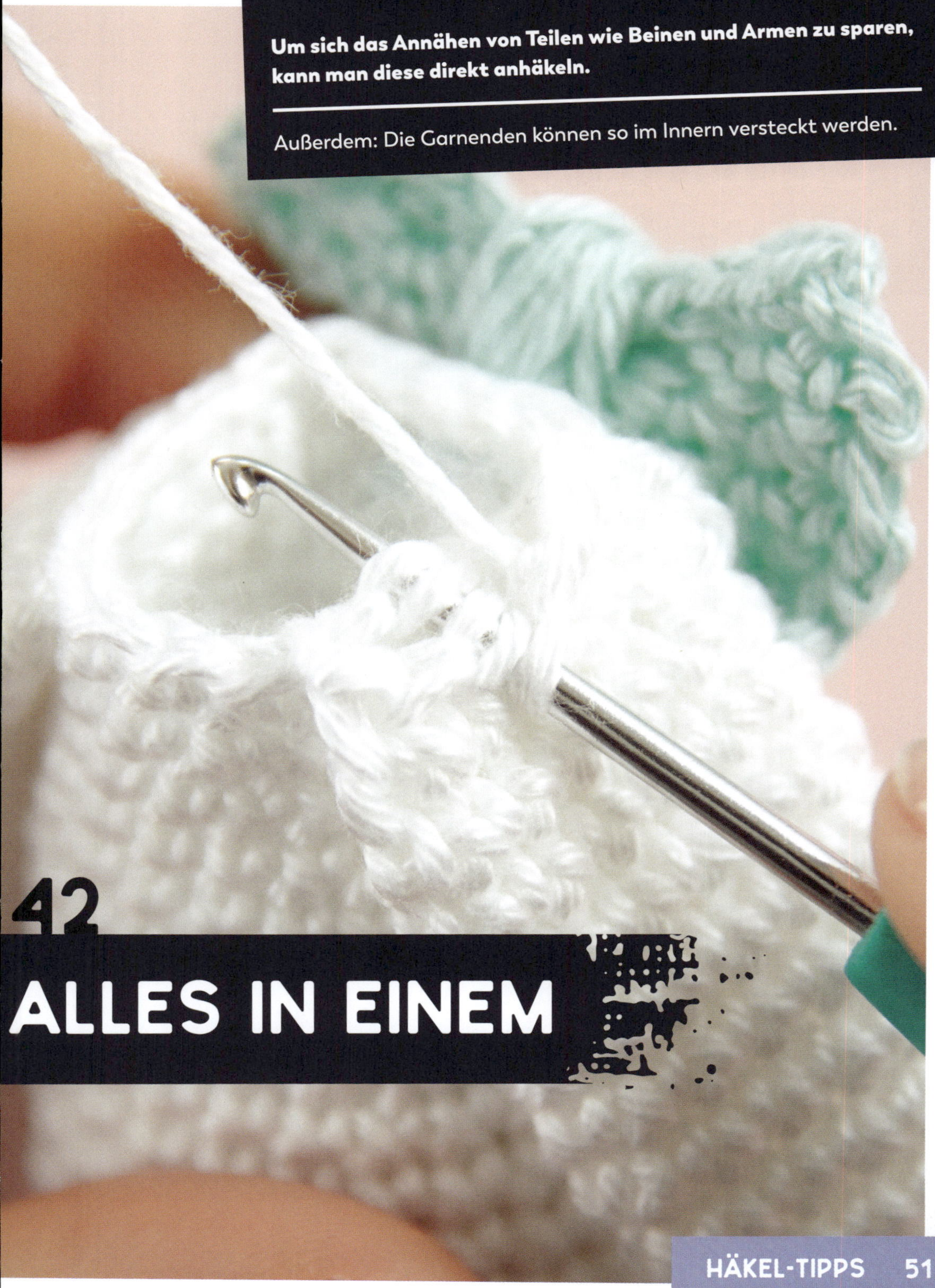

Um sich das Annähen von Teilen wie Beinen und Armen zu sparen, kann man diese direkt anhäkeln.

Außerdem: Die Garnenden können so im Innern versteckt werden.

42 ALLES IN EINEM

43 FÜLLUNG GUCKT RAUS

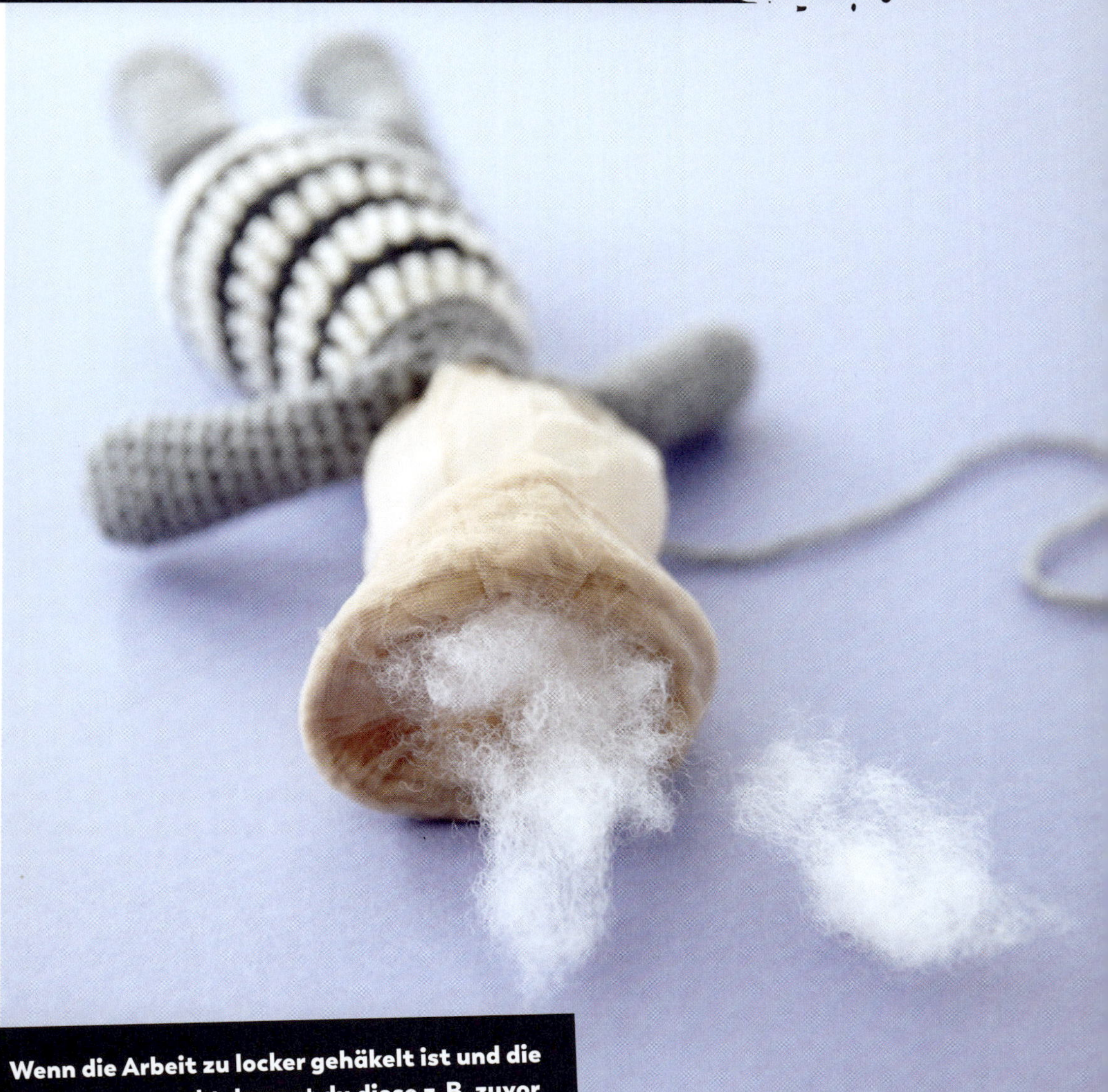

Wenn die Arbeit zu locker gehäkelt ist und die Füllung rausguckt, kannst du diese z. B. zuvor in einen Nylonstrumpf füllen.

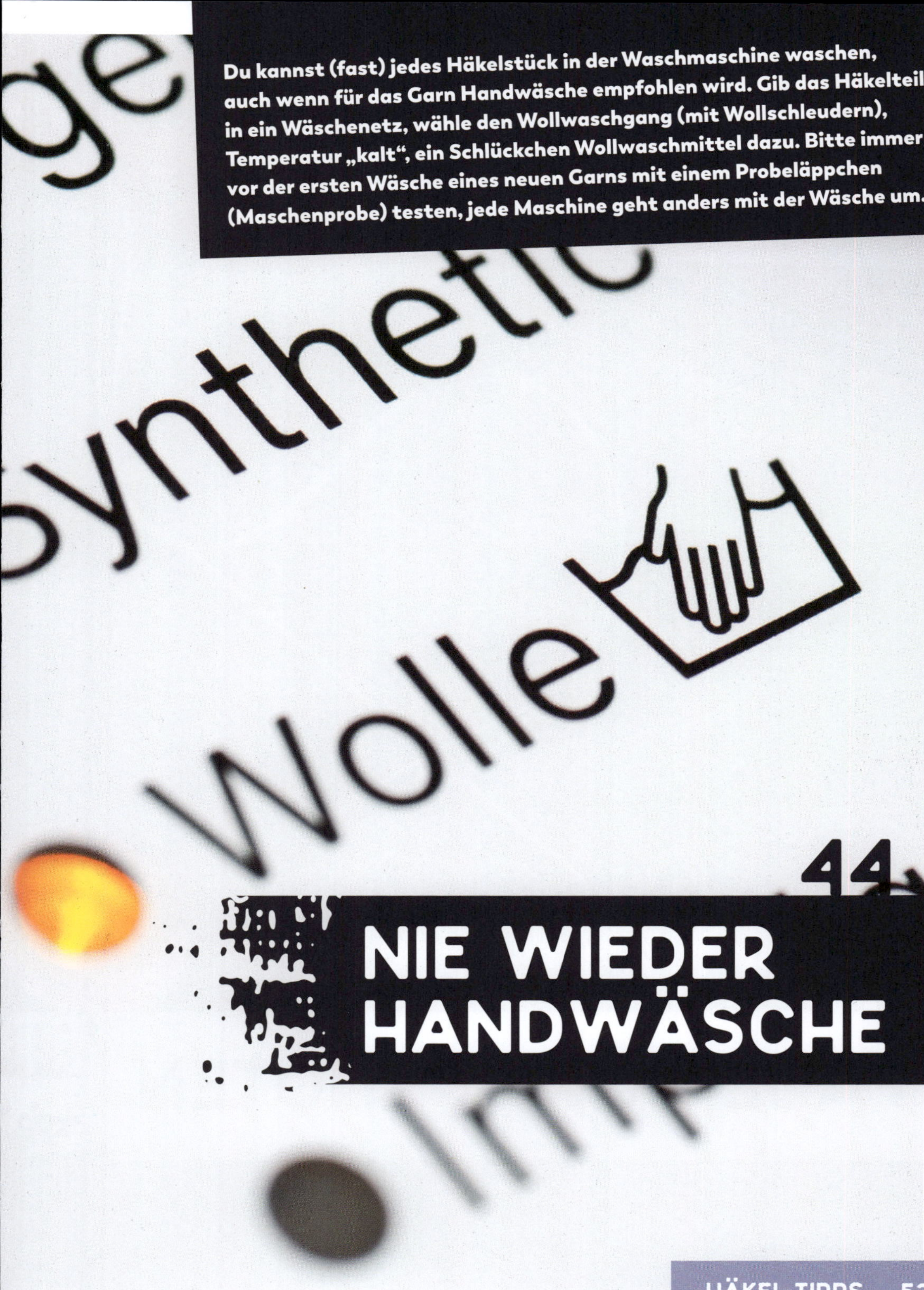

Du kannst (fast) jedes Häkelstück in der Waschmaschine waschen, auch wenn für das Garn Handwäsche empfohlen wird. Gib das Häkelteil in ein Wäschenetz, wähle den Wollwaschgang (mit Wollschleudern), Temperatur „kalt“, ein Schlückchen Wollwaschmittel dazu. Bitte immer vor der ersten Wäsche eines neuen Garns mit einem Probeläppchen (Maschenprobe) testen, jede Maschine geht anders mit der Wäsche um.

44
NIE WIEDER HANDWÄSCHE

45 FADEN OHNE KNOTEN

Der Faden wird doppelt gelegt und beide Enden ins Öhr eingefädelt. Man sticht durch das Häkelstück und kurz vor dem Durchziehen der Garnschlaufe am unteren Ende durch Selbige. Damit ist der Faden fest.

Besonders geeignet zum Knopf annähen!

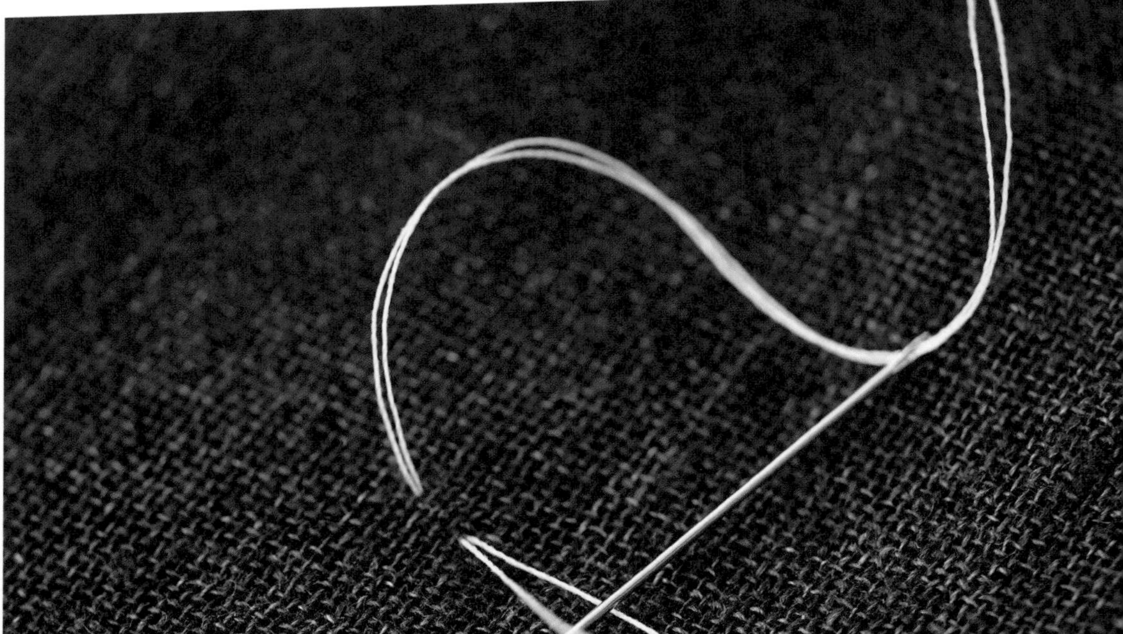

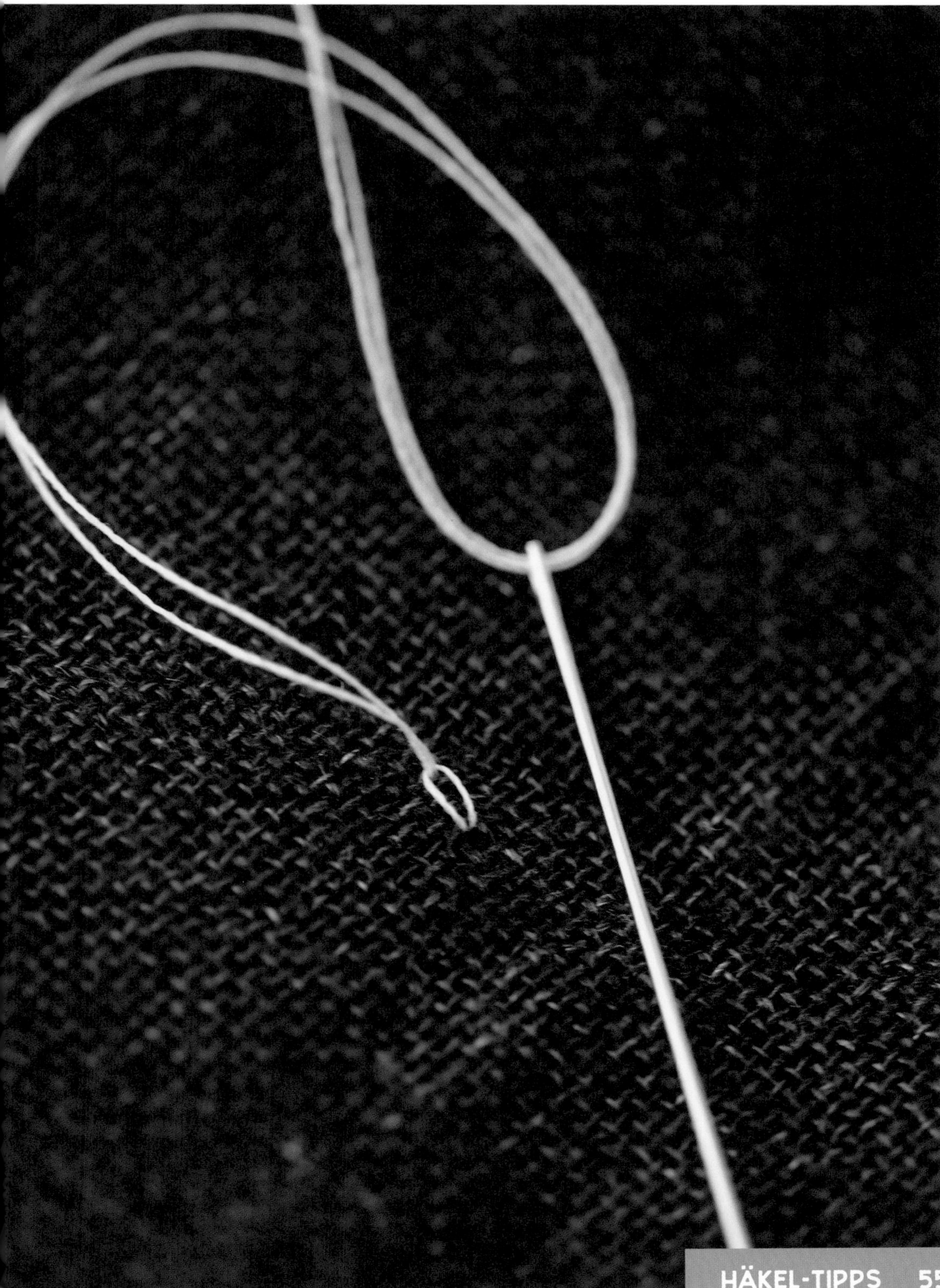

46

KNOOKING-NADEL

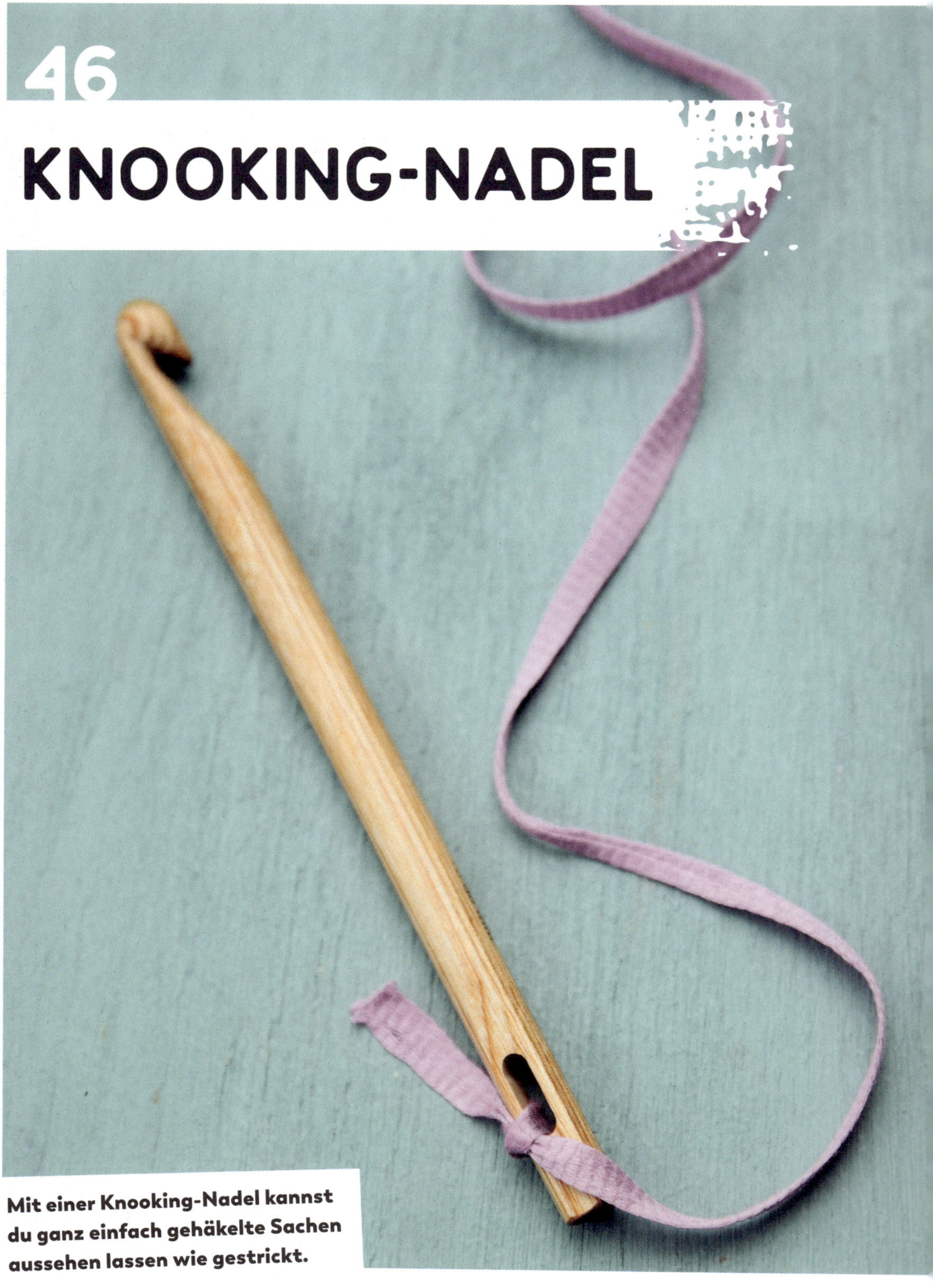

Mit einer Knooking-Nadel kannst du ganz einfach gehäkelte Sachen aussehen lassen wie gestrickt.

NOTIZEN

Die richtige Technik

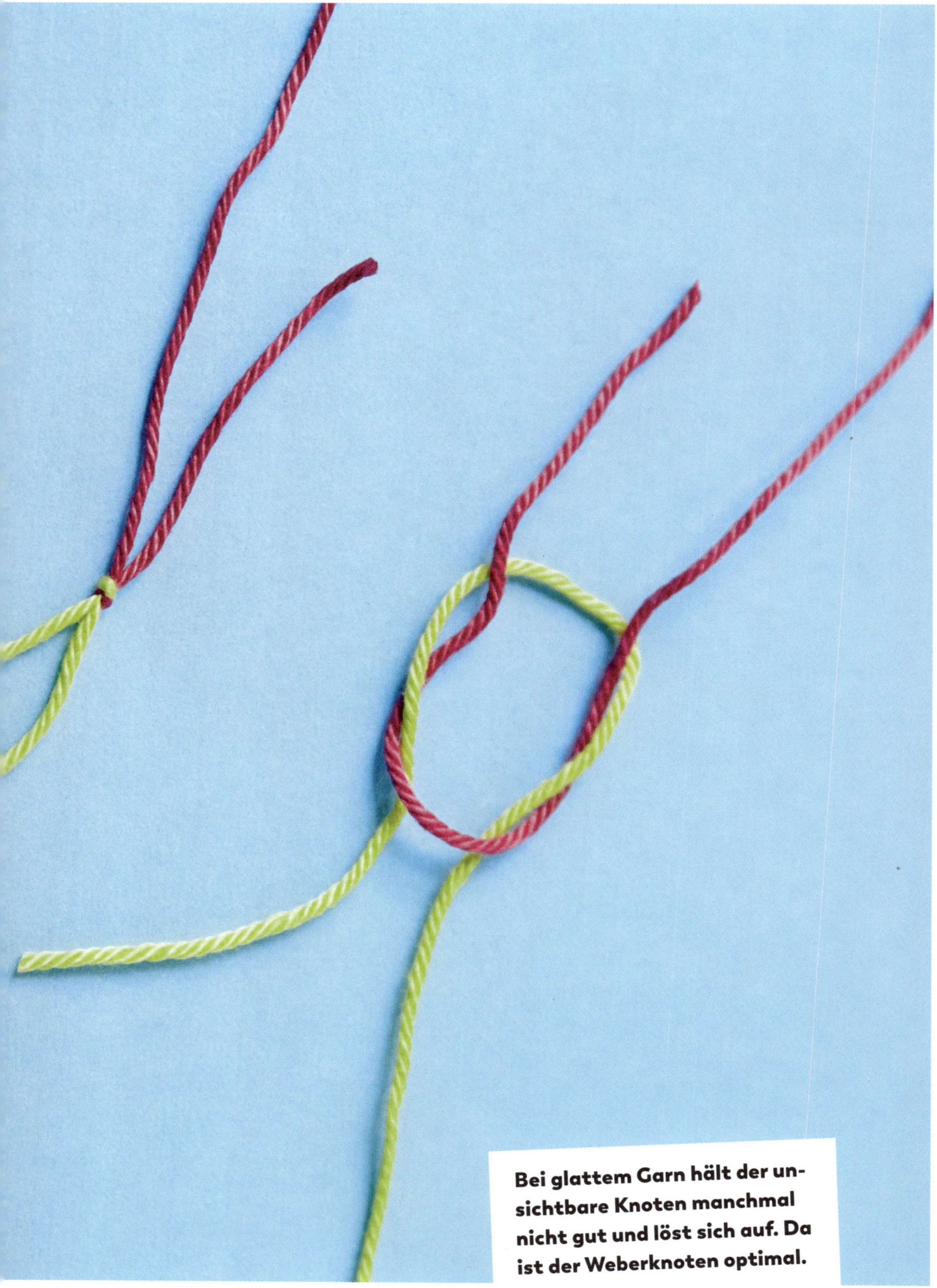

Bei glattem Garn hält der unsichtbare Knoten manchmal nicht gut und löst sich auf. Da ist der Weberknoten optimal.

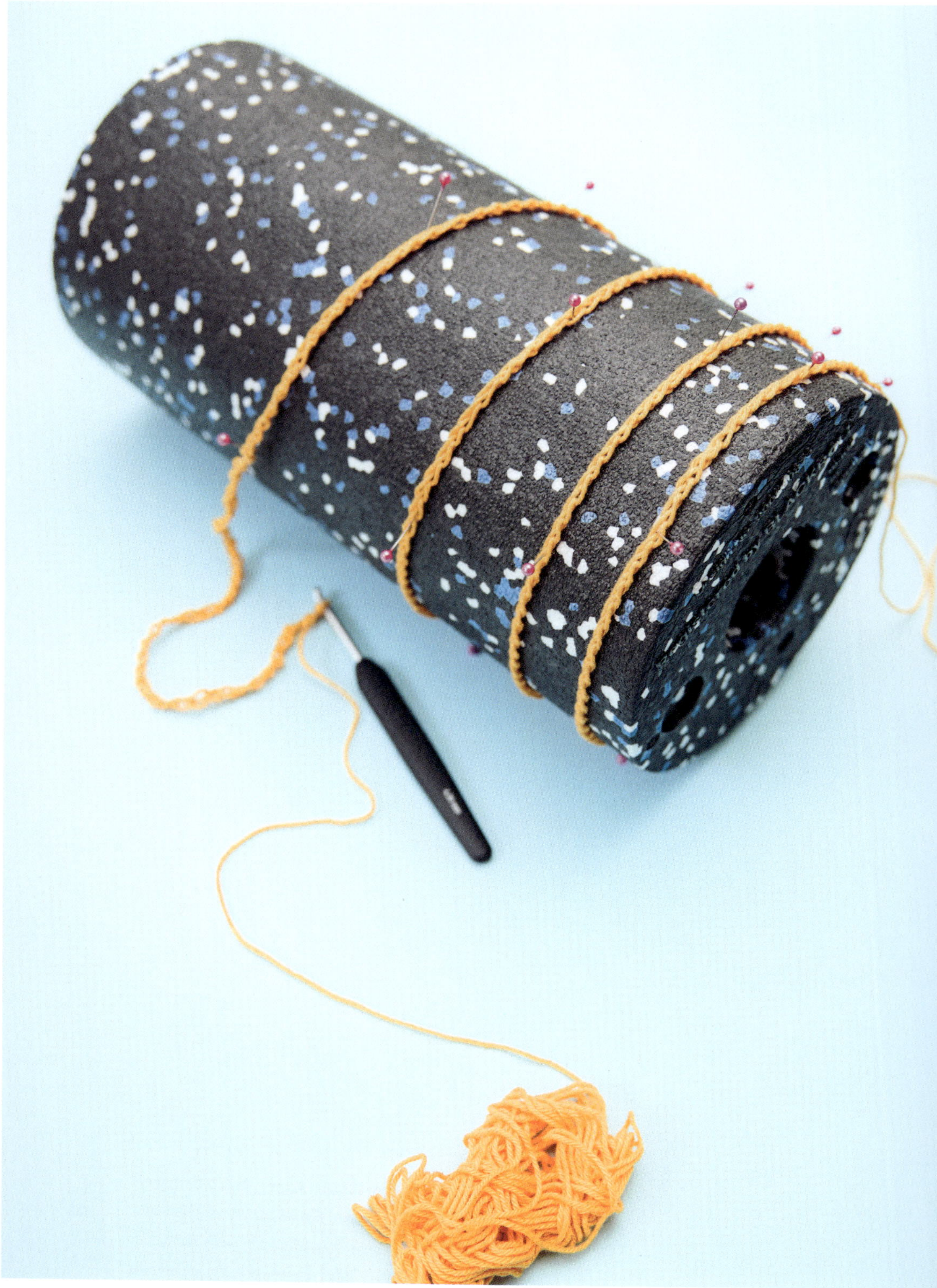

Es sind die kleinen Technik-Tricks, die ein schönes Häkelergebnis von einem perfekten unterscheiden. Wenn du die im Folgenden aufgeführten Hacks beachtest, wirst du dich garantiert in Zukunft viel weniger ärgern und wundern über zum Beispiel ungerade Kanten oder falsche Zunahmen – und staunen über den zusätzlichen Wow-Faktor deiner fertigen Projekte!

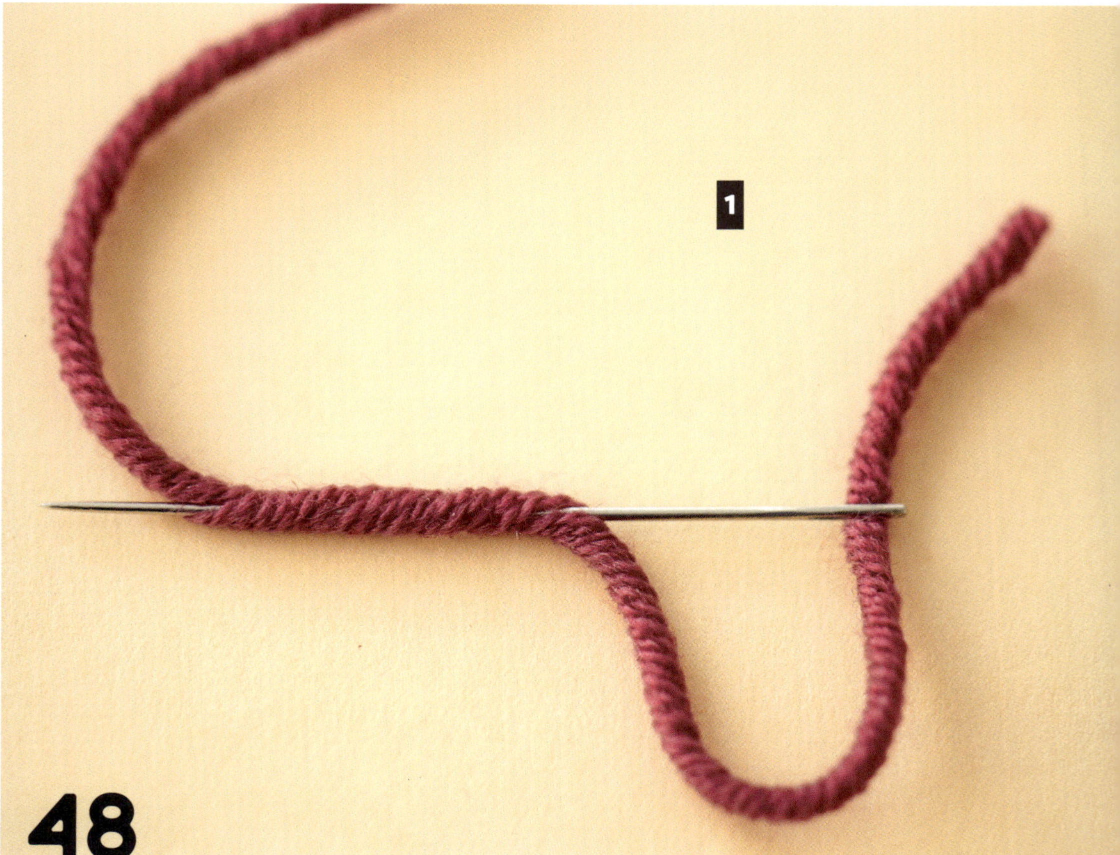

48 RUSSISCHE VERBINDUNG

Magst du nicht gerne Fäden vernähen oder hast ein Häkelstück, bei dem keine Vernähfäden sichtbar sein sollen? Dann hilft dir folgender Tipp um zwei Knäuel vor dem Verhäkeln miteinander zu verbinden:

---

1 **Den Faden des ersten Knäuels auf eine spitze Nadel fädeln und in das Garn selbst so einziehen, dass eine Schlaufe entsteht.**

2 **Den Faden des zweiten Knäuels durch diese Schlaufe fädeln und wie bei 1. In sich selbst einziehen. Fadenenden festziehen und abschneiden.**

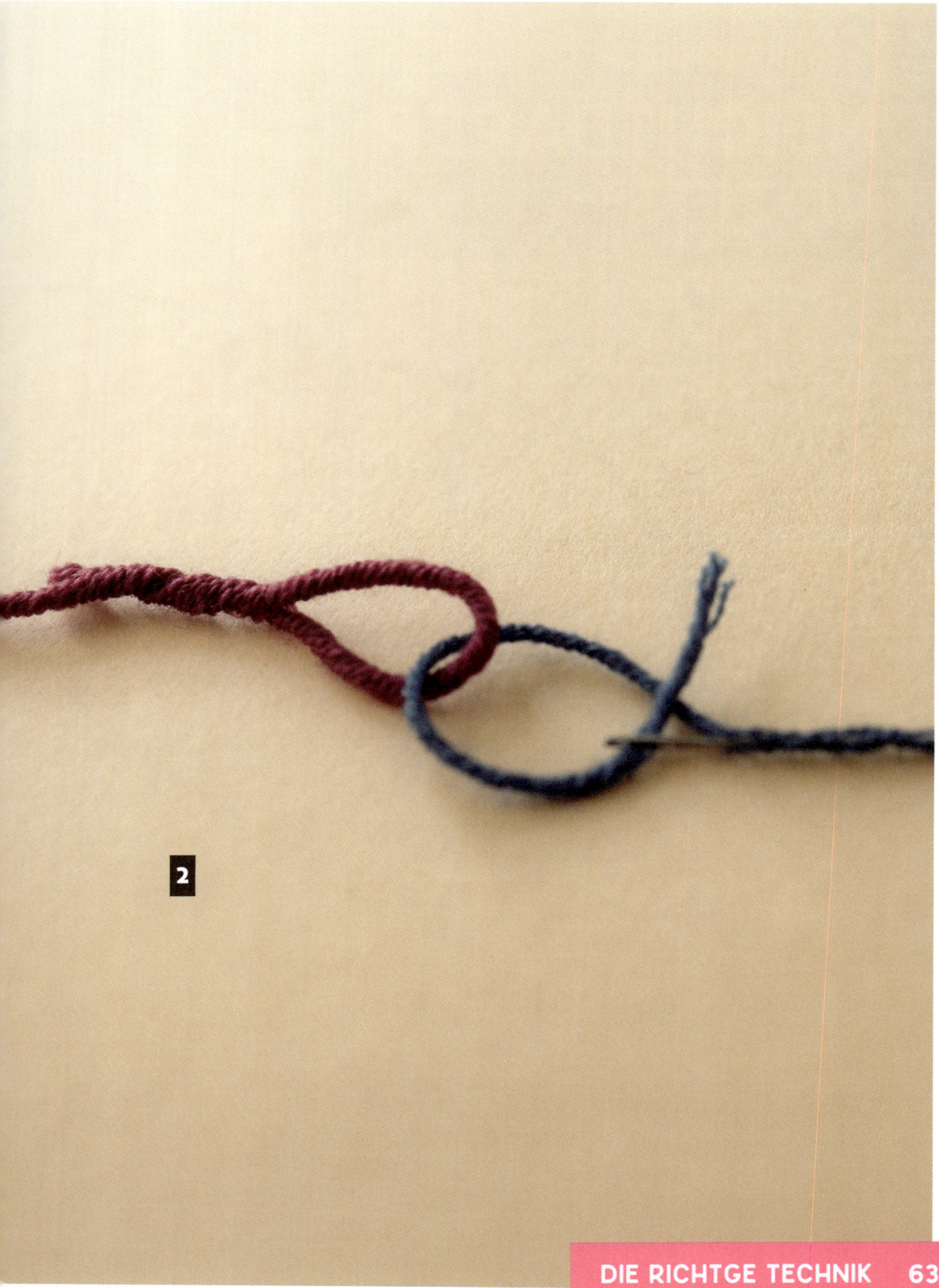

49

UNSICHTBARER KNOTEN

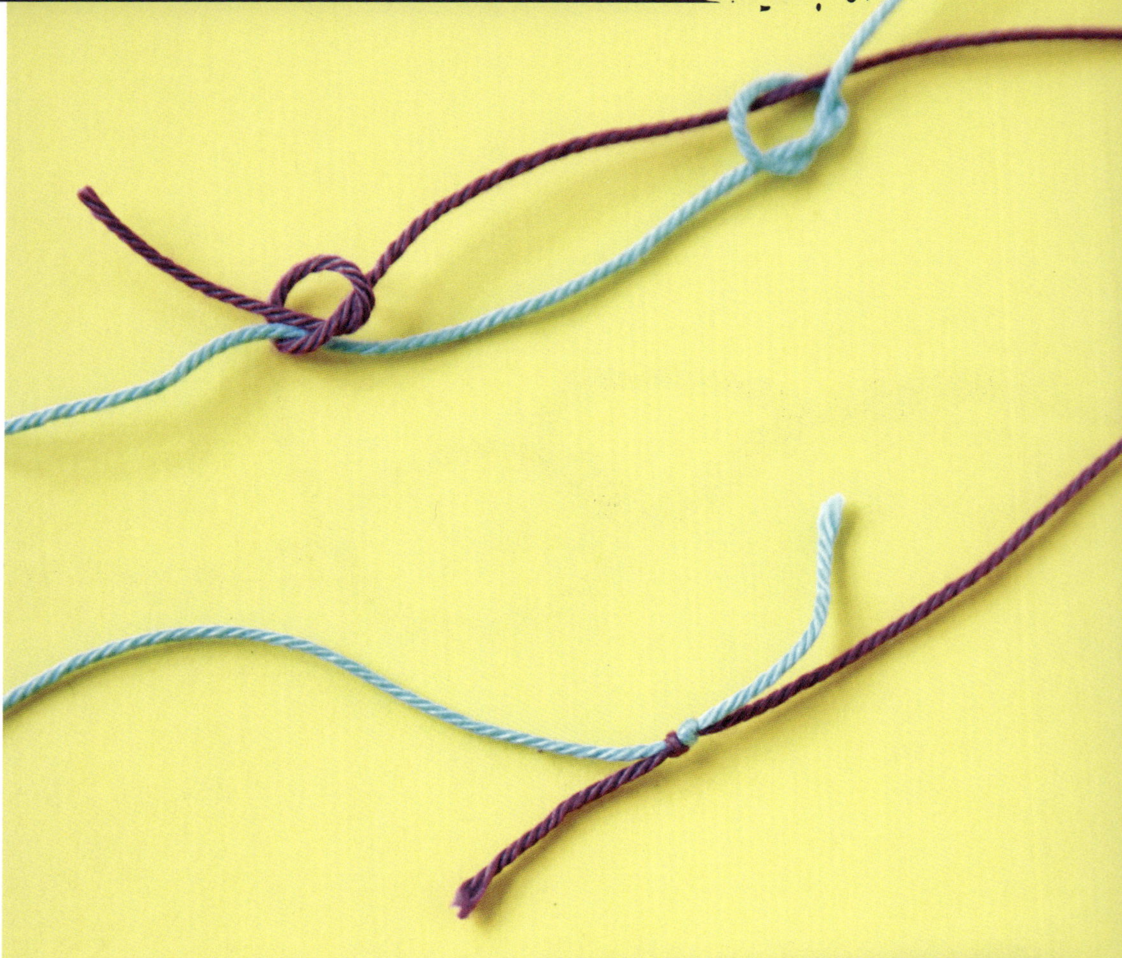

Die meisten Garne lassen sich mit diesem Knoten fest verbinden und so knapp abschneiden, dass nichts übersteht. Verknote einfach das eine Ende mit sich selbst um das andere Stück Garn und ziehe es fest zusammen.

Vorsicht bei Wolle. Ziehe nicht zu fest, sonst reißt der Faden.

Eine schönere Optik der ersten Reihe bekommst du, wenn in die hinteren Schlaufen der Luftmaschenkette gehäkelt wird.

Statt Schlaufen hast du jetzt ein hübsches Zopfmuster am Anfang deiner Arbeit.

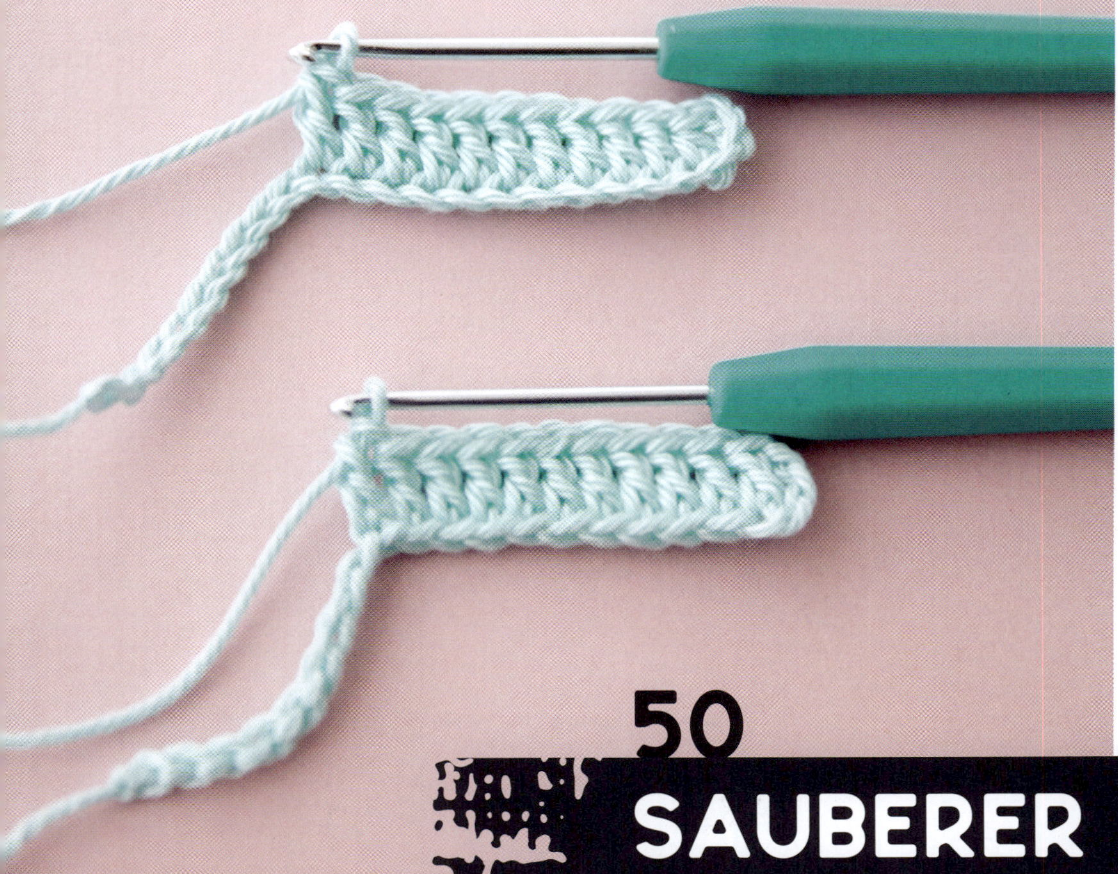

50 SAUBERER ANSCHLAG

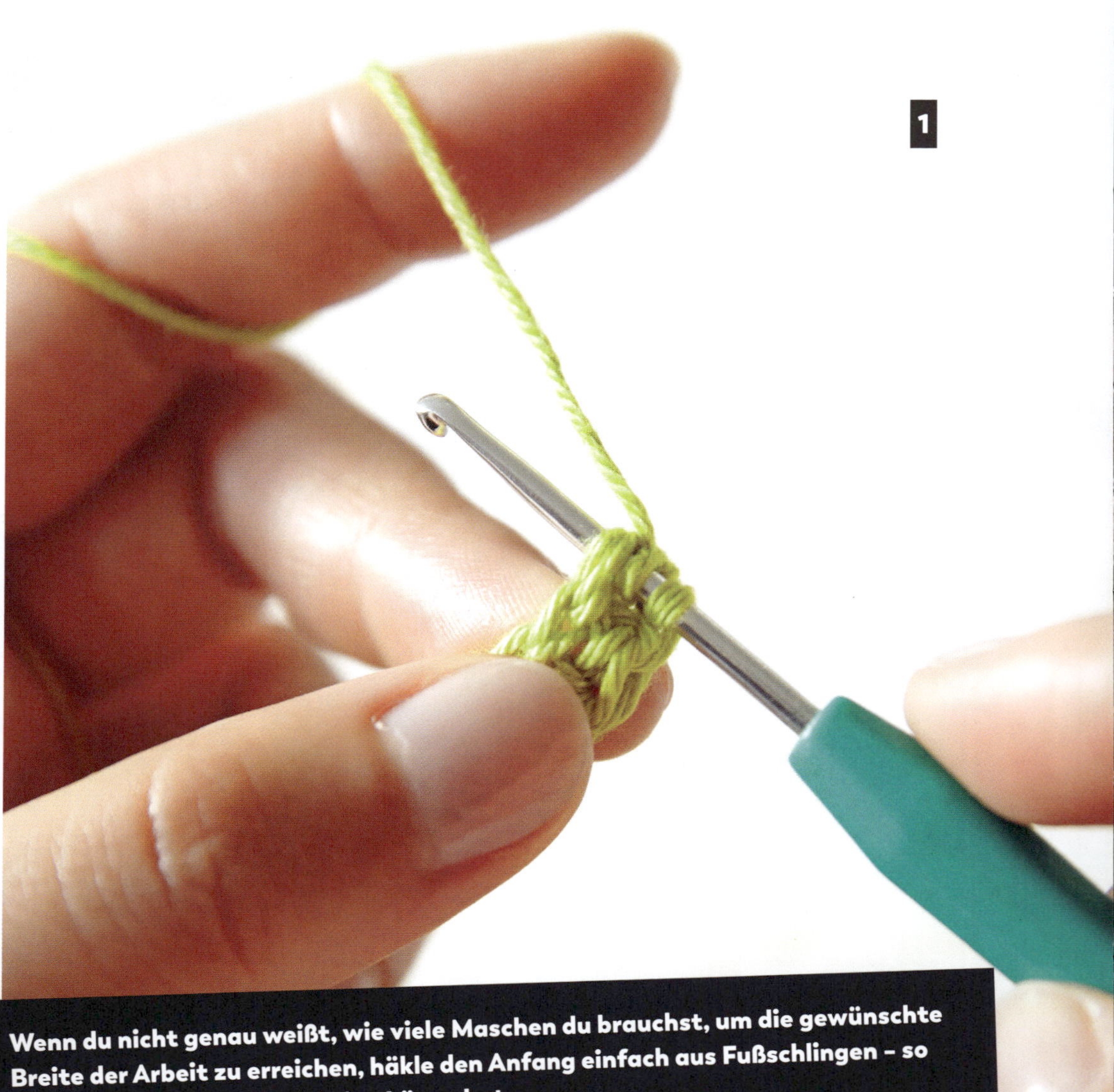

1

Wenn du nicht genau weißt, wie viele Maschen du brauchst, um die gewünschte Breite der Arbeit zu erreichen, häkle den Anfang einfach aus Fußschlingen – so lange, bis die Kante die richtige Länge hat.

Hier ein Beispiel mit halben Stäbchen: drei Luftmaschen häkeln, einen Umschlag machen und in die erste Luftmasche eine feste Masche häkeln. Das ist die erste Fußschlinge. Einen Umschlag machen und durch alle drei Schlaufen ziehen. Das erste hStb mit Fußschlinge ist fertig. *Umschlag, feste Masche in die Fußschlinge, Umschlag, Faden durch alle drei Schlaufen zeihen* Wiederhole von * bis * . Im Internet findest du einige Videos, die den Anschlag genau zeigen und erklären.

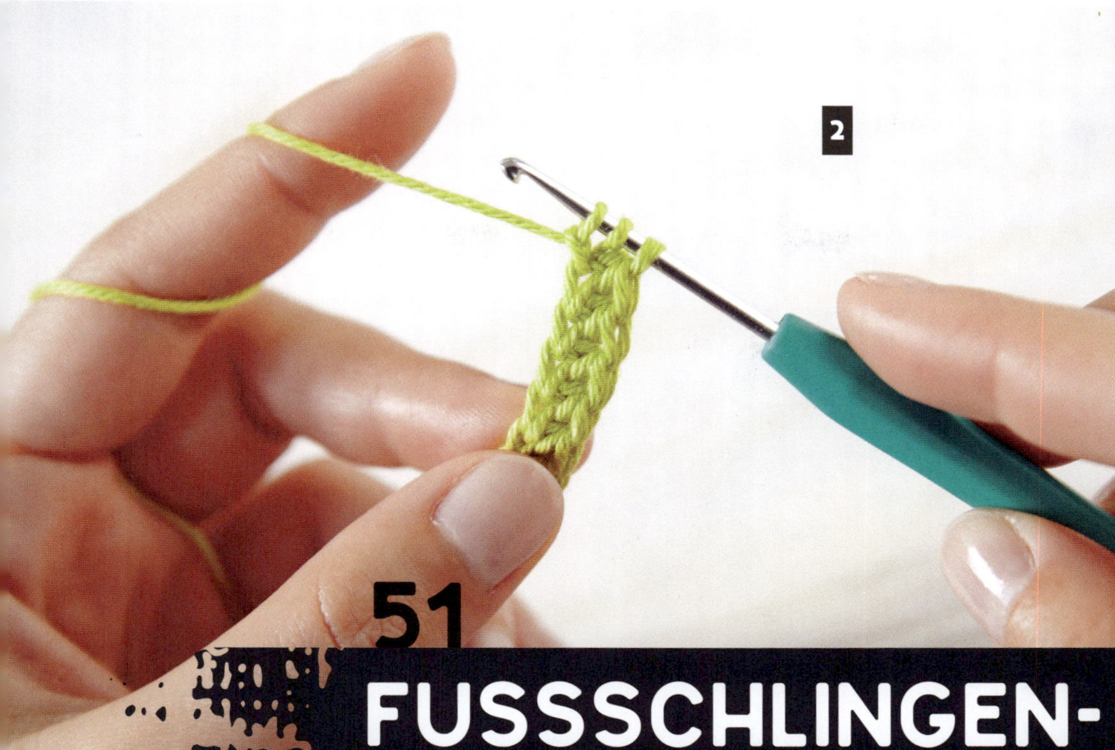

2

51 FUSSSCHLINGEN-ANSCHLAG

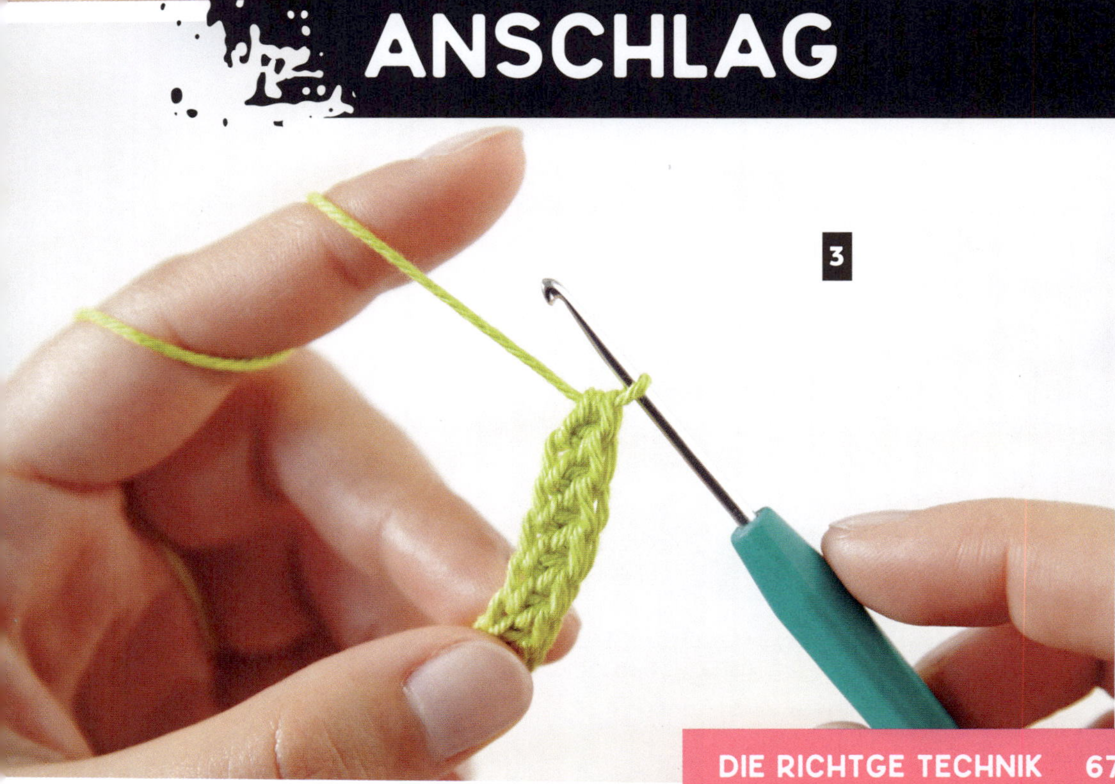

3

52 LUFTMASCHEN-ANSCHLAG

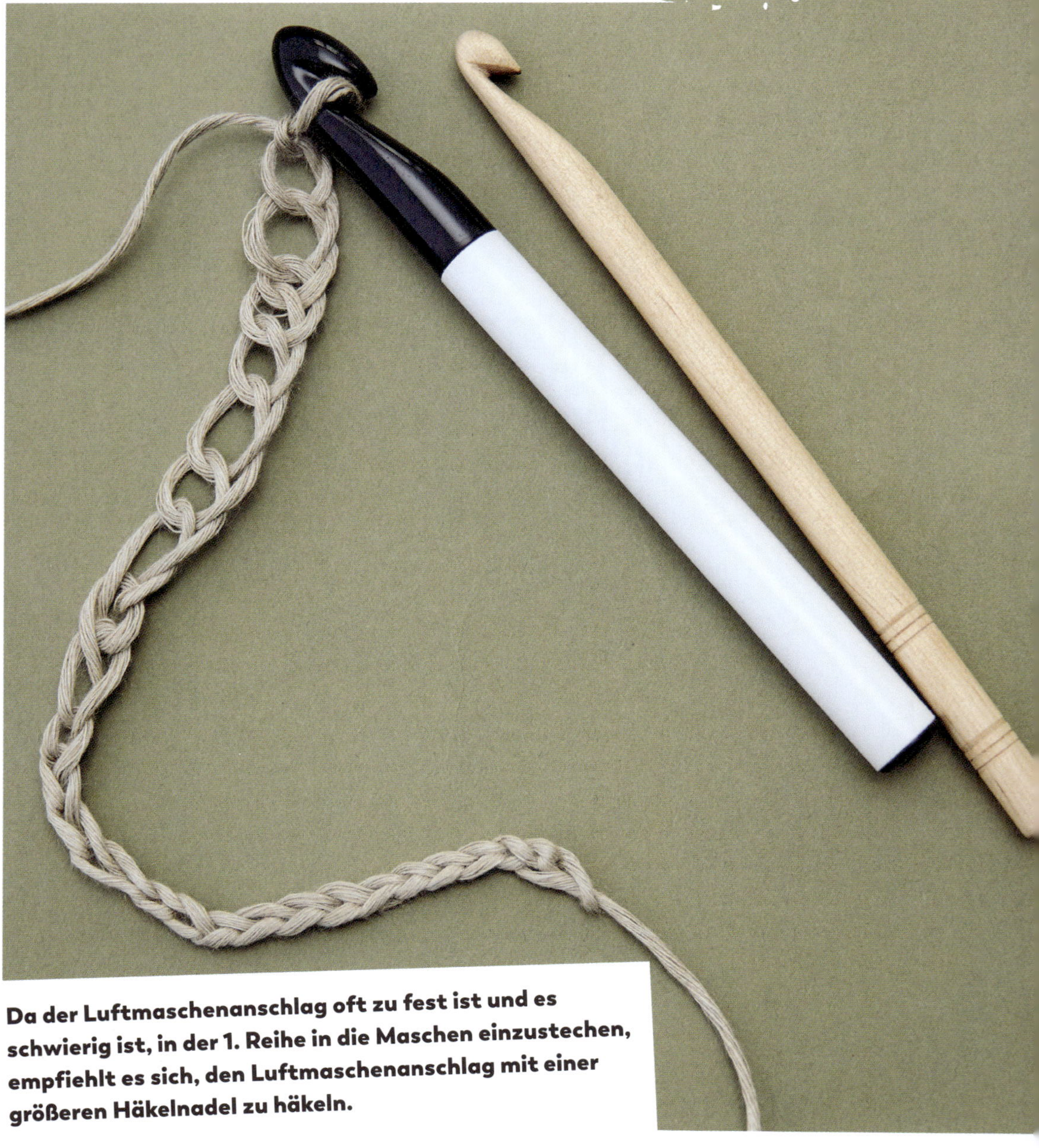

Da der Luftmaschenanschlag oft zu fest ist und es schwierig ist, in der 1. Reihe in die Maschen einzustechen, empfiehlt es sich, den Luftmaschenanschlag mit einer größeren Häkelnadel zu häkeln.

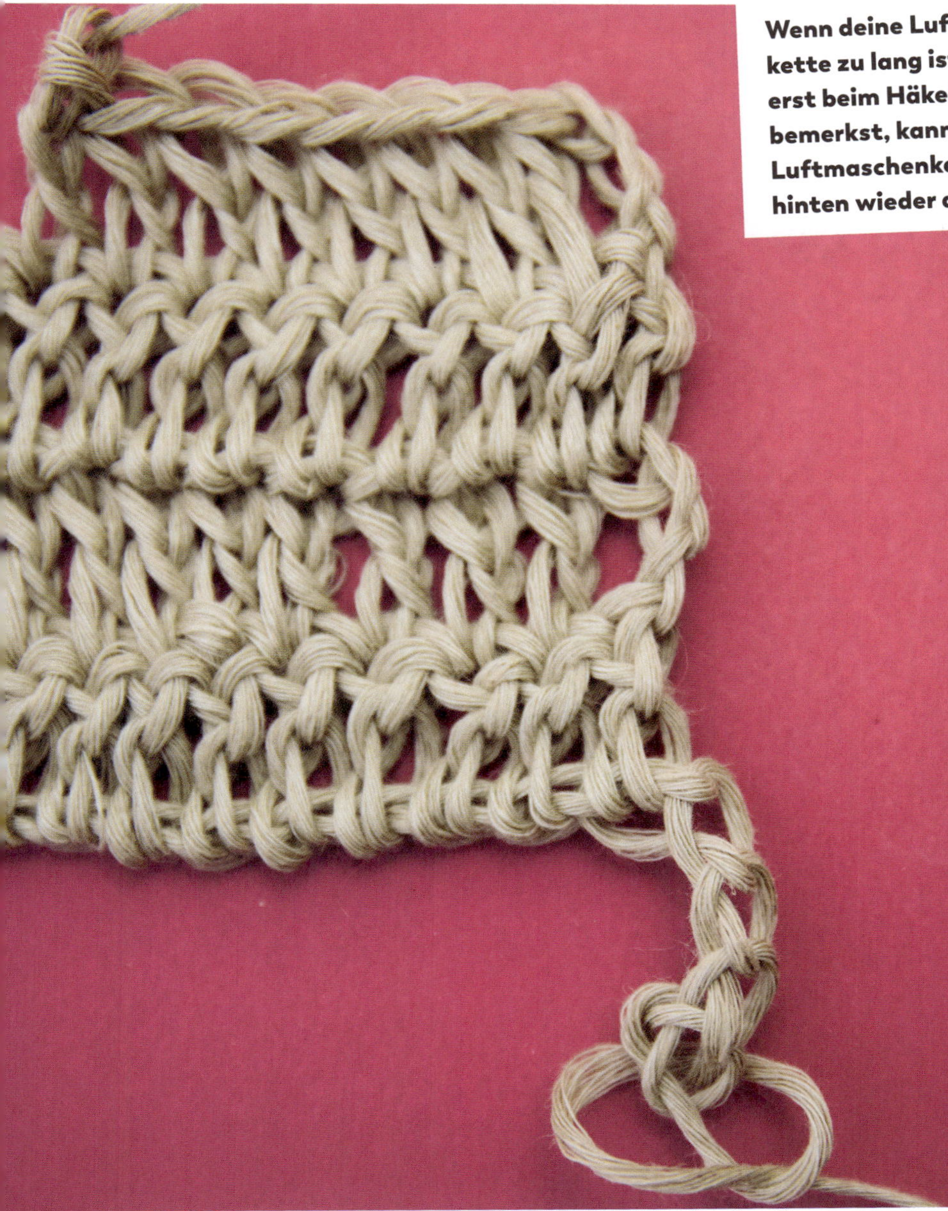

Wenn deine Luftmaschenkette zu lang ist und du es erst beim Häkeln der 1. Reihe bemerkst, kannst du die Luftmaschenkette auch von hinten wieder aufmachen.

53

LUFTMASCHENKETTE ZU LANG

Damit du keine verdrehte Luftmaschenkette bekommst, stecke deine Luftmaschenkette einfach über eine Faszienrolle mit Stecknadeln fest.

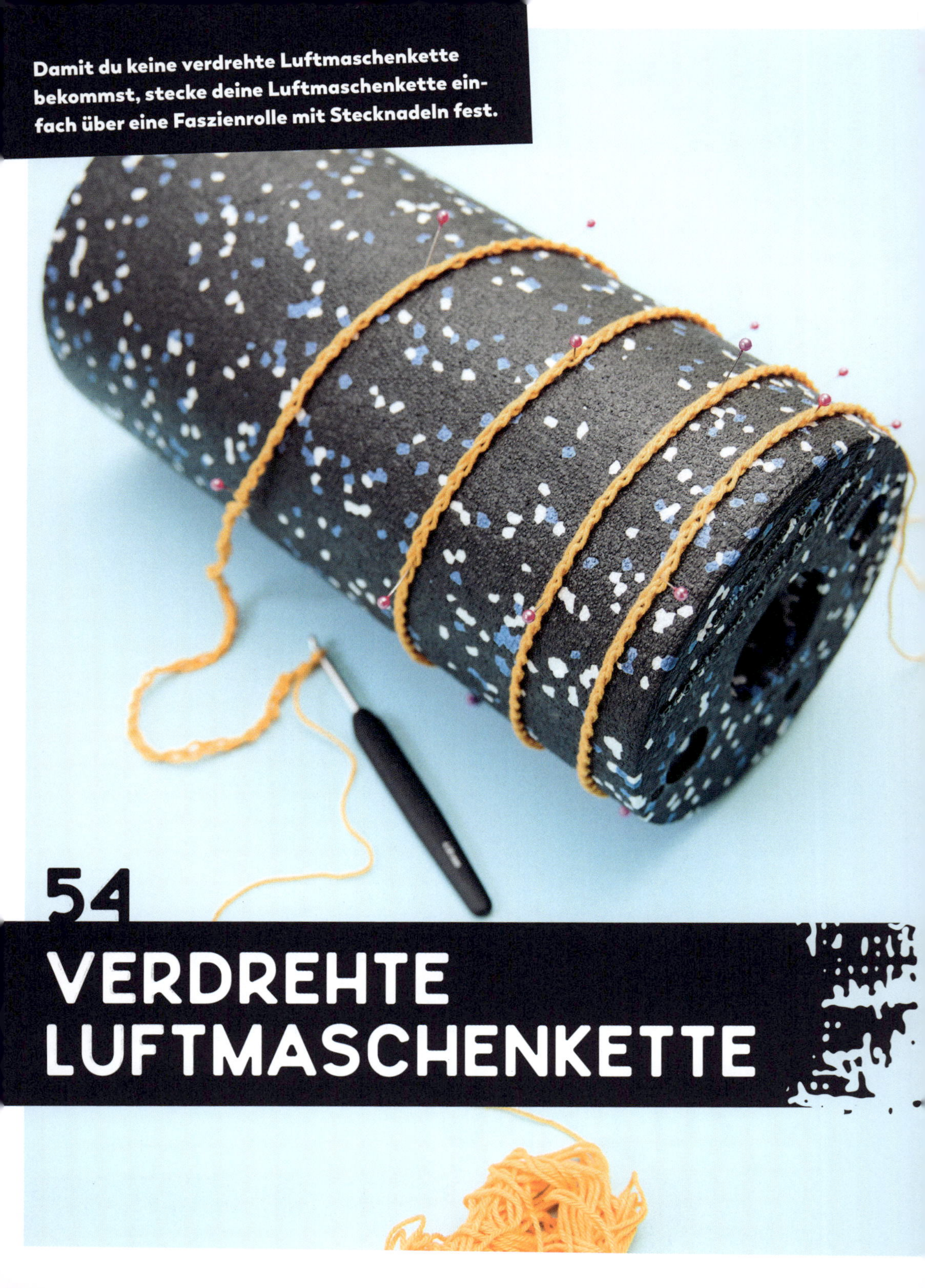

54 VERDREHTE LUFTMASCHENKETTE

55

NICHT DEN ÜBERBLICK VERLIEREN

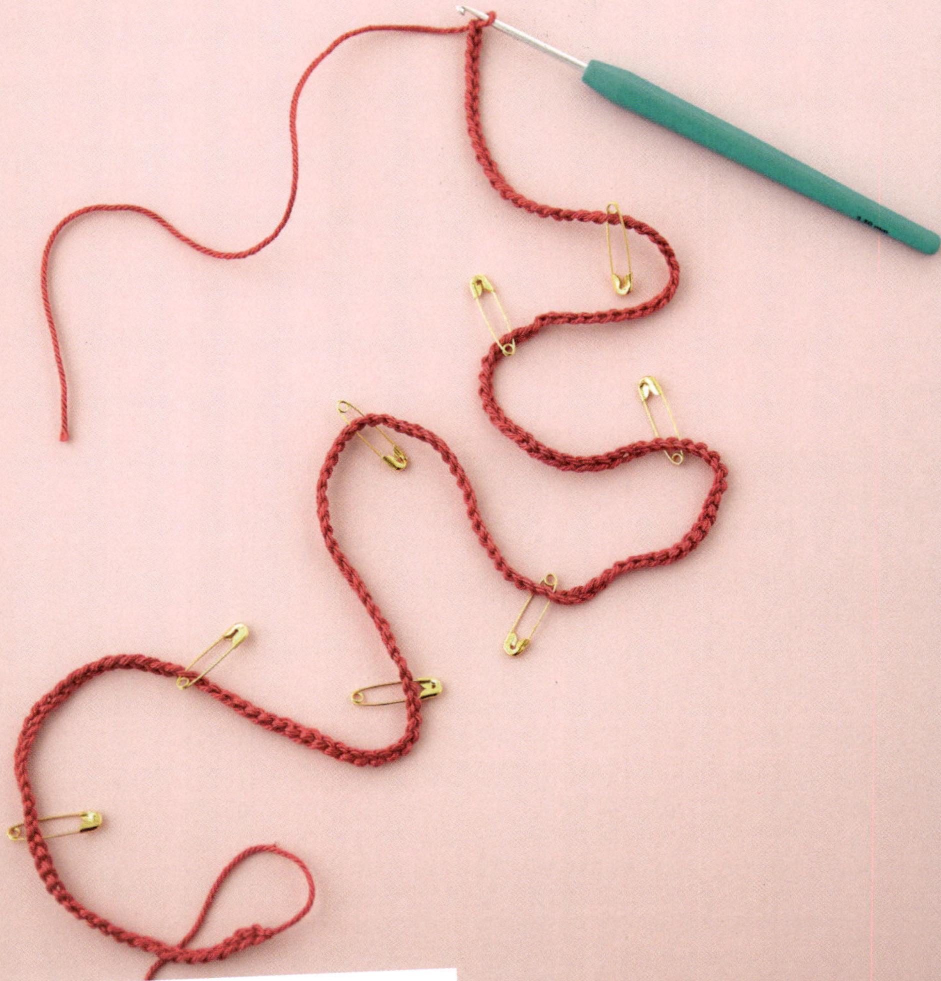

Wenn du eine lange Luftmaschenkette häkeln musst, setze in regelmäßigen Abständen, zum Beispiel alle 10 Maschen, einen Maschenmarkierer. So wird die Häkelarbeit nicht zum Frust, wenn du dich mal verzählst.

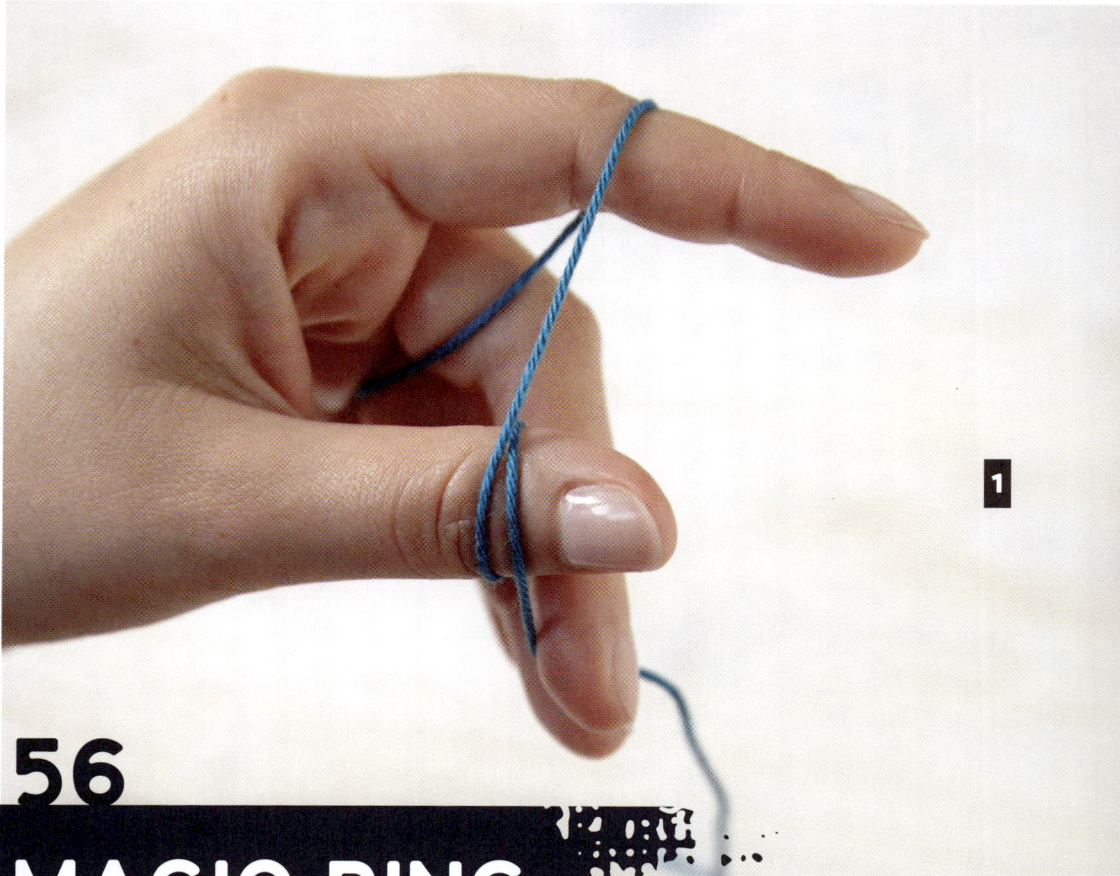

1

56 MAGIC RING

Fange runde Arbeiten mit einem Magic Ring an. So lässt sich der Anfang ganz fest zuziehen, und es bleibt kein unschönes Loch zurück.

---

1 Wickle den Faden um deinen Daumen.

2 Führe die Nadel unter den Daumenfaden und hole den vom Zeigefinger kommenden Faden.

3 Durch die entstandene Schlaufe wird erneut der Faden geholt. Nun kannst du die benötigte Maschenanzahl häkeln und den Kreis fest zuziehen.

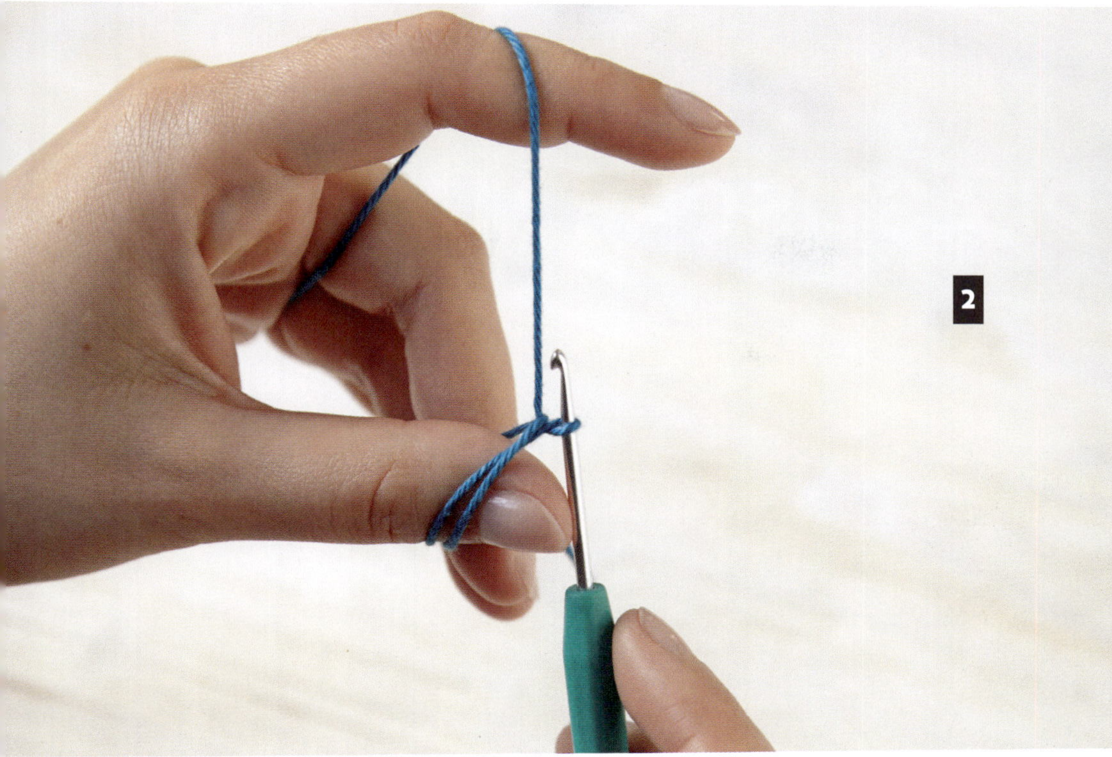

2

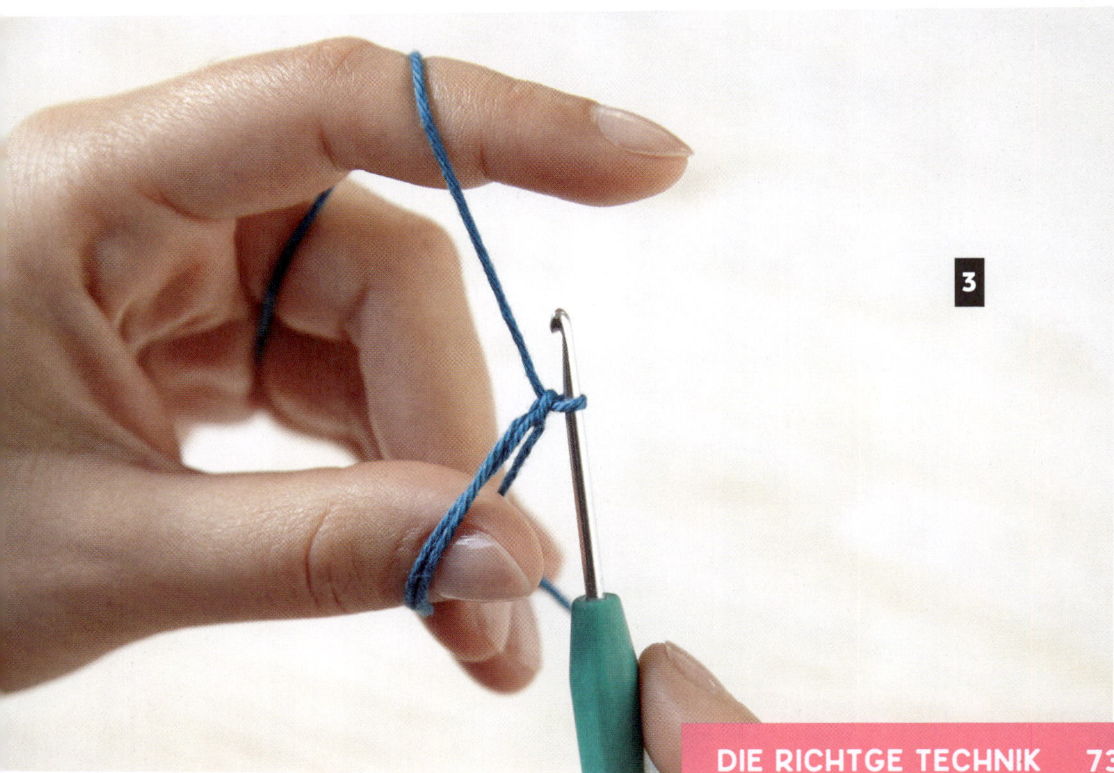

3

57

PLASTISCHE MASCHE

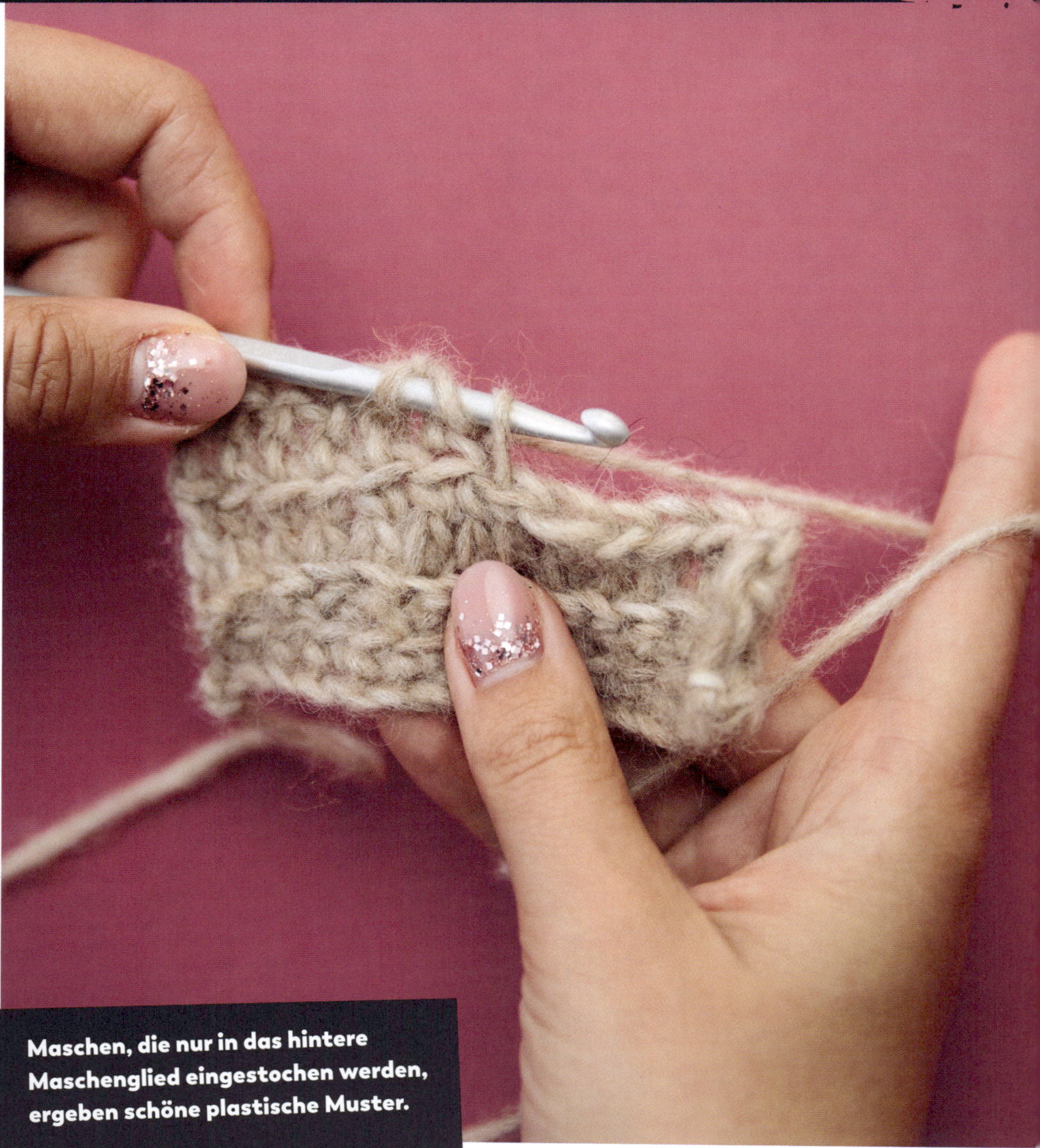

Maschen, die nur in das hintere Maschenglied eingestochen werden, ergeben schöne plastische Muster.

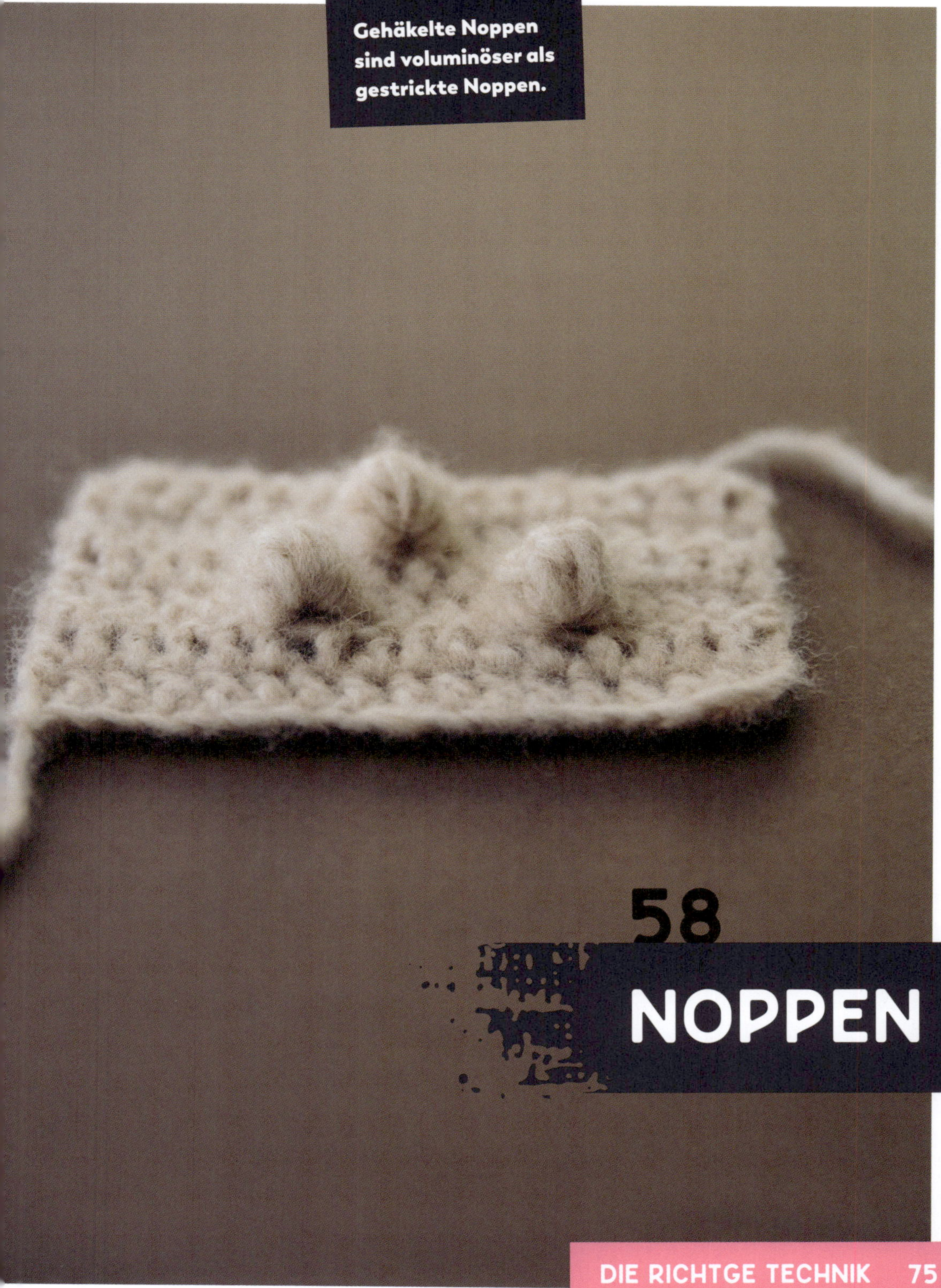

Gehäkelte Noppen sind voluminöser als gestrickte Noppen.

58 NOPPEN

59

VERZOPFT

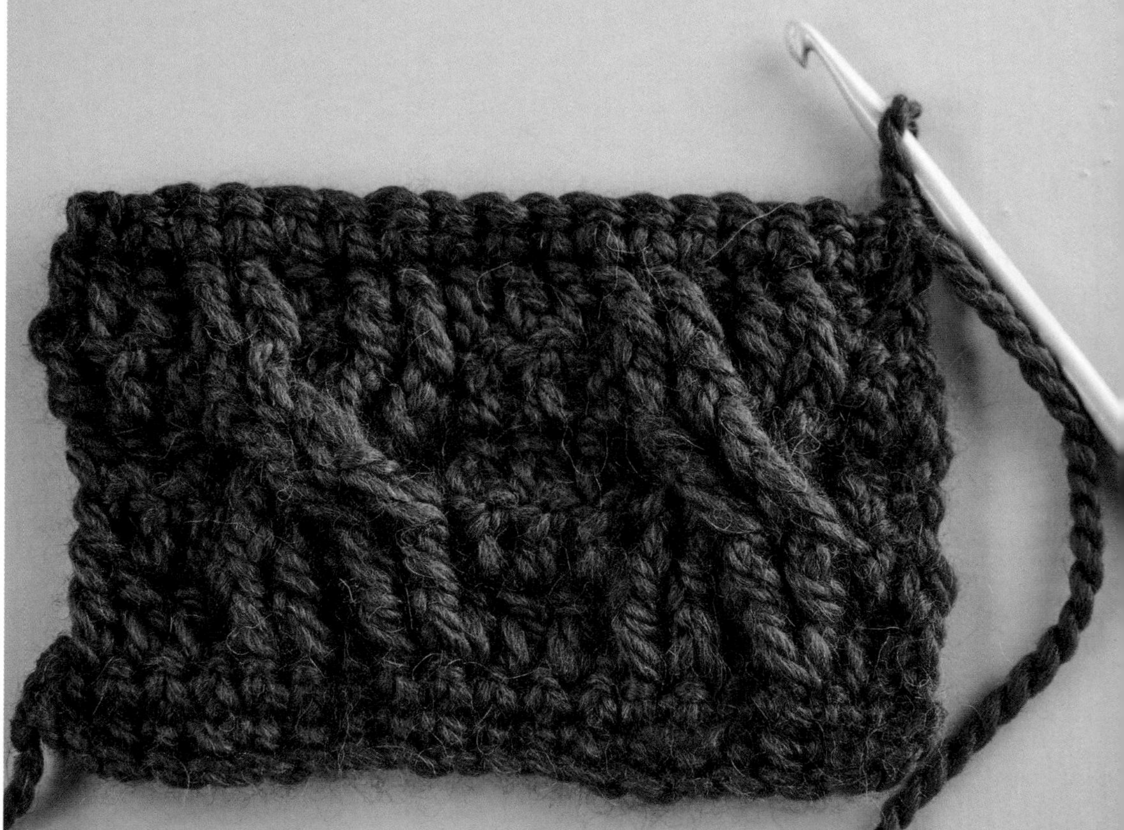

Zöpfe können auch gehäkelt werden.

Beim Häkeln von Farbstreifen kann man die gerade nicht benötigte Farbe am Rand hochführen. Am Reihenanfang werden dann beide Fäden verkreuzt.

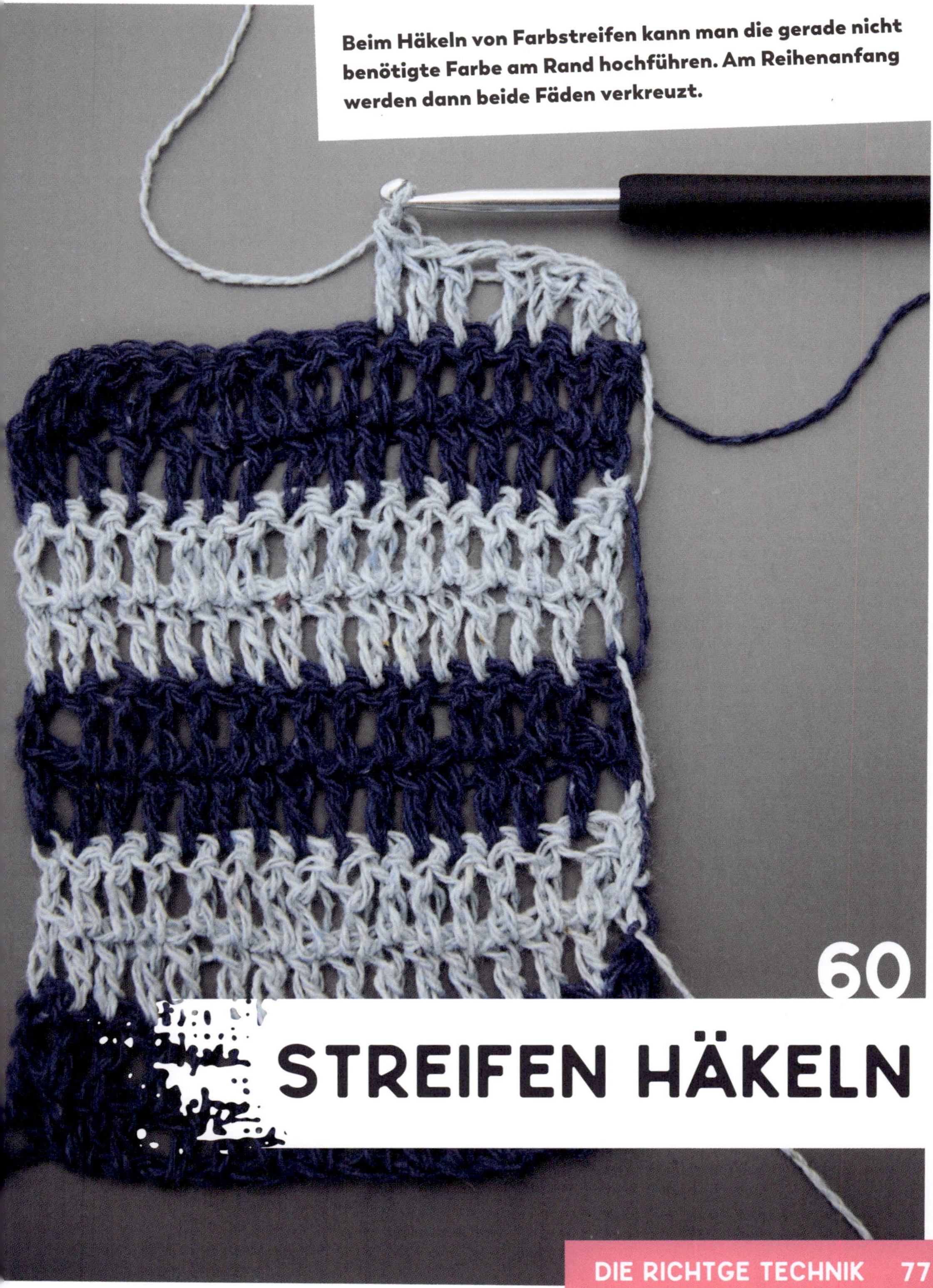

60

STREIFEN HÄKELN

61

FLACHE KREISE HÄKELN

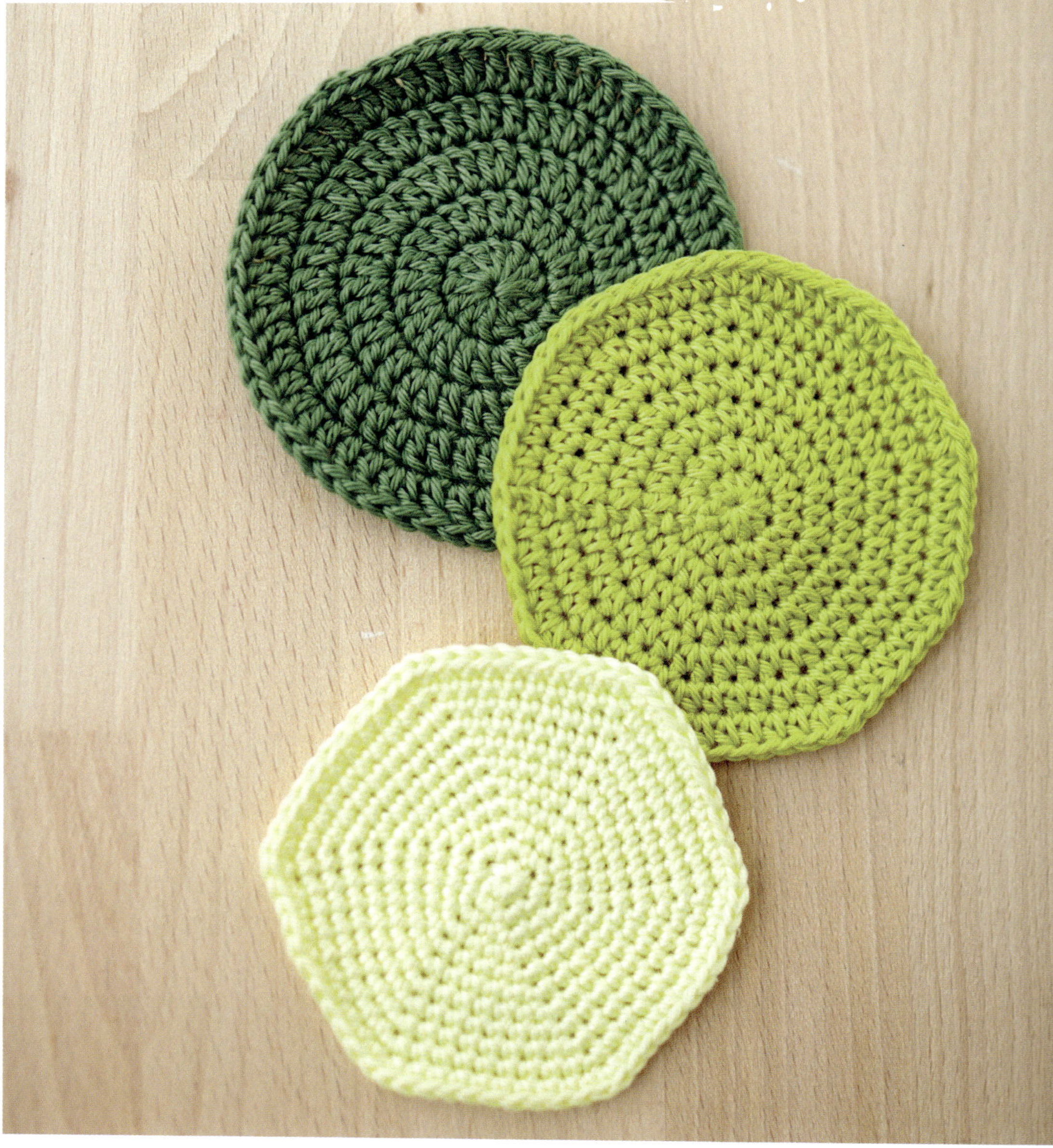

Mit größer werdenden Maschen musst du am Anfang auch eine größere Anzahl in den Fadenkreis häkeln.

Bei festen Maschen besteht die erste Runde aus 6 Maschen, bei halben Stäbchen aus 9 und bei Stäbchen aus 12 Maschen.

Danach häkelst du wie gewohnt die regelmäßigen Zunahmen (6 Zunahmen pro Runde).

Regelmäßige Zunahmen:

2. Runde: Jede Masche verdoppeln.

3. Runde: Jede 2. Masche verdoppeln.

4. Runde: Jede 3. Masche verdoppeln usw.

(Die Anzahl der Zunahmen richtet sich nach der Anzahl der Anfangsmaschen.)

Gerade Kanten bei Stäbchen erhältst du, wenn du beim Wenden in die 1. Masche eine feste Masche häkelst und danach durch das linke Beinchen der festen Masche noch eine feste Masche häkelst = Ersatzstäbchen

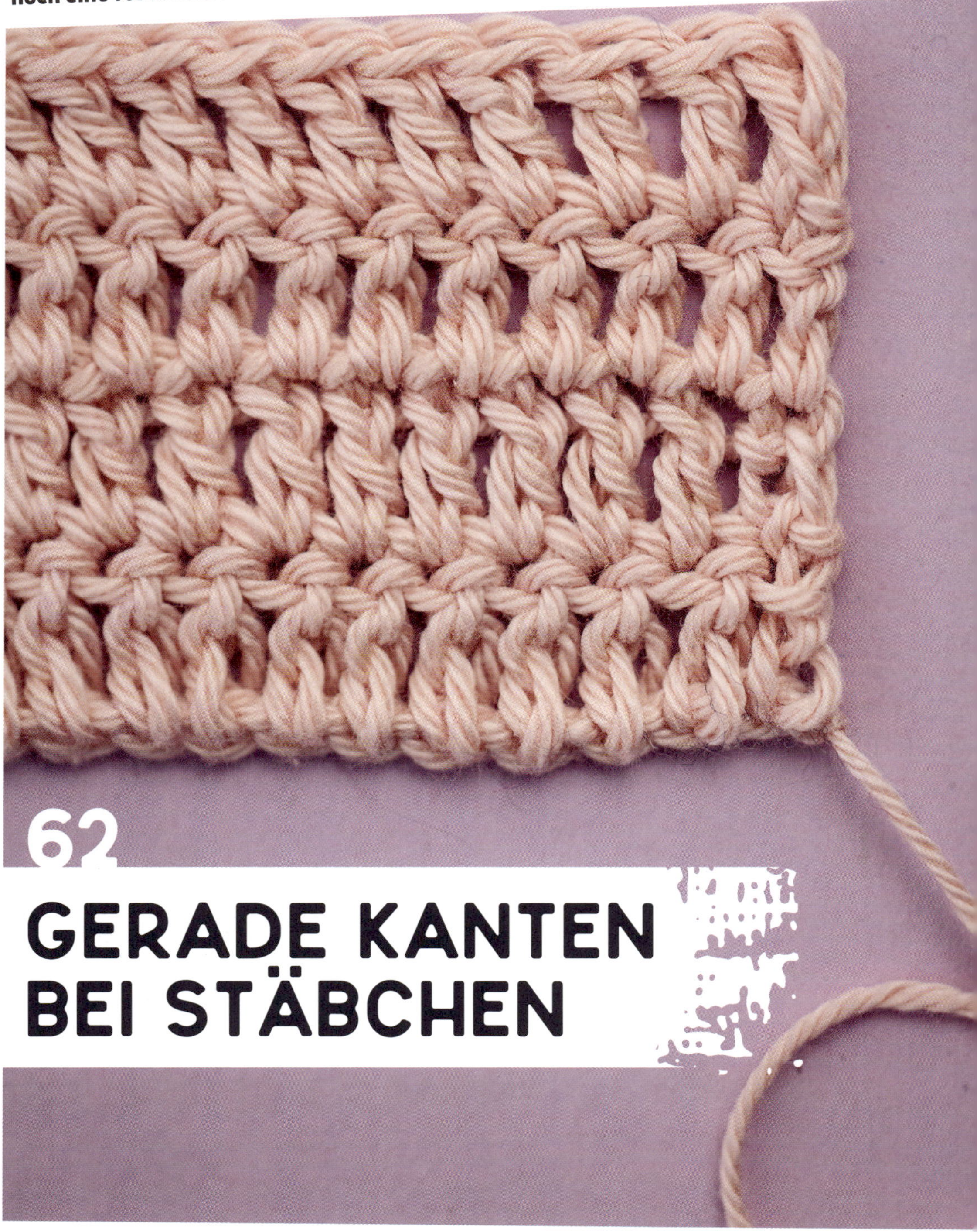

62

GERADE KANTEN BEI STÄBCHEN

63

SCHRÄG!

Schulterschrägungen können problemlos ohne Stufen gehäkelt werden, dafür Kettmaschen, feste Maschen, halbe Stäbchen am Reihenbeginn und gegengleich am Reihenende häkeln. In der 2. Reihe an den festen Maschen ansetzen und den Vorgang wiederholen.

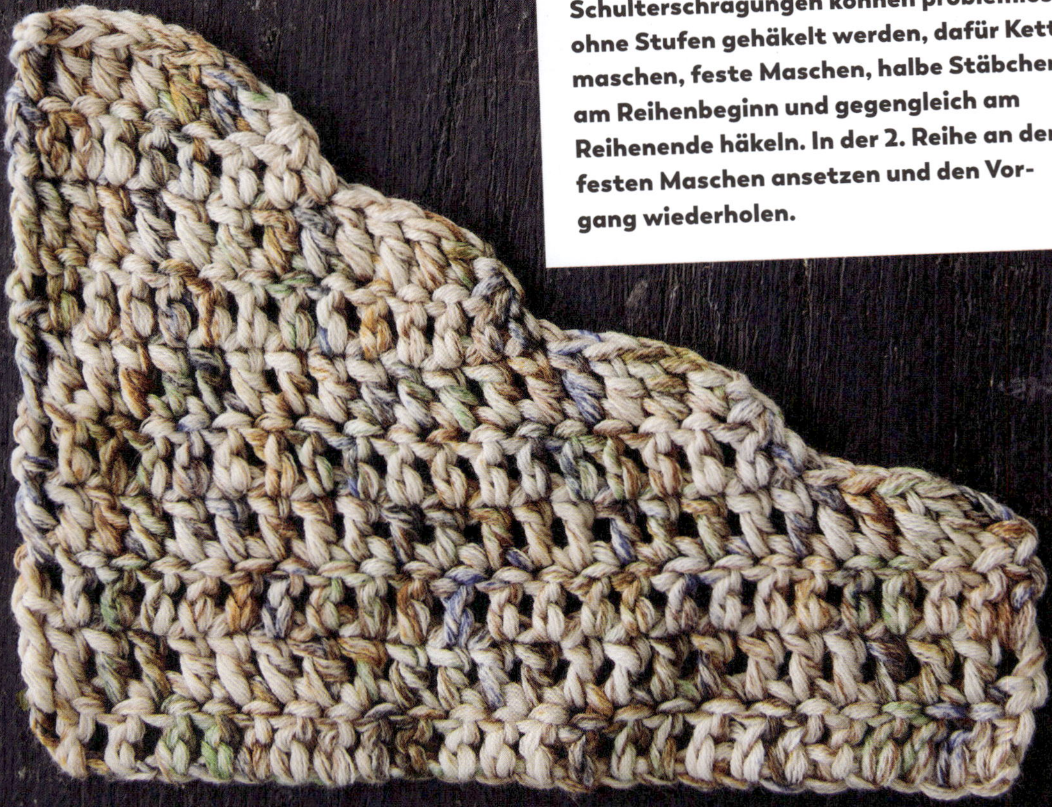

Ersetze Steigeluftmaschen, die mitten in der Arbeit sind, durch falsche Stäbchen. Die falschen Stäbchen fallen nicht so auf wie Steigeluftmaschen und ergeben ein ebenmäßiges Bild.

---

1. **Halte das Fadenende mit dem Daumen fest und schlinge den Faden zweimal um die Nadel.**
2. **Nun holst du den Faden durch eine Masche …**
3. **… und häkelst ein Stäbchen.**

64

FALSCHES STÄBCHEN

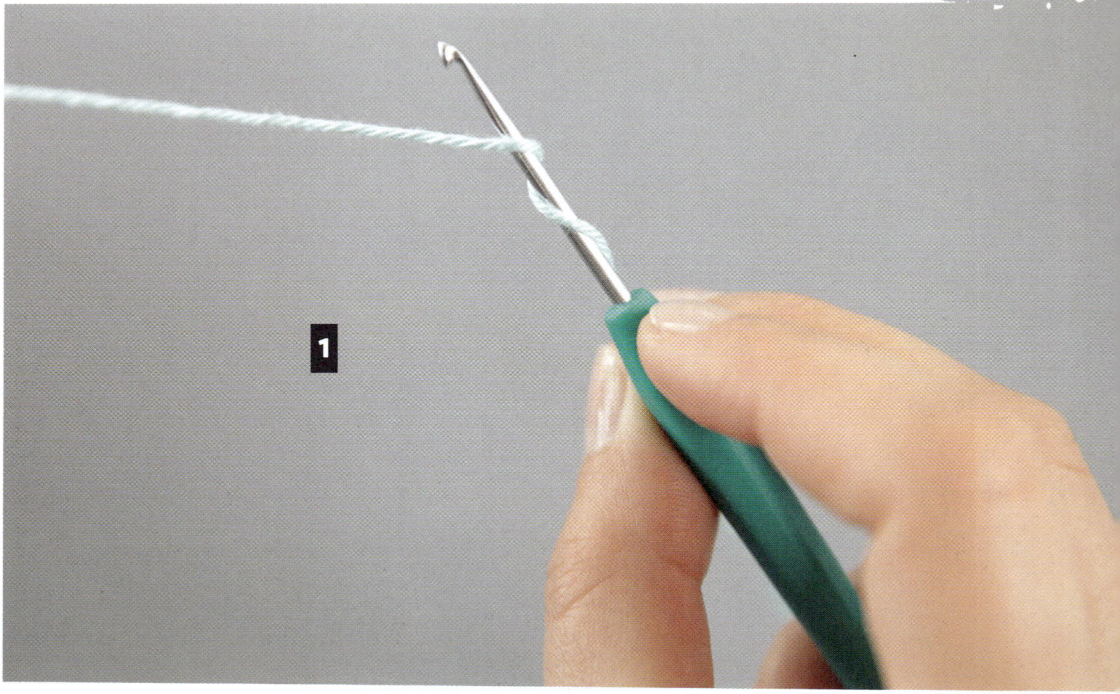

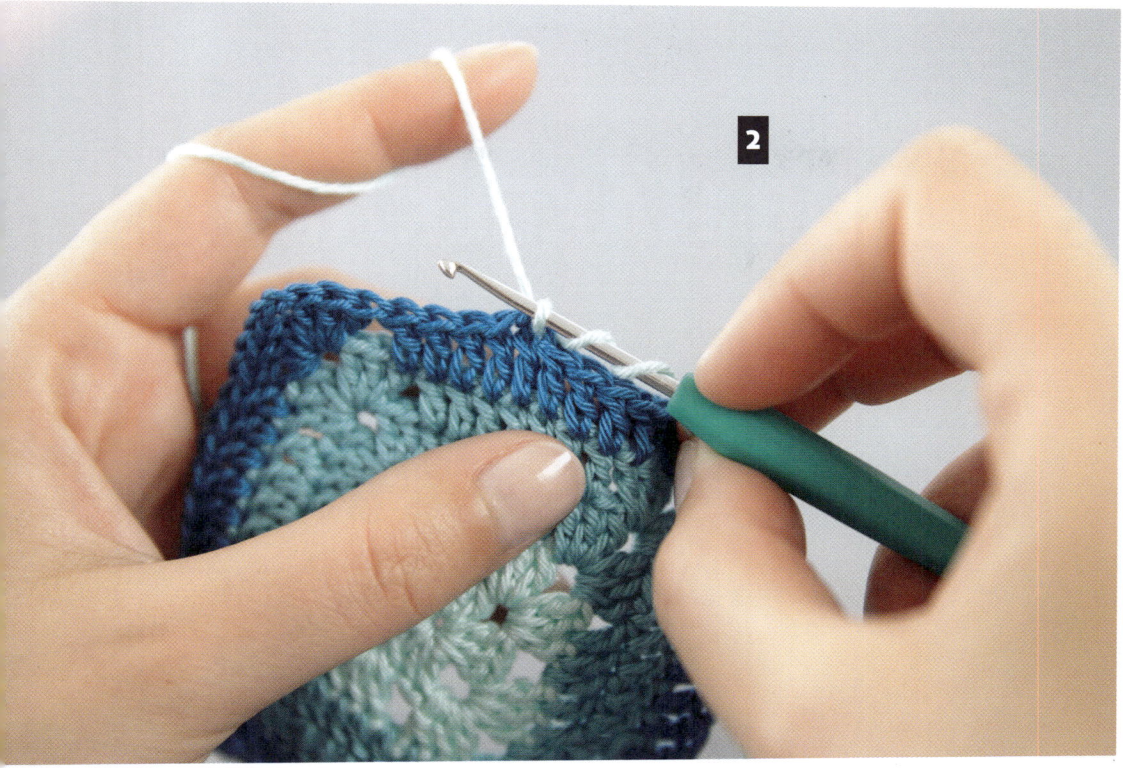

2

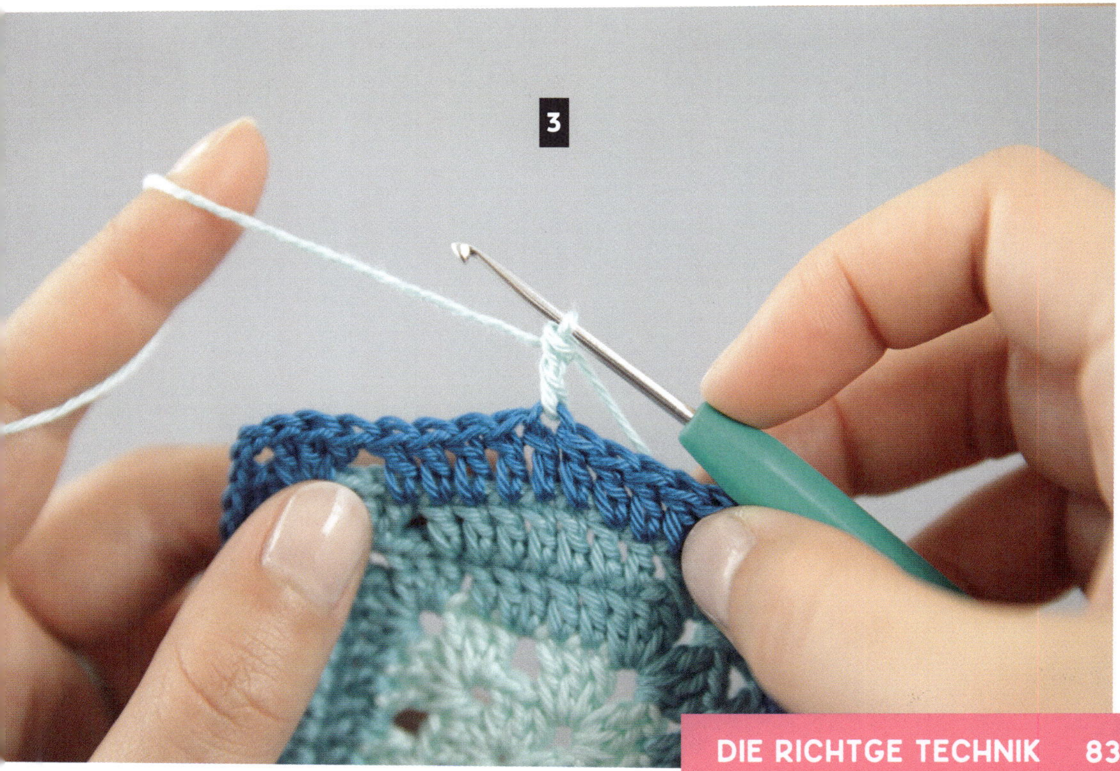

3

65 GERADE HÄKELKANTE

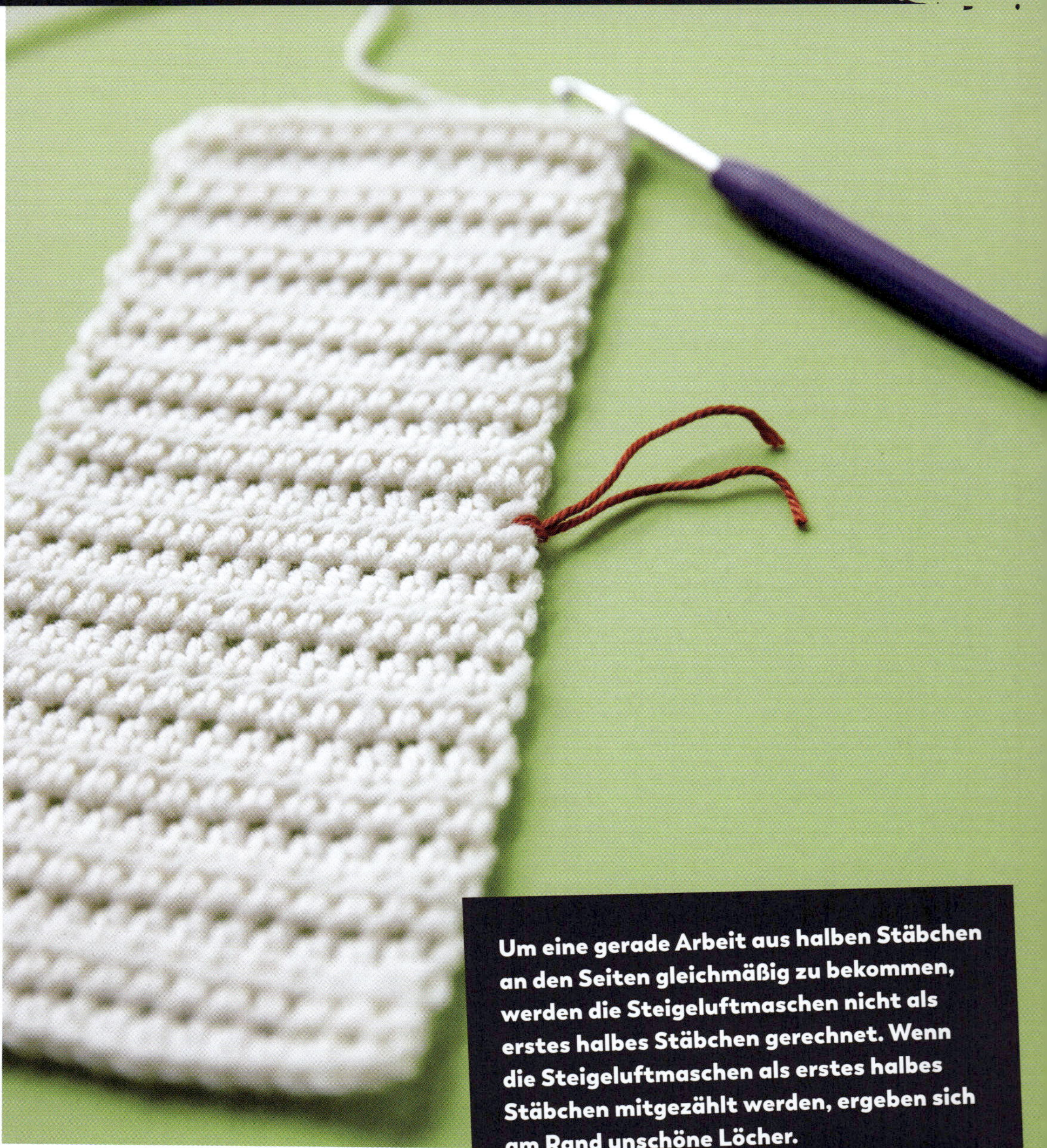

Um eine gerade Arbeit aus halben Stäbchen an den Seiten gleichmäßig zu bekommen, werden die Steigeluftmaschen nicht als erstes halbes Stäbchen gerechnet. Wenn die Steigeluftmaschen als erstes halbes Stäbchen mitgezählt werden, ergeben sich am Rand unschöne Löcher.

Krebsmaschen sind feste Maschen, die von links nach rechts gehäkelt werden. Diese Maschen ergeben ein kleines Zackenmuster.

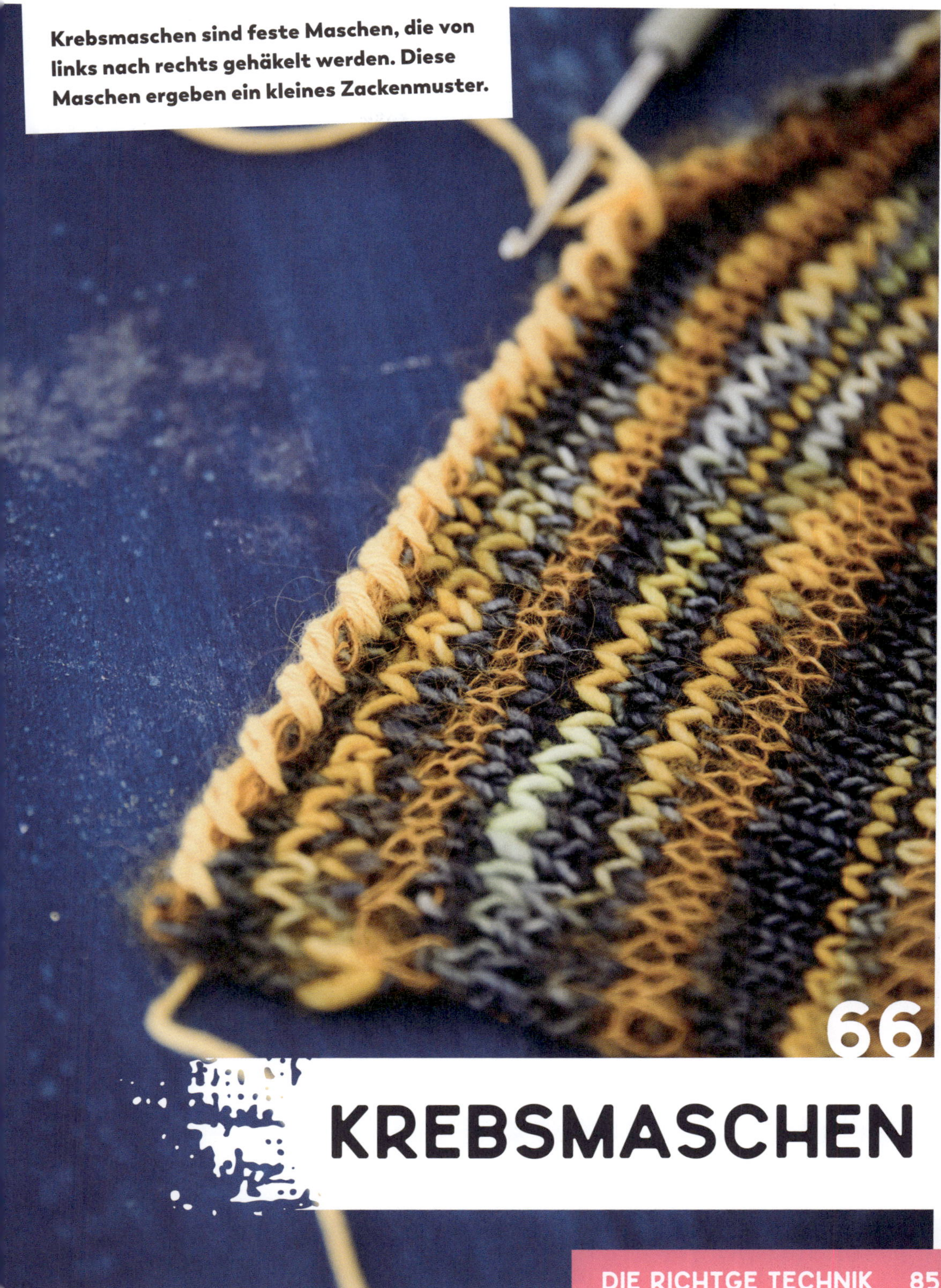

66

KREBSMASCHEN

Wenn sich deine Projekte am Rand einrollen oder du dir eine Kante in einer anderen Farbe am Rand eines Häkelteils wünschst, kannst du eine Runde Krebsmaschen um die Kanten häkeln.

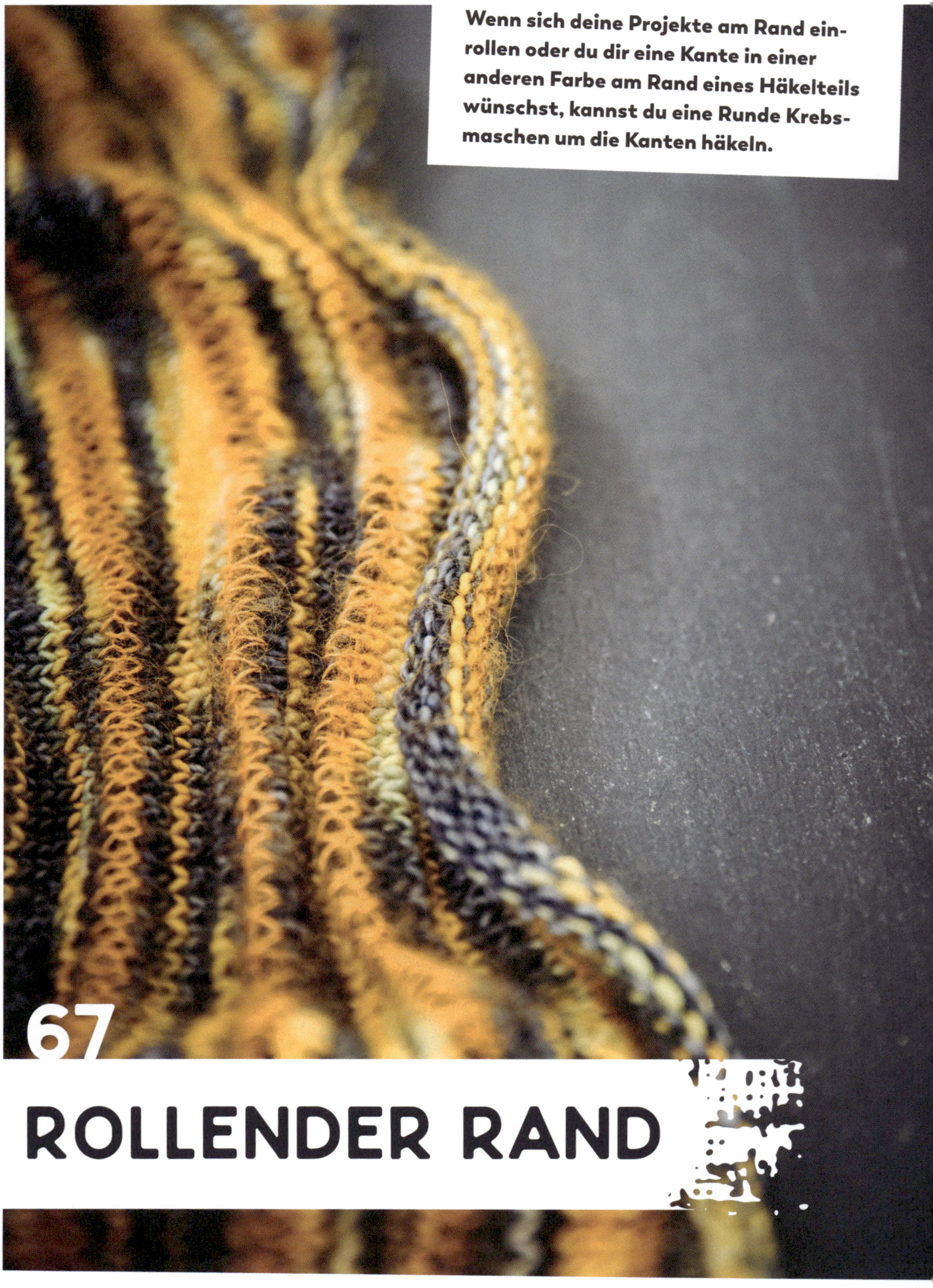

67 ROLLENDER RAND

68 EASY KNOPFLOCH

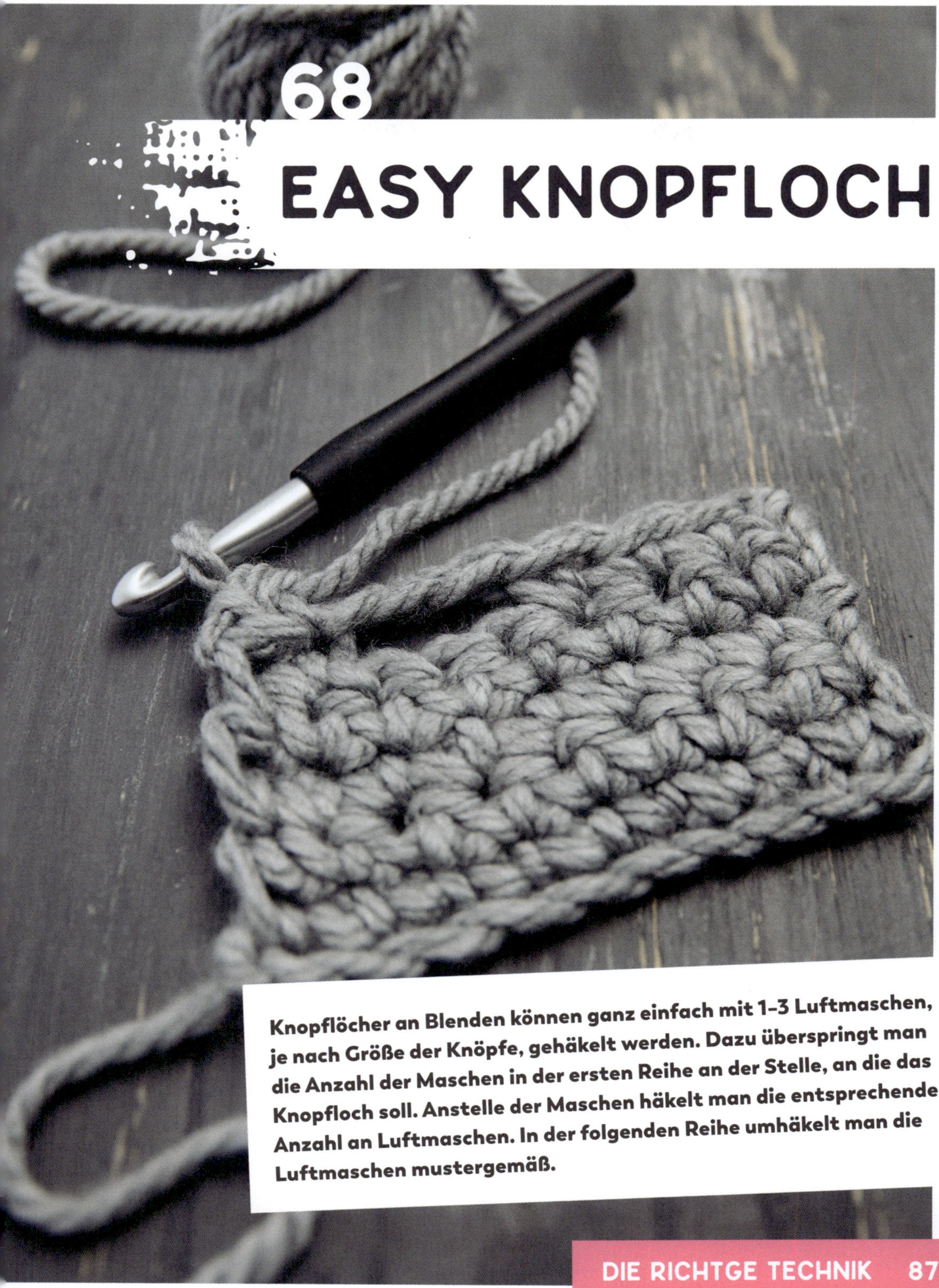

Knopflöcher an Blenden können ganz einfach mit 1–3 Luftmaschen, je nach Größe der Knöpfe, gehäkelt werden. Dazu überspringt man die Anzahl der Maschen in der ersten Reihe an der Stelle, an die das Knopfloch soll. Anstelle der Maschen häkelt man die entsprechende Anzahl an Luftmaschen. In der folgenden Reihe umhäkelt man die Luftmaschen mustergemäß.

69 RIPPENMUSTER

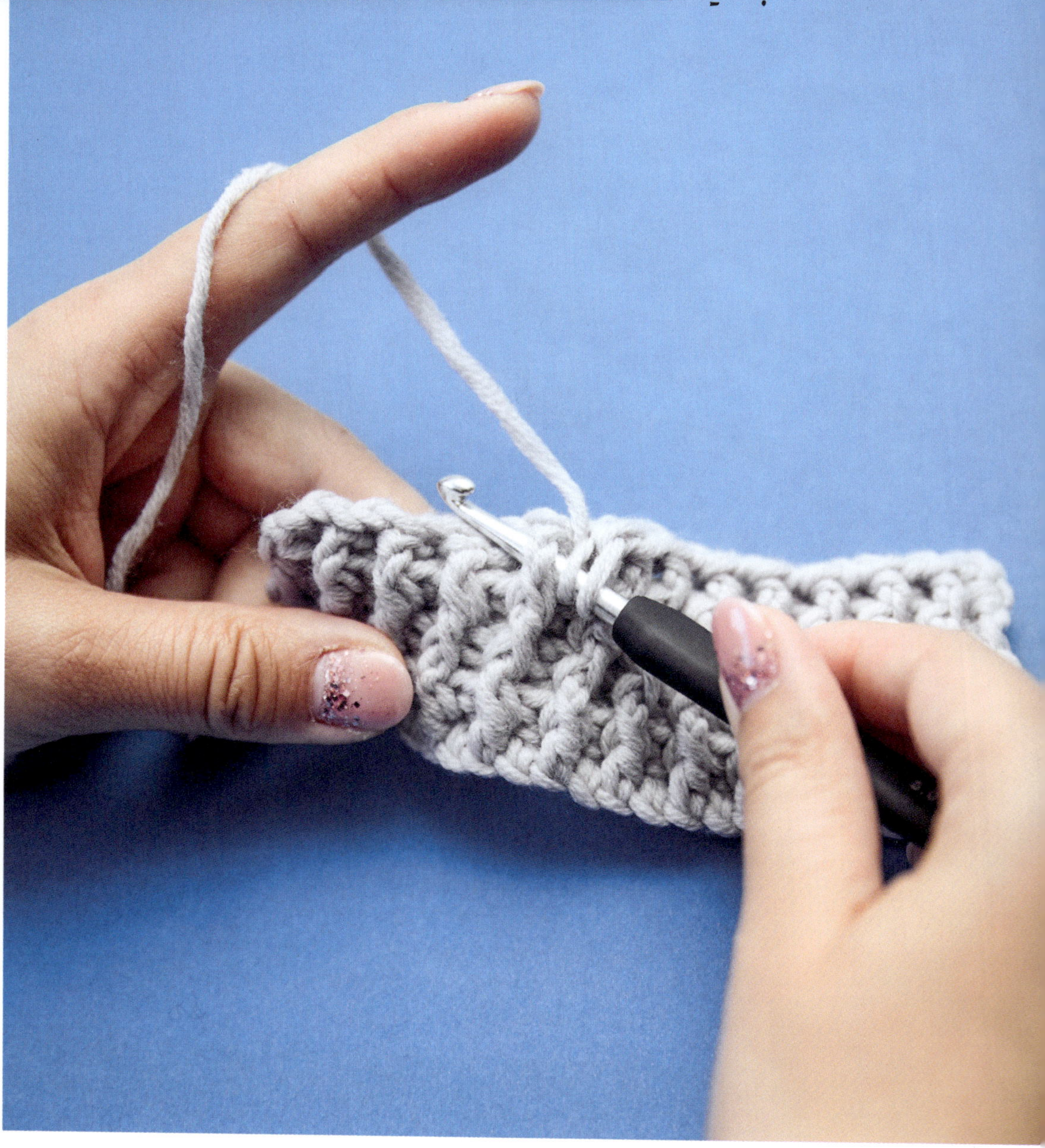

Rippenmuster können auch gehäkelt werden und zwar mit Reliefstäbchen. 1 Reliefstäbchen um das Stäbchen der Vorreihe vorne umhäkeln, 1 Reliefstäbchen um das Stäbchen der Vorreihe hinten umhäkeln entspricht 1 Masche rechts, 1 Masche links. Das Gleiche gilt für jeweils 2 Maschen.

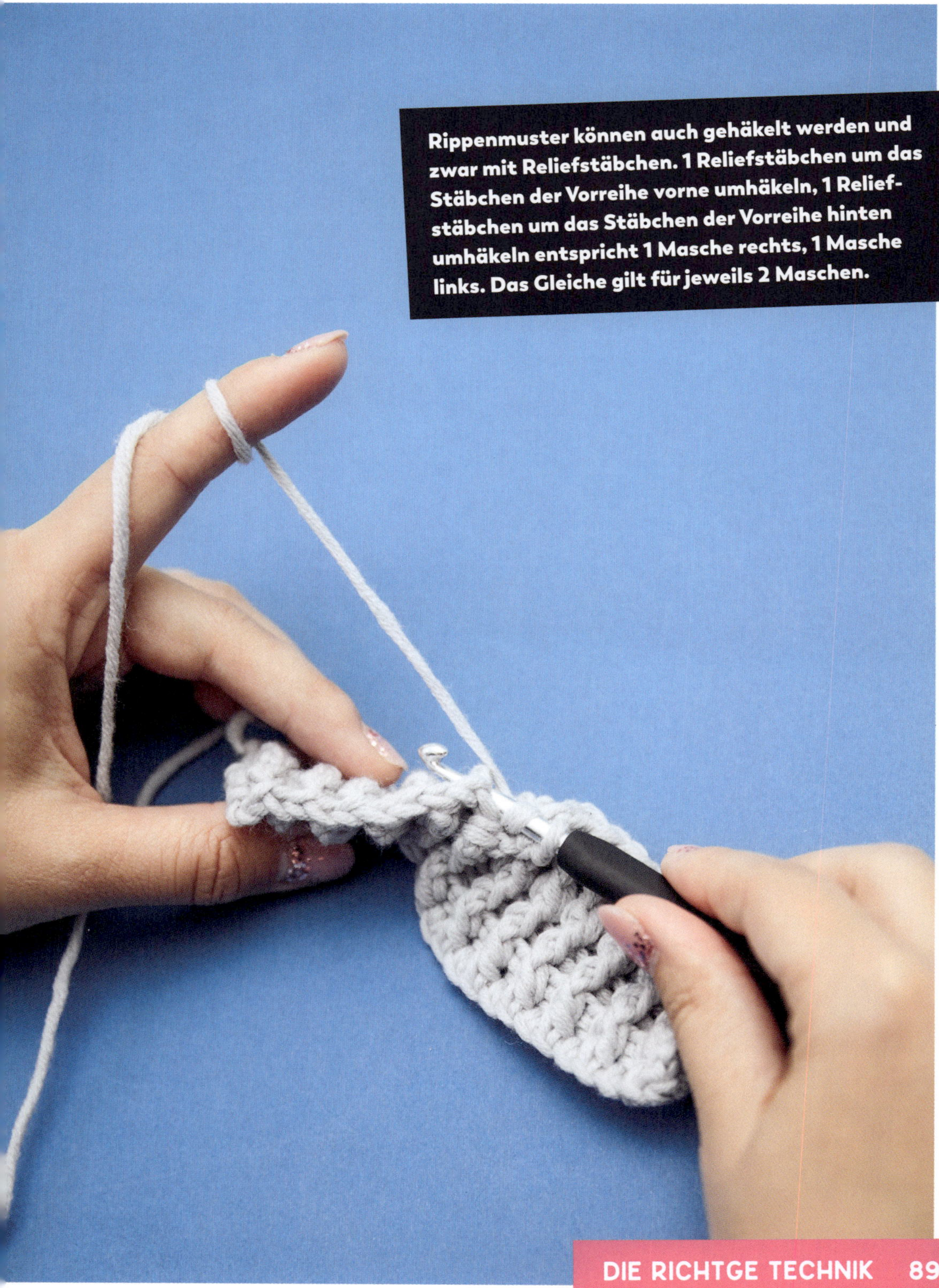

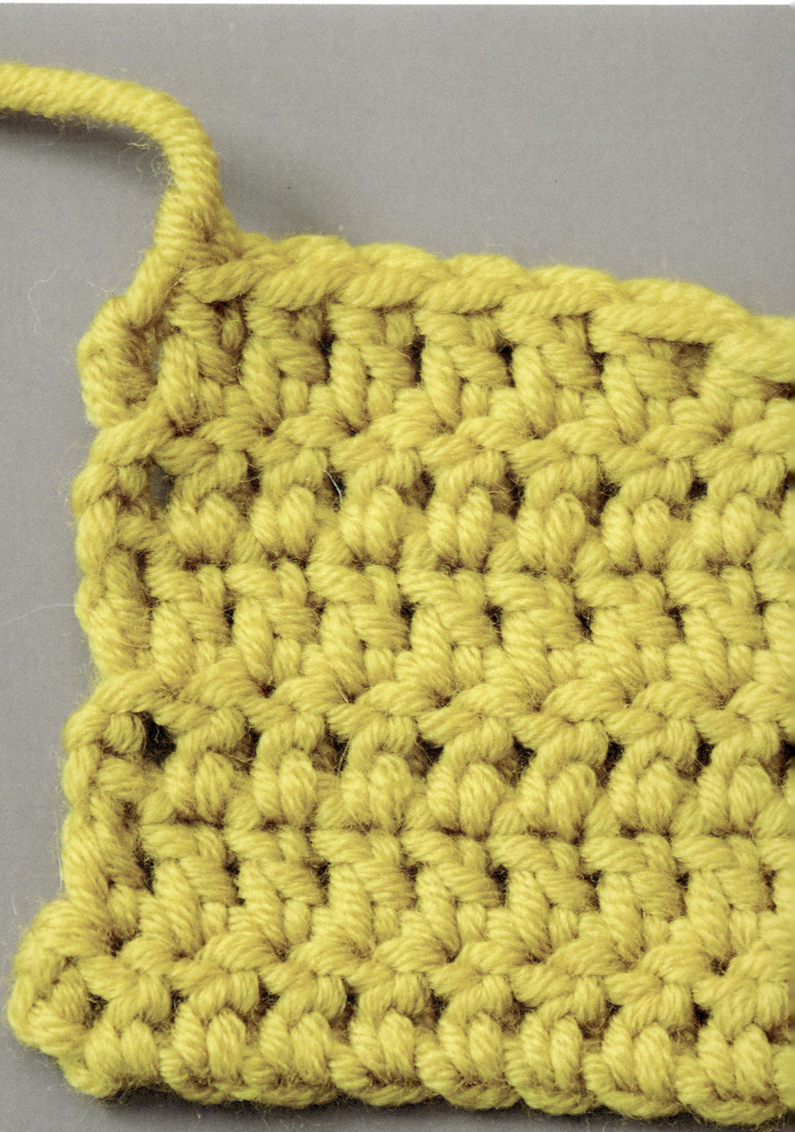

70 STUFENLOSE ABNAHMEN

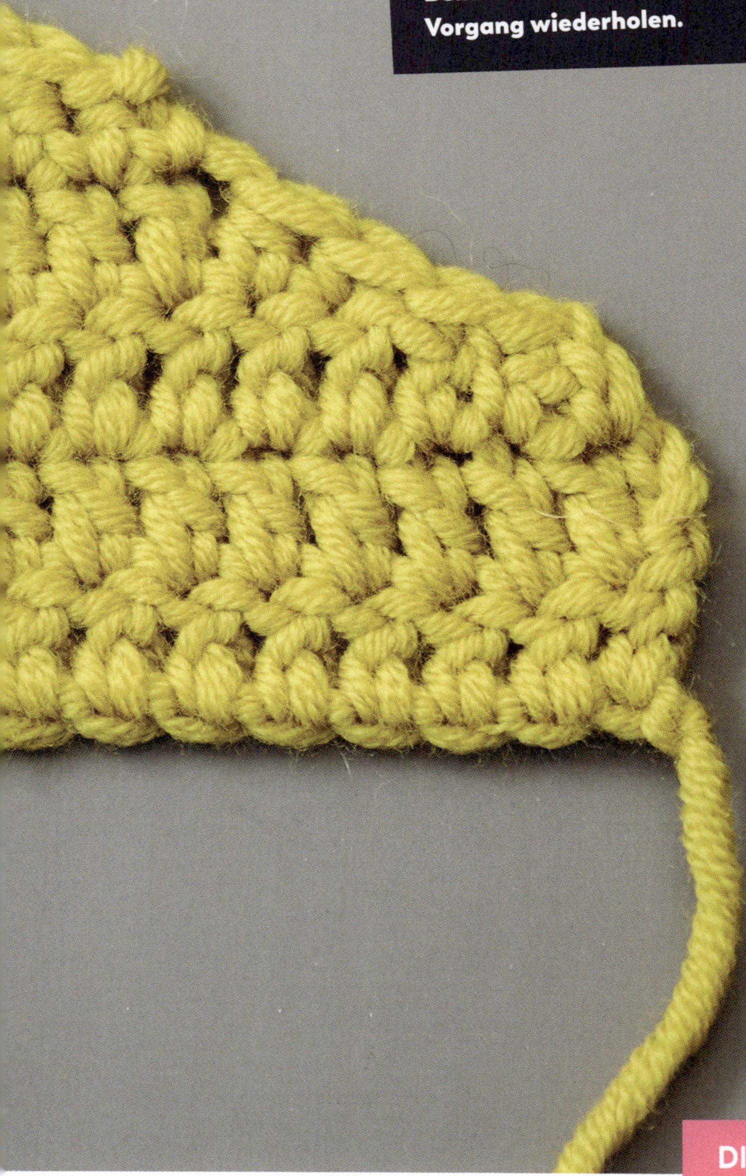

Stufenlose Abnahmen beim Halsausschnitt, an Armausschnitten oder der Armkugel werden folgendermaßen gehäkelt: Am Reihenbeginn werden Kettmaschen, feste Maschen, halbe Stäbchen = aufsteigende Maschen und am Reihenende gegengleich, halbe Stäbchen, feste Maschen, Kettmaschen = absteigende Maschen gehäkelt. Beim Wenden an den festen Maschen ansetzen und den Vorgang wiederholen.

71 UNSICHTBARE ZUNAHMEN

Die erste feste Masche wird nur in das vordere Maschenglied der nächsten Masche gearbeitet, die zweite wie gewohnt in die komplette Masche.

Unsichtbare Zunahmen geben ein schöneres Bild als die herkömmlichen.

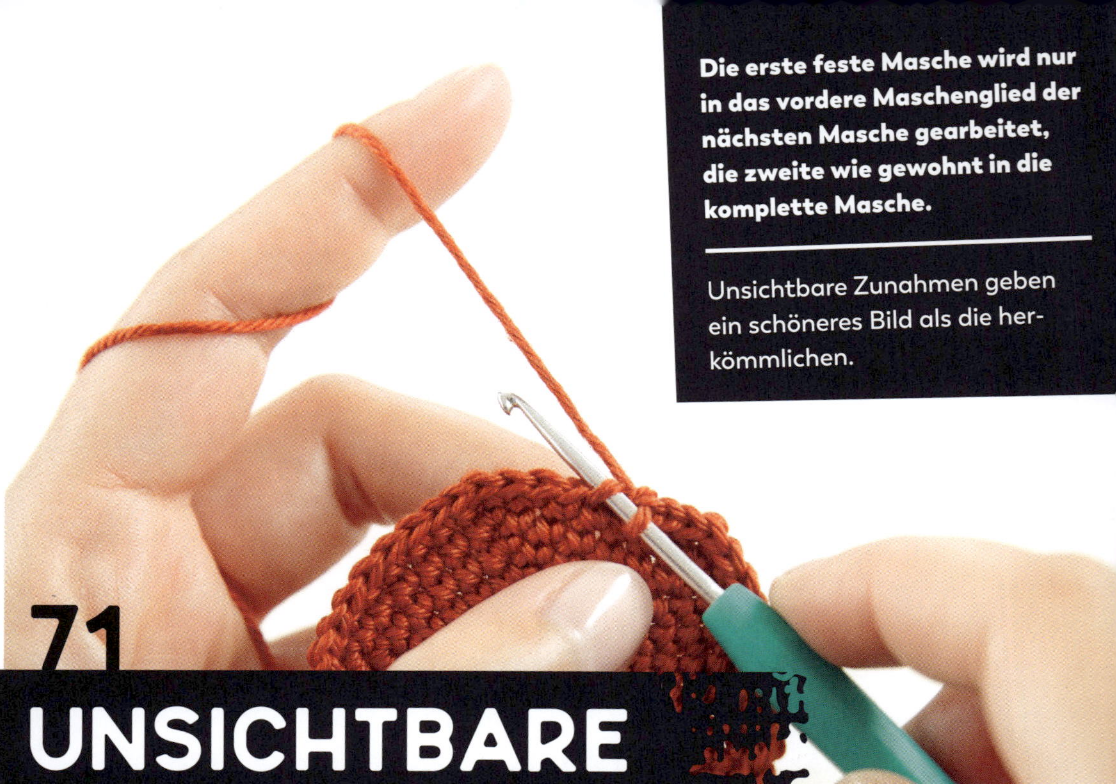

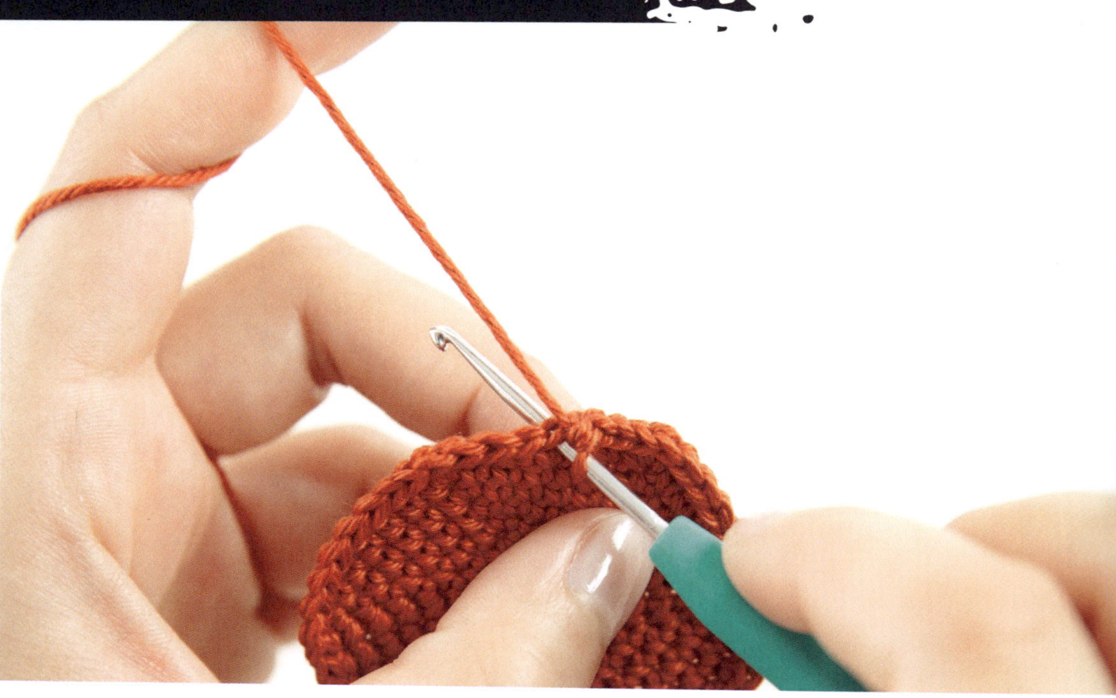

Die Nadel wird nur durch die beiden vorderen Maschenglieder der abzunehmenden Maschen geführt und anschließend eine feste Masche gehäkelt. Die unsichtbaren Abnahmen sind viel unauffälliger als herkömmliche.

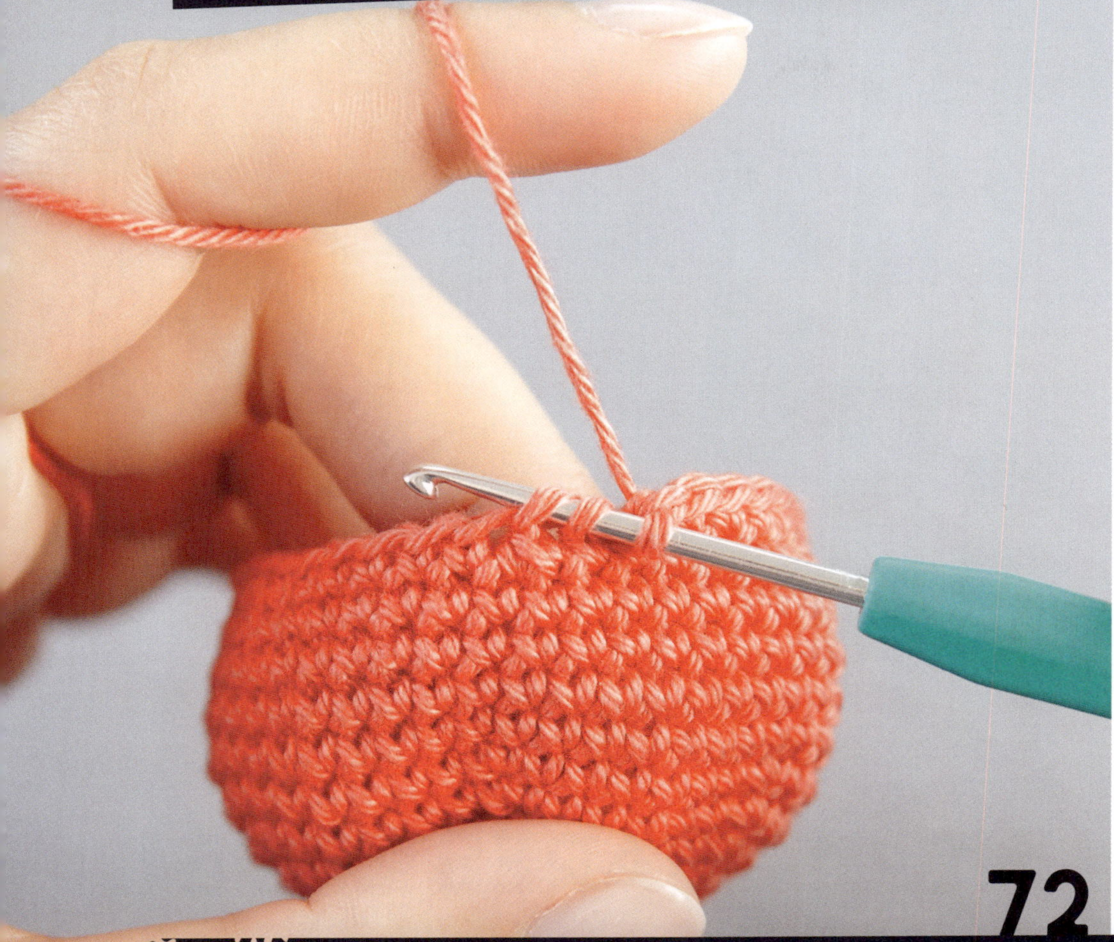

72

UNSICHTBARE ABNAHMEN MIT FESTEN MASCHEN

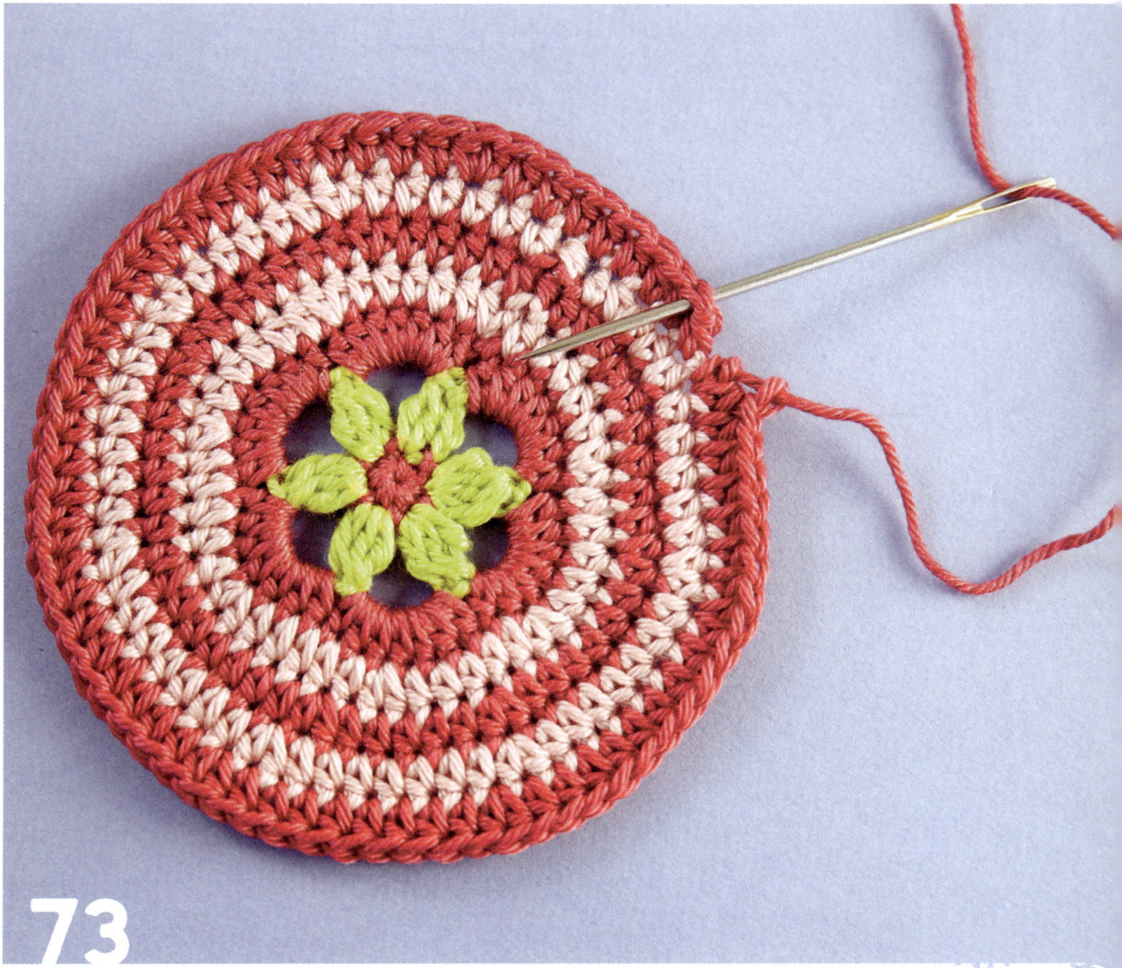

73

UNSICHTBARES ENDE

Häkle die letzte Masche, schneide den Faden ab und ziehe ihn raus. Hole den Faden durch die 2. Masche der Runde, stich die Nadel von unten nach oben durch die letzte Masche der Runde und ziehe den Faden durch.

Damit werden z. B. deine Granny Squares schön gleichmäßig und das Ende der Runde bleibt unsichtbar.

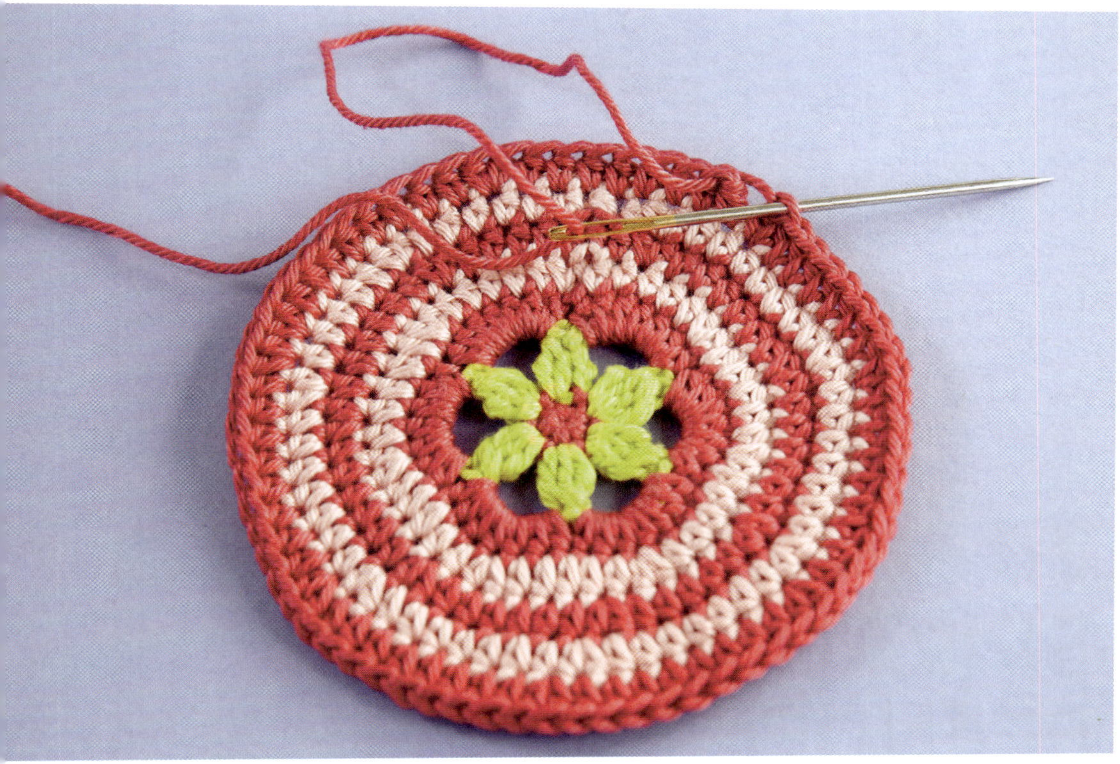

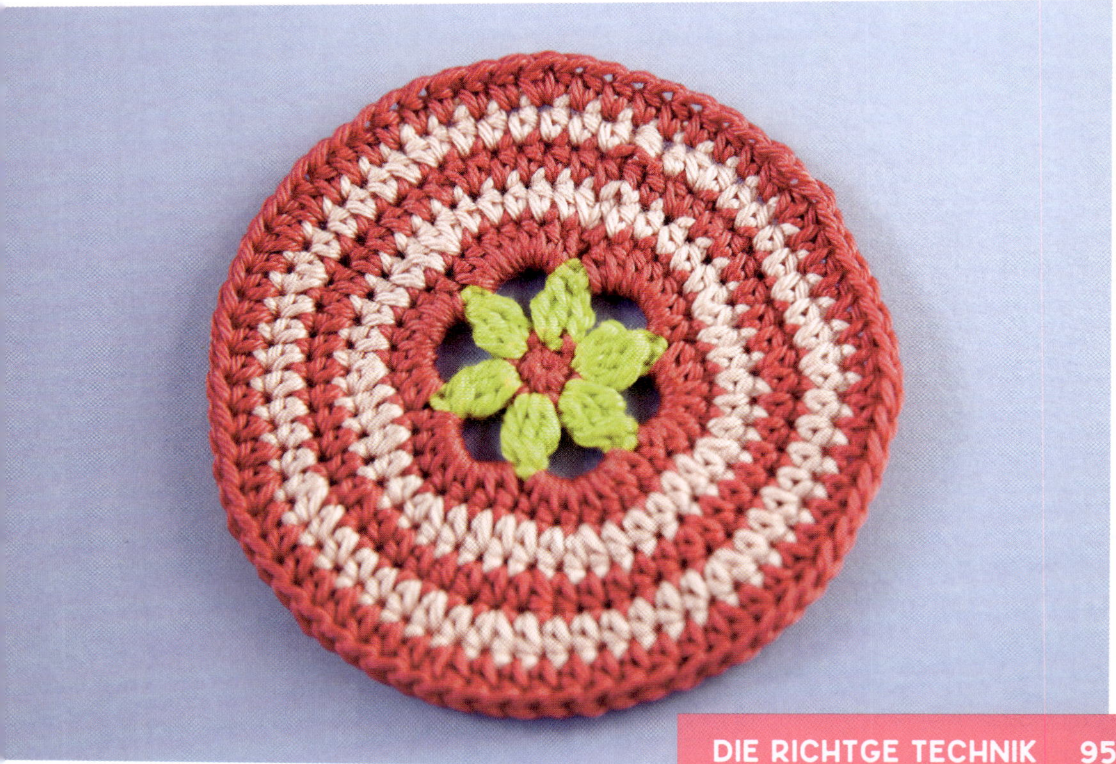

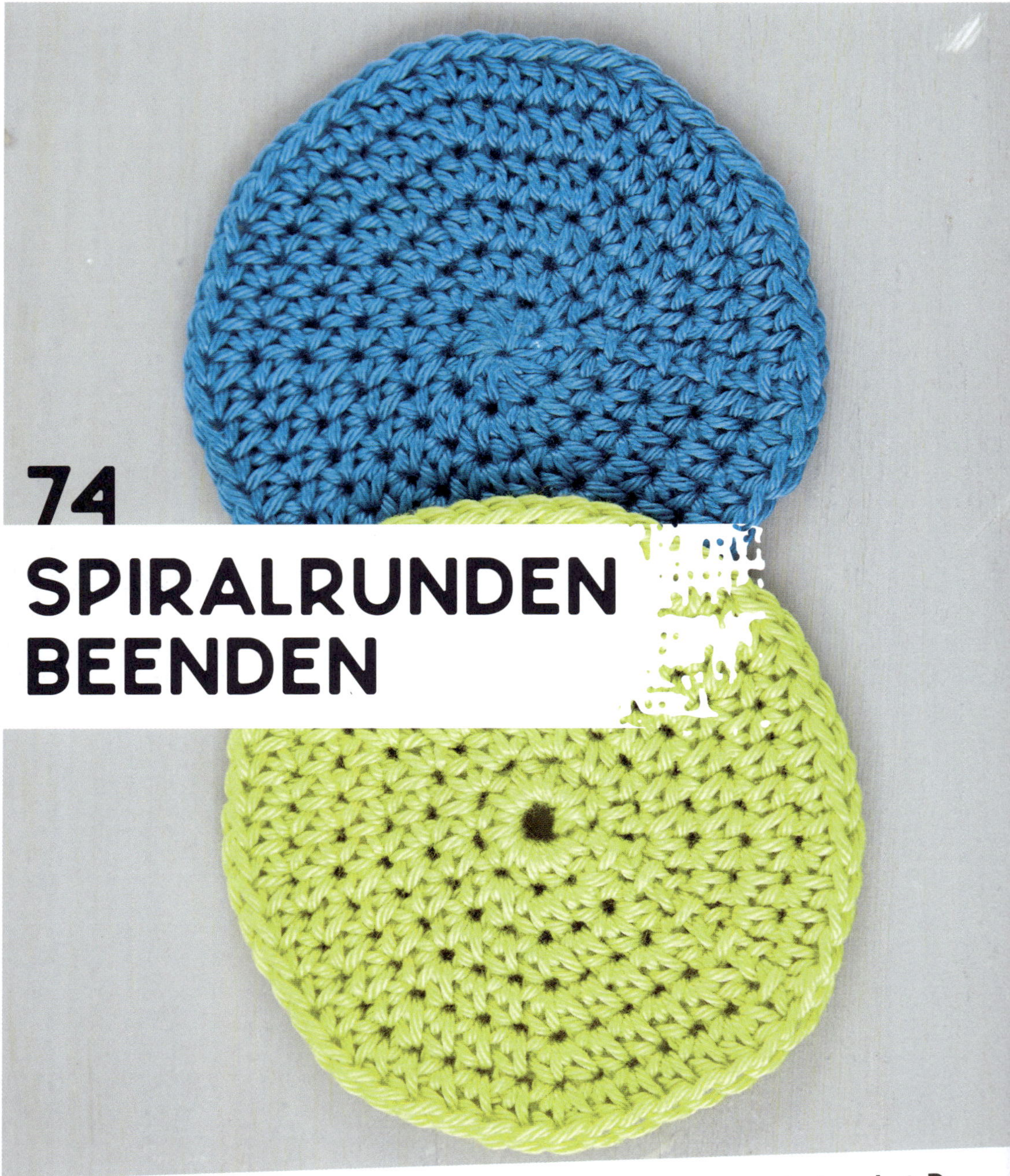

74

SPIRALRUNDEN BEENDEN

Spiralrunden bilden eine Stufe, wenn du sie einfach mit der letzten Masche beendest. Du kannst sie aber auch schön glatt beenden, und zwar so: Häkle je 3 bis 4 der nächstkleineren Maschen bis zur Kettmasche.

Wenn du zum Beispiel einen Kreis aus Stäbchen in Spiralrunden gehäkelt hast, häkle nach der letzten Masche der letzten Runde noch 3 halbe Stäbchen, 3 feste Maschen und 3 Kettmaschen.

Beim Einnähen von Ärmeln empfiehlt es sich, die Mitte des Ärmels mit einer Sicherheitsnadel an der Schulternaht zu fixieren, damit der Ärmel gleichmäßig eingenäht wird.

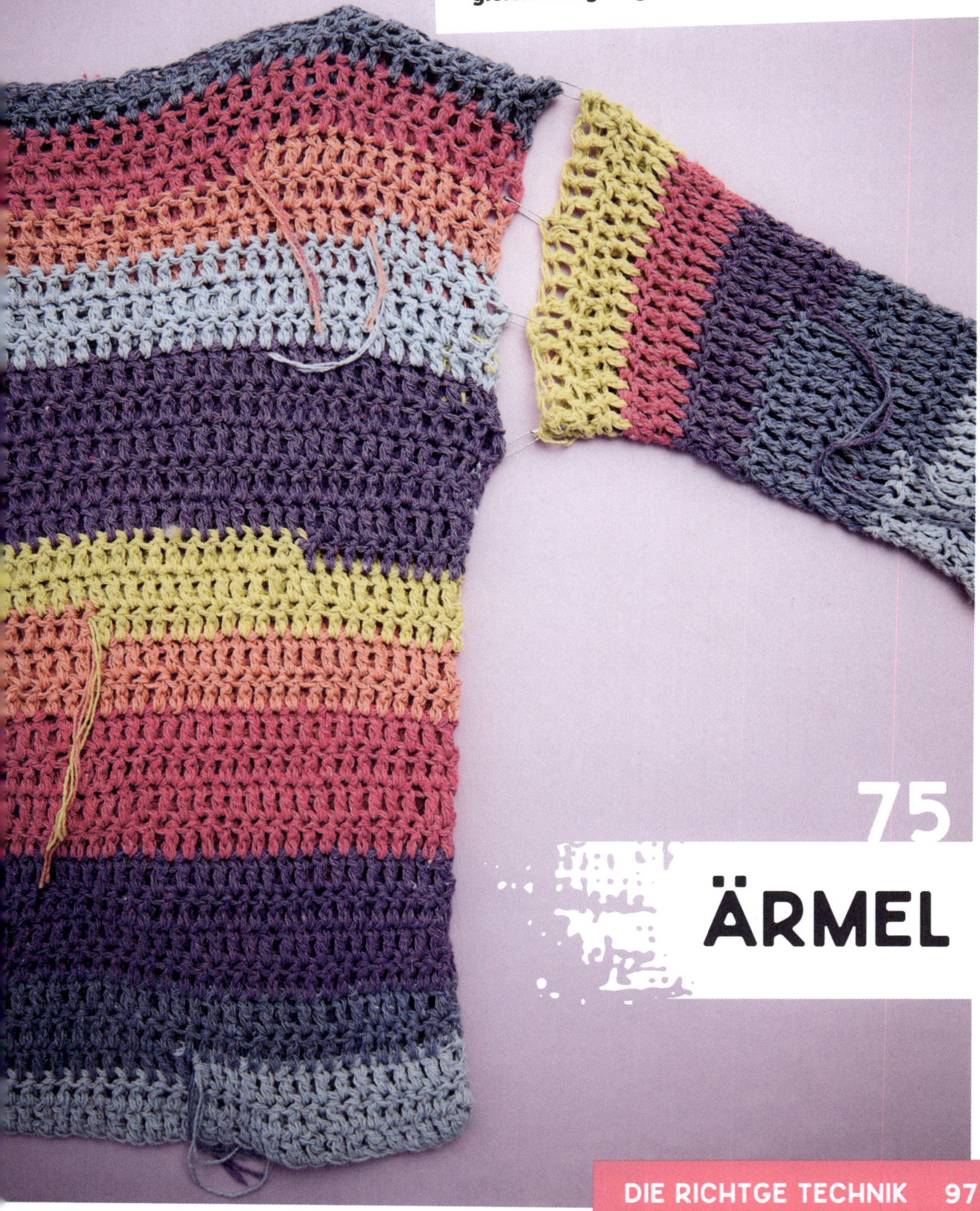

75

ÄRMEL

76 TAPESTRYHÄKELN

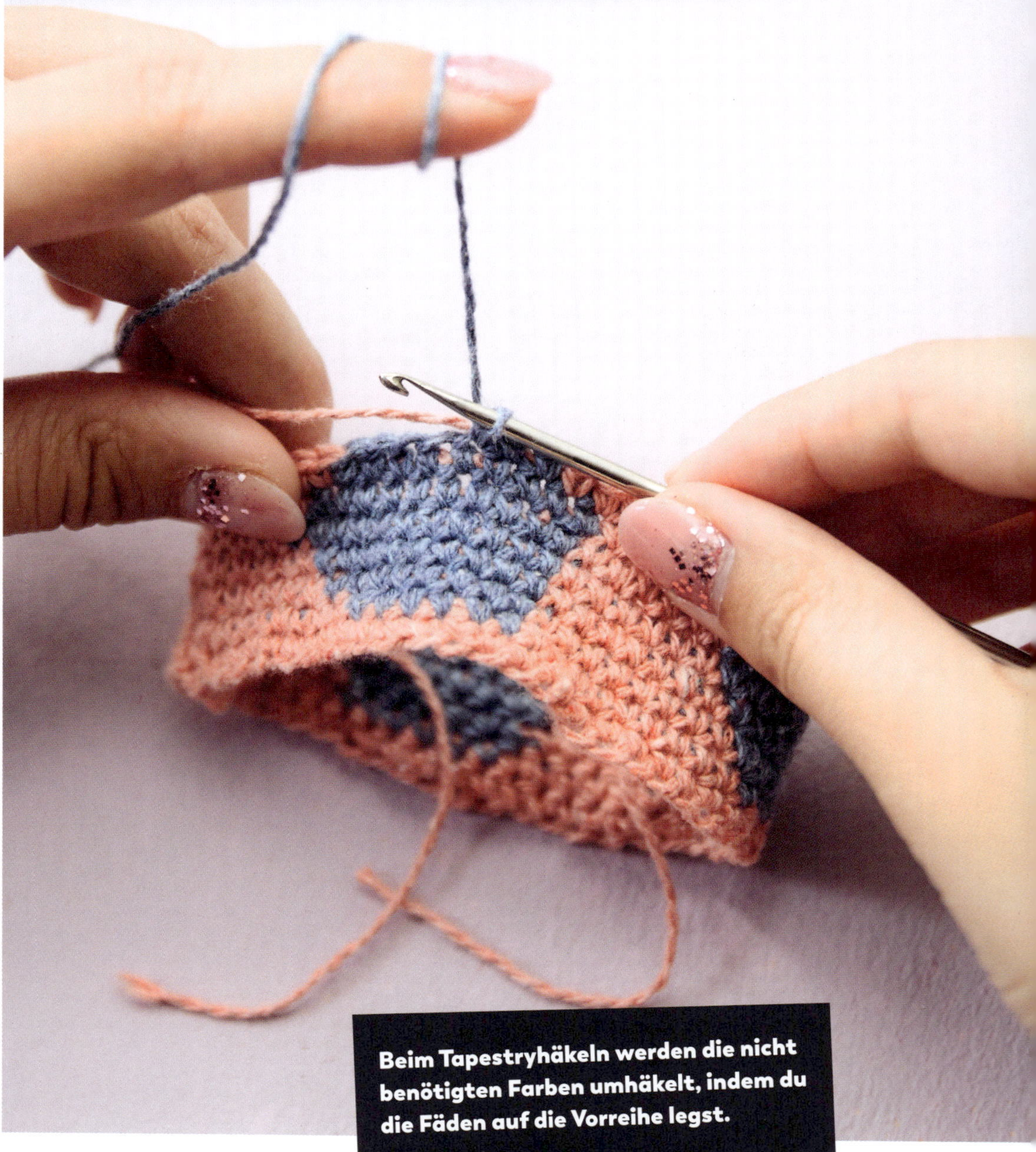

Beim Tapestryhäkeln werden die nicht benötigten Farben umhäkelt, indem du die Fäden auf die Vorreihe legst.

Eine Schlingenkante oder ein Häkelprojekt, welches aus Schlingen besteht, kann man um ein Rundholz, den Broomstick, häkeln.

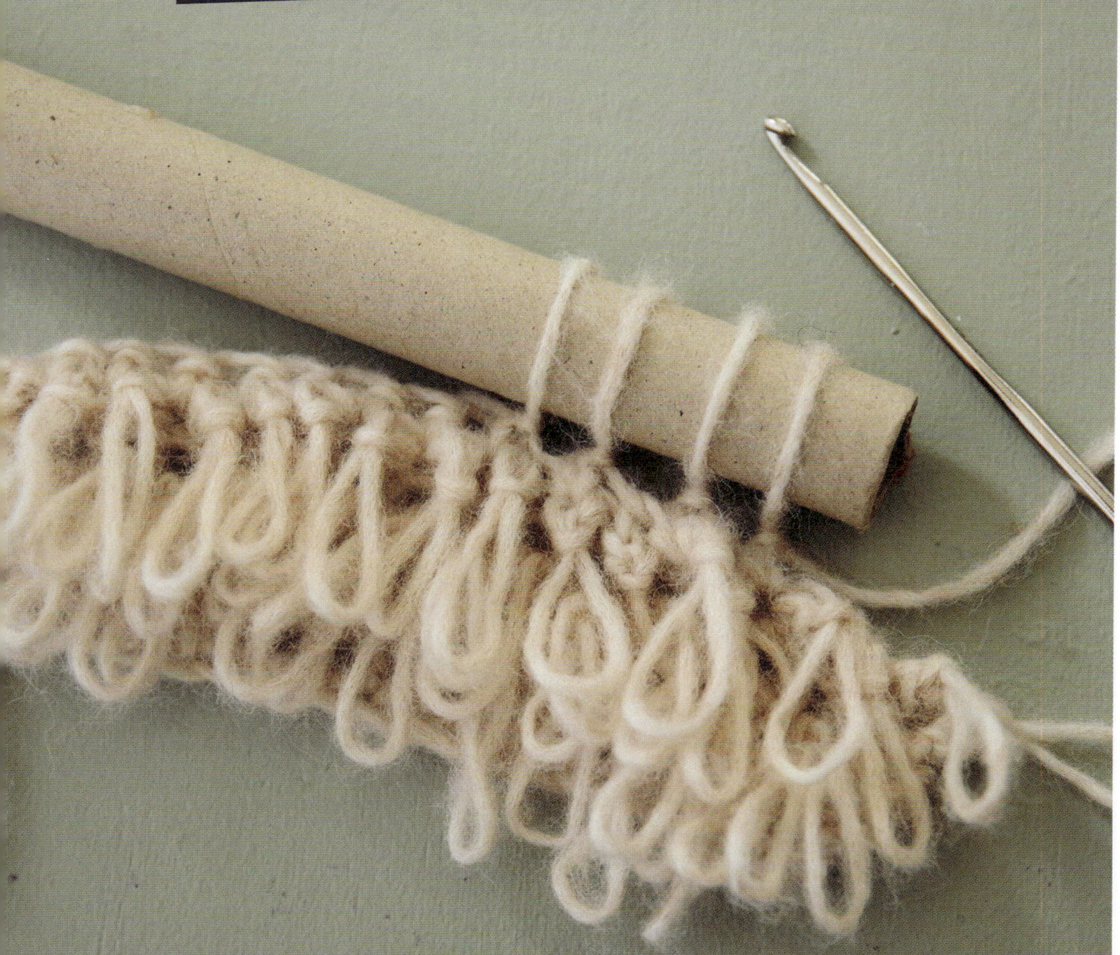

77

VERSCHLUNGEN

78

DEKORATIVE SCHLINGEN

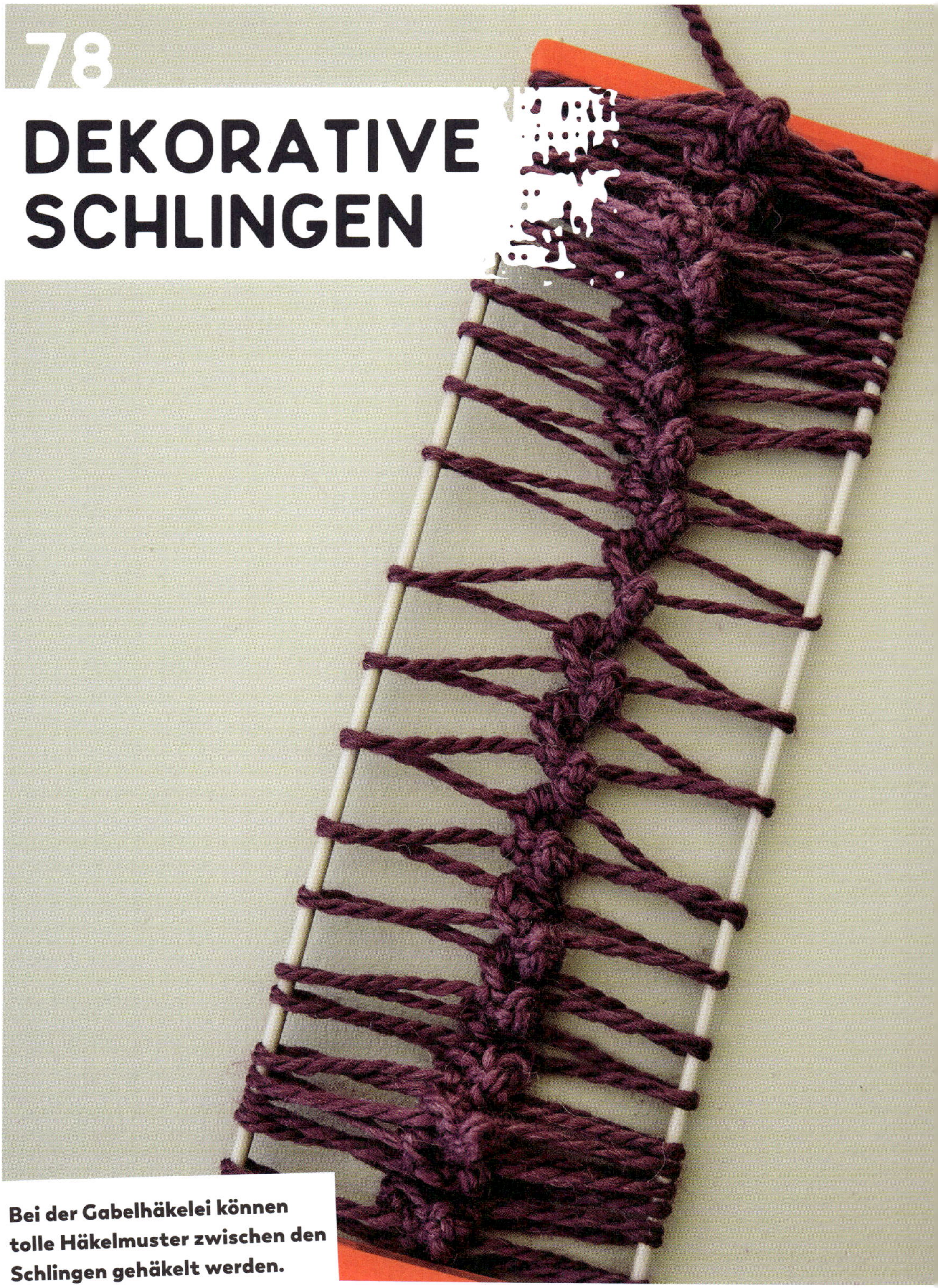

Bei der Gabelhäkelei können tolle Häkelmuster zwischen den Schlingen gehäkelt werden.

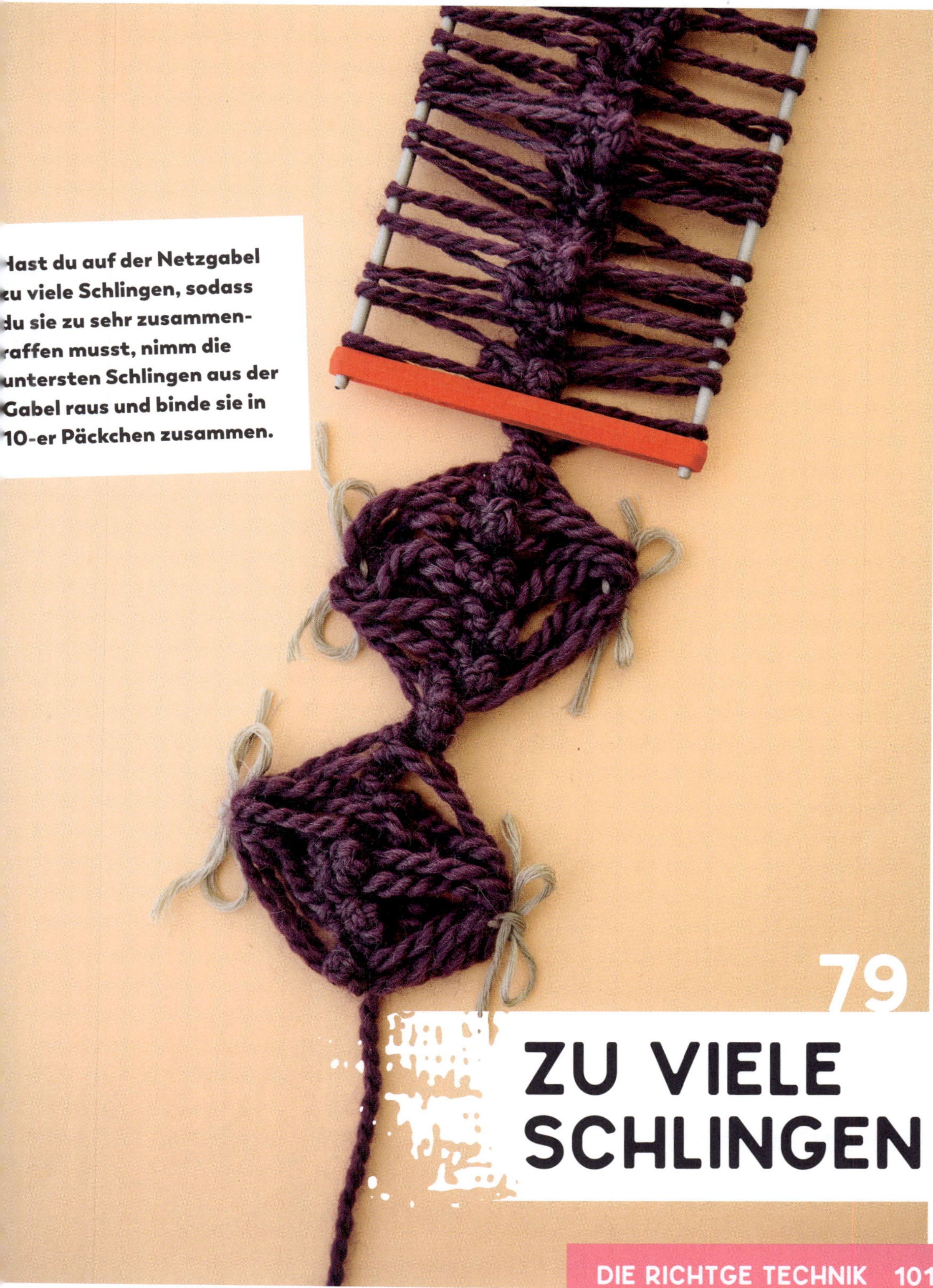

Hast du auf der Netzgabel zu viele Schlingen, sodass du sie zu sehr zusammenraffen musst, nimm die untersten Schlingen aus der Gabel raus und binde sie in 10-er Päckchen zusammen.

79

ZU VIELE SCHLINGEN

Bei der Gabelhäkelei mit der Netzgabel werden Schlingen gehäkelt. Daher empfiehlt es sich, immer 10 Schlingen zusammenzubinden, damit später beim Verbinden kein Durcheinander entsteht.

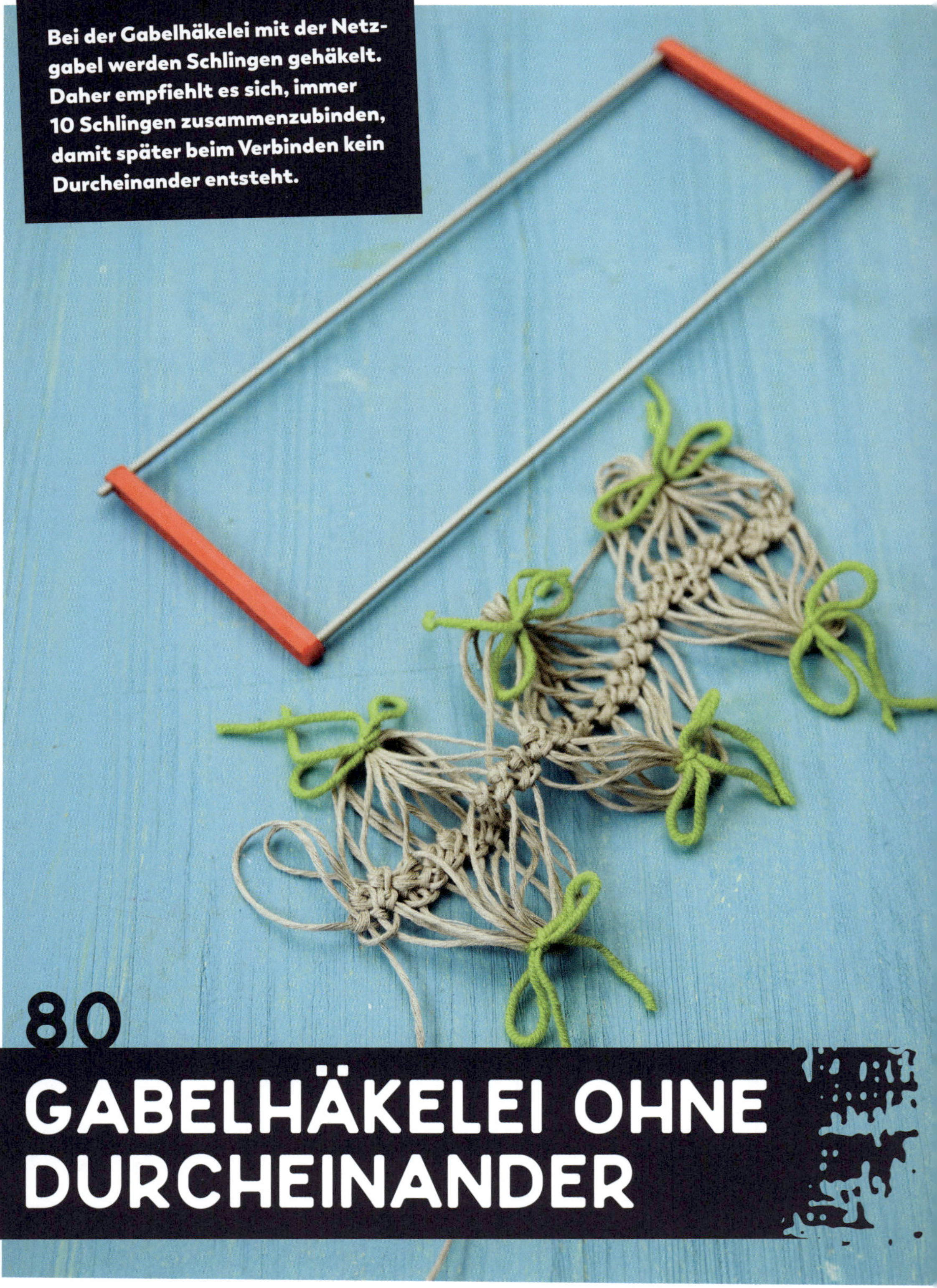

80

GABELHÄKELEI OHNE DURCHEINANDER

Du kannst aber auch die Schlingen bei der Gabelhäkelei auf ein Styroporbrett mit Stecknadeln pinnen. Es ist dann beim Verbinden der Schlingen einfacher.

81

GEPINNT AUF STYROPOR

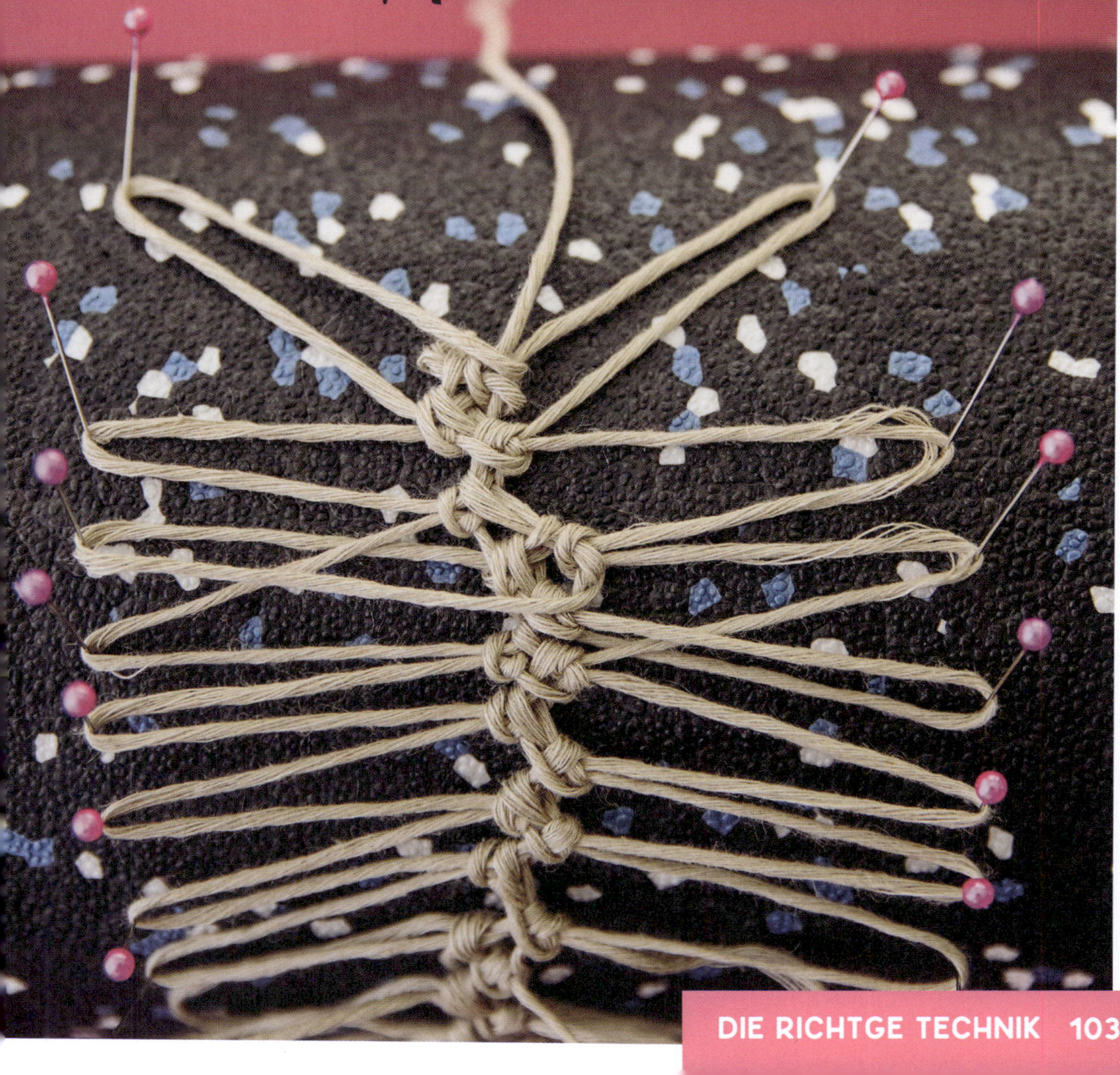

MASCHEN proben

Maschenproben unbedingt vor dem Ausmessen waschen und vollständig trocknen lassen, da sich viele Garne, vor allem mit Seide, durch das Waschen verändern.

Du solltest die Maschenprobe niemals auslassen, da jeder von uns unterschiedlich fest oder locker häkelt und so das Projekt im schlimmsten Fall zu klein oder zu groß ausfällt.

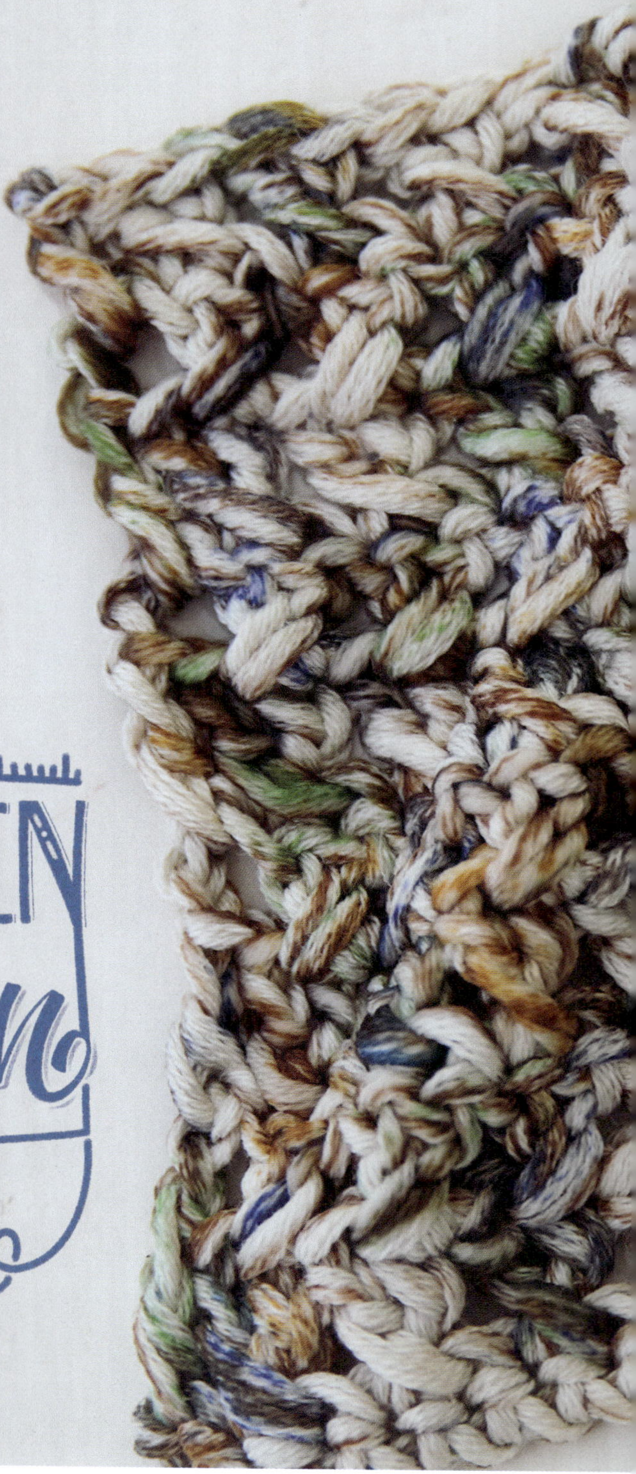

82

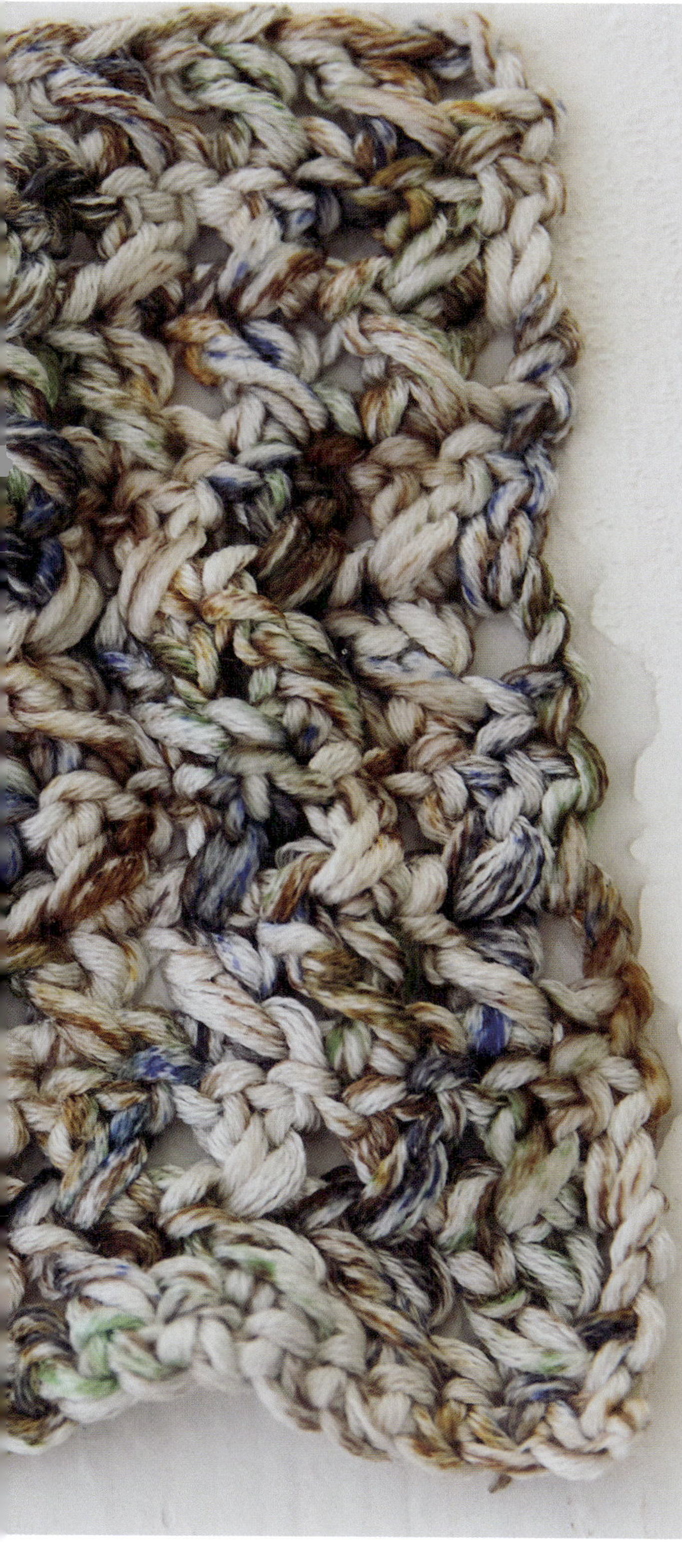

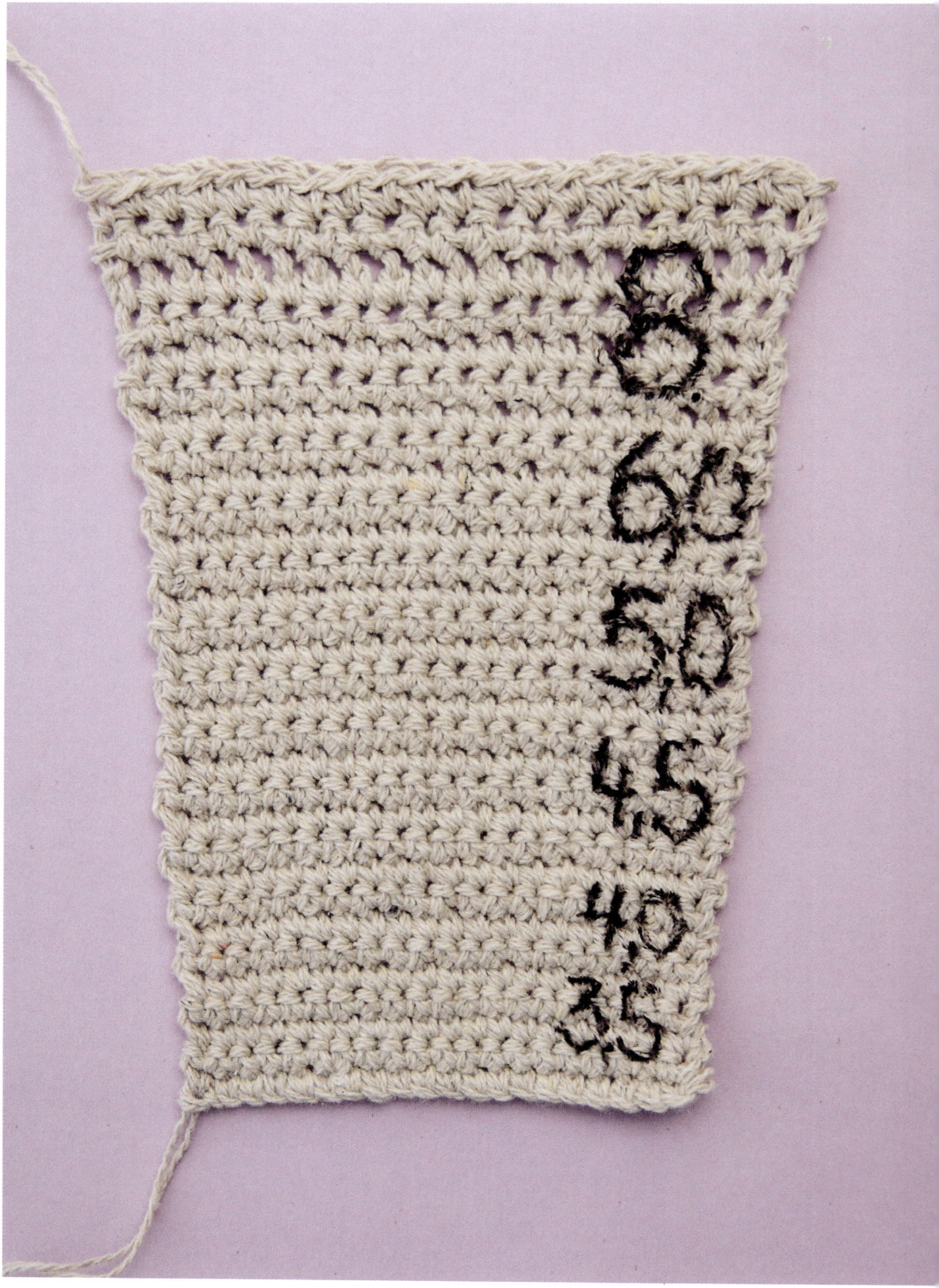
8
6,0
5,0
4,5
4,0
3,5

Nach der Entscheidung, welches Projekt und welches Garn man verwenden möchte, kommt nun der wichtigste Schritt beim Häkeln: die Maschenprobe. Aber so kompliziert, angsteinflößend oder nervig diese auch sein mag, nach diesem Kapitel hast du den Dreh auf jeden Fall heraus und meisterst jede Maschenprobe wie ein Weltmeister!

83

MASCHENPROBE ÜBERPRÜFEN

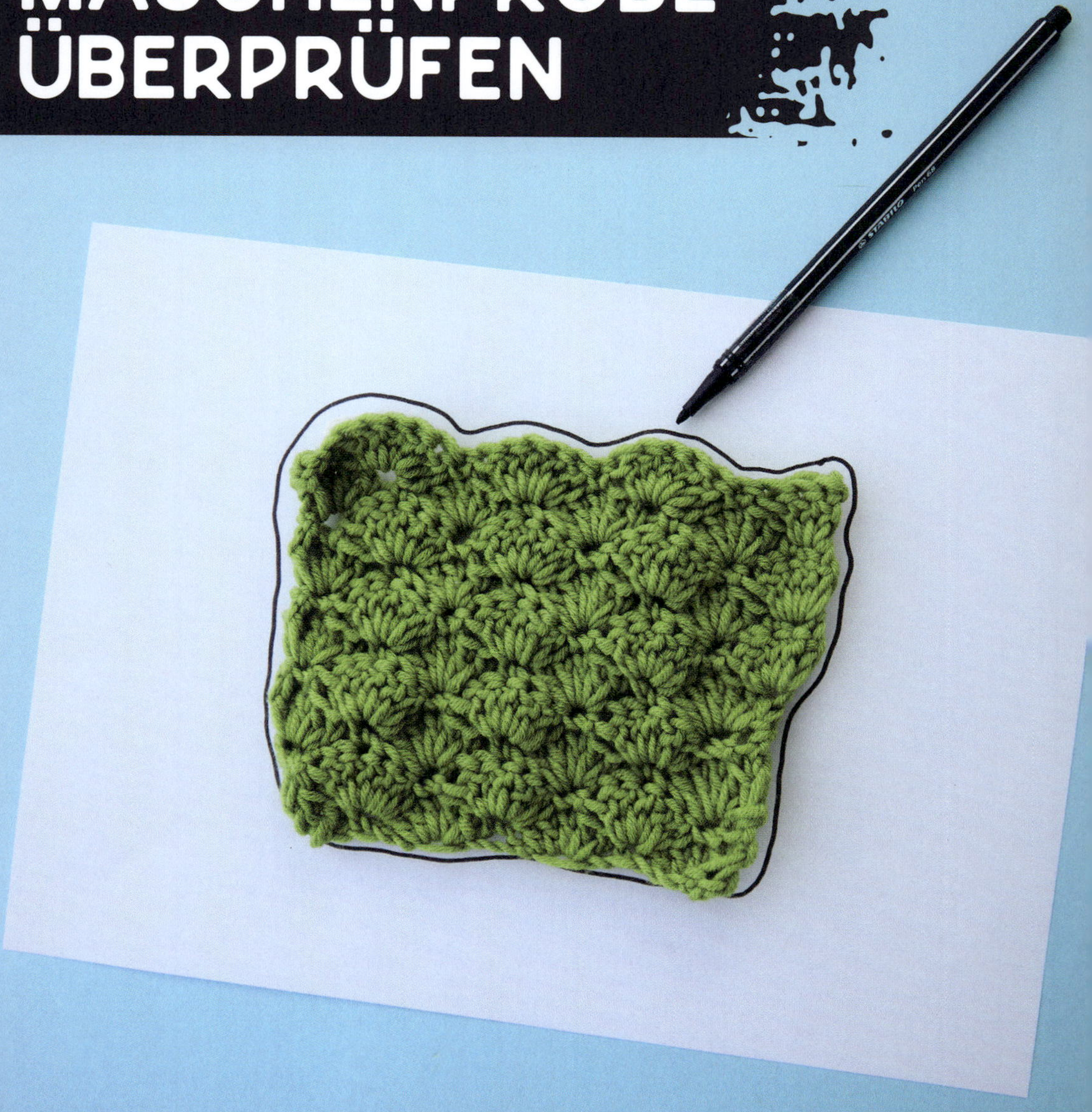

Handwäsche in der Maschine: Häkle aus dem Garn eine Maschenprobe von 10x10 cm und male den Umfang auf Papier. So kannst du feststellen, ob sich nach dem Waschen das Garn verändert hat.

Wenn du bei einer Maschenprobe mehrere Nadelstärken verwendest, so kannst du mit einem dicken schwarzen Marker die entsprechende Nadelstärke auf die Häkelei schreiben.

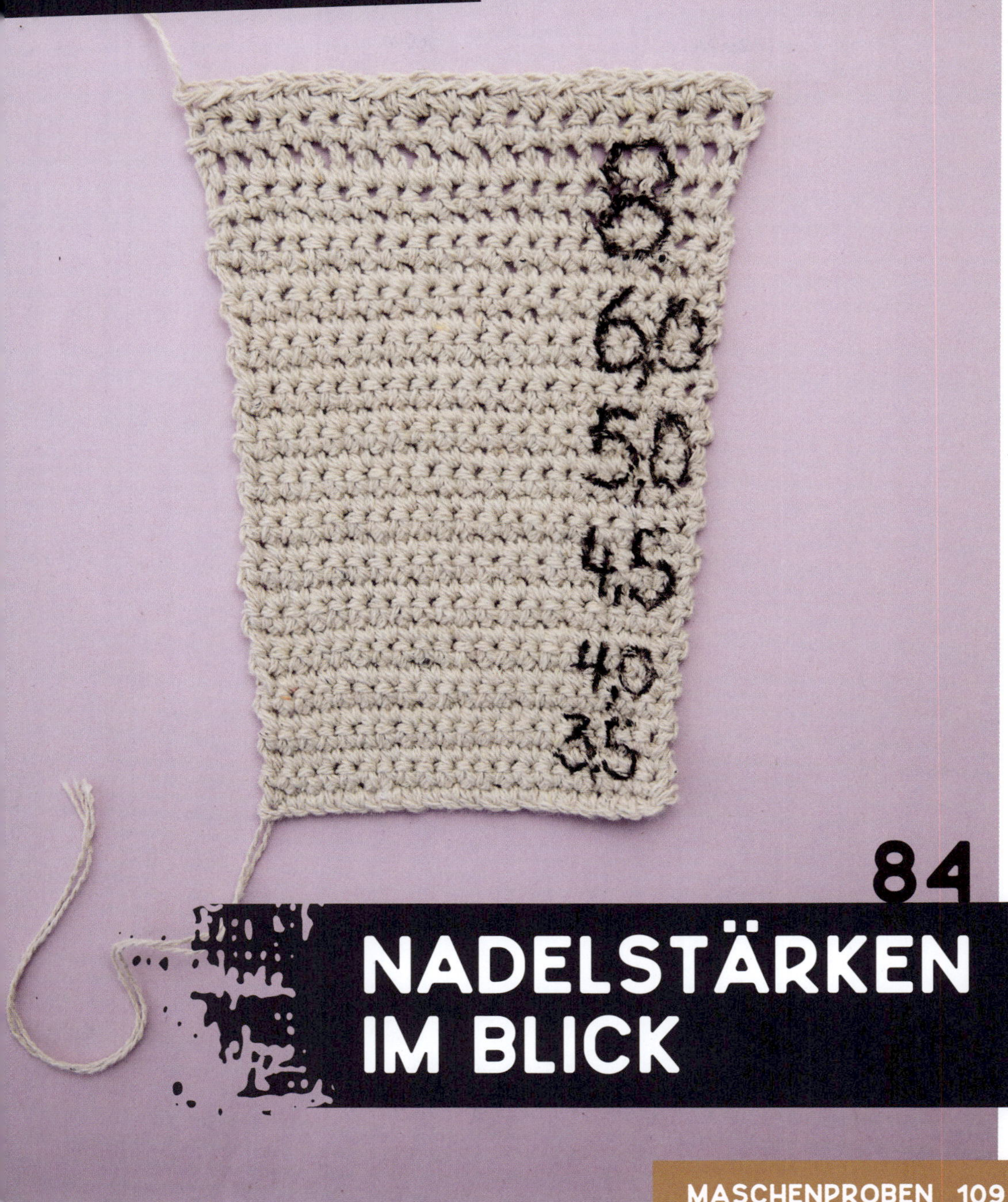

84 NADELSTÄRKEN IM BLICK

85
WELCHE HÄKELNADEL?

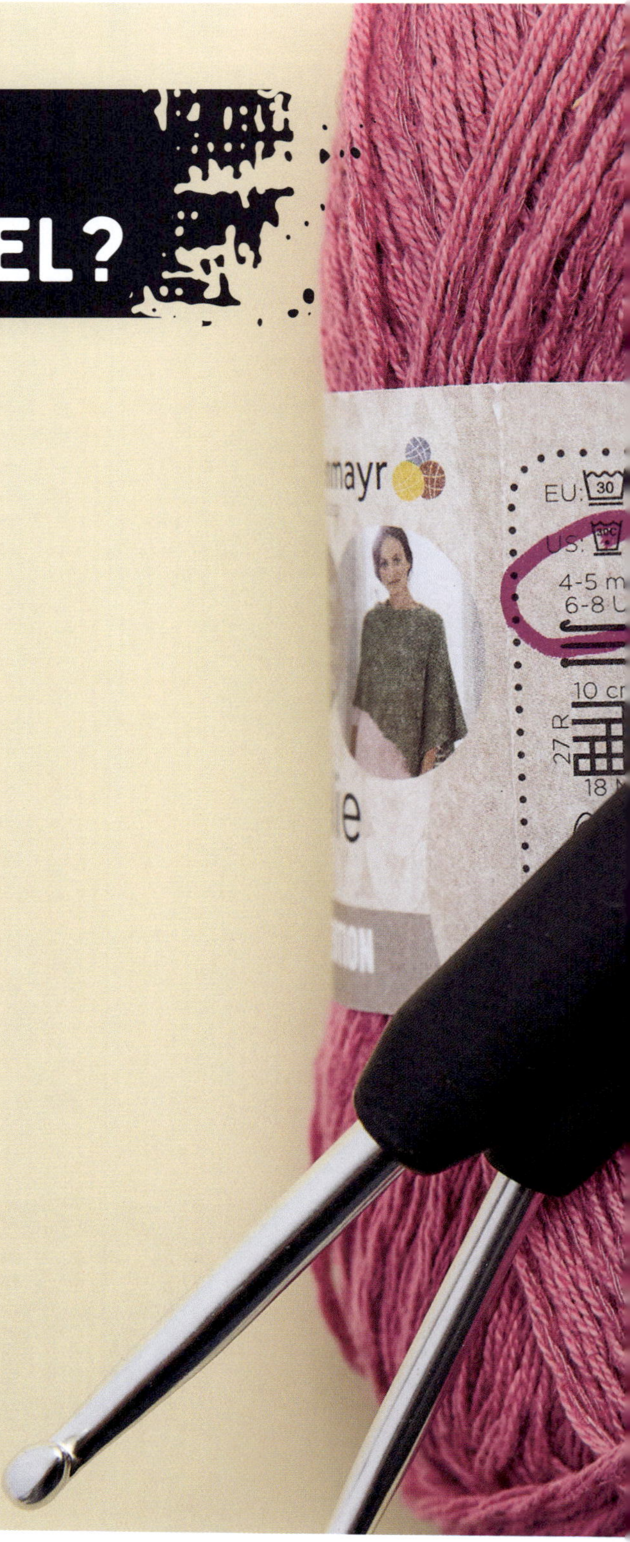

Oft weiß man nicht, welche Häkelnadel zu welchem Material passt. Auf jeder Garnbanderole stehen die Größe der Häkelnadeln, die passend zu diesem Garn sind. Schlage einige Maschen an und häkle ein paar Reihen mit der ersten Nadel, nach ein paar Reihen mit der zweiten Größe der Häkelnadel und dann weiter mit der dritten Größe. So hast du einen direkten Vergleich, wie das Maschenbild mit den verschiedenen Nadelstärken aussieht.

Deine Maschenprobe sollte nicht zu klein sein, vor allem beim Lacehäkeln, damit sie aussagekräftig ist. Sie sollte mindestens 10x10 cm groß sein.

86

GROSS GENUG

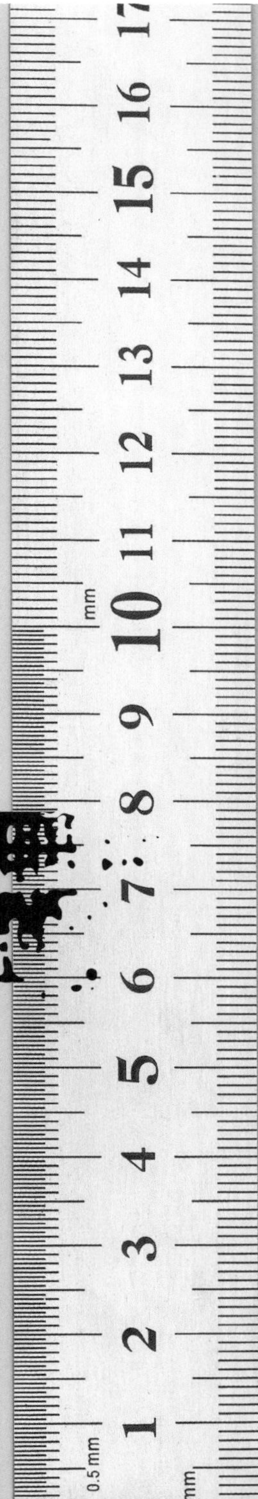

87

MASCHENPROBEN-PATCHWORK

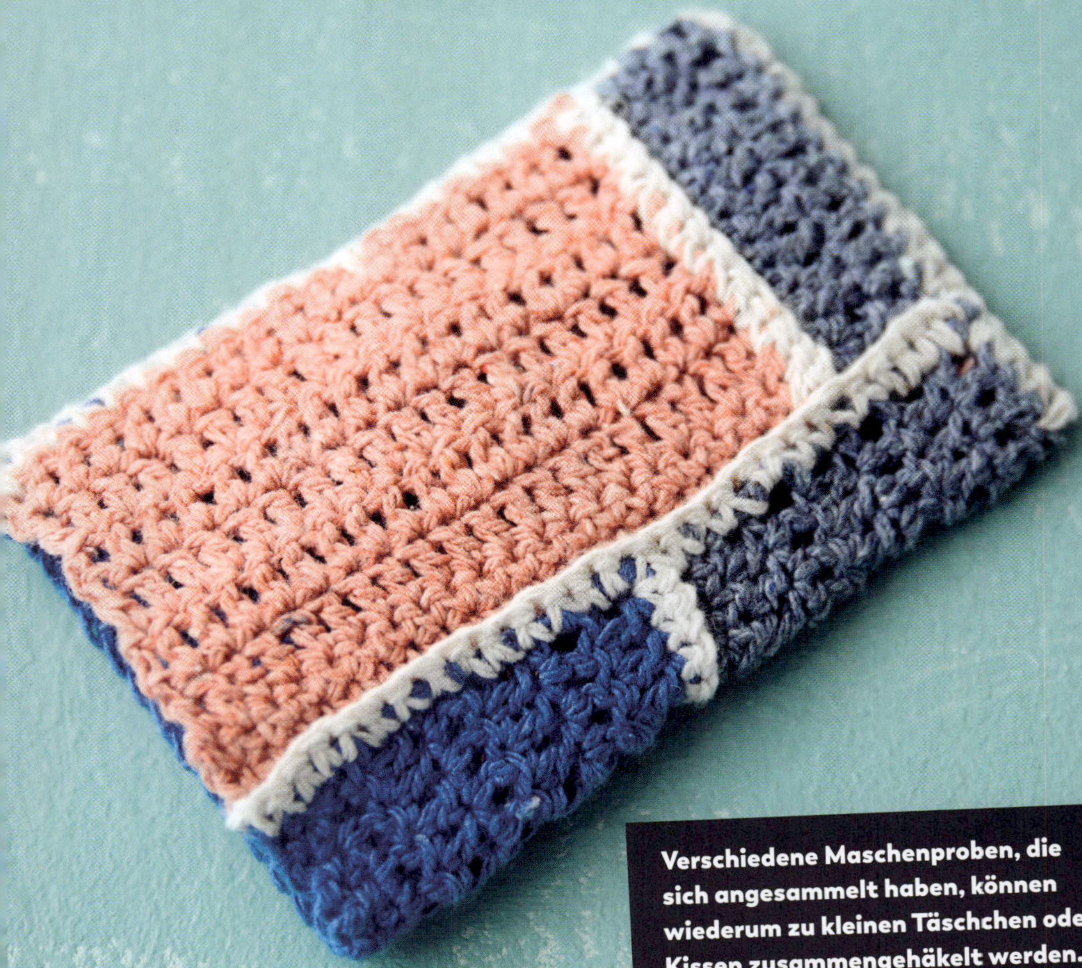

Verschiedene Maschenproben, die sich angesammelt haben, können wiederum zu kleinen Täschchen oder Kissen zusammengehäkelt werden.

88

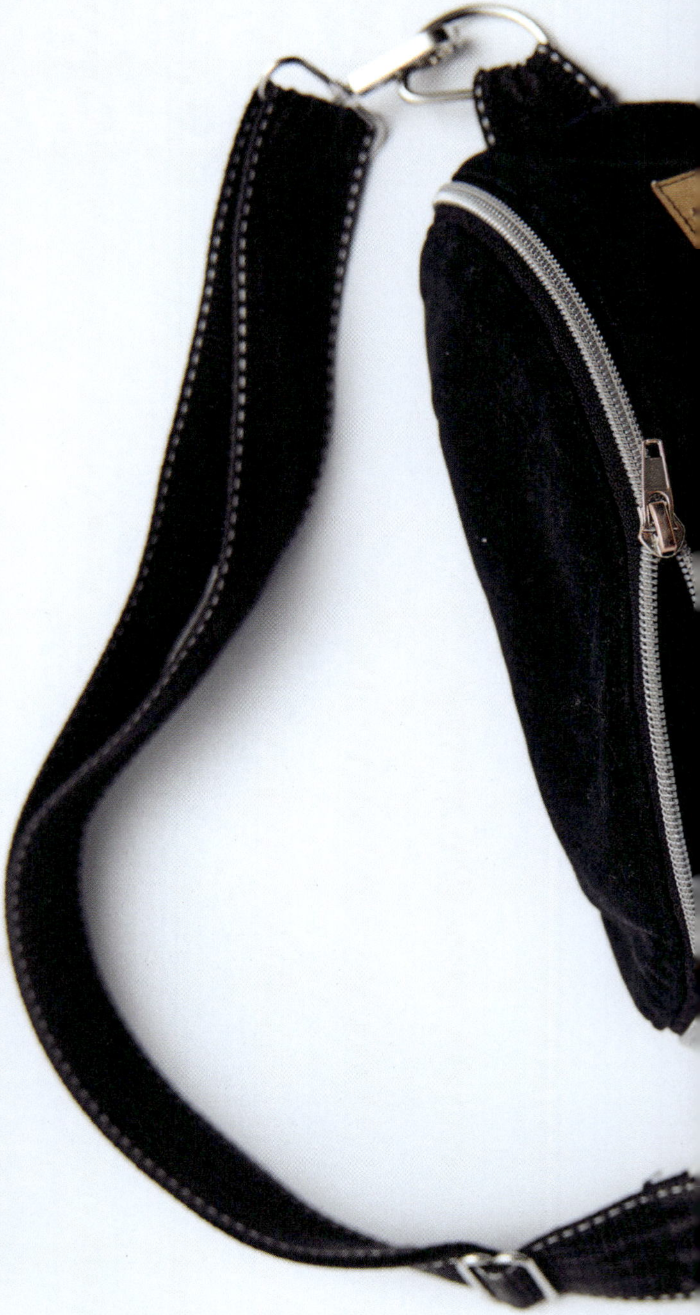

Das Häkelprojekt kann auch bei einer Flug- oder Zugreise mitgenommen werden. Damit es nicht davonkullert, bewahrst du es in einer kleinen Stofftasche auf und hängst es an dein Handgelenk. So kannst du auch im Stehen häkeln.

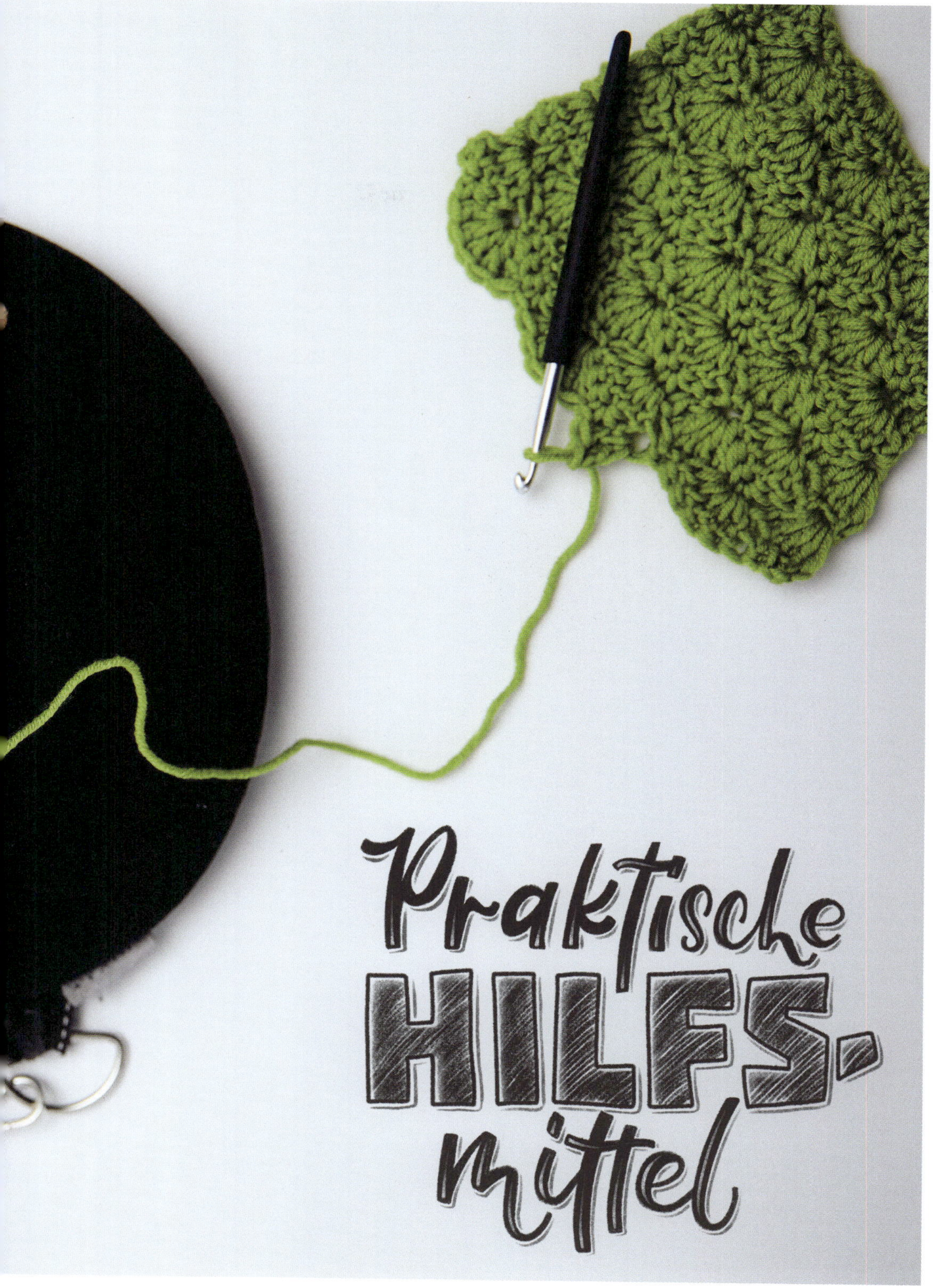

Praktische HILFS-mittel

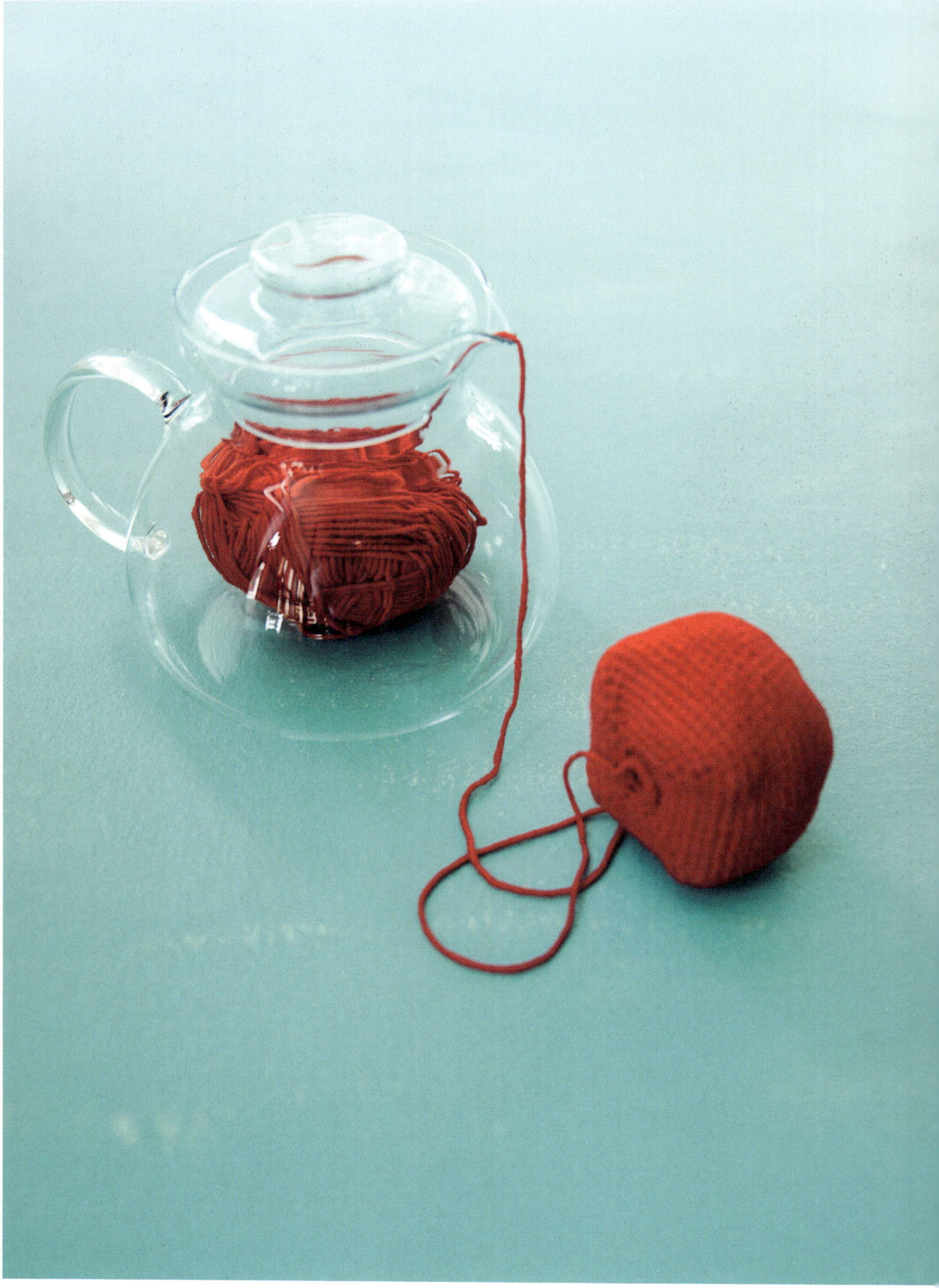

Was wäre das Häkeln ohne die passenden Hilfsmittel? Ob Maschenmarkierer, Maßband oder Yarn-Bowl – viele von uns besitzen diese Werkzeuge, aber irgendwie sind sie immer gerade nicht zur Hand . In diesem Kapitel haben wir sämtliche praktische Hilfsmittel und Alternativen zusammengesammelt und für dich kompakt zusammengefasst, damit du immer für alle Fälle ausgerüstet bist. Lass dich von unkonventionellen Ideen überraschen, ohne die du dir deine Häkelleidenschaft schon bald nicht mehr vorstellen können wirst!

89

ELEKTRONISCHER HÄKELHELFER

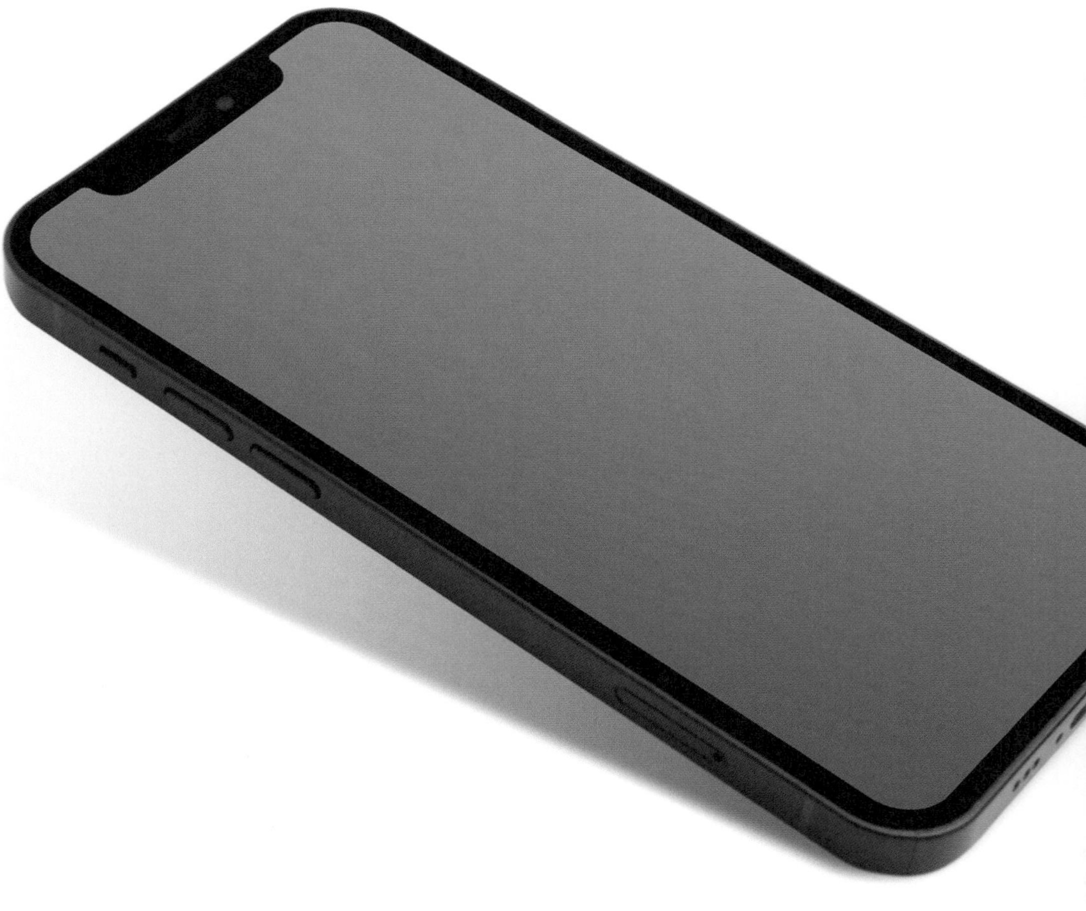

Dein Smartphone kann dir auch beim Häkeln helfen. Es gibt zahlreiche Apps zur Projektverwaltung, Maschenproben-Rechner, Reihenzähler, Apps zum Häkelnlernen und Mustersammlungen. Empfehlenswert und auf Deutsch ist z. B. die App „Zähl mich".

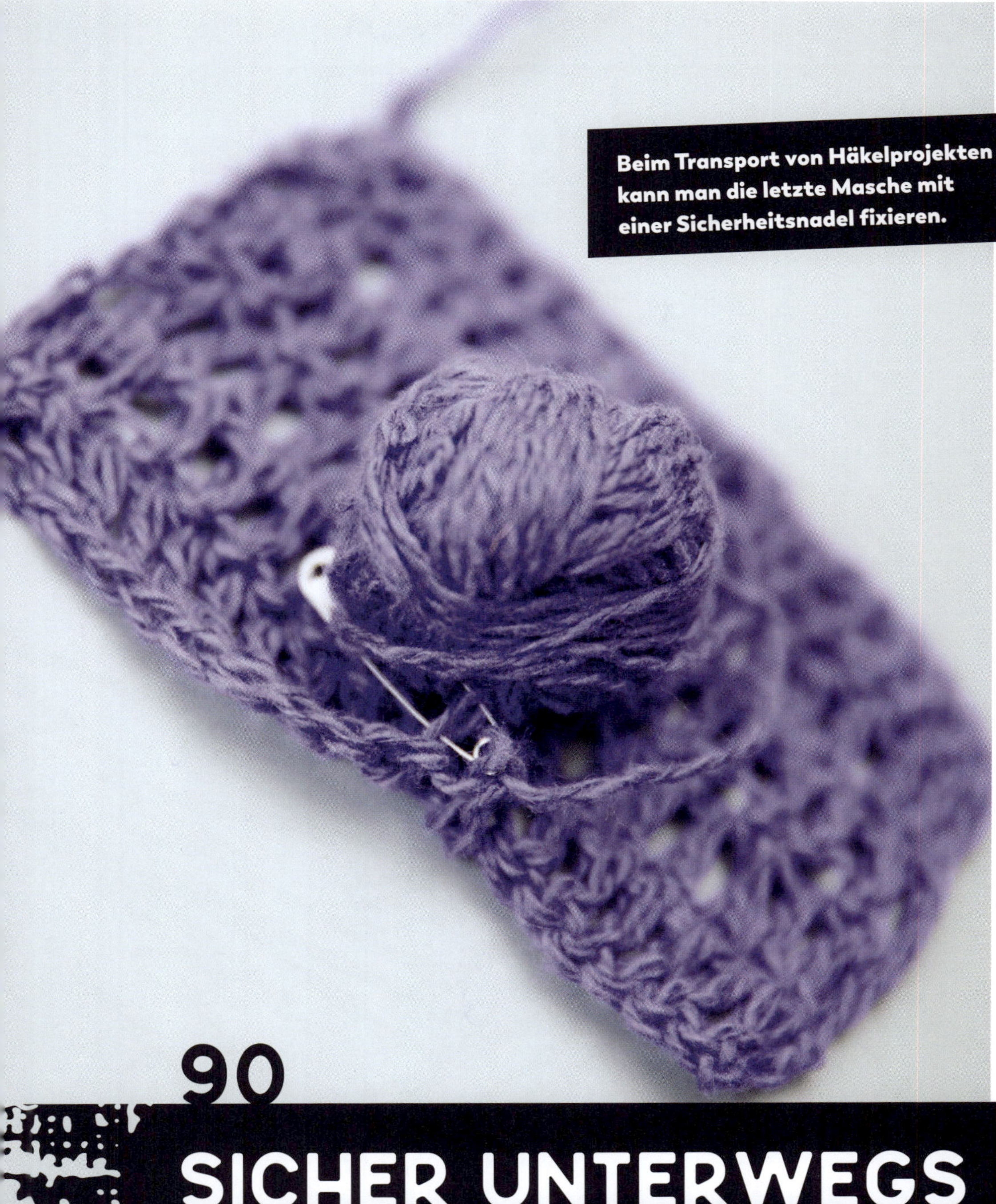

Beim Transport von Häkelprojekten kann man die letzte Masche mit einer Sicherheitsnadel fixieren.

90 SICHER UNTERWEGS

91

FÜR DEN NOTFALL

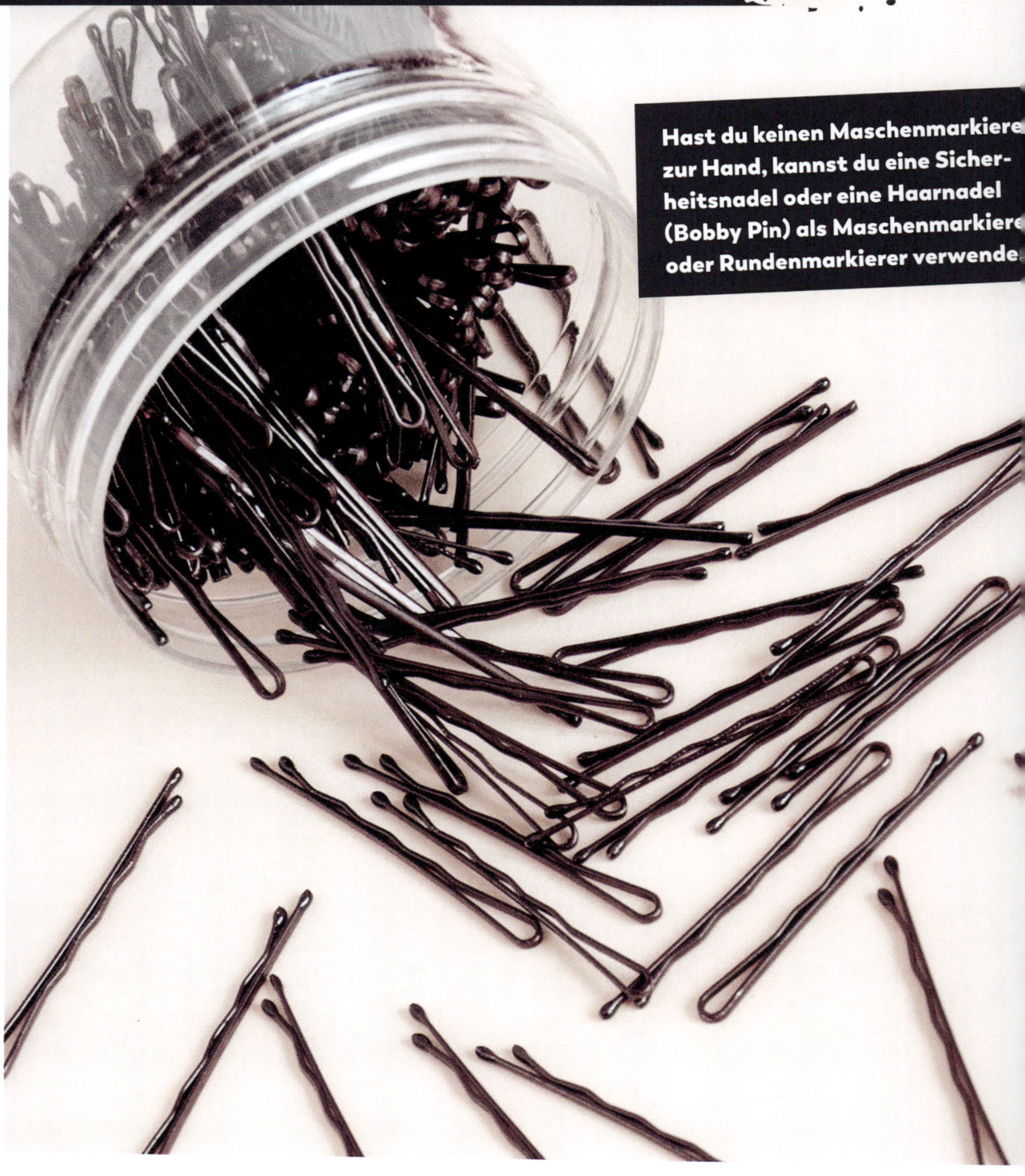

Hast du keinen Maschenmarkiere zur Hand, kannst du eine Sicherheitsnadel oder eine Haarnadel (Bobby Pin) als Maschenmarkiere oder Rundenmarkierer verwende

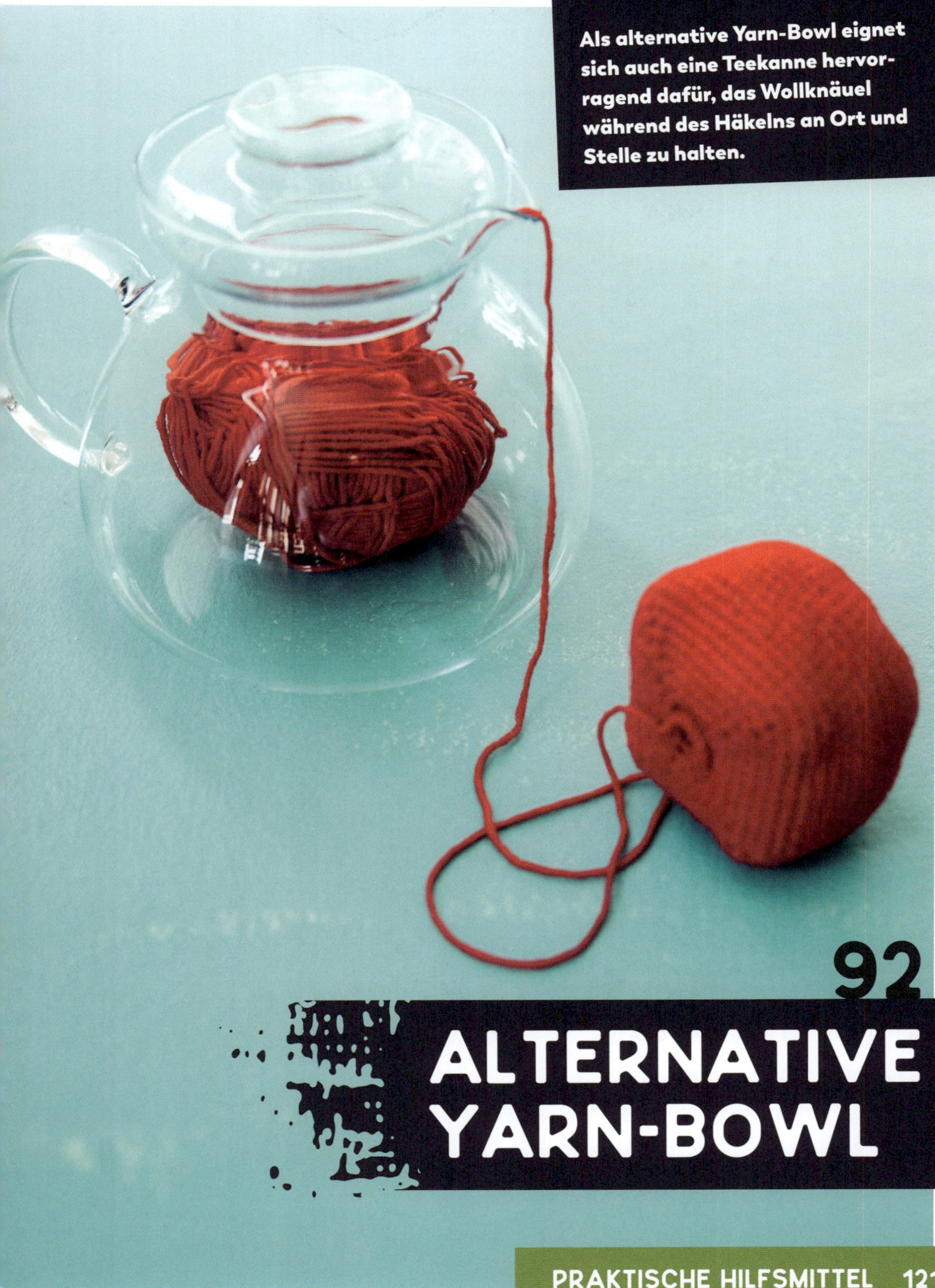

Als alternative Yarn-Bowl eignet sich auch eine Teekanne hervorragend dafür, das Wollknäuel während des Häkelns an Ort und Stelle zu halten.

92 ALTERNATIVE YARN-BOWL

Auch eine hübsche Müsli-Schüssel eignet sich prima als Garn-Schale! Führe den Arbeitsfaden durch eine Klammer, die du am Schüsselrand befestigst. So kann sich nichts verheddern.

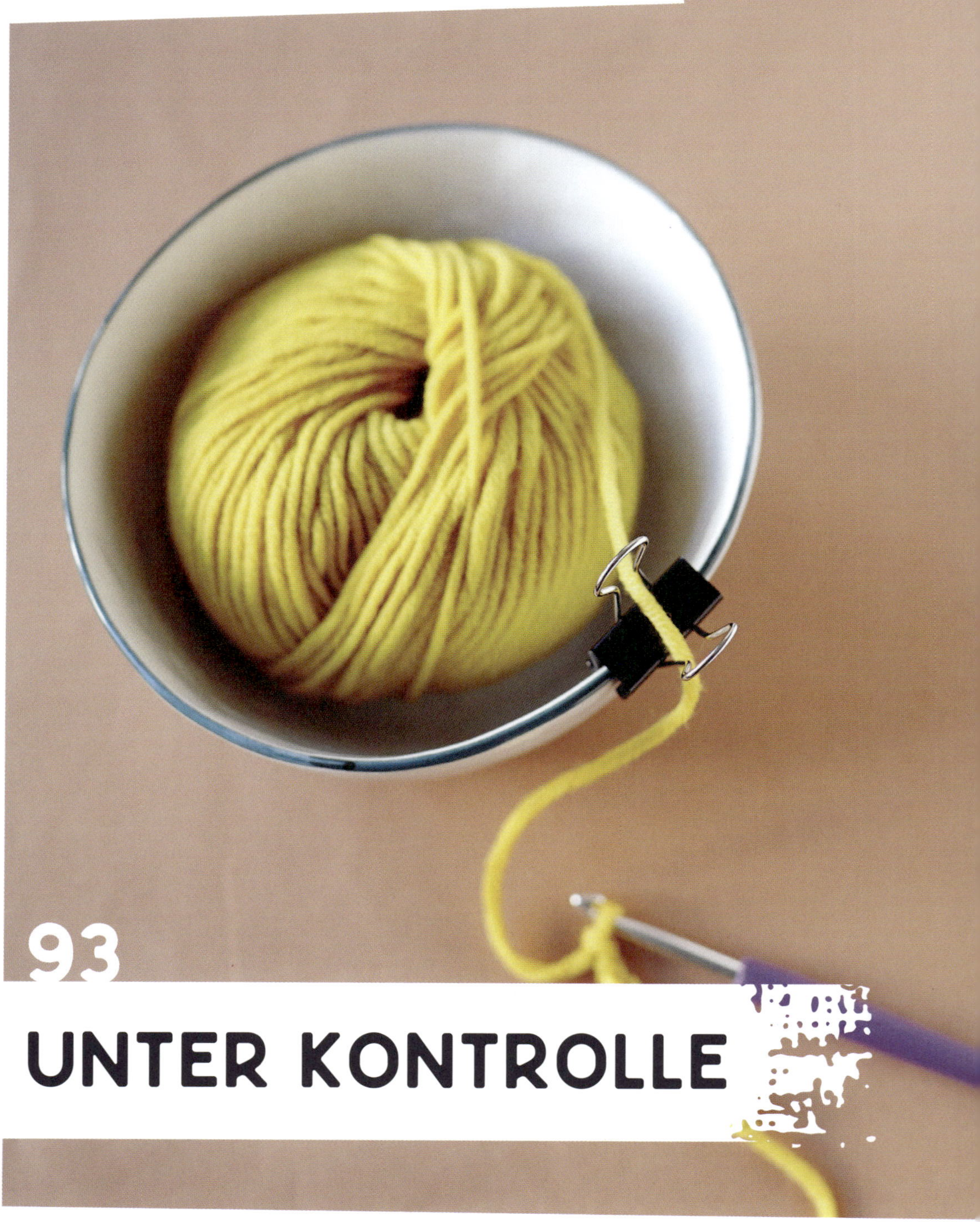

93

UNTER KONTROLLE

94

KNÄUEL BEI FUSS

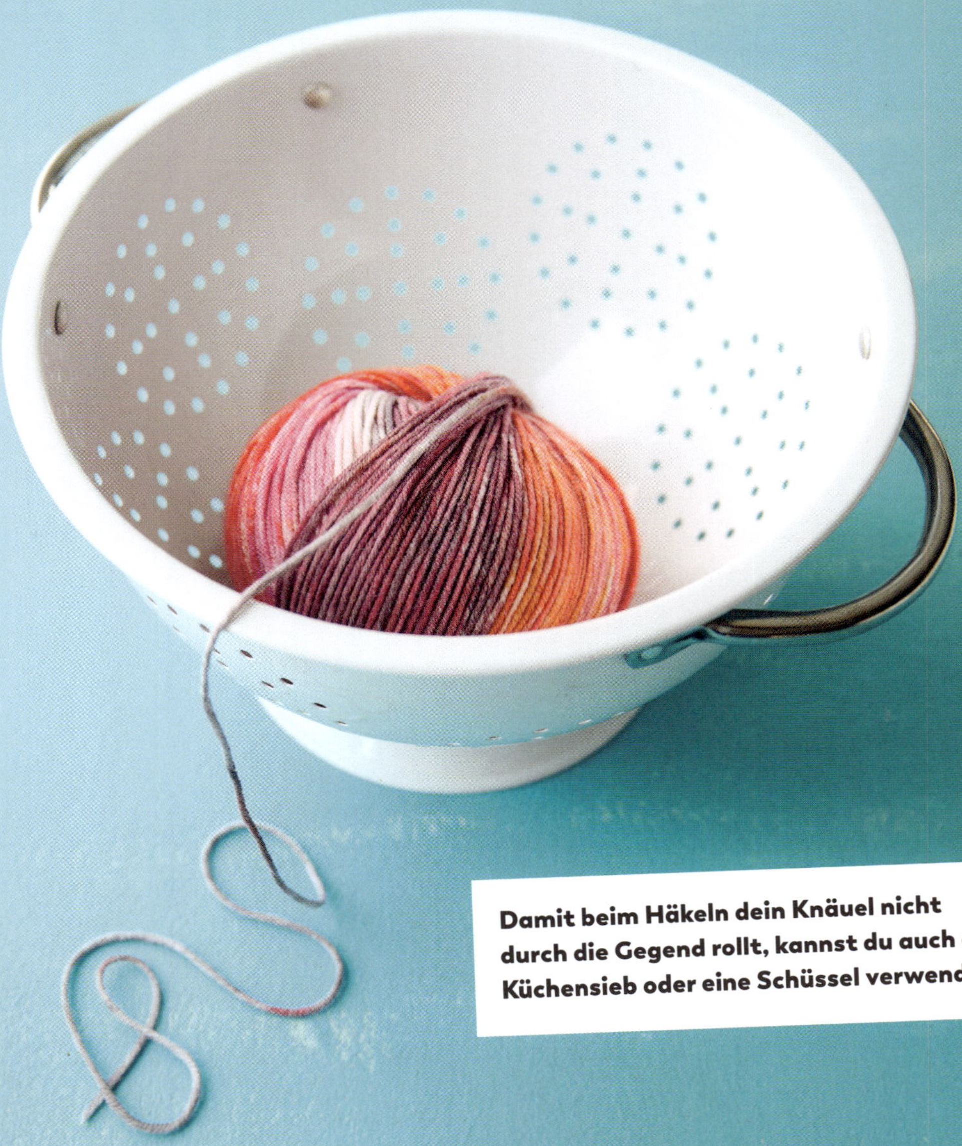

Damit beim Häkeln dein Knäuel nicht durch die Gegend rollt, kannst du auch ein Küchensieb oder eine Schüssel verwenden.

95 AUTSCH!

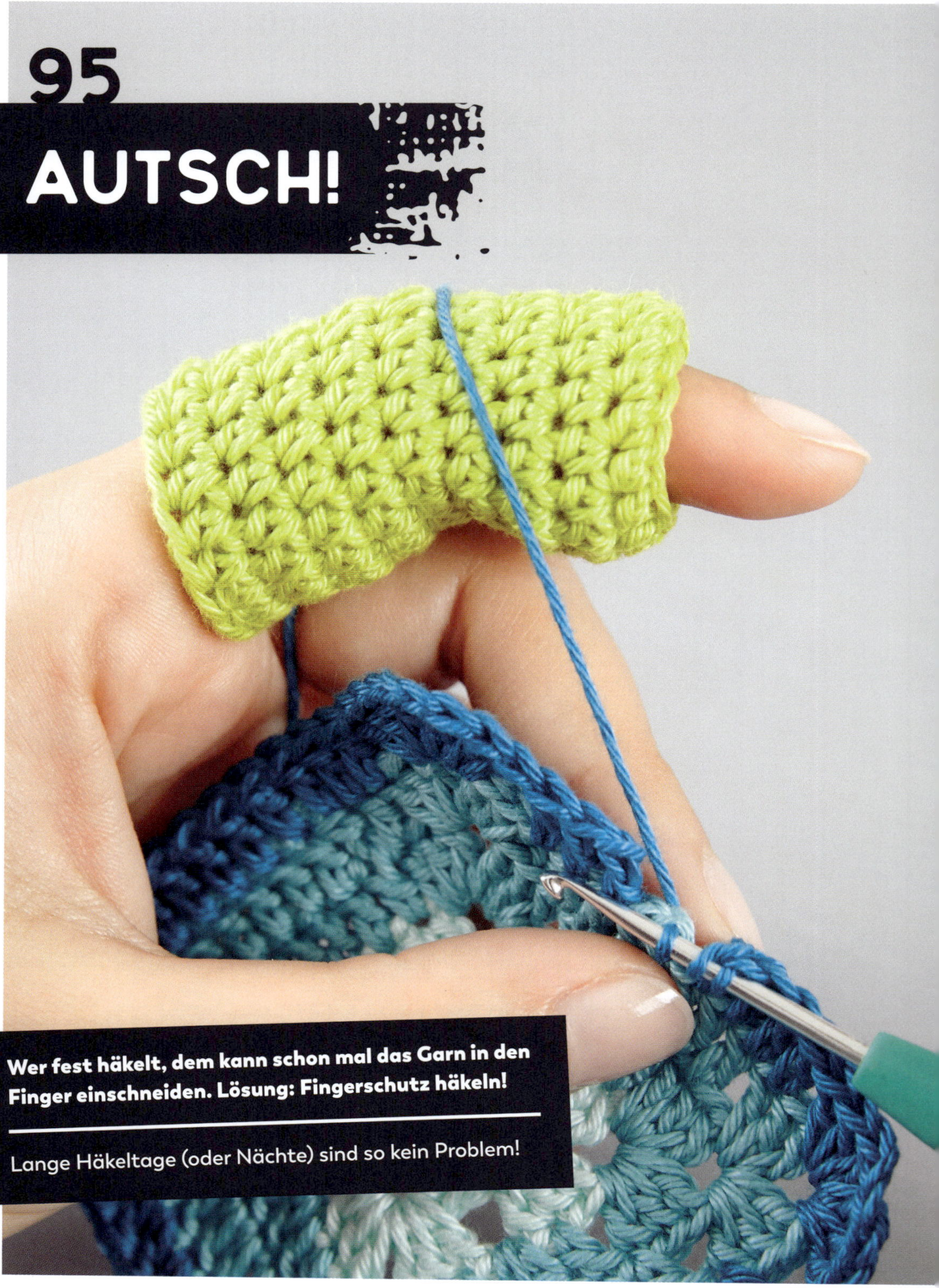

Wer fest häkelt, dem kann schon mal das Garn in den Finger einschneiden. Lösung: Fingerschutz häkeln!

Lange Häkeltage (oder Nächte) sind so kein Problem!

Wird das Garn von außen abgerollt, stecke das Knäuel auf eine Stricknadel und diese in einen Korb.

Das Garn verheddert sich nicht und rollt ordentlich ab.

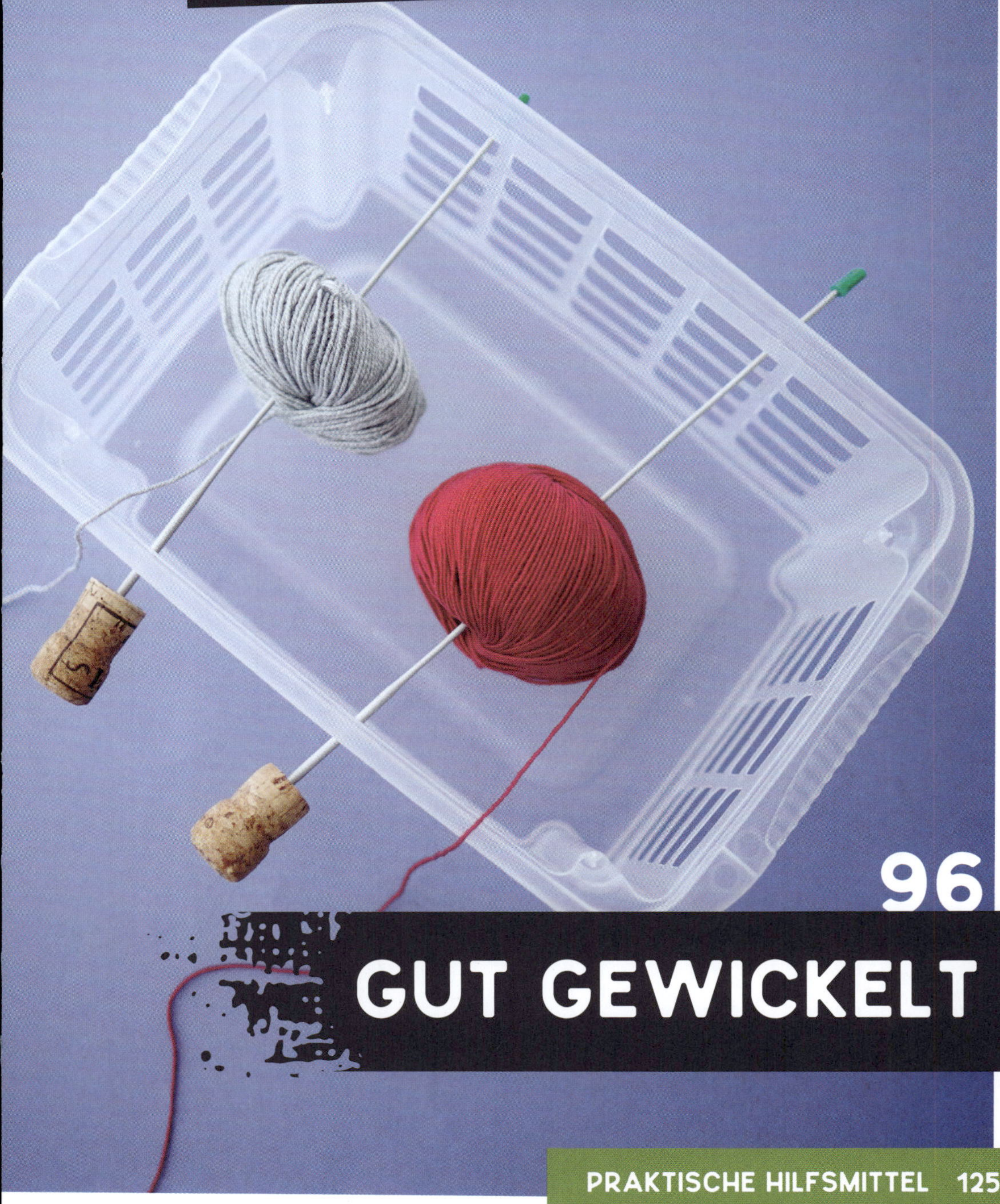

96 GUT GEWICKELT

Falls kein Wollwaschmittel zur Hand ist, erfüllt ein Haarshampoo den gleichen Zweck, denn was Haaren nicht schadet, schadet auch der Wolle nicht.

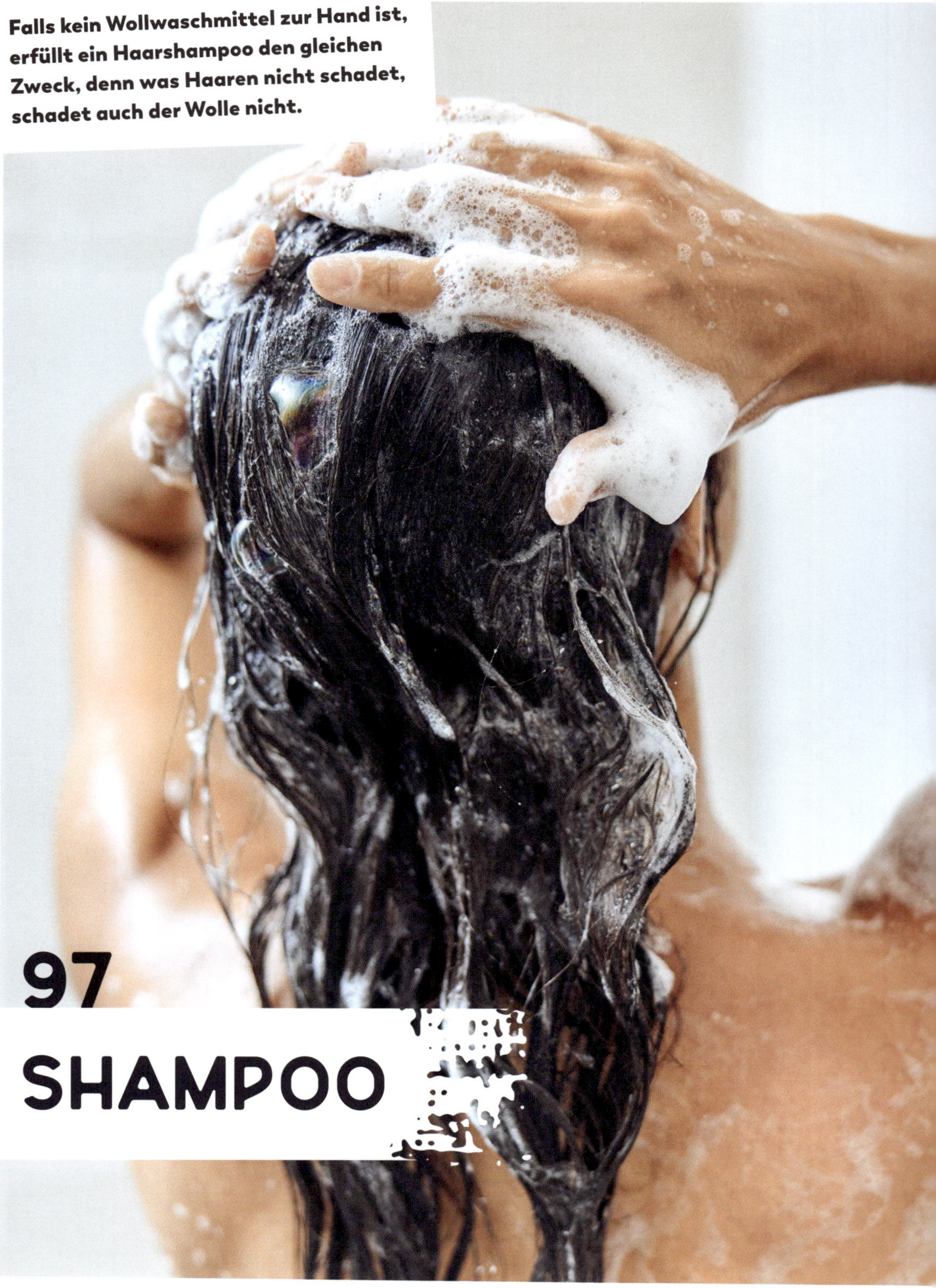

97 SHAMPOO

Um aufgeribbelte Wolle wieder zu entkringeln, kann man sie entweder nass machen, straff über einen Pappkarton wickeln und trocknen lassen, oder man nimmt einen Partner zur Hilfe und bügelt das Garn auf entsprechender Hitzestufe. Einer hält das Bügeleisen und der andere zieht das Garn durch und wickelt es gleichzeitig auf.

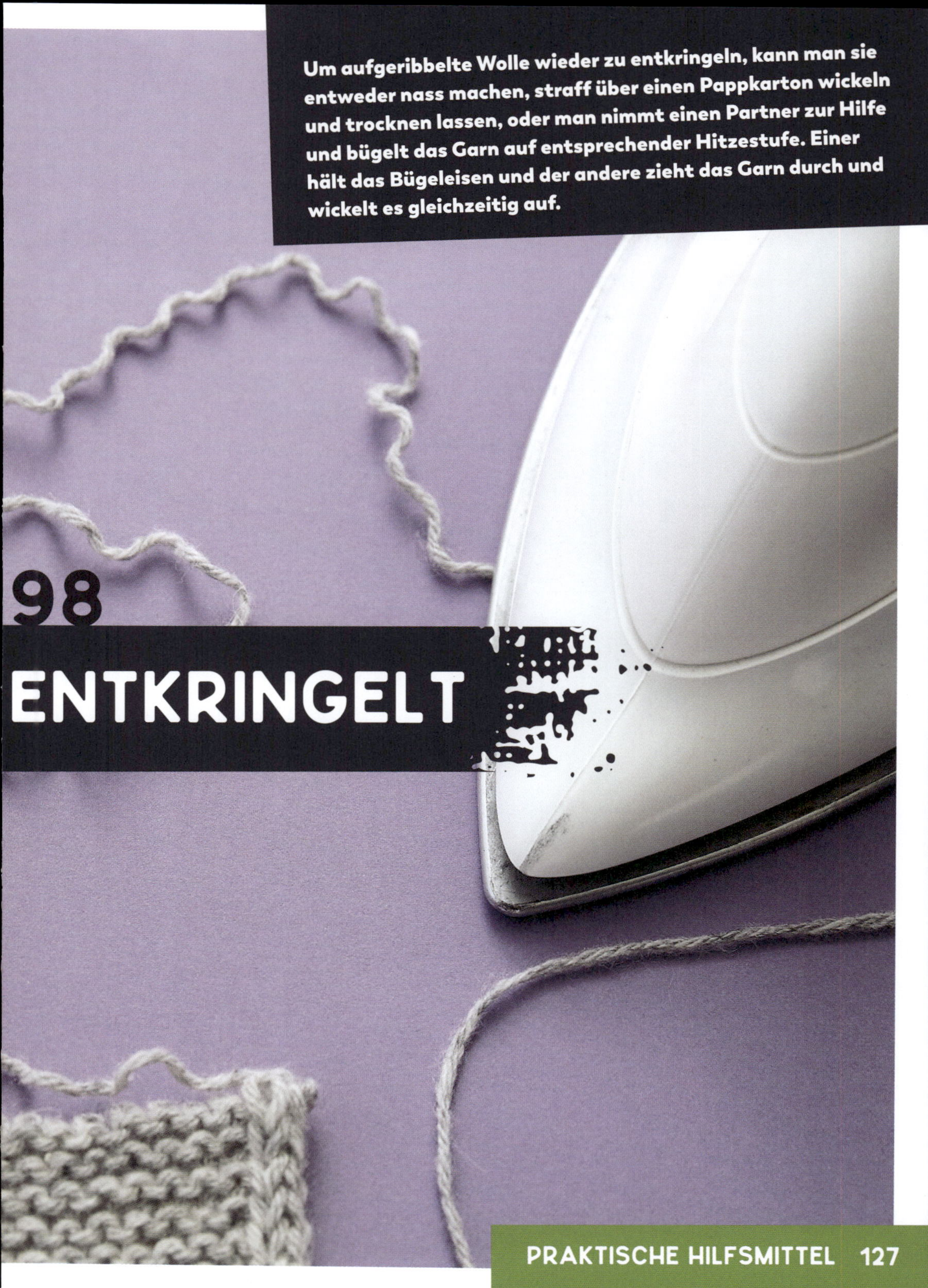

98 ENTKRINGELT

99

UNGEBETENE GÄSTE

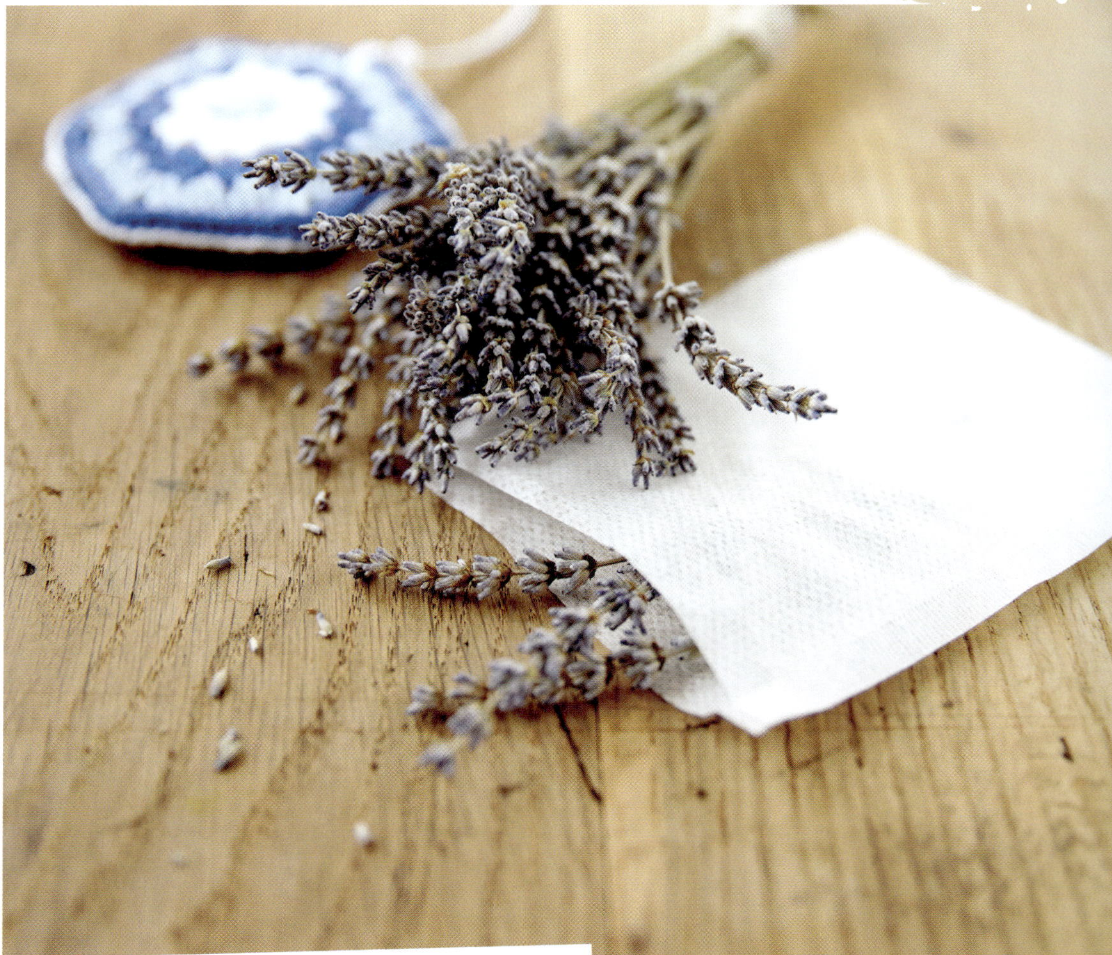

Motten lieben Wolle. Teebeutel mit Lavendel füllen, zwischen die Wolle legen. Motten adè.

Alternativ kannst du auch zwei Granny Squares zusammenhäkeln und diese mit Lavendel füllen.

Um Motten zu vermeiden, kannst du auch 3-4 Tropfen reines Lavendelöl bei der Handwäsche ins Wasser geben.

100 LAVENDELÖL GEGEN MOTTEN

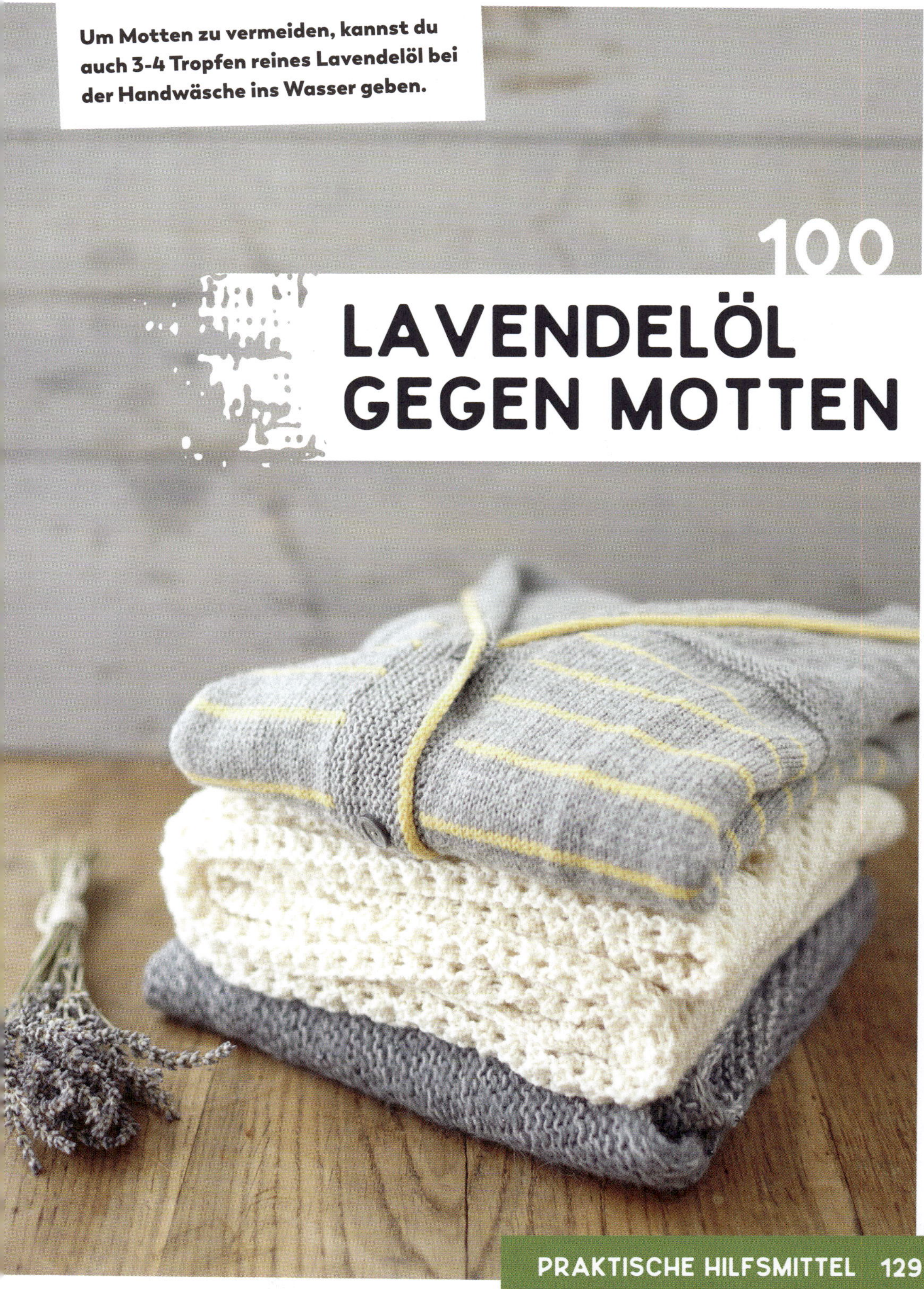

101 VAKUUMIEREN

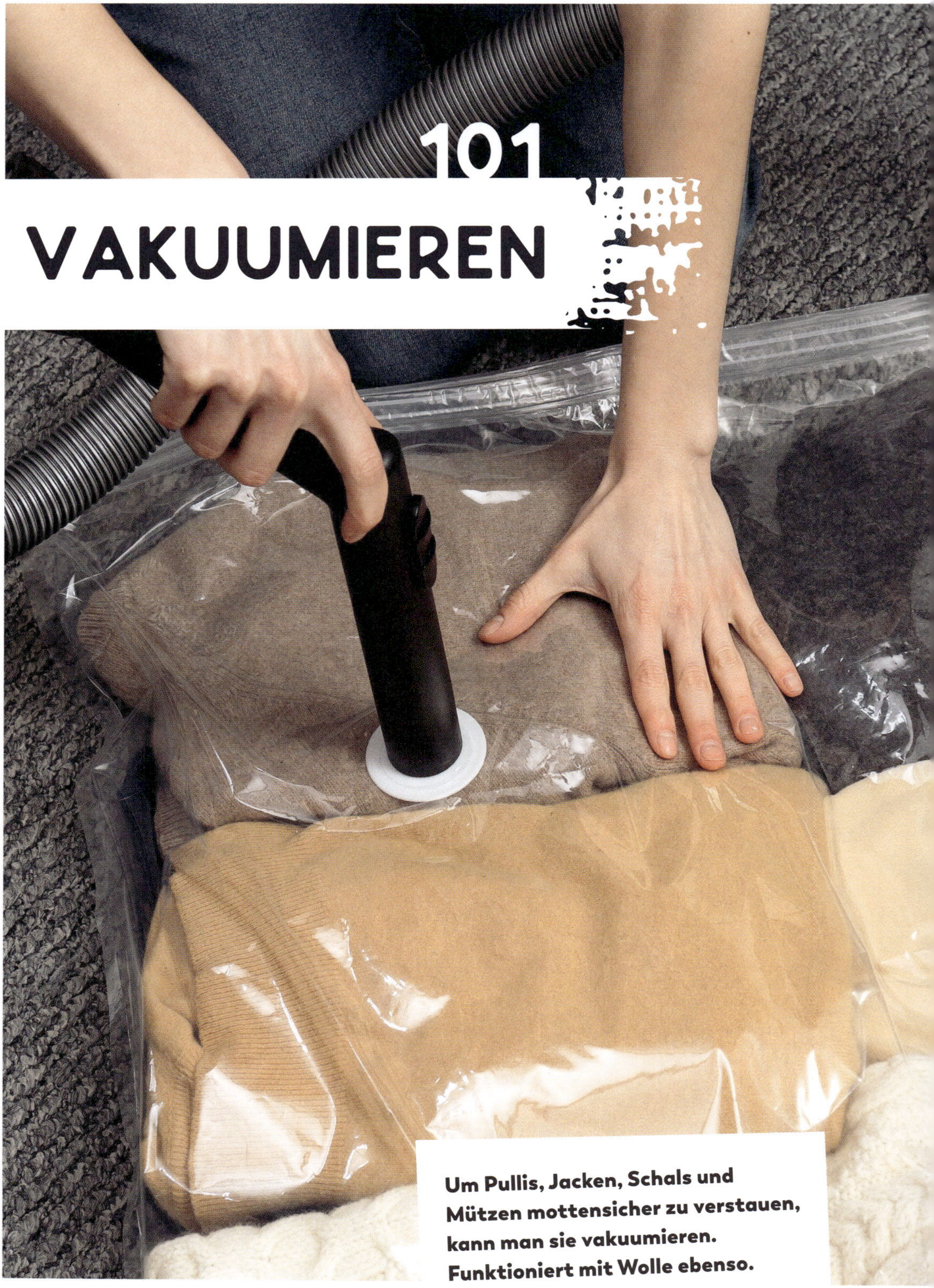

Um Pullis, Jacken, Schals und Mützen mottensicher zu verstauen, kann man sie vakuumieren. Funktioniert mit Wolle ebenso.

102 ÜBERBLICK

In Büchern behältst du besser den Überblick, wenn ein Haftnotizzettel an den aktuellen Arbeitsschritt geklebt wird.

Auf diesem können auch kleine Bemerkungen oder Abwandlungen notiert werden.

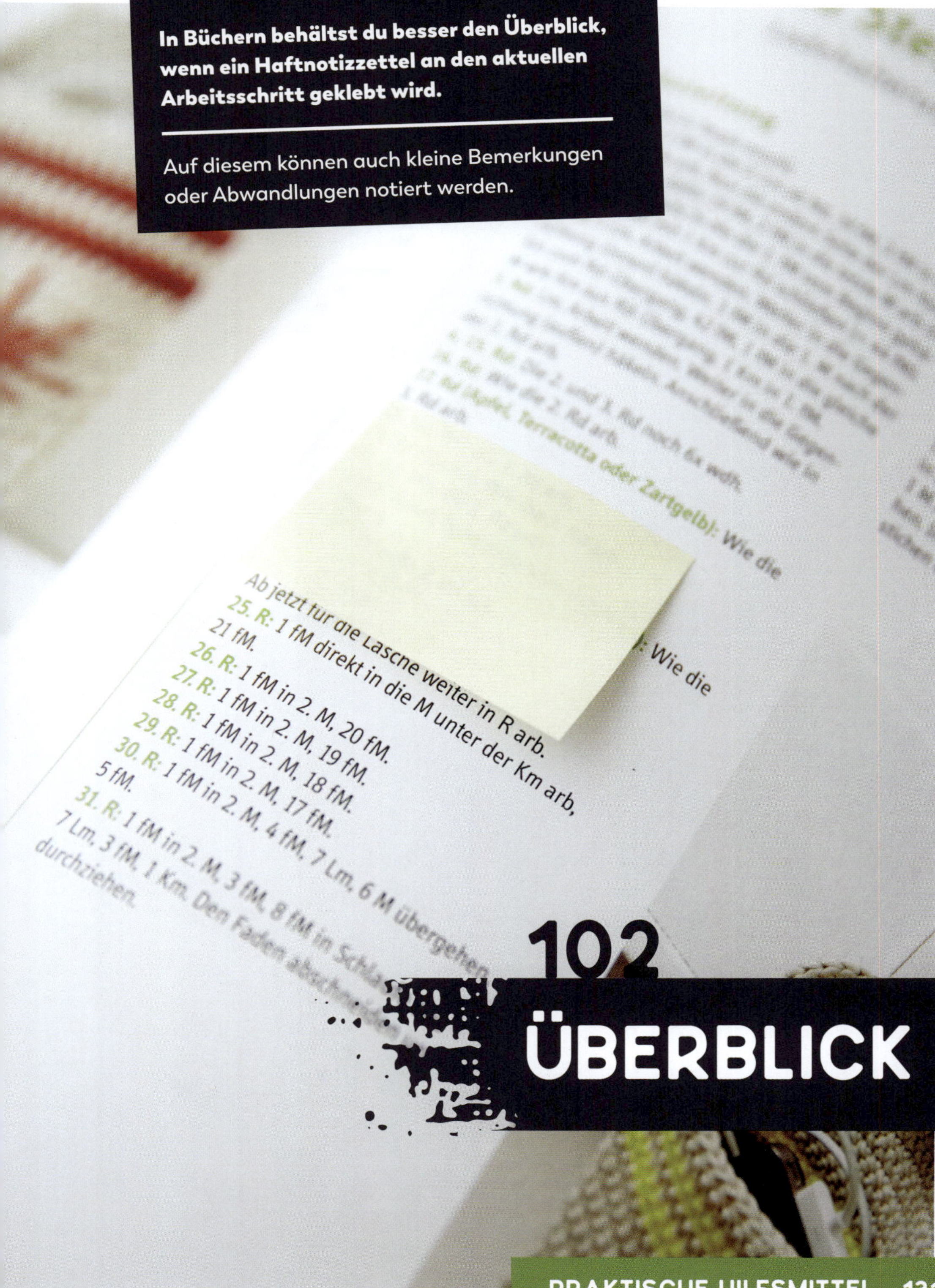

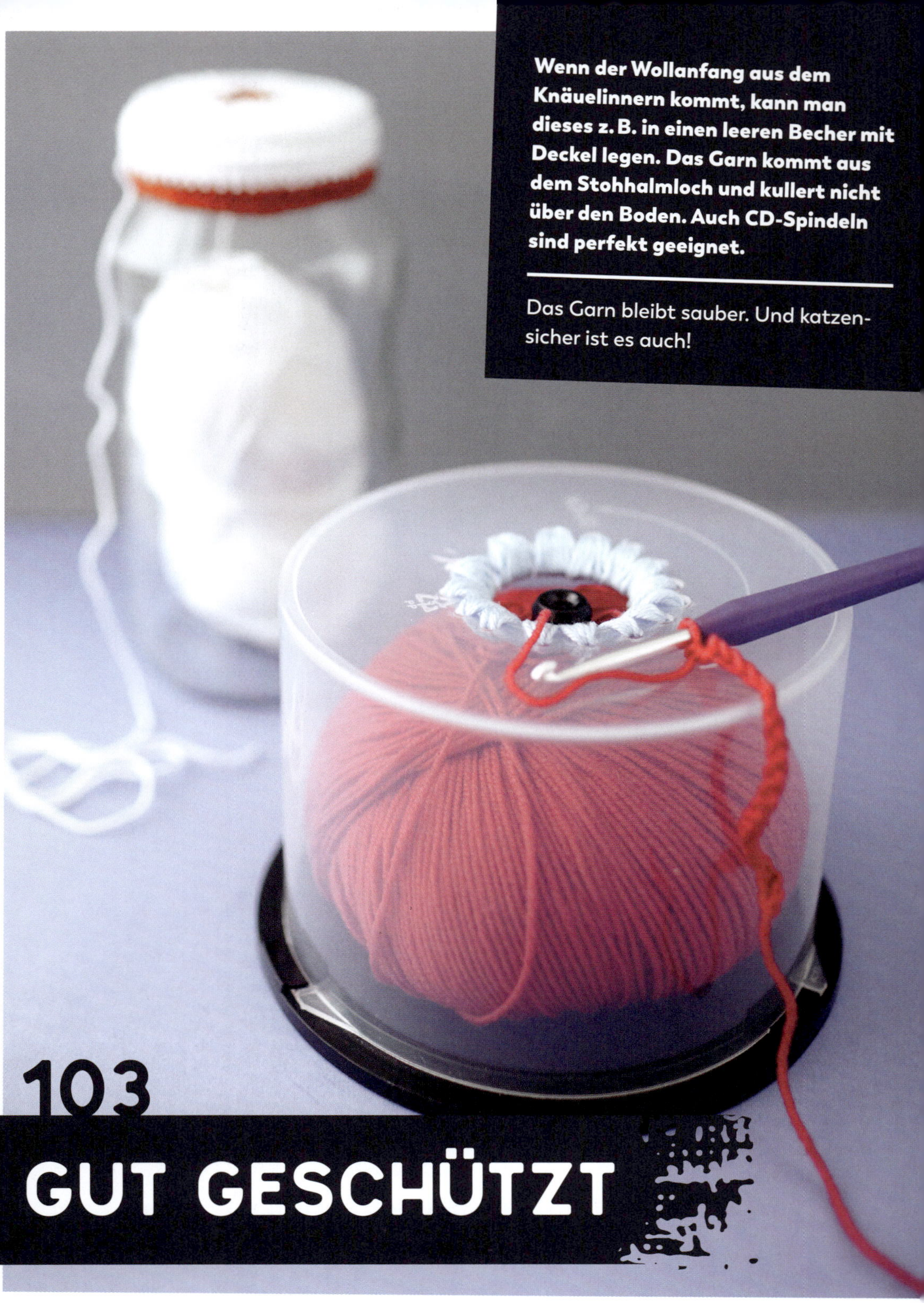

Wenn der Wollanfang aus dem Knäuelinnern kommt, kann man dieses z. B. in einen leeren Becher mit Deckel legen. Das Garn kommt aus dem Stohhalmloch und kullert nicht über den Boden. Auch CD-Spindeln sind perfekt geeignet.

Das Garn bleibt sauber. Und katzensicher ist es auch!

103 GUT GESCHÜTZT

Was ist der Unterschied zwischen Single und getwistetem Garn? Gedrehtes Garn hat eine höhere Elastizität und springt wieder in seine Ursprungsform zurück. Singlegarn hat keine hohe Formstabilität, dafür aber ein glatteres Häkelbild. Die verminderte Formstabilität eignet sich daher sehr gut für das Lacehäkeln.

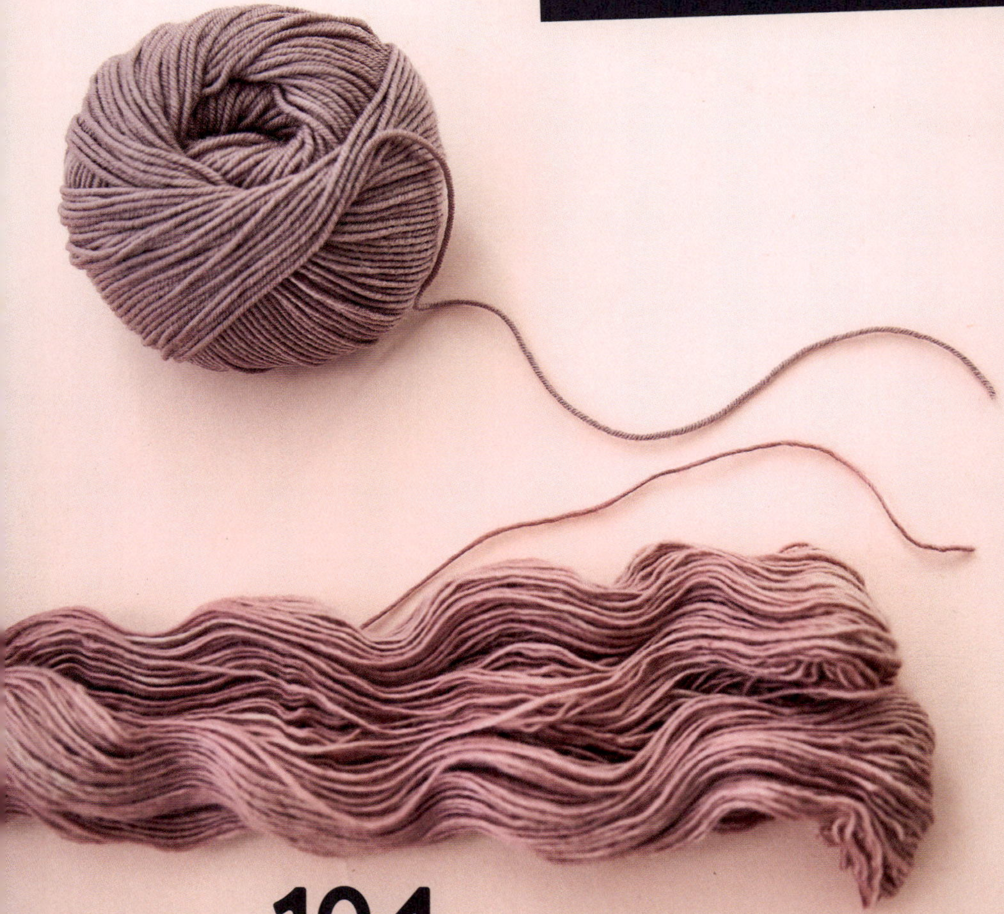

104 TWIST AND SHOUT

105

DURCHBLICK

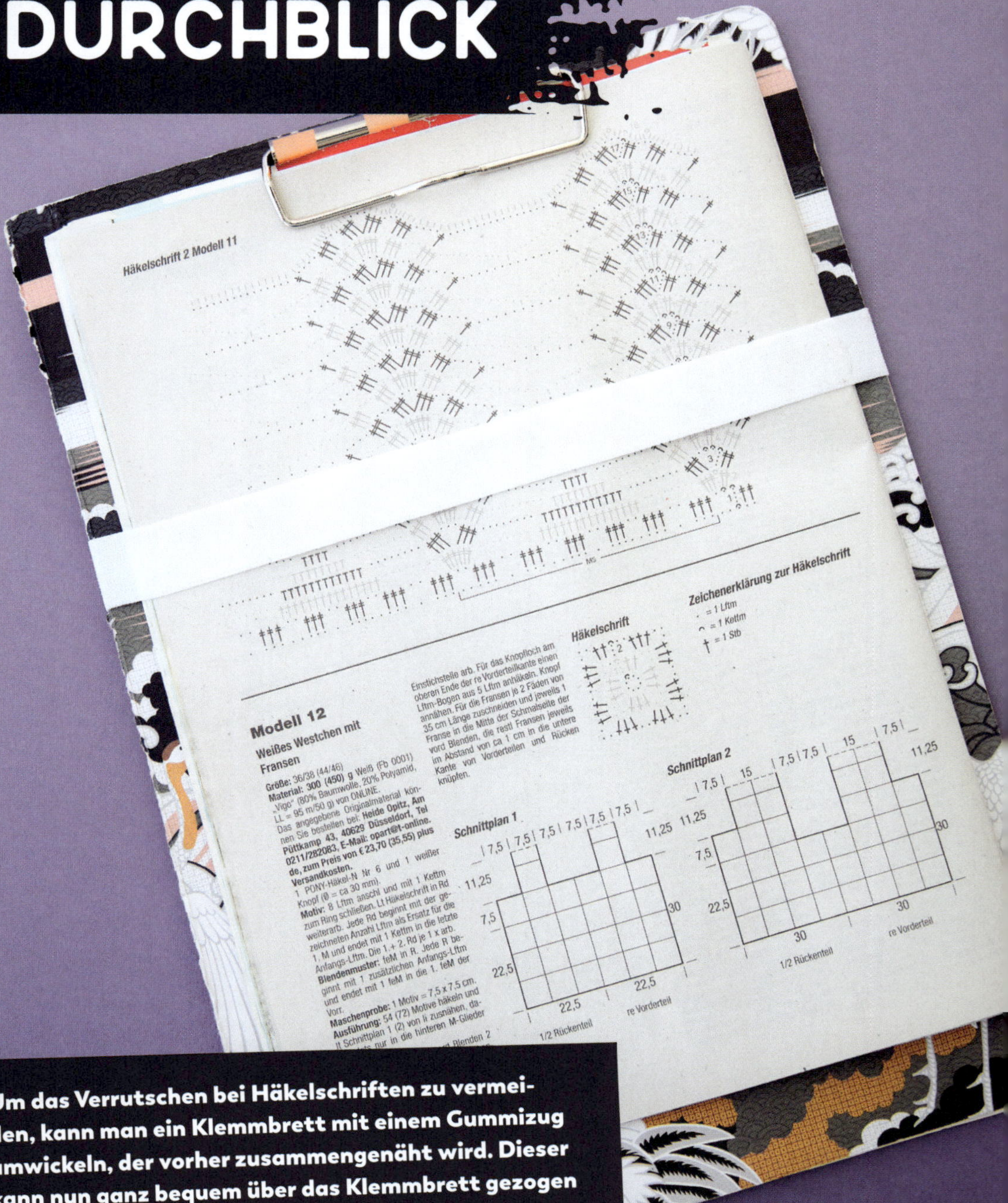

Um das Verrutschen bei Häkelschriften zu vermeiden, kann man ein Klemmbrett mit einem Gummizug umwickeln, der vorher zusammengenäht wird. Dieser kann nun ganz bequem über das Klemmbrett gezogen und für die jeweilige Reihe verrutscht werden.

Wenn man doppelfädig häkelt, und sich nicht sicher ist, ob die letzten beiden Knäuel noch benötigt werden, kann man bei einem Knäuel einen Faden von außen und einen Faden von innen nehmen.

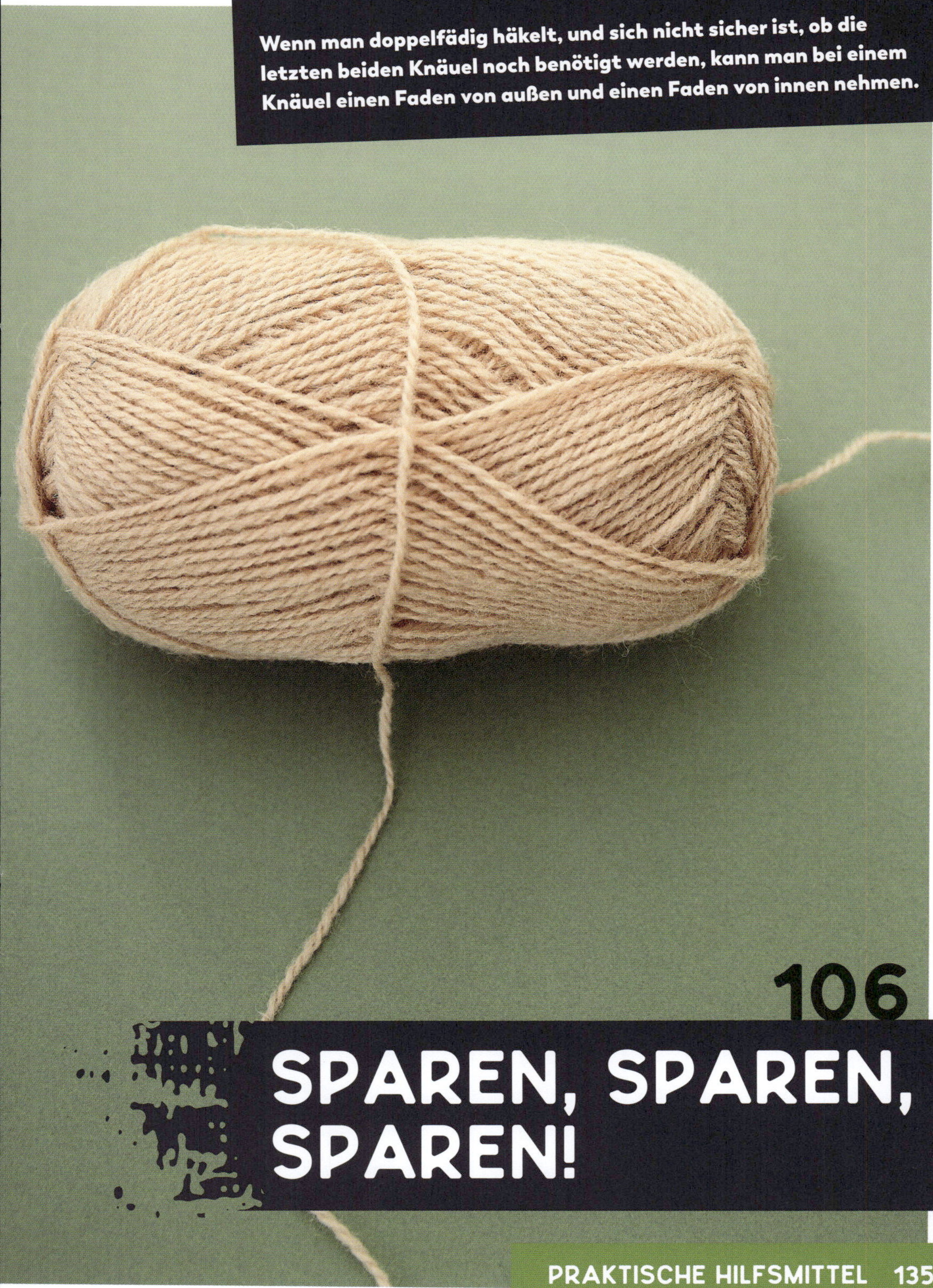

106 SPAREN, SPAREN, SPAREN!

107

NOTENSTÄNDER

Ein Notenständer ist eine tolle Hilfe beim Musterhäkeln, insbesondere bei Lacemustern. Einfach das Häkelmusterblatt auf den Notenständer stellen, so ist es einfacher, als wenn man es auf dem Tisch liegen hat.

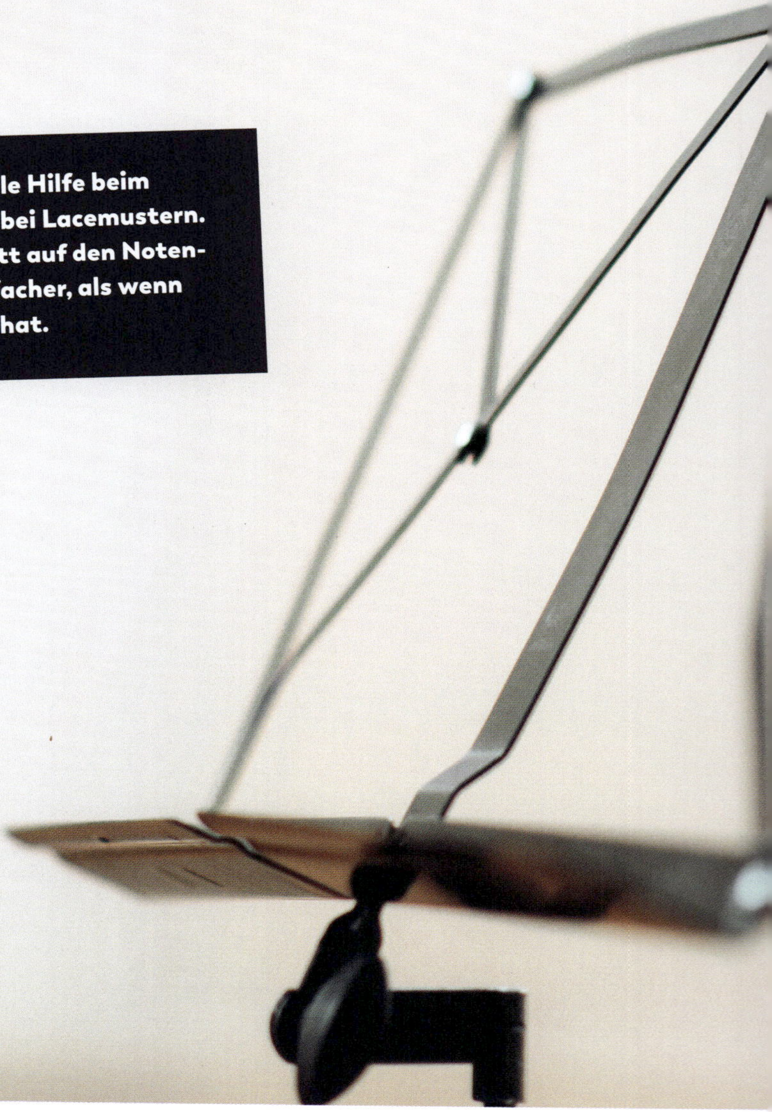

Aus dünnen Spültüchern kannst du dickere, handlichere häkeln.

Schneide die Tücher in etwa 2 cm breite Streifen und benutze eine 8,0 mm Nadel.

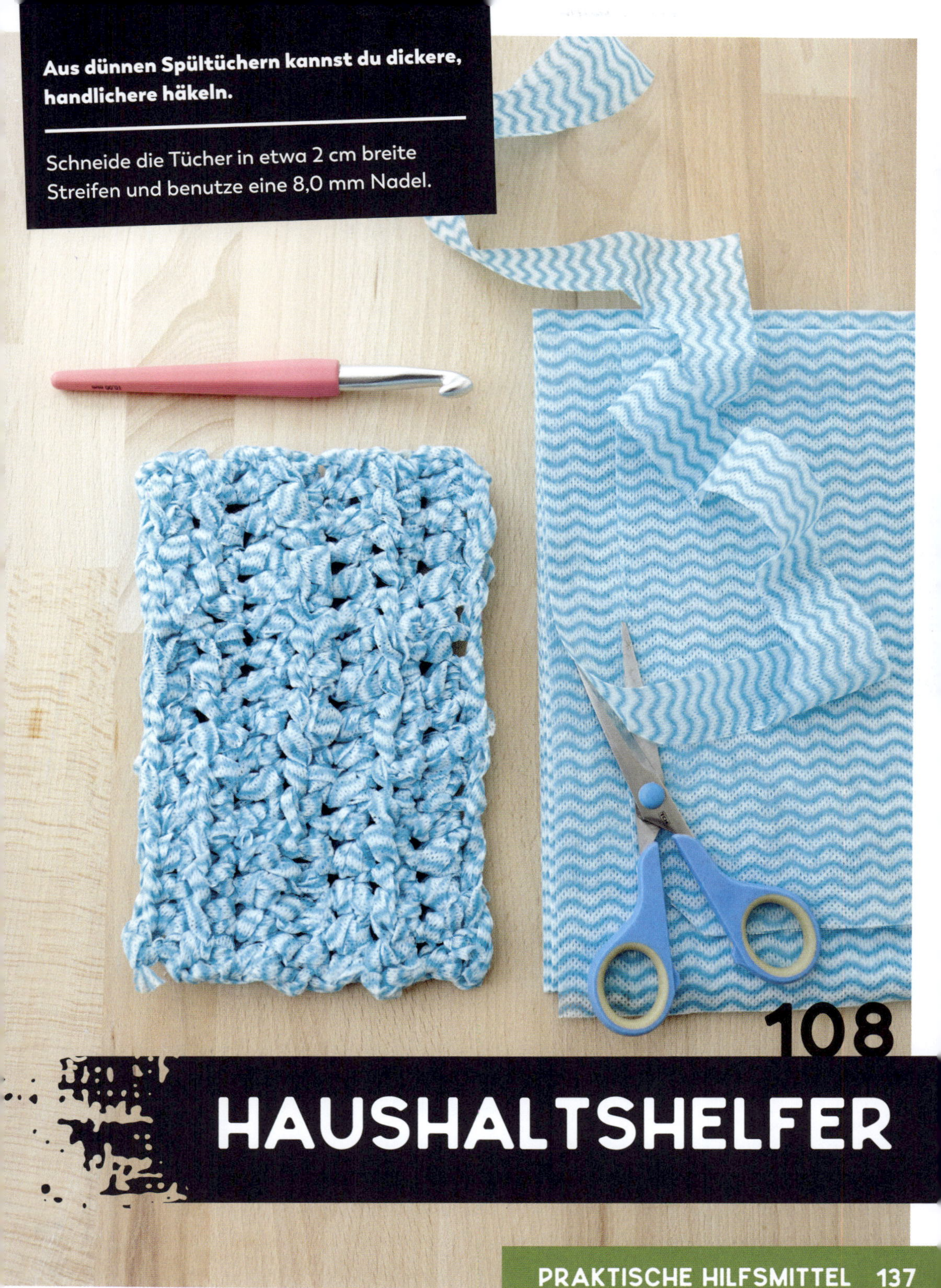

108

HAUSHALTSHELFER

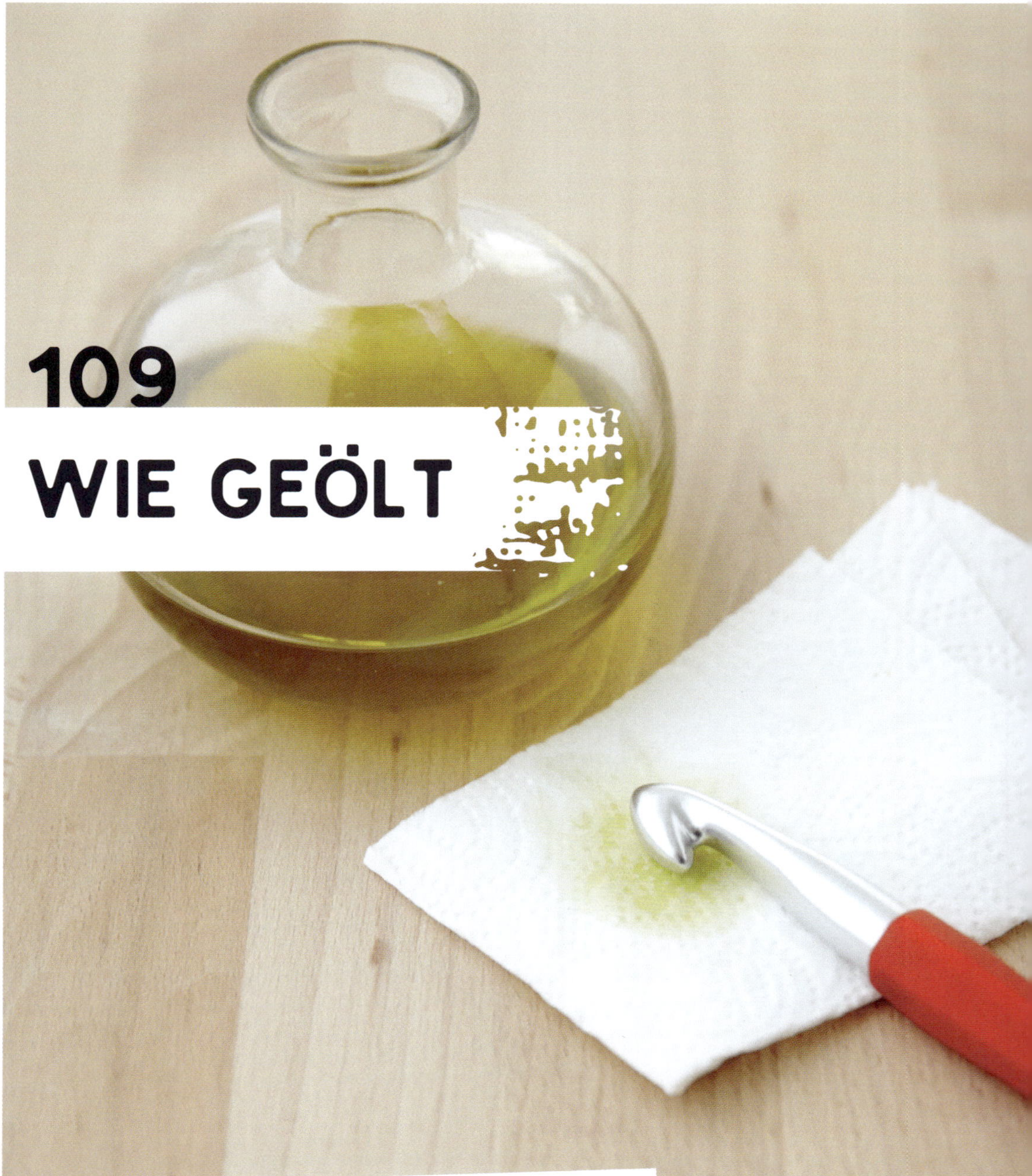

109

WIE GEÖLT

Die Häkelnadel ist stumpf, die Wolle rutscht nicht? Poliere deine Häkelnadel mit etwas Öl.

Wirklich nur ganz wenig Öl verwenden und gut abwischen! Sonst gibt es Fettflecken ... Die Sorte ist übrigens egal. Nimm einfach das Öl, das du in der Küche hast.

Bei Häkelnadeln mit Softgriffen wird der Griff nach längerer Zeit oft klebrig. Nicht wegwerfen! Mit Babypuder, Nagellackentferner oder Spiritus bekommst du den Griff wieder glatt.

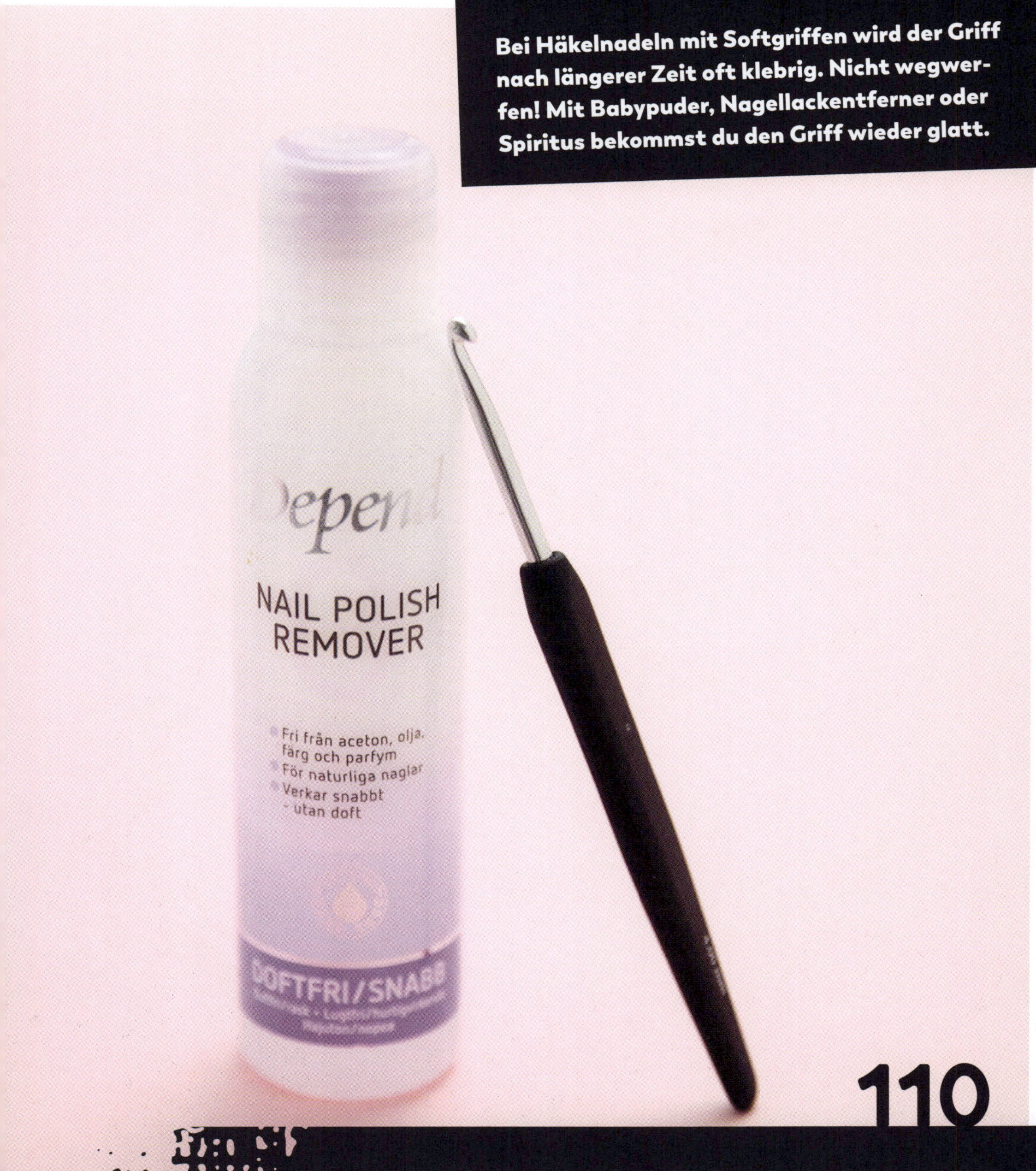

110

KLEBRIGER GRIFF

111
STARKES PROJEKT

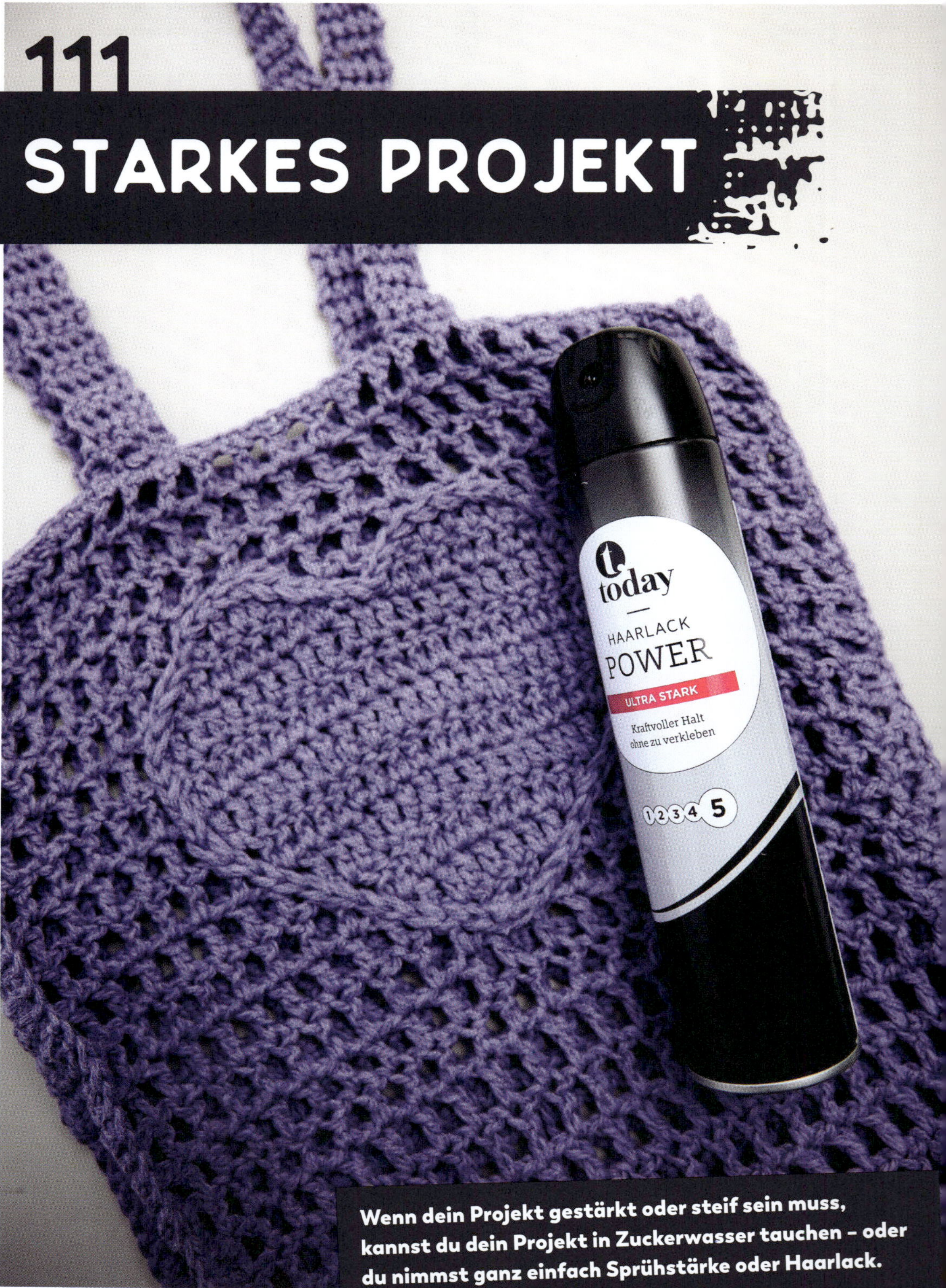

Wenn dein Projekt gestärkt oder steif sein muss, kannst du dein Projekt in Zuckerwasser tauchen – oder du nimmst ganz einfach Sprühstärke oder Haarlack.

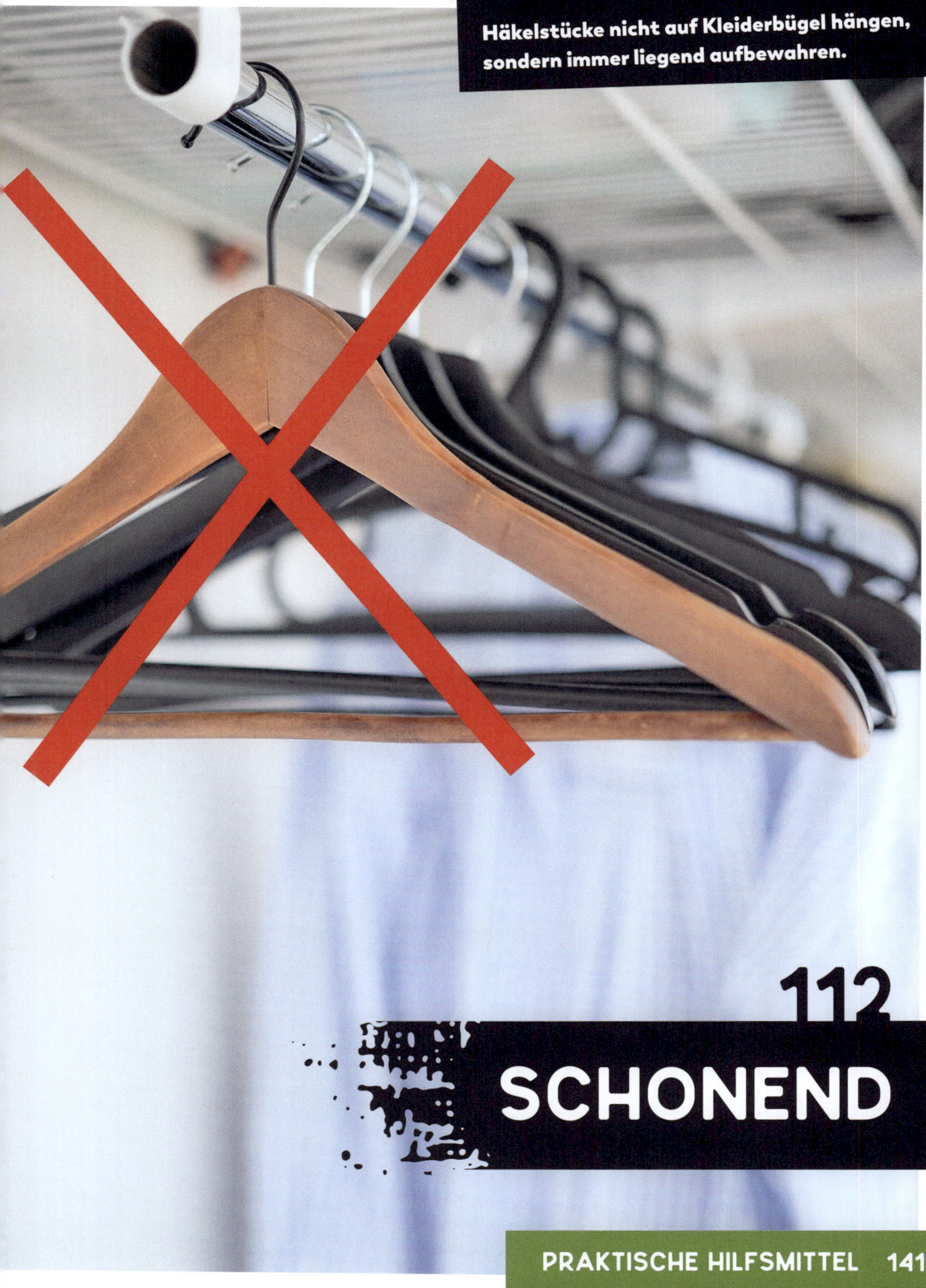

Häkelstücke nicht auf Kleiderbügel hängen, sondern immer liegend aufbewahren.

112

SCHONEND

Häkle hierfür am besten drei- oder vierfädig. Beginne mit drei Fäden in der ersten Farbe und einem Faden in der zweiten Farbe. Ersetze nach einigen Reihen den dritten Faden durch die zweite Farbe. Danach den zweiten Faden durch die zweite Farbe. Nach einigen Reihen alle Fäden in der zweiten Farbe.

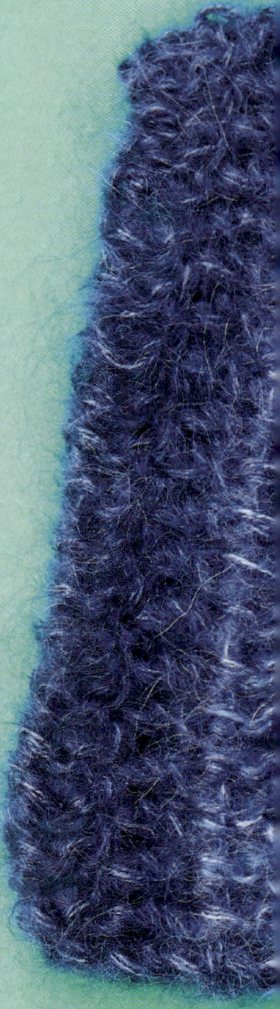

113

FARBVERLÄUFE SELBST GESTALTEN

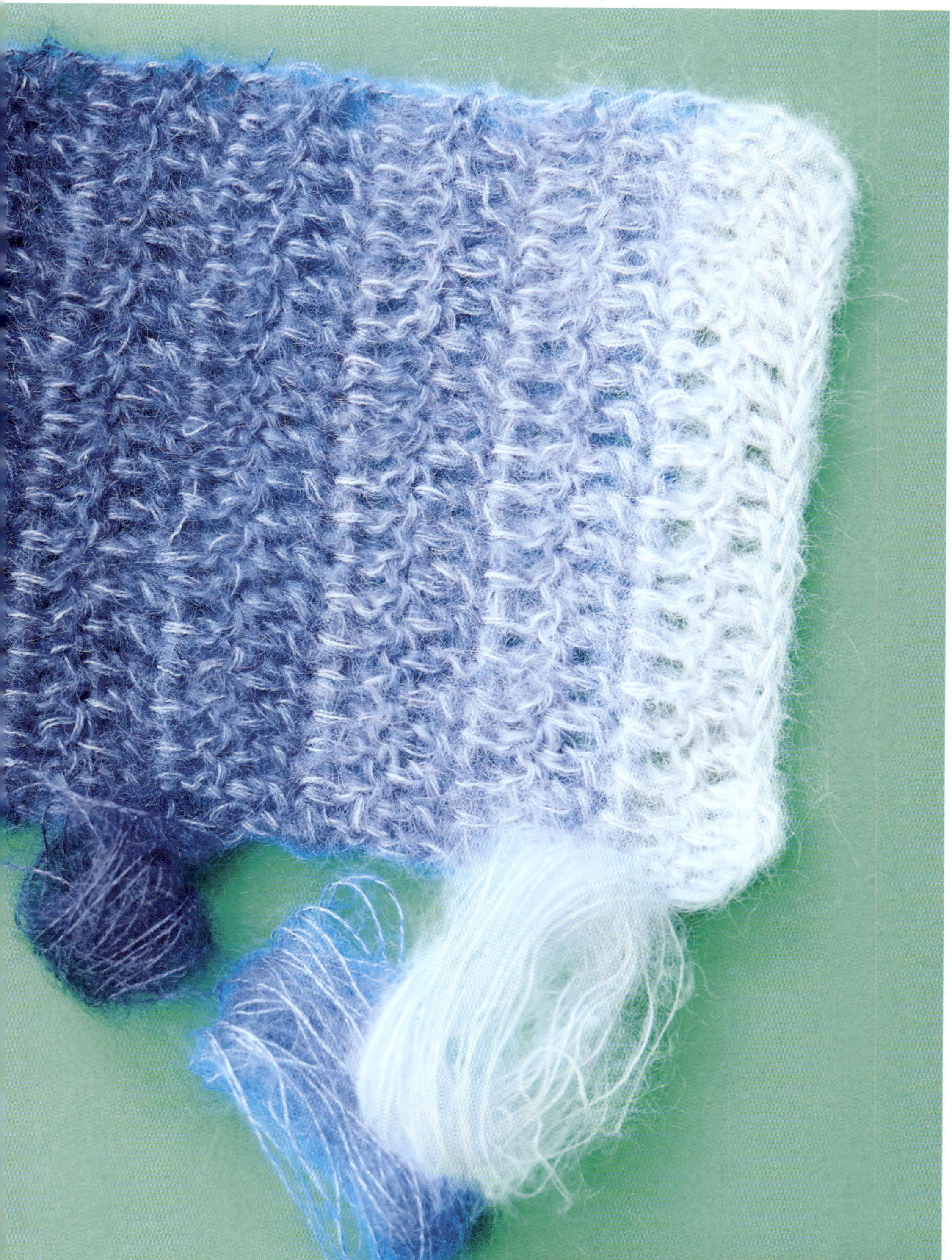

114

ENDEN KLEBEN

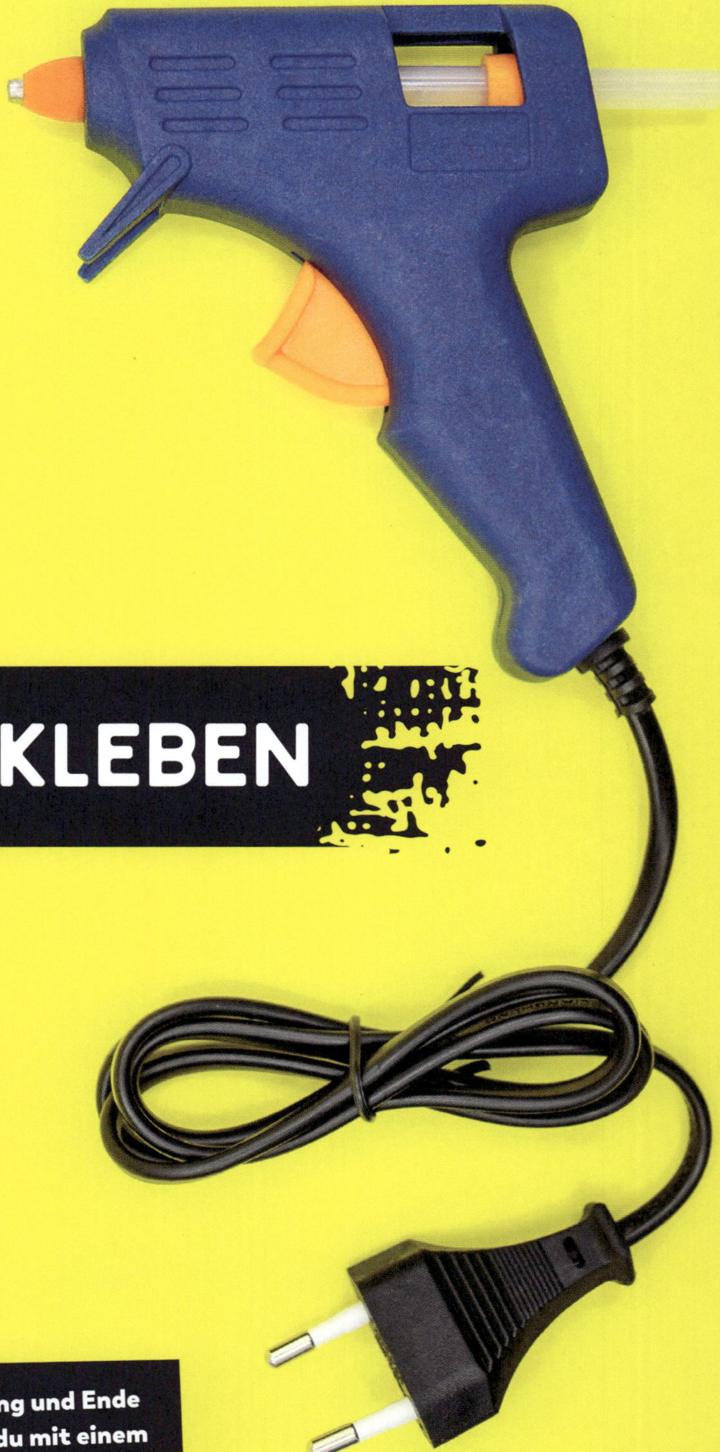

Garne, die am Anfang und Ende aufribbeln, kannst du mit einem Heißkleber verkleben.

Die Heißklebepistole ist die Waffe der Bastlerin und Häklerin. Kleinteile kann man einfach und schnell mit der Heißklebepistole fixieren.

Nicht geeignet für Kleinkinder!

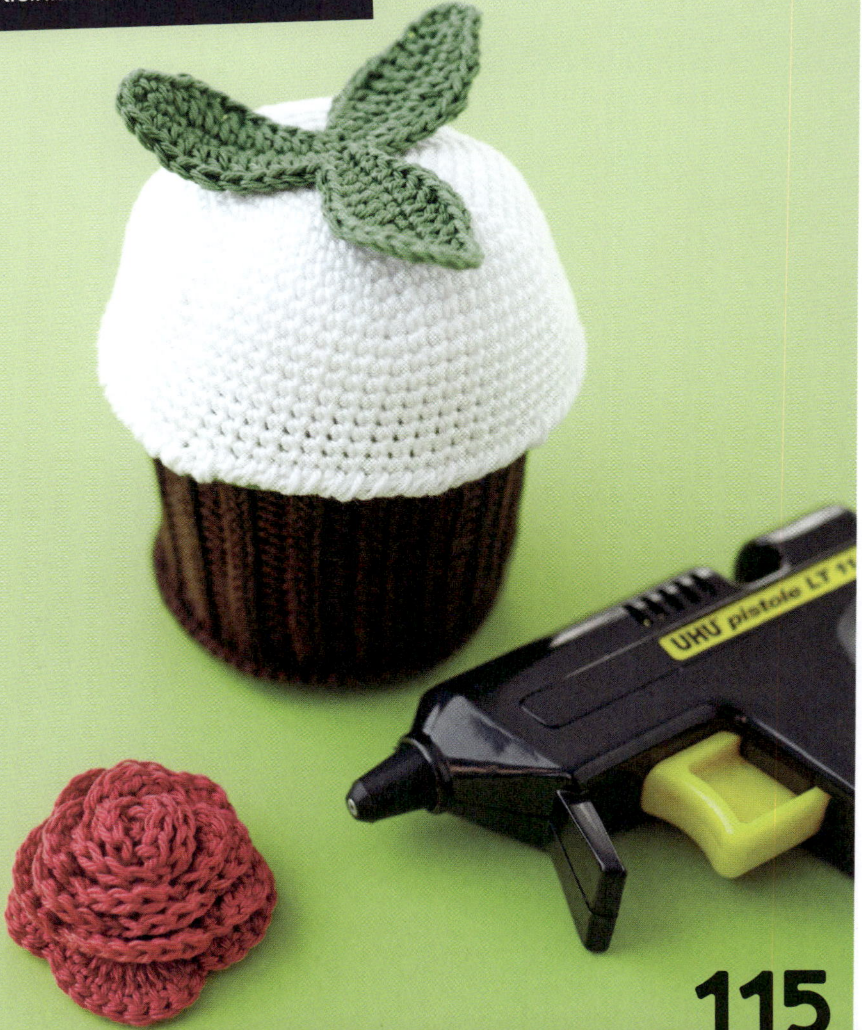

115 HEISS KLEBEN

116 STANDHAFT

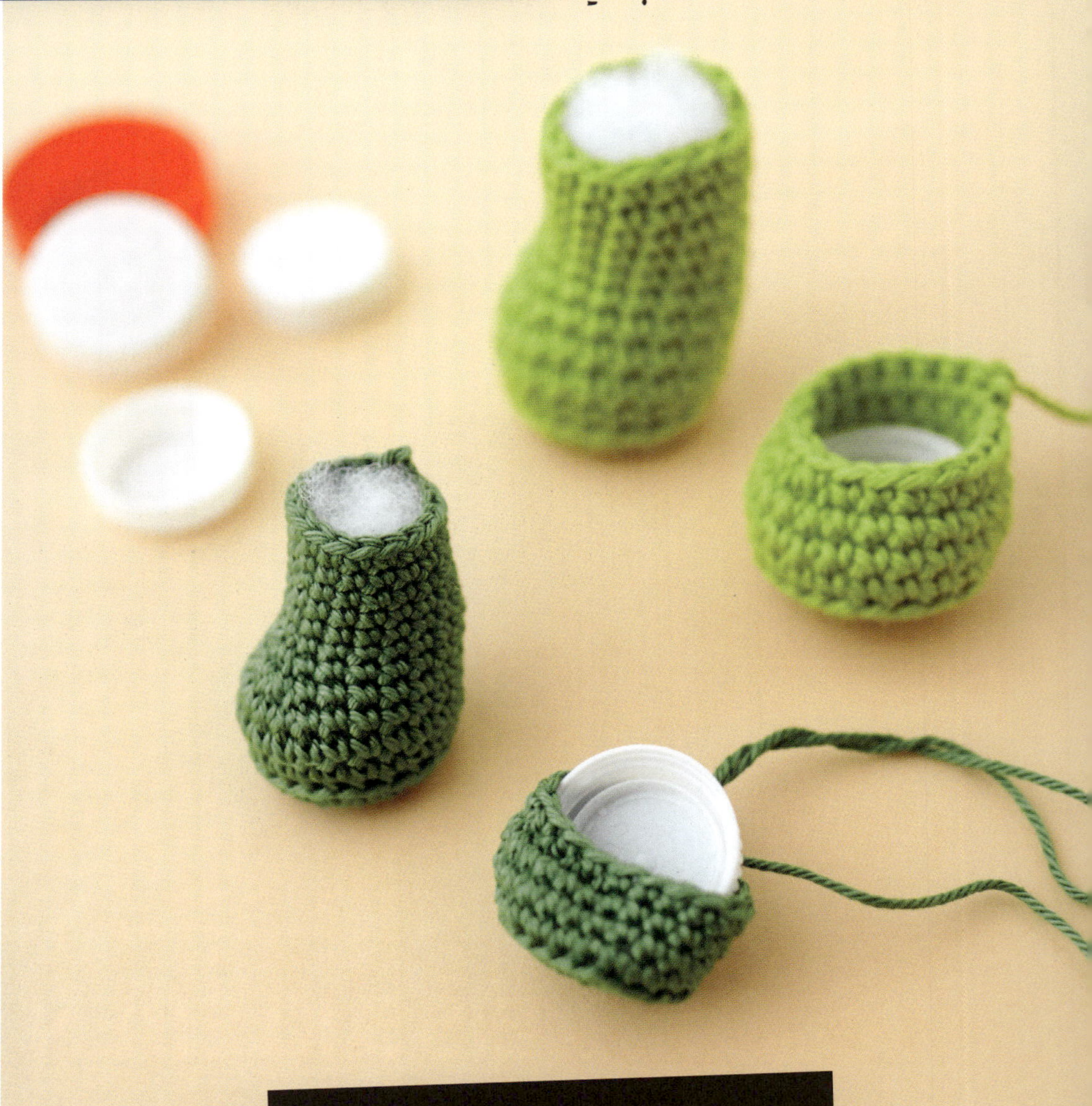

Deckel von Milchverpackungen oder Saftflaschen können in Füßen eingelegt werden, um den Figuren Stand zu geben.

Wenn kein Textilstift vorhanden ist, lassen sich auch mit Puder oder Rouge aus dem Badezimmer-Schrank kleine, rosa Wangen zaubern.

Rouge-Pinsel vor dem Auftragen gut abklopfen und am besten vorher auf Küchenpapier testen!

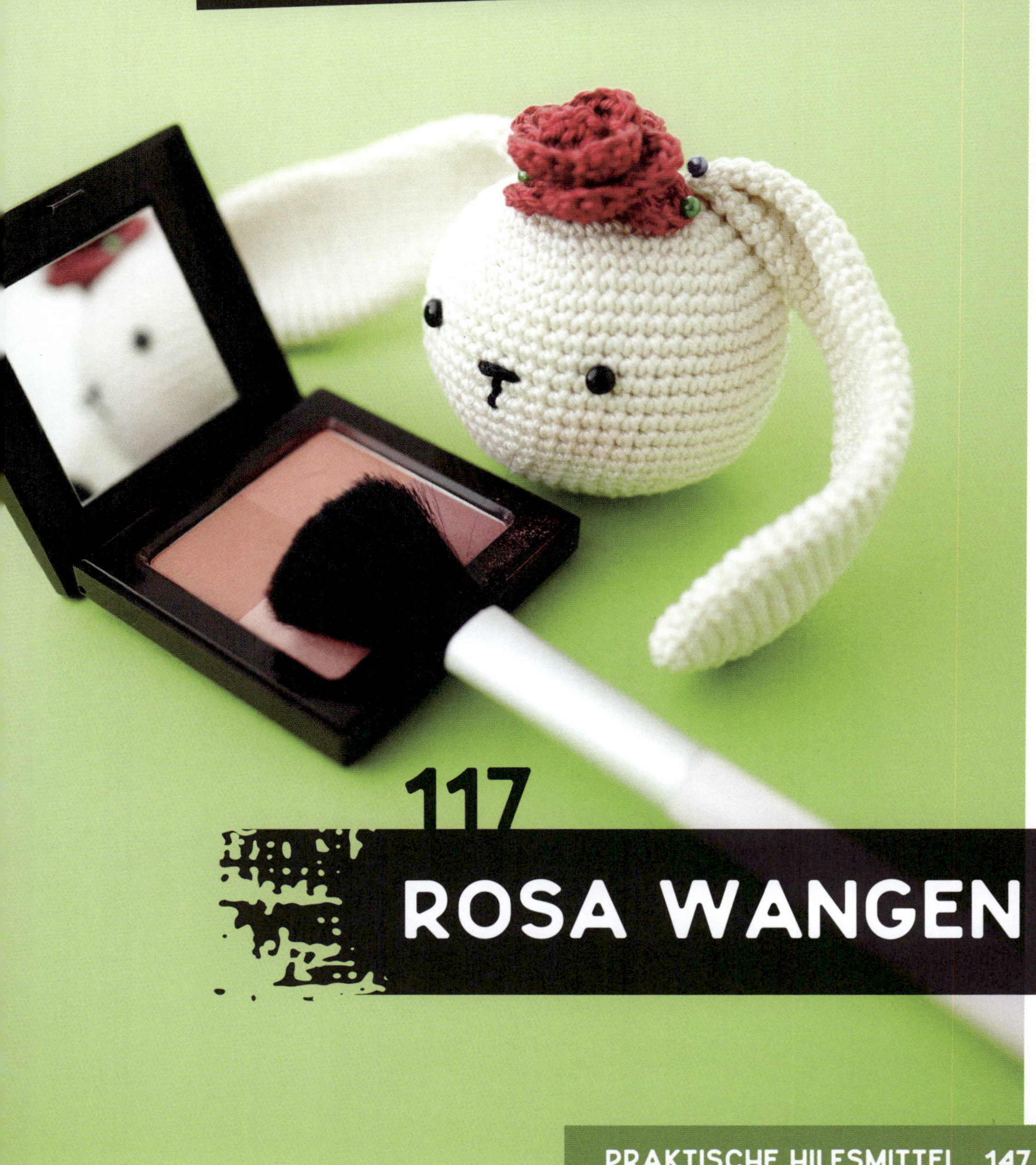

117 ROSA WANGEN

118

RASSELN

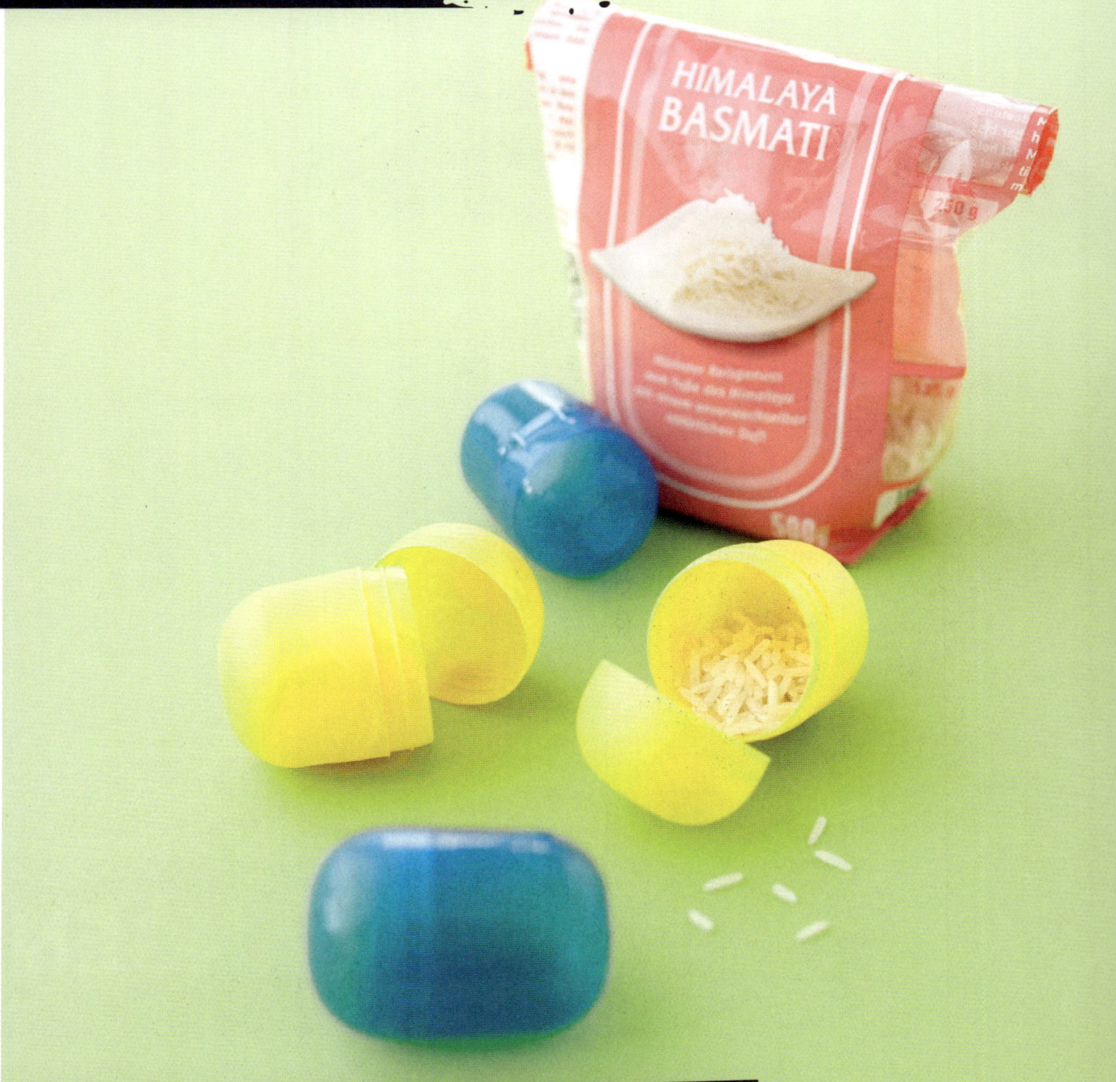

Wenn du kein Rasselelement kaufen möchtest oder schnell eines benötigst, lässt sich dies einfach selbst basteln. Leeres Ü-Ei mit Reiskörnern füllen, zukleben, fertig!

Eine günstige Alternative zur Bastelwatte sind die Innenkissen eines schwedischen Möbelriesen. Ein Innenkissen in 50 cm x 50 cm bekommst du schon ab 1,99 €.

Alternativ kann man auch alte Kissen mit Polyesterfüllung nehmen.

119 FÜLLUNG

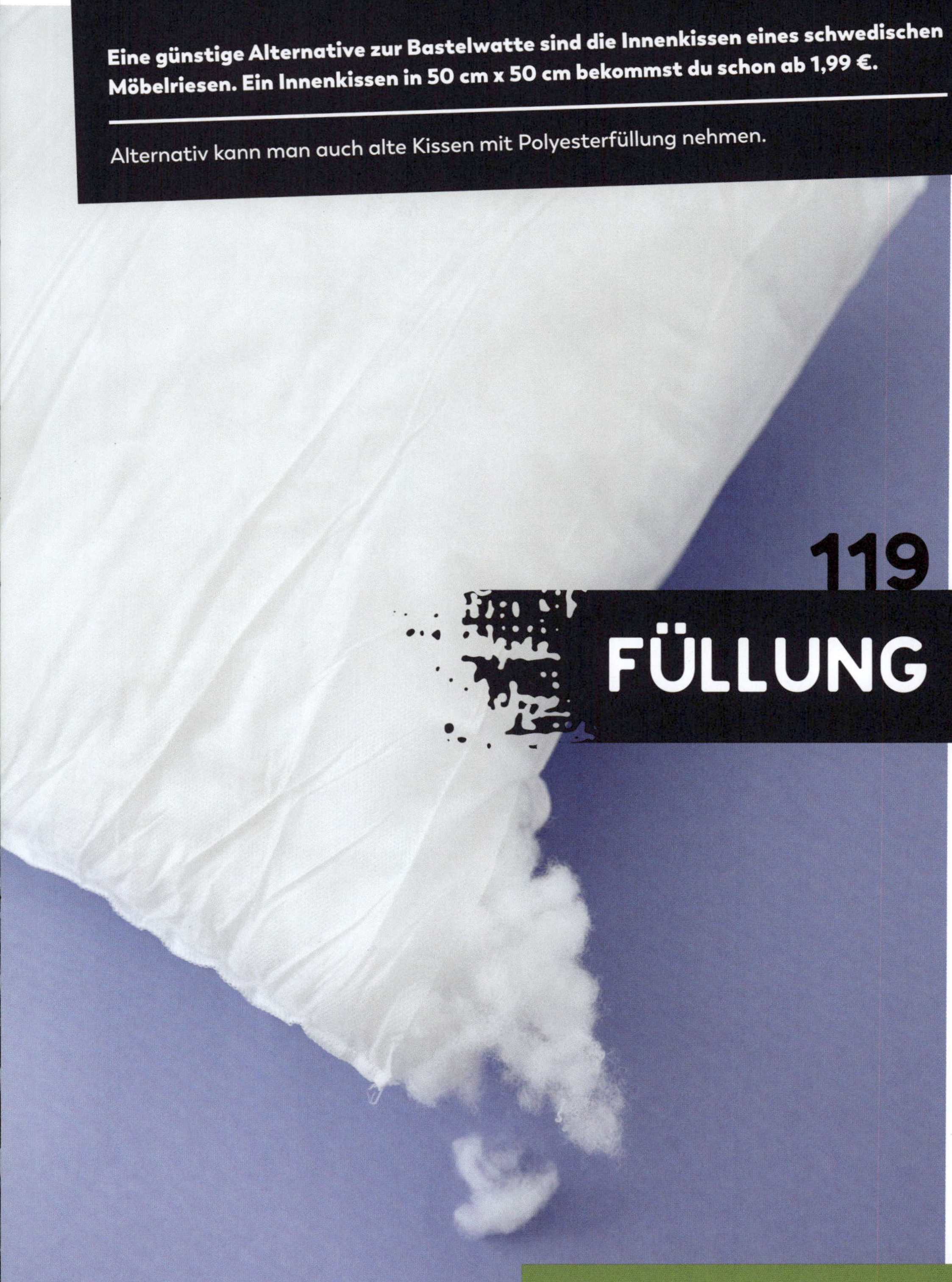

Wenn auf die Arbeit ein Muster aufgestickt werden soll, kann es nützlich sein, er vorher mit einem abwaschbaren Stift vorzumalen.

So kannst du dich beim Sticken nicht verzählen und das Motiv ganz exakt auf das Häkelstück bringen.

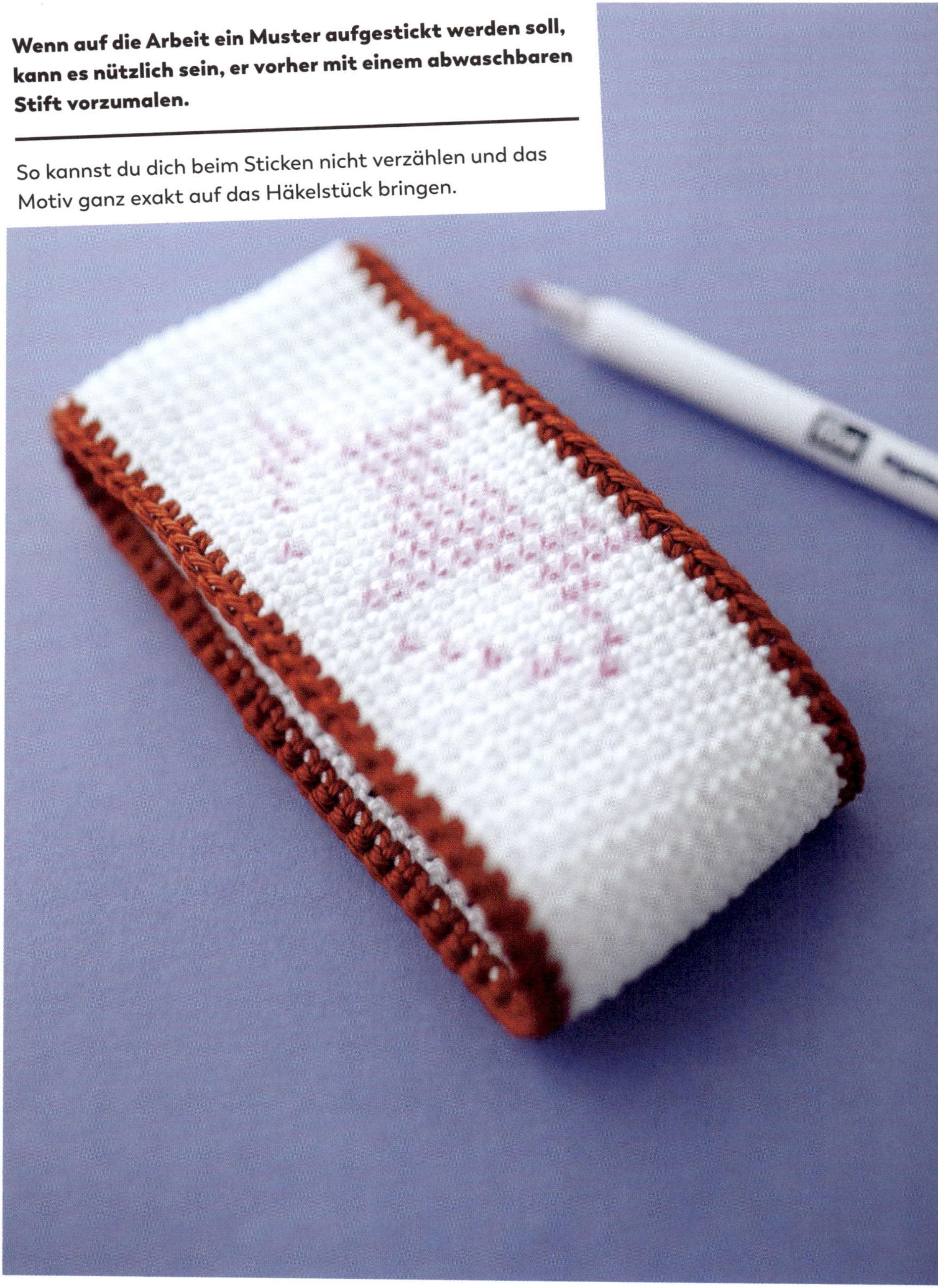

120 MUSTER STICKEN

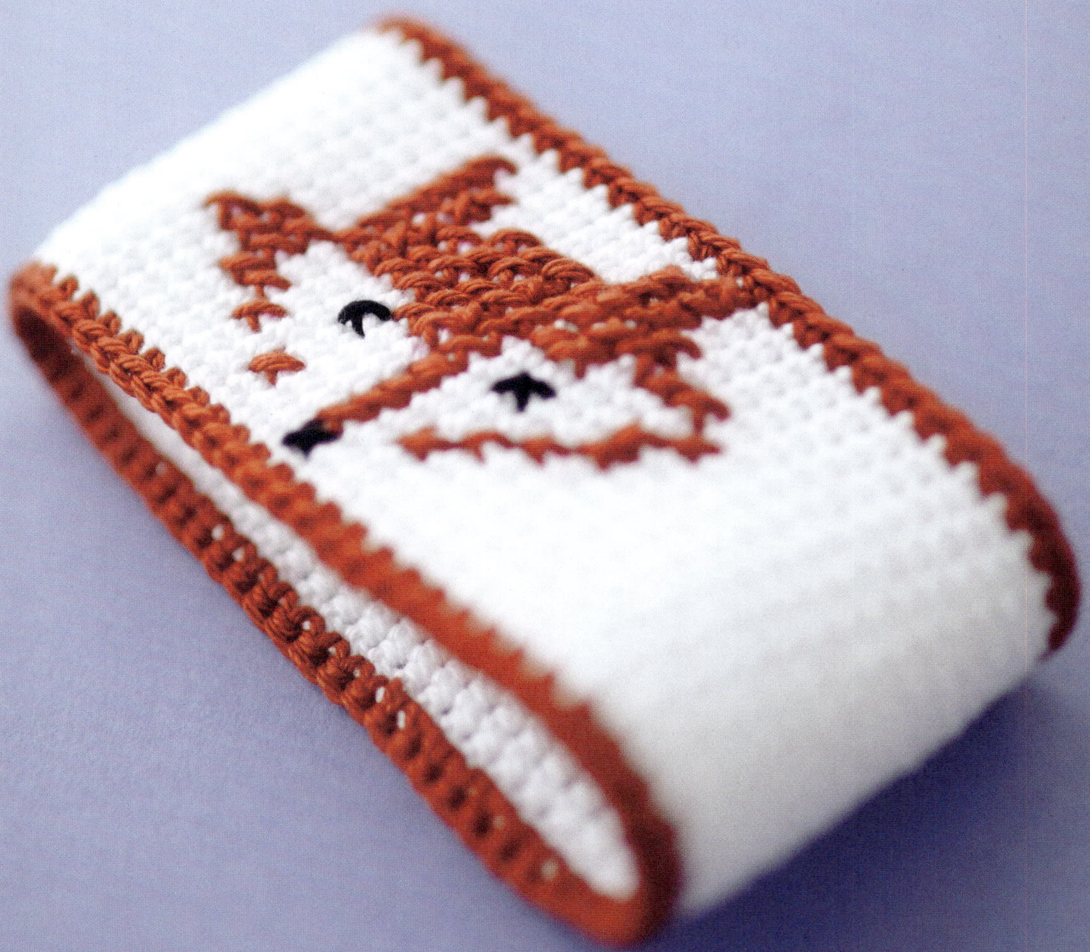

121

ES WERDE LICHT!

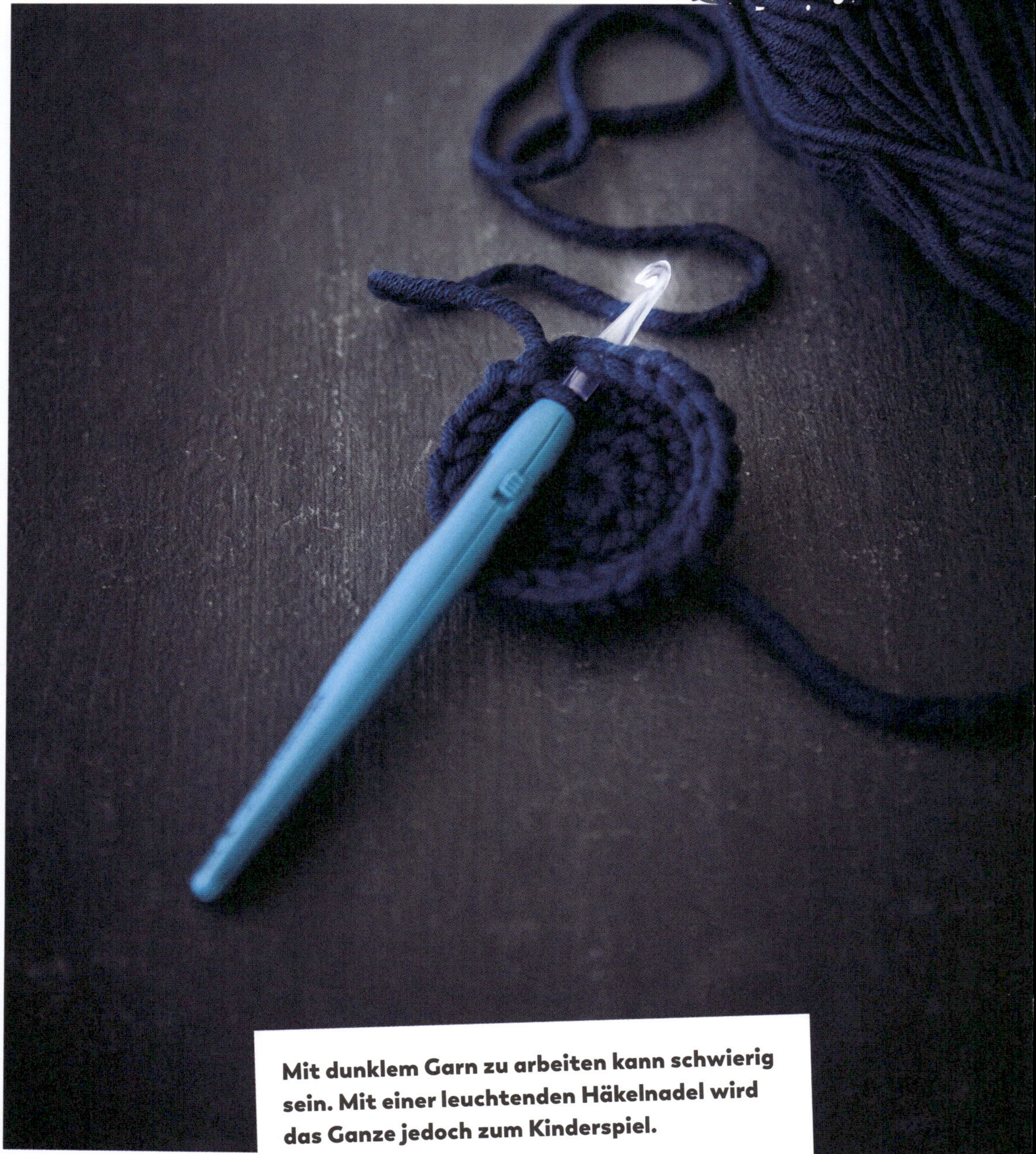

Mit dunklem Garn zu arbeiten kann schwierig sein. Mit einer leuchtenden Häkelnadel wird das Ganze jedoch zum Kinderspiel.

Ein Zahnstocher kann helfen, Knoten oder festgezogene Maschen zu lockern, ohne das Garn zu beschädigen.

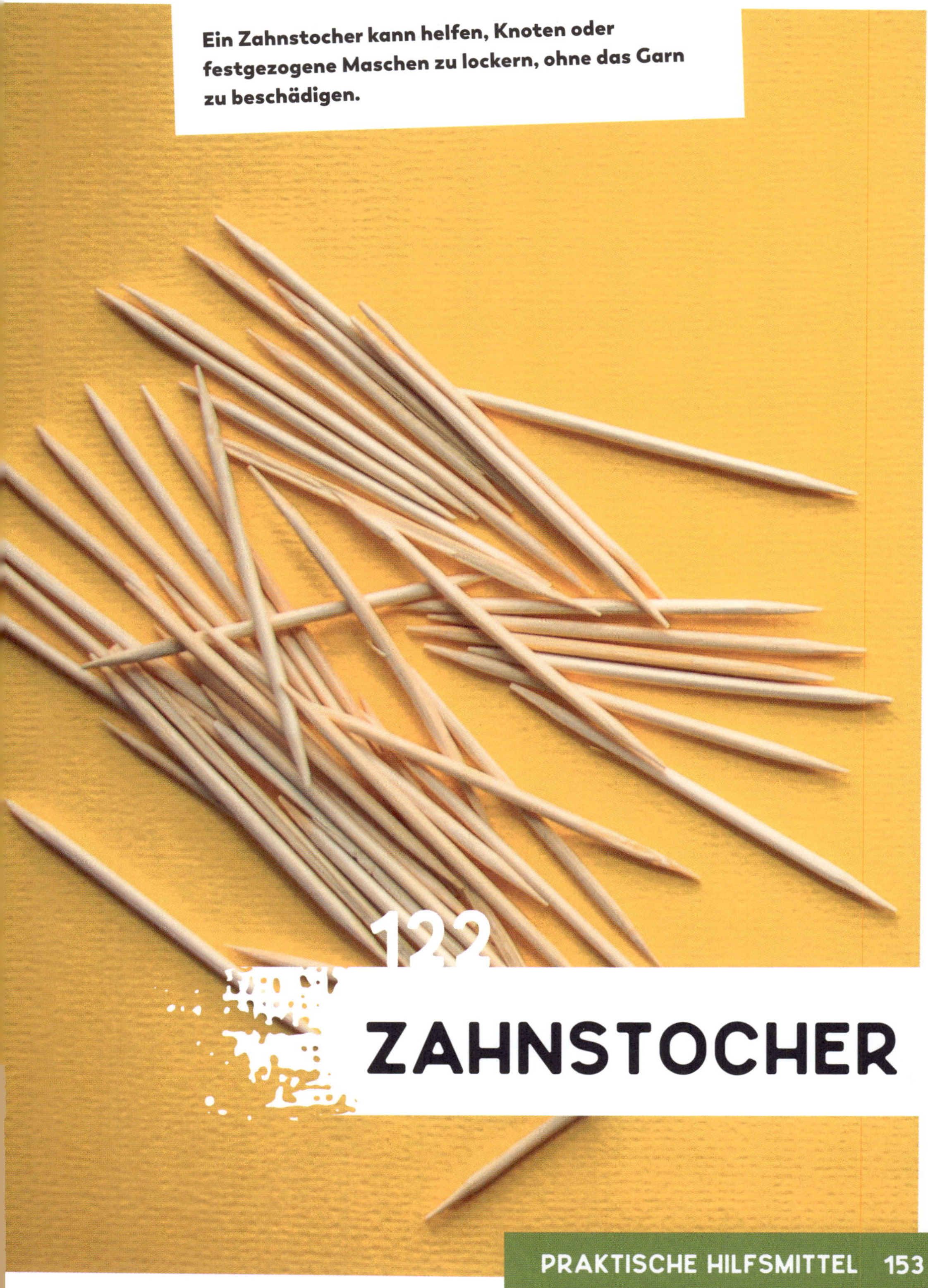

122

ZAHNSTOCHER

Mit Essstäbchen, die du oft bekommst, wenn du zum Beispiel Sushi bestellst, lässt sich perfekt auch die kleinste Ecke deines Amigurumi-Projekts ausstopfen, das du mit deinen Fingern nicht erreichen kannst.

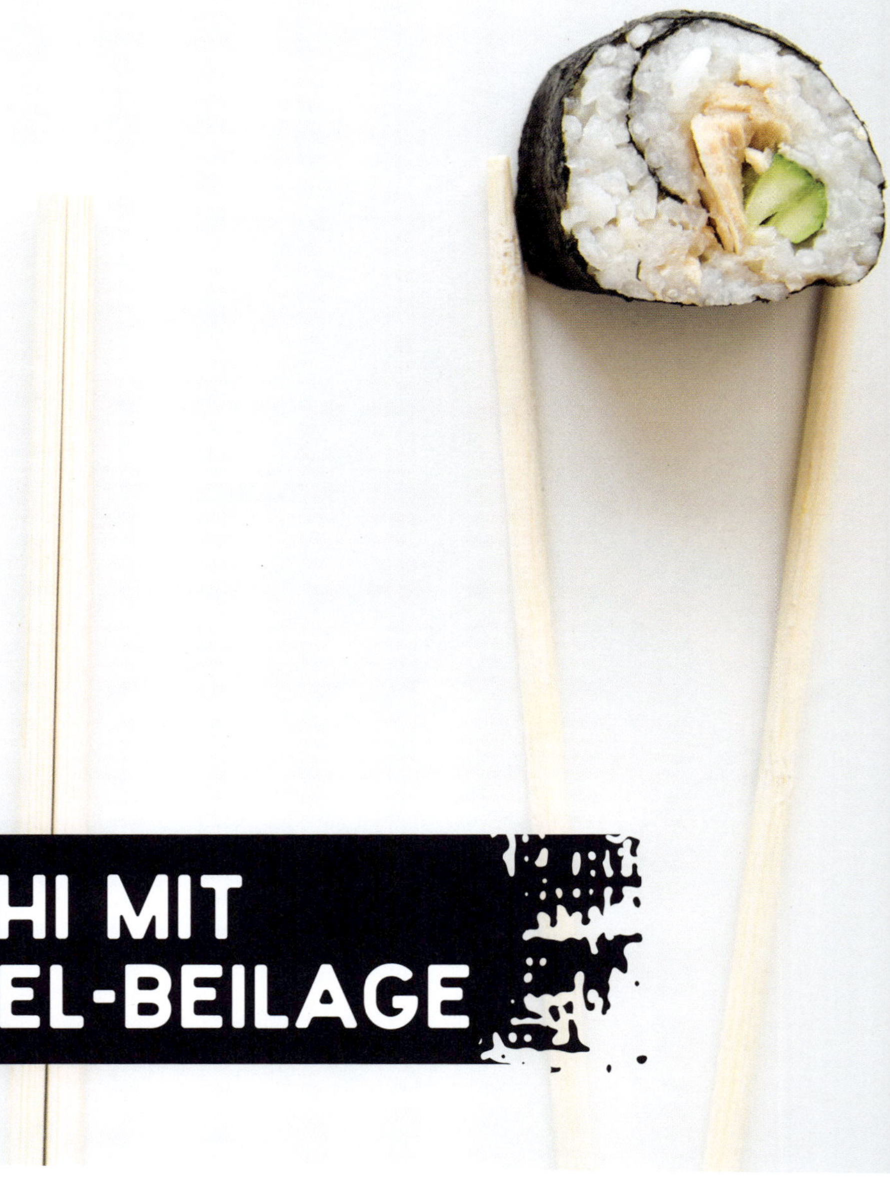

123 SUSHI MIT HÄKEL-BEILAGE

Wickele ein Stück Plastikfolie um den Griff der Häkelnadel, um den Griff dicker zu machen und eine Ermüdung der Hand zu verringern. Wickele die Folie in mehreren Schichten um den Griff. Dies ist besonders nützlich bei längeren Häkelarbeiten.

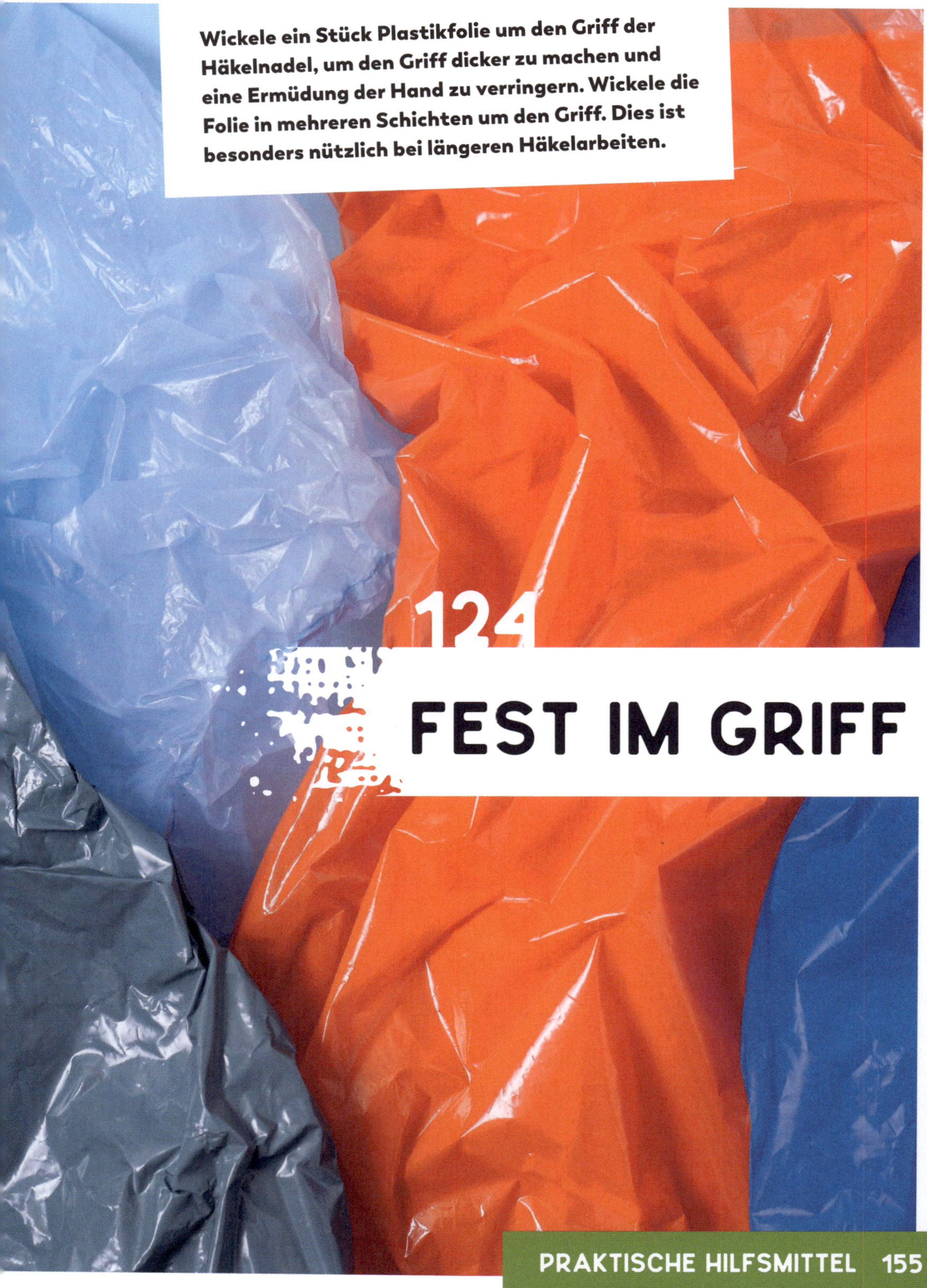

124

FEST IM GRIFF

Ein Make-Up-Schwämmchen aus der Drogerie kann deine Häkelnadel ganz einfach angenehmer im Griff machen. Einfach die Häkelnadel durch das Schwämmchen stechen und du erhältst ein kleines Kissen und bist bereit für lange Häkel-Sessions.

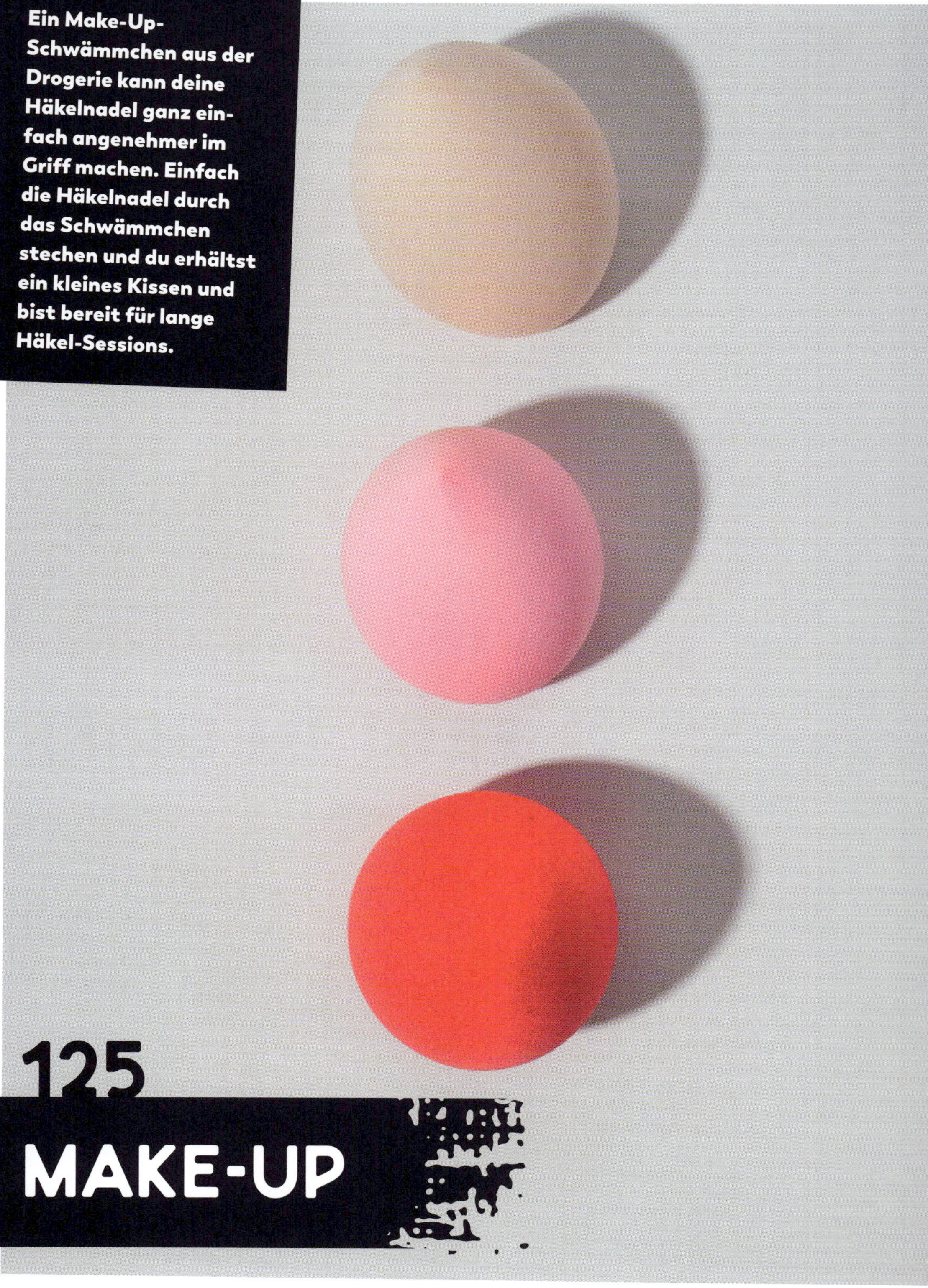

125

MAKE-UP

Ein klarer Nagellackstrich auf Häkelnadeln hilft, raue Stellen zu glätten und das Garn mühelos gleiten zu lassen.

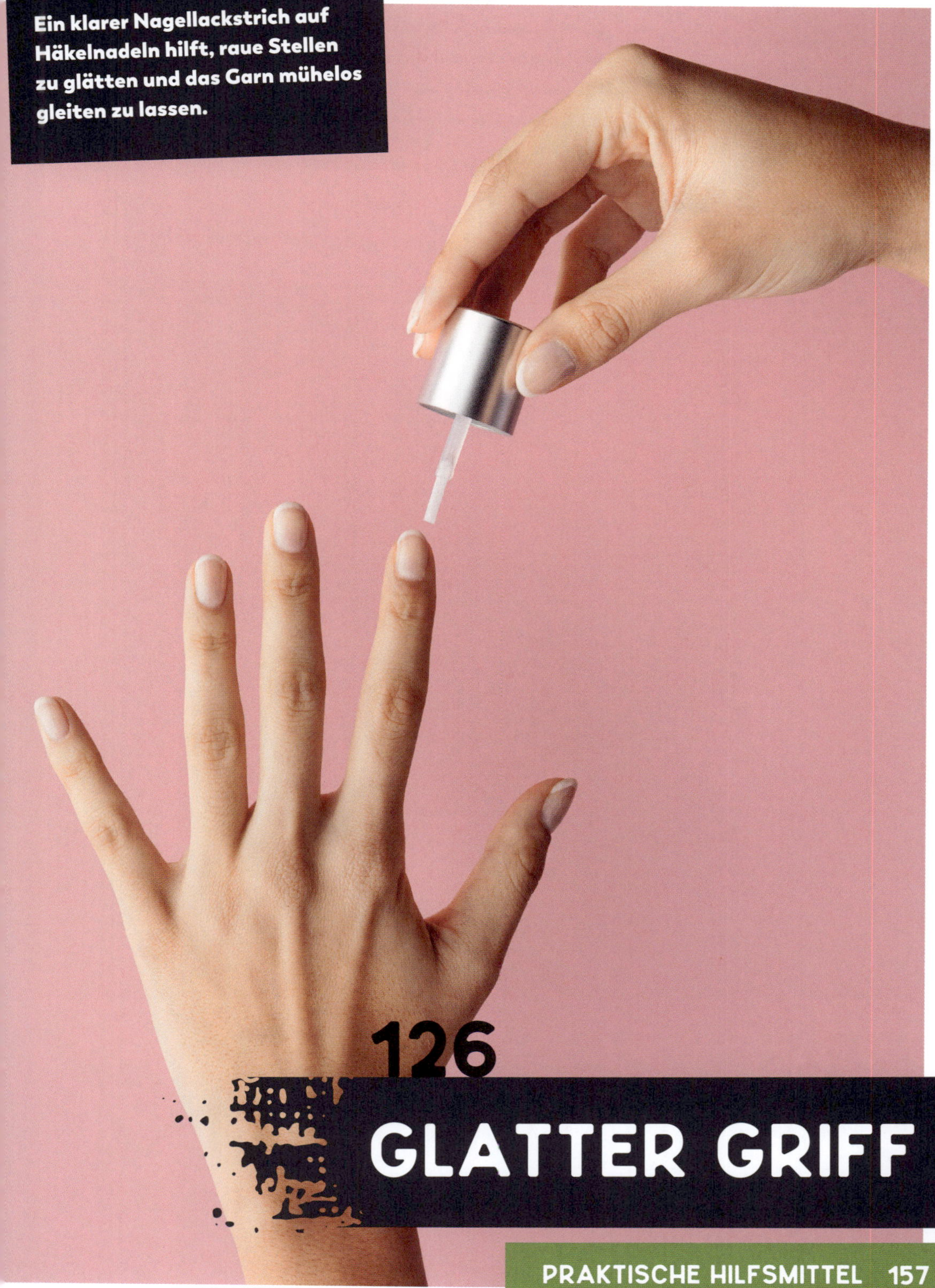

126 GLATTER GRIFF

Mit Hilfe einer heißen Gabel lassen sich ganz einfach Löcher in den Rand eines Reißverschlusses machen. So kann das Garn leicht mit der Häkelnadel am Reißverschluss und der Reißverschluss an dem Häkelstück befestigt werden.

---

1 Zunächst erhitzt du die Gabel zum Beispiel über einer Kerze und drückst die heißen Spitzen auf den Rand des Reißverschlusses.

2 Mit der Häkelnadel ziehst du nun das Garn durch und häkelst normal weiter.

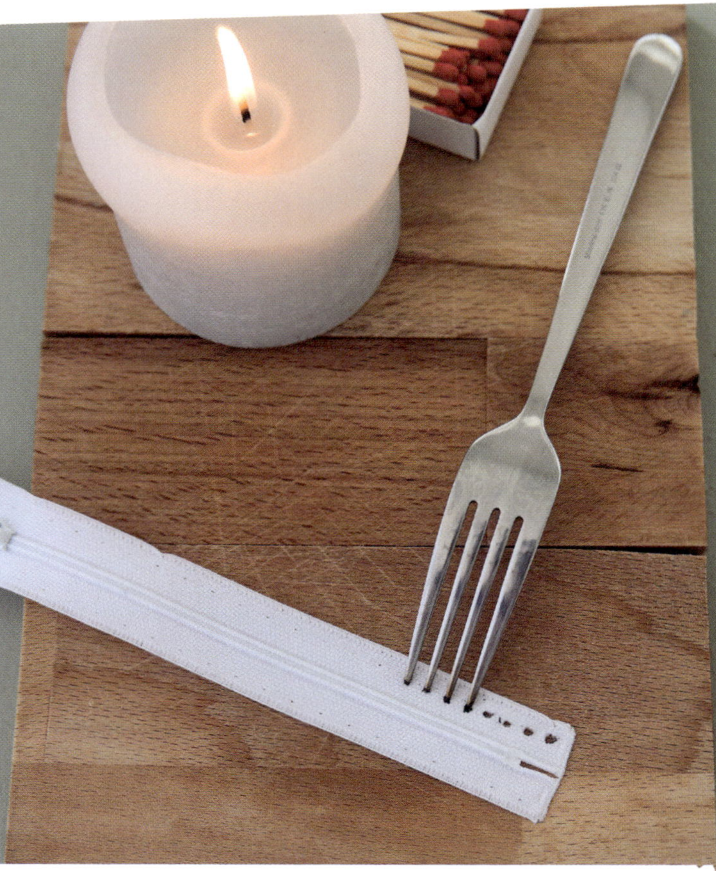

1

127 REISSVERSCHLUSS EINFACH UMHÄKELT

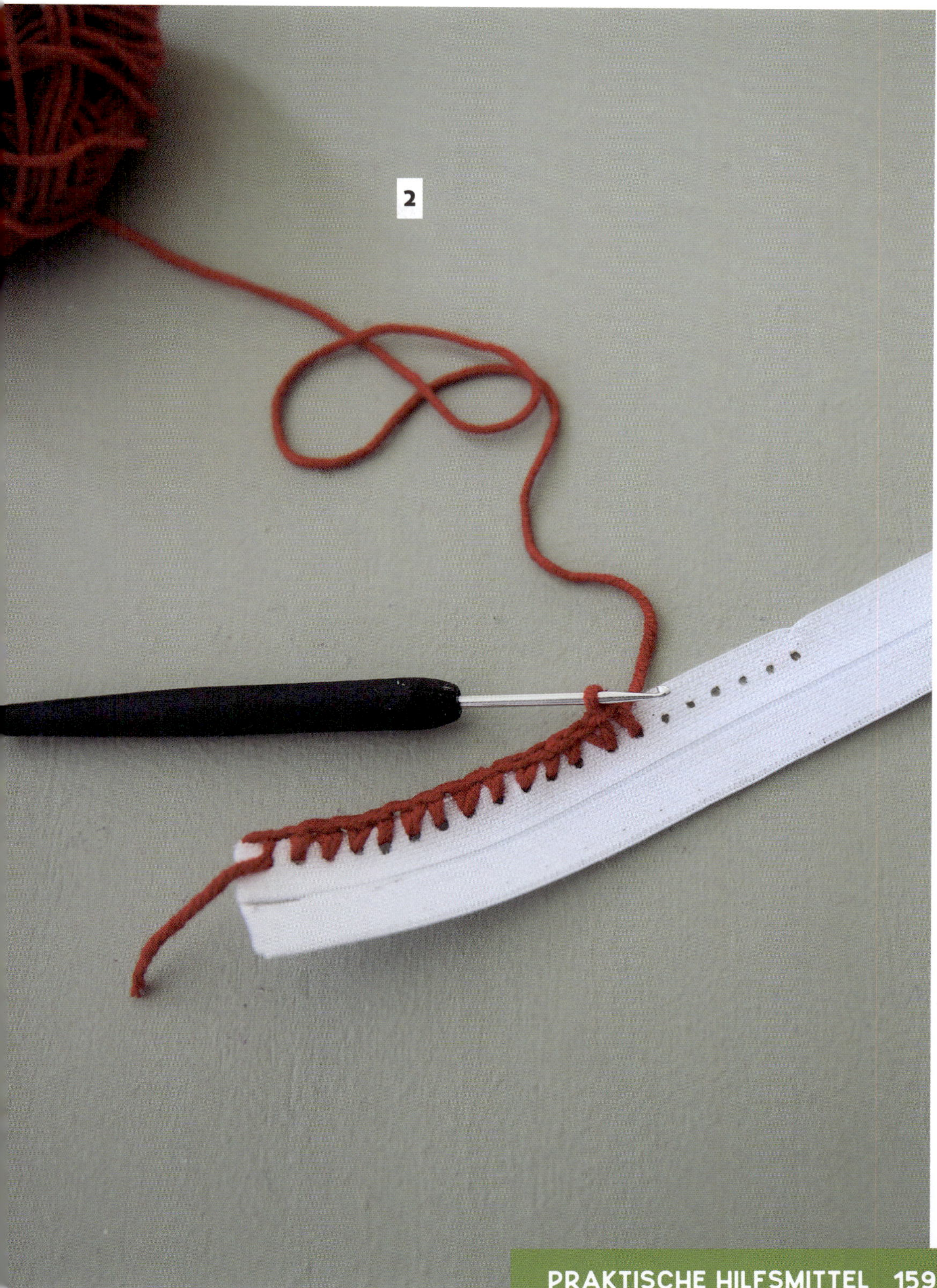
2

128

MAGNETISCHER TELLER FÜR STECKNADELN

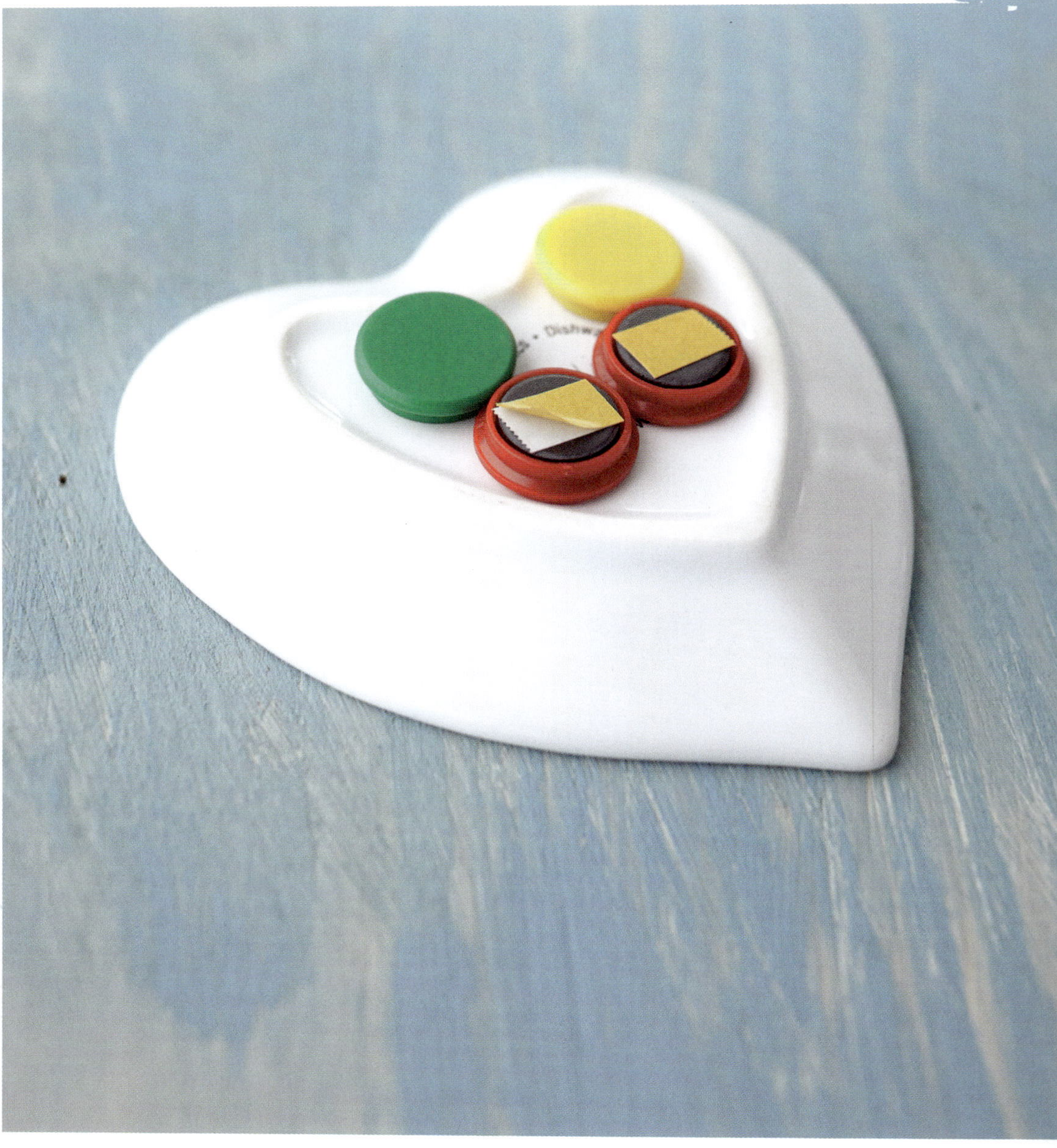

Damit die Stecknadeln zum Feststecken für die Haare des nächsten Amigurumis auffindbar sind, können sie auf einem kleinen Teller aufbewahrt werden. Damit sie nicht herunter fallen, werden Kühlschrankmagnete unter den Teller geklebt.

Die Magnete halten die Nadeln fest. Sie müssen ausreichend groß sein und so aufgeklebt werden, dass der Teller nicht kippt.

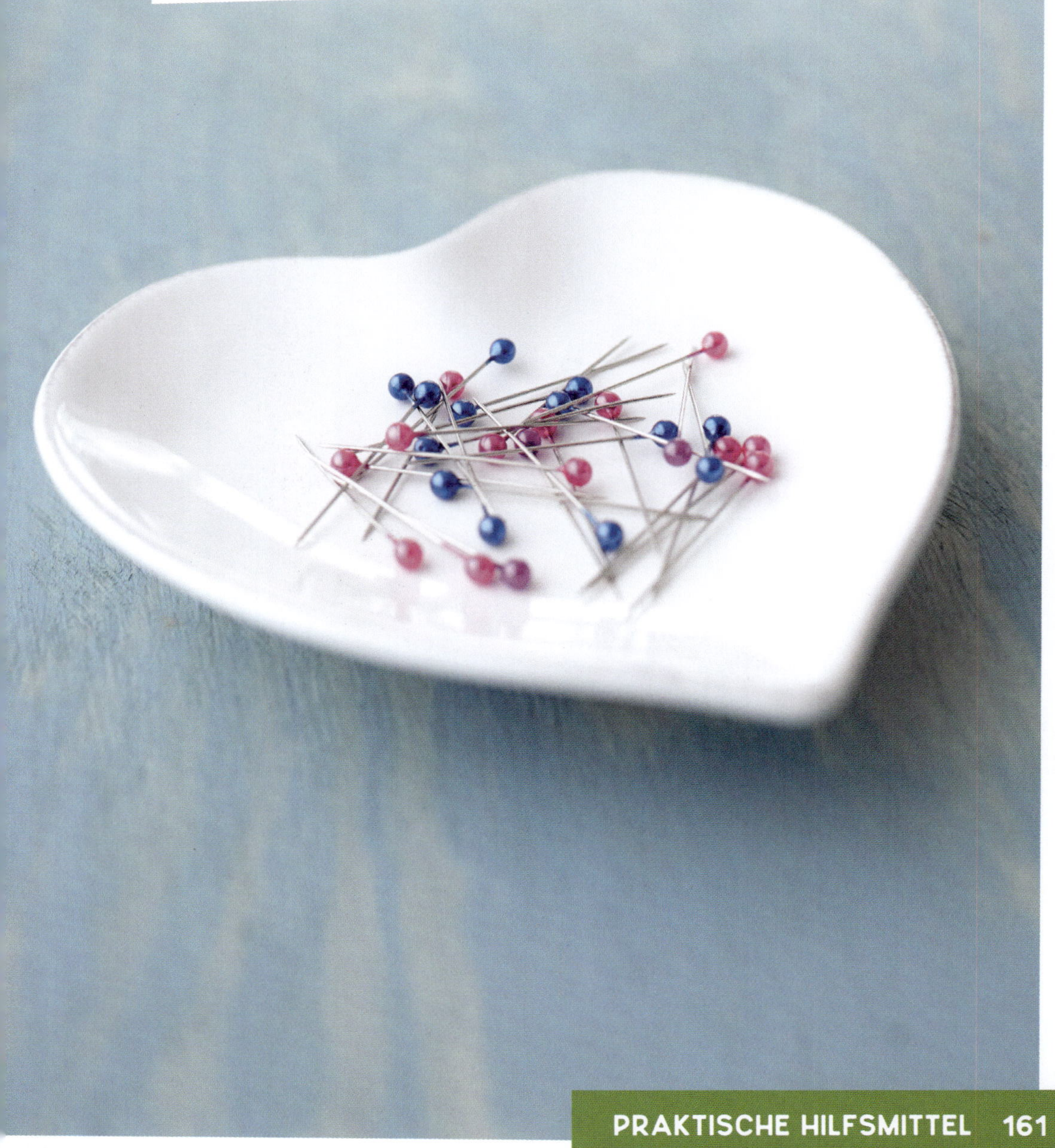

129

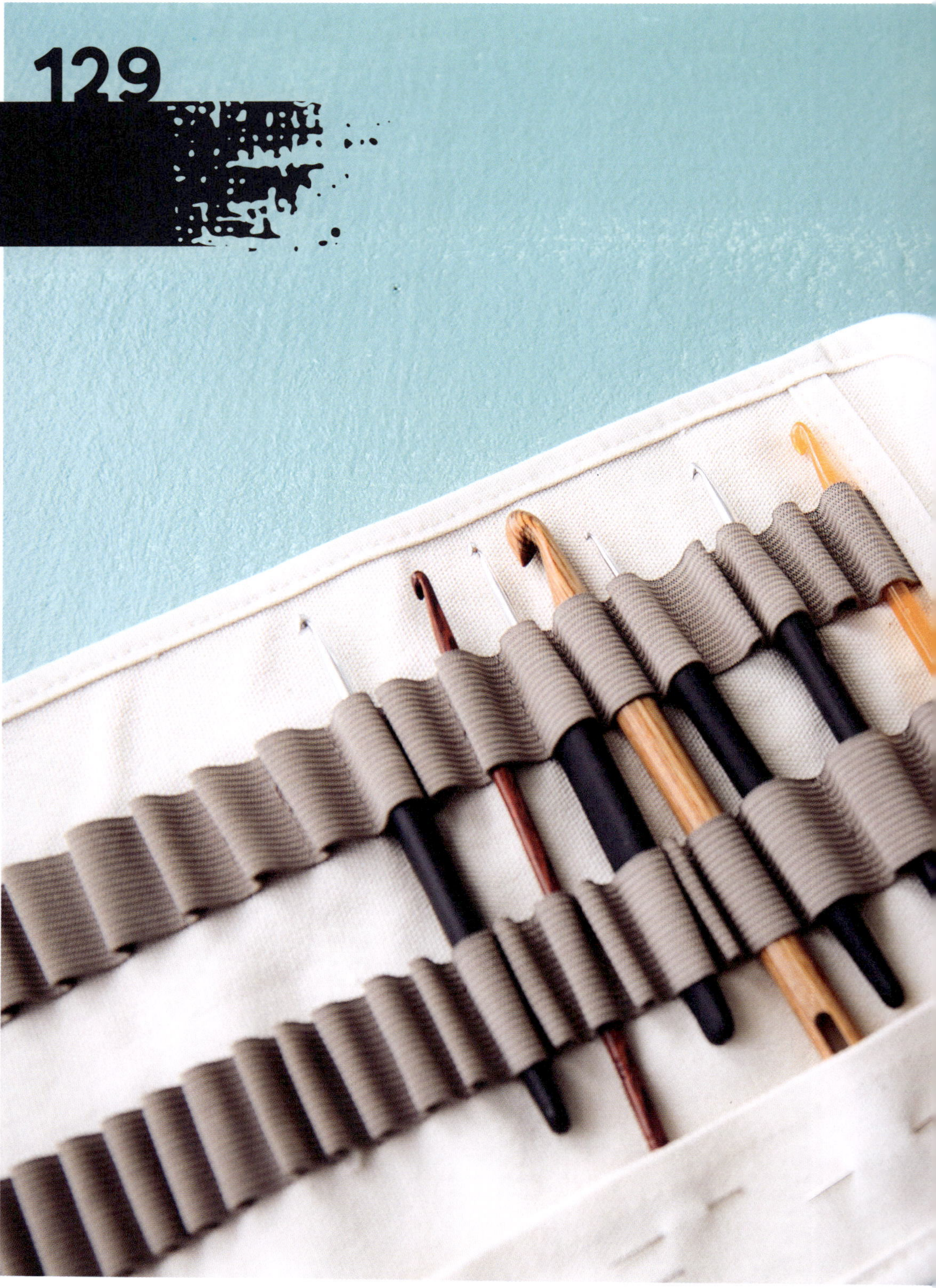

Ordnung halten

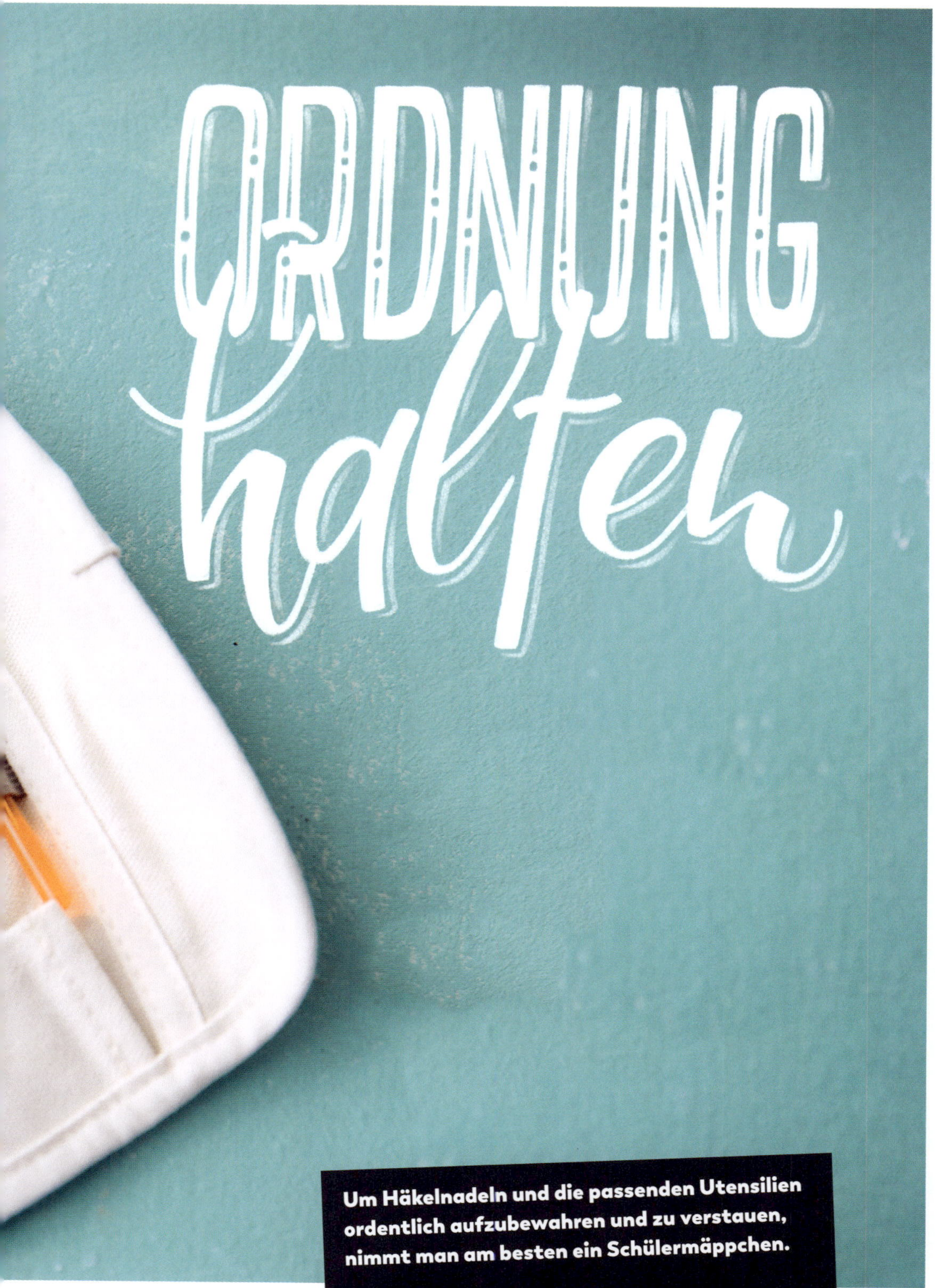

Um Häkelnadeln und die passenden Utensilien ordentlich aufzubewahren und zu verstauen, nimmt man am besten ein Schülermäppchen.

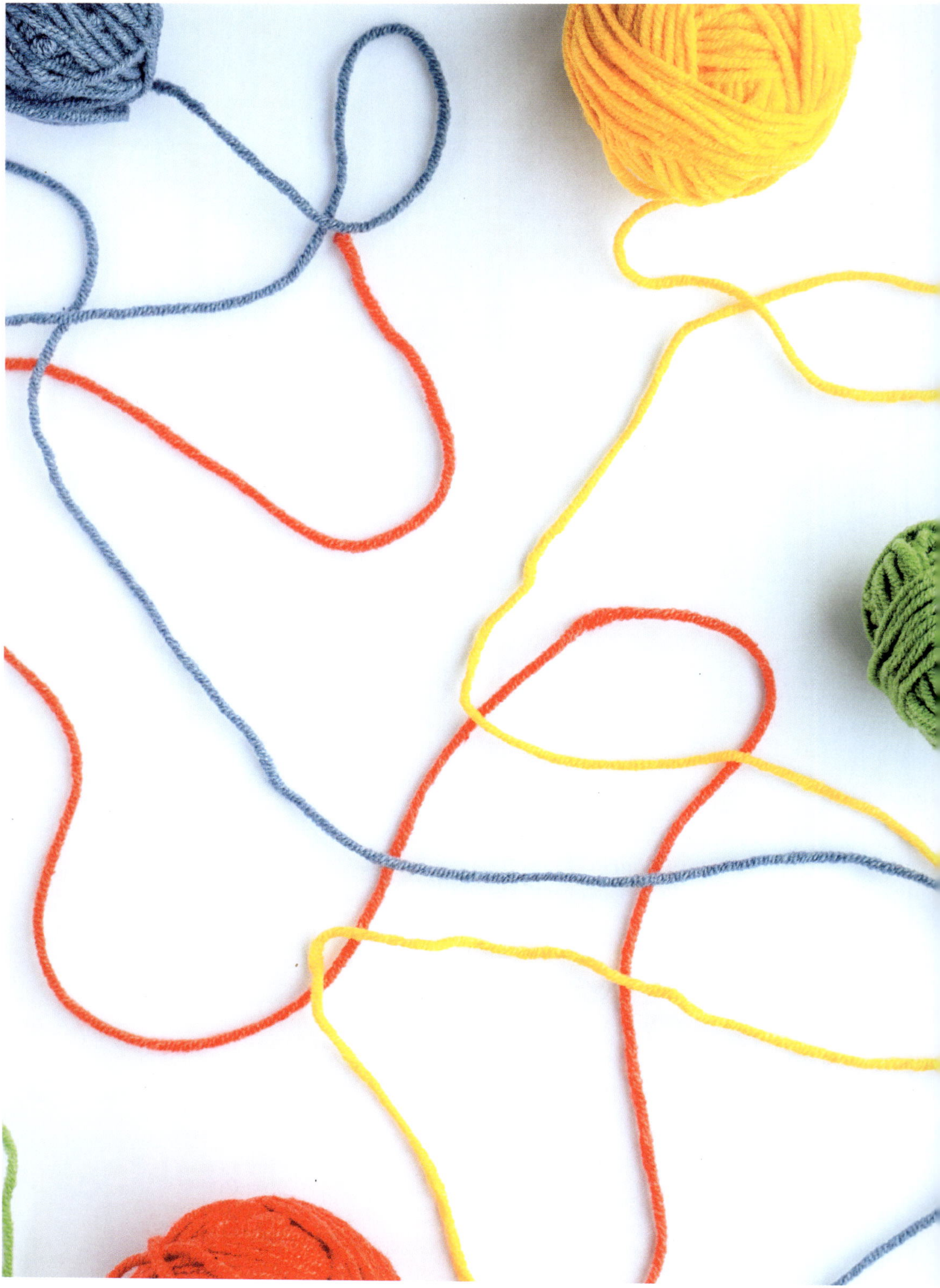

Wer Ordnung hält, hat mehr vom Leben. Und genauso ist das auch für die Aufbewahrung von Garnen, Nadeln oder anderen Utensilien rund ums Häkeln. Dieses Kapitel hilft dir, deine Garne, Nadeln und Anleitungen super zu verstauen, um den Überblick zu behalten, damit du bei deinem nächsten Projekt direkt alles findest.

EIN HERZ FÜR UFOS

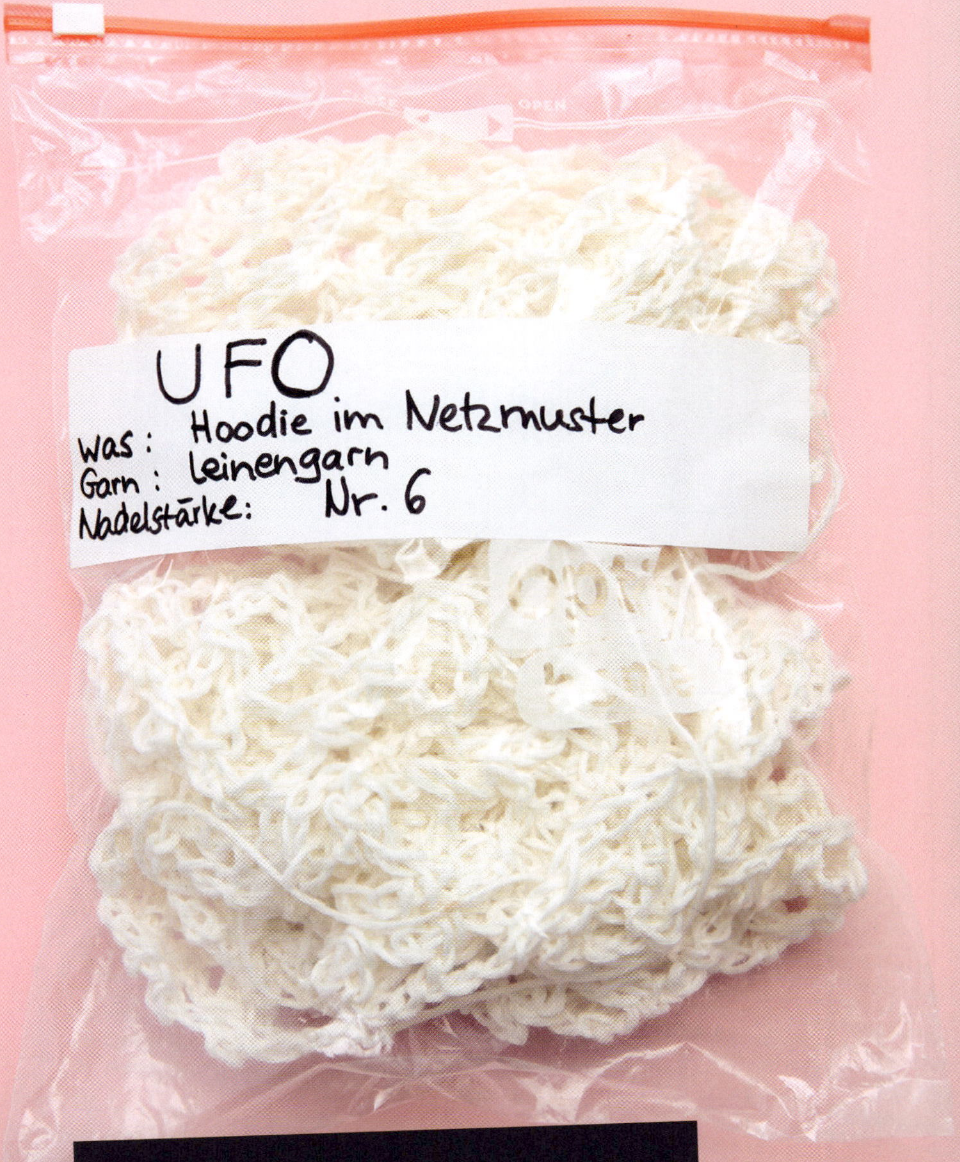

Unfertige Objekte = UFOs kannst du in Zipperbeuteln aufbewahren und beschriften.

Hast du viele kleine Sachen oder mehrere UFOs? Bewahre jedes in einem Körbchen auf. So gerät nichts durcheinander.

Mit einer Klammer die Banderole und einen Notizzettel mit Stichpunkten und Nadelstärke befestigen.

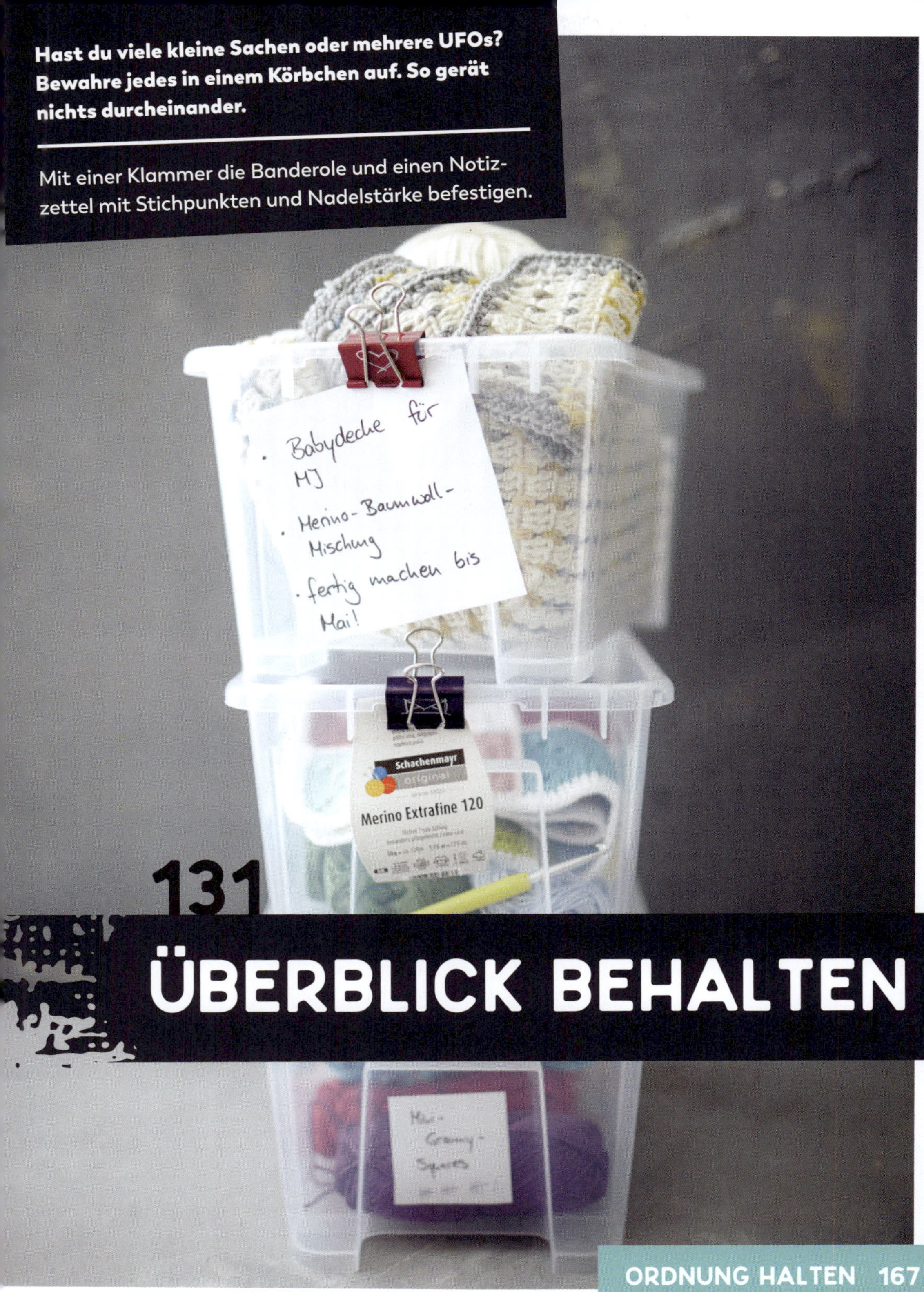

131 ÜBERBLICK BEHALTEN

132 AUFBEWAHRUNG

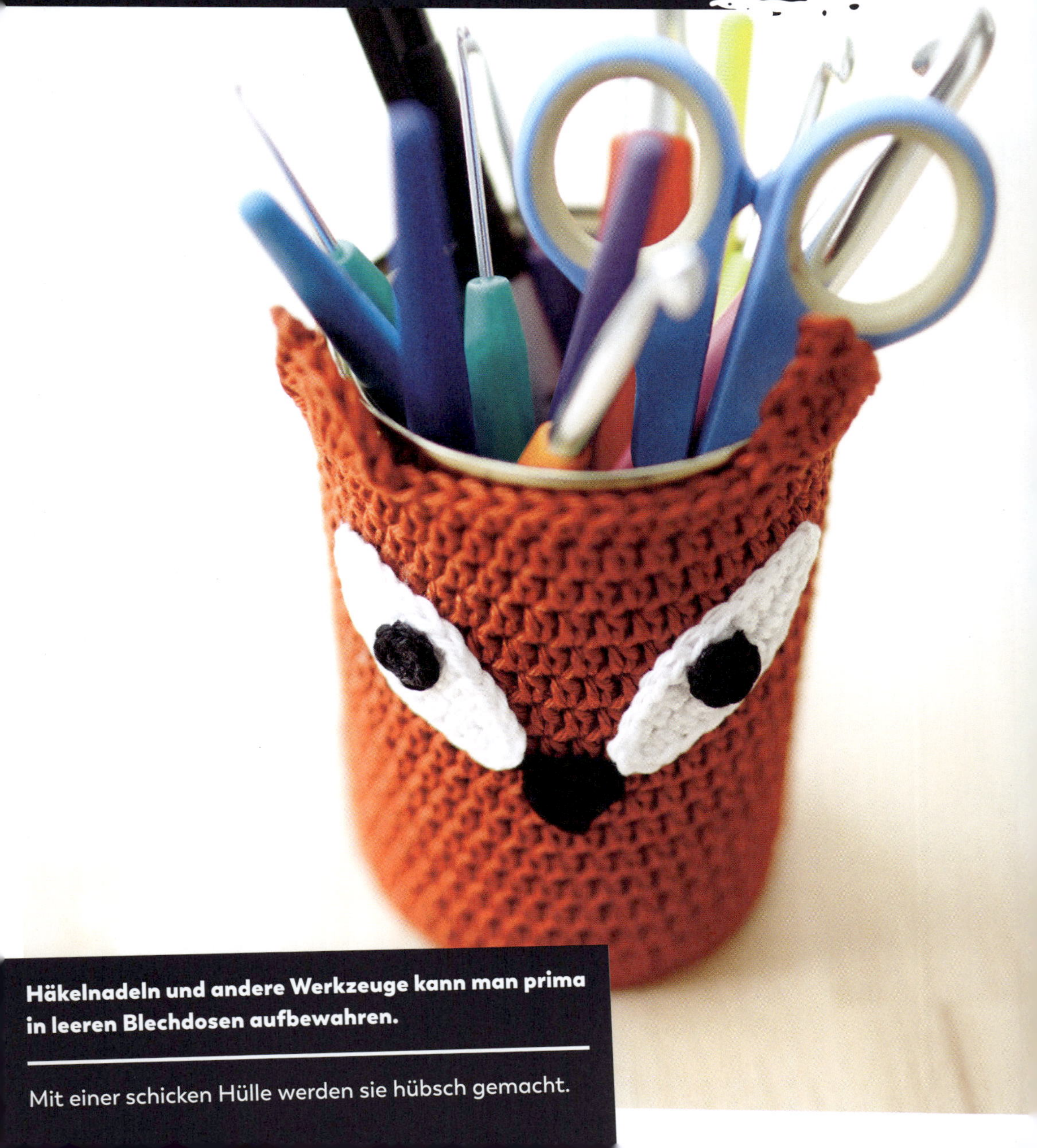

Häkelnadeln und andere Werkzeuge kann man prima in leeren Blechdosen aufbewahren.

Mit einer schicken Hülle werden sie hübsch gemacht.

Für unterwegs kannst du deine Utensilien in einem Kulturbeutel aufbewahren.

... und die Kleinteile in einem Brillenetui unterbringen.

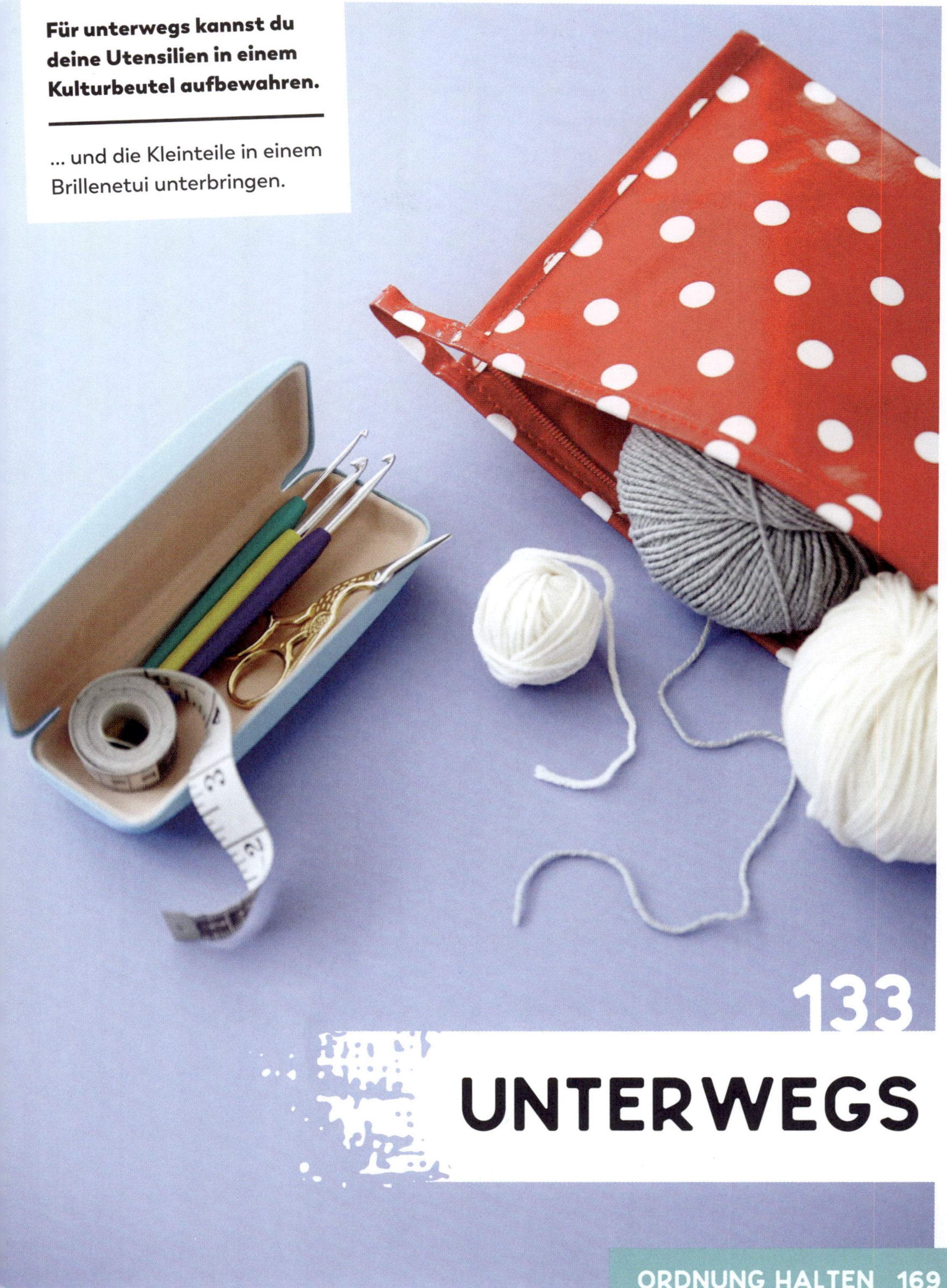

133

UNTERWEGS

Für die ordentliche Aufbewahrung von Garnresten und Wolle eignet sich ein Kleiderschrank hervorragend. Hänge einfach Schrank-Organizer von der Kleiderstange und schon lassen sich die Garnreste super einsortieren.

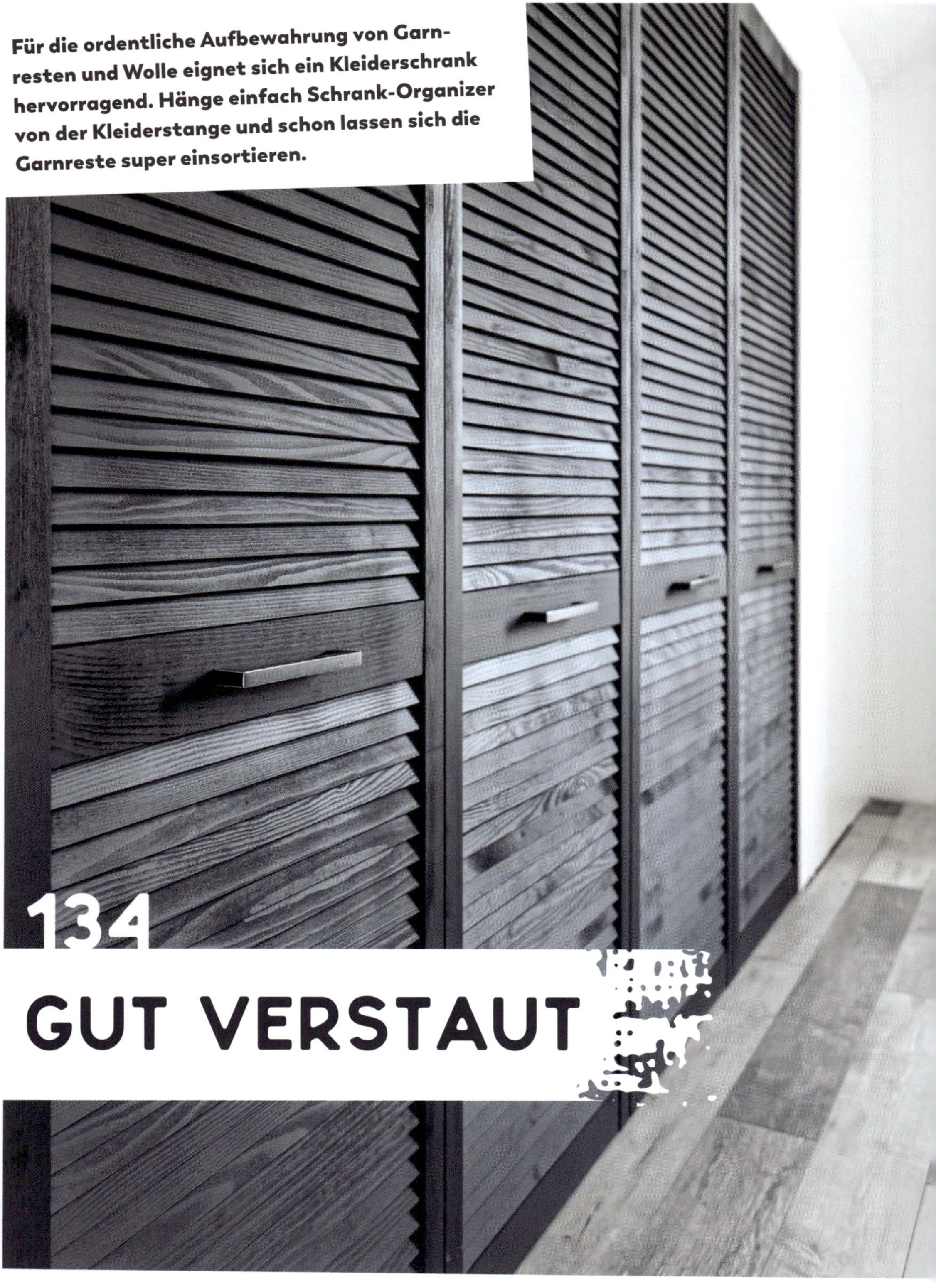

134

GUT VERSTAUT

135

ORDNUNG HALTEN

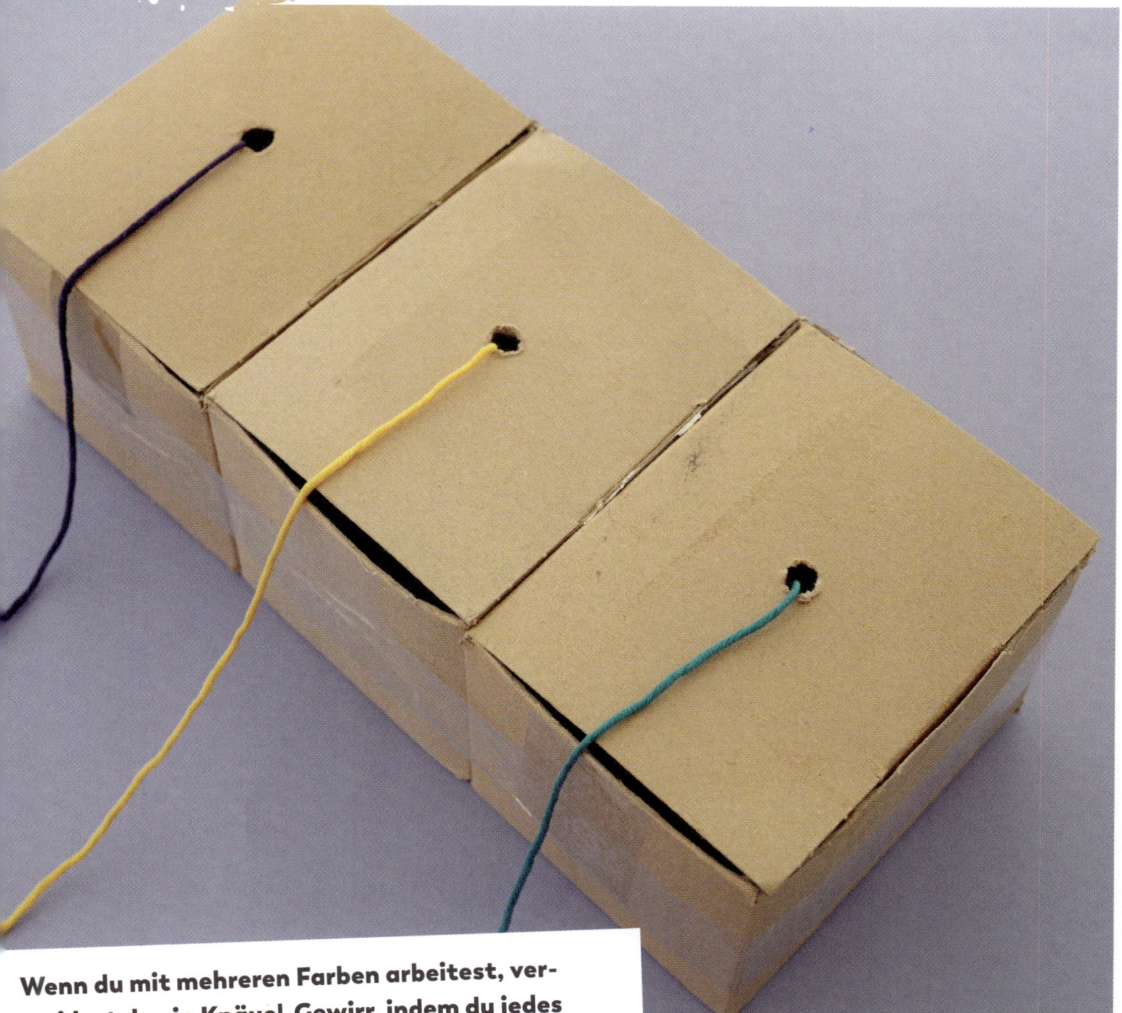

Wenn du mit mehreren Farben arbeitest, vermeidest du ein Knäuel-Gewirr, indem du jedes Knäuel in einen eigenen Behälter gibst. Besonders praktisch dafür ist ein Karton, den du in mehrere Fächer unterteilen kannst. Für jeden Faden schneidest du ein Loch in den Deckel. Du kannst auch kleine Kartons nehmen, die du einfach mit Paketband zusammenklebst.

136

SORTIERT

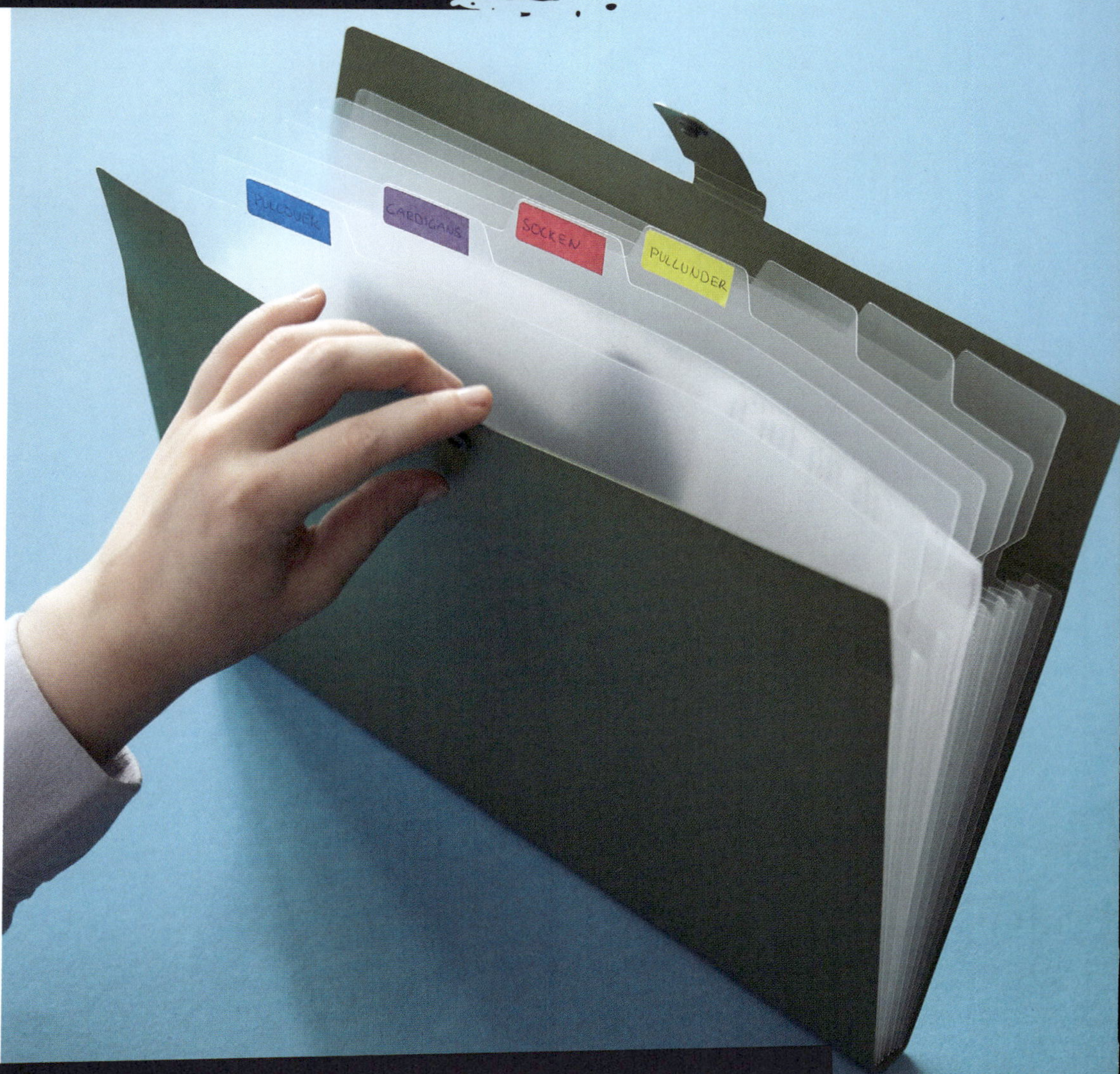

Wenn du viele Anleitungen hast, kannst du sie ganz einfach in einer Ordnungsmappe nach verschiedenen Kategorien ordnen und einsortieren. So sind die Anleitungen ordentlich verstaut an einem Platz und du kannst die gewünschte Anleitung schneller finden.

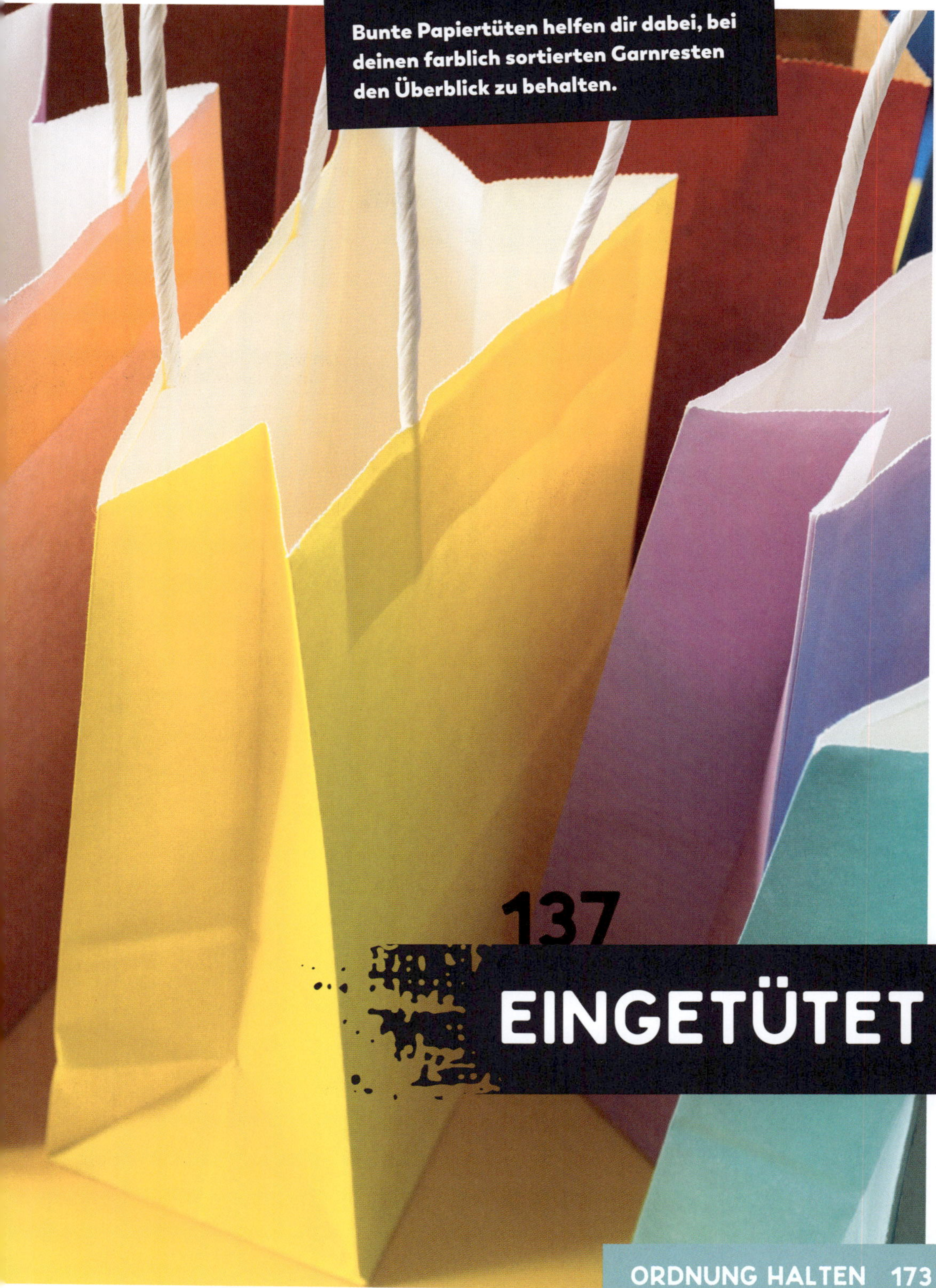

Bunte Papiertüten helfen dir dabei, bei deinen farblich sortierten Garnresten den Überblick zu behalten.

137

EINGETÜTET

138
DURCHBLICK

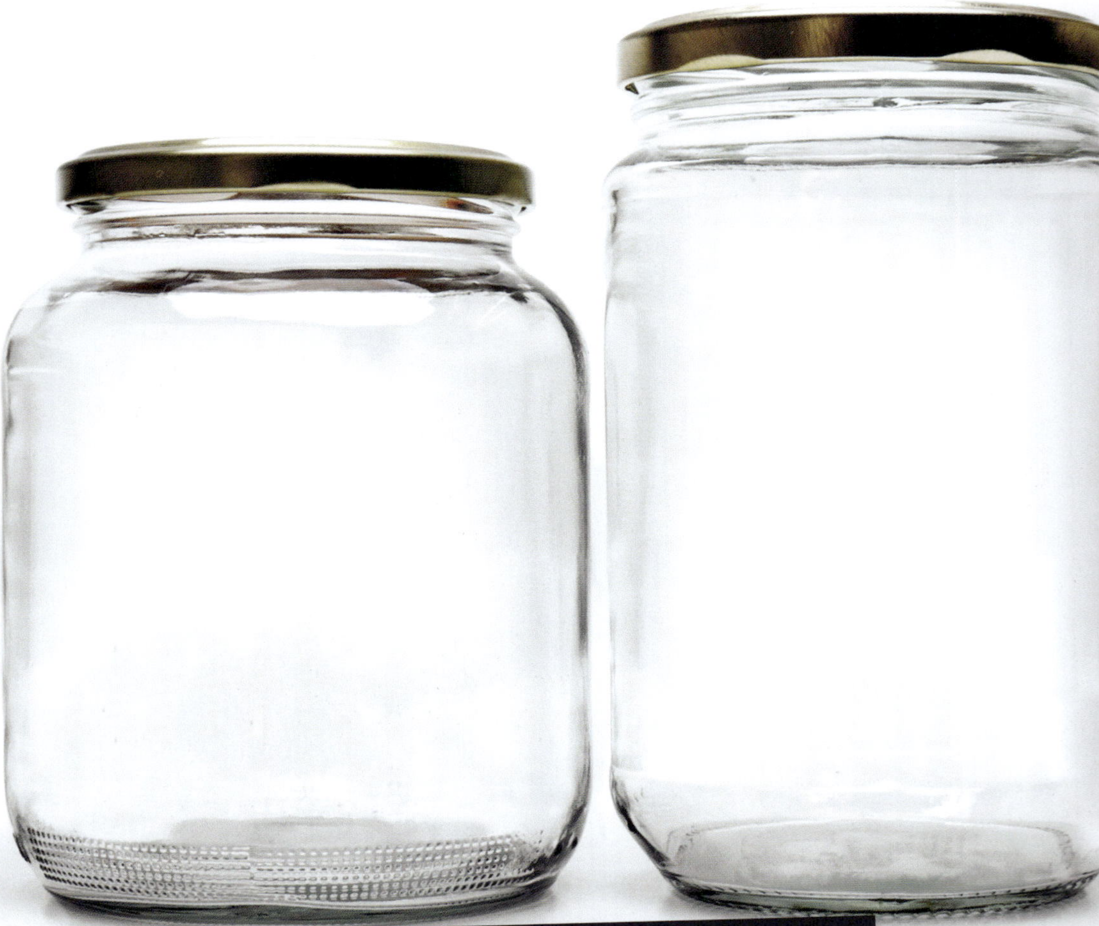

Um eine bessere Übersicht über Garnreste zu behalten, eignen sich besonders gut auch große Glasbehälter, da man direkt auf einen Blick sieht, was man besitzt. Auch farblich lassen sich hier die Garnreste super einsortieren.

Resteknäuel mit einer Haarklammer gut fixieren, damit die Knäuel in der Restekiste nicht verheddern.

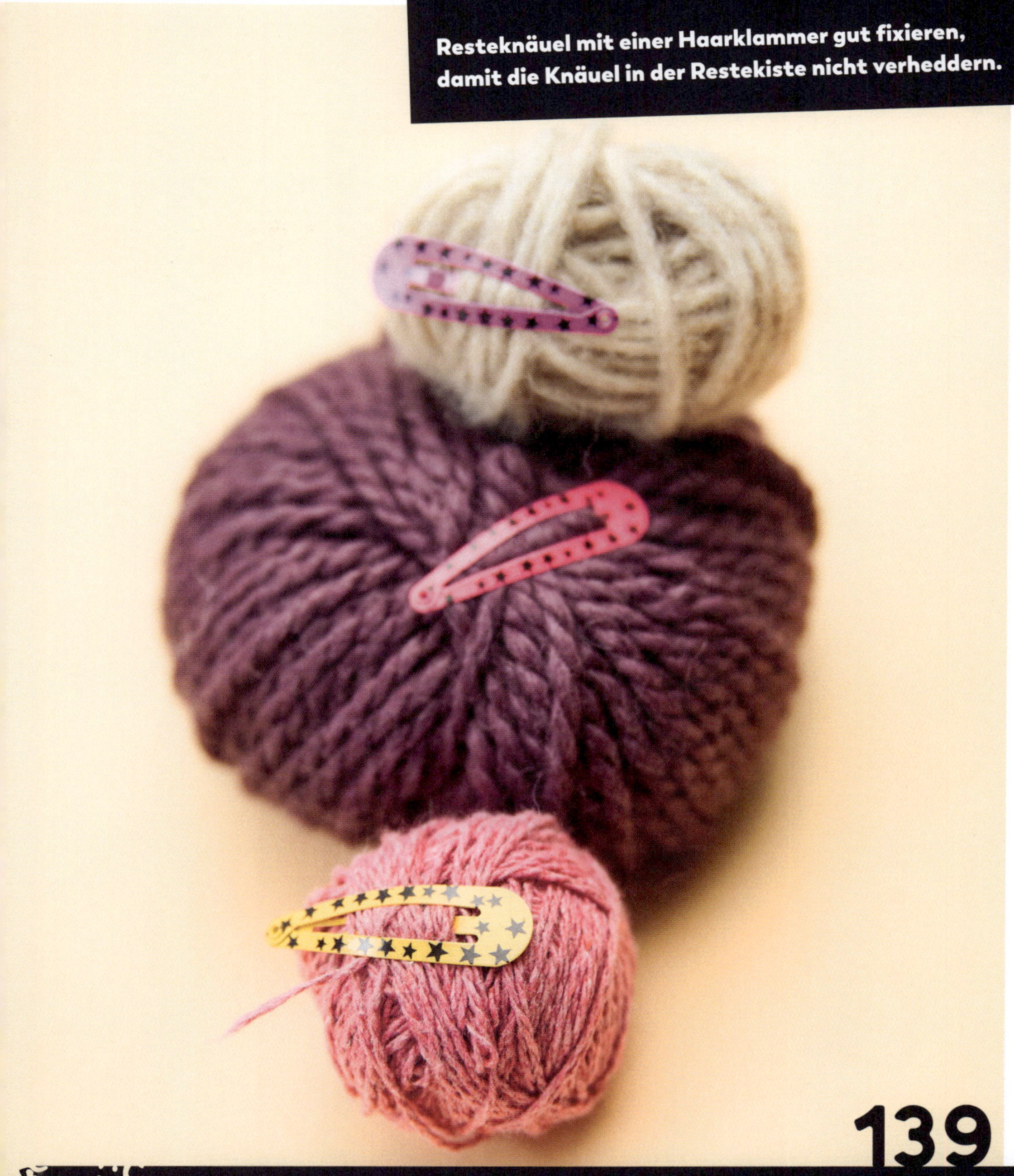

139 AUFGERÄUMTE RESTE

140 BANDEROLE FÜR RESTE

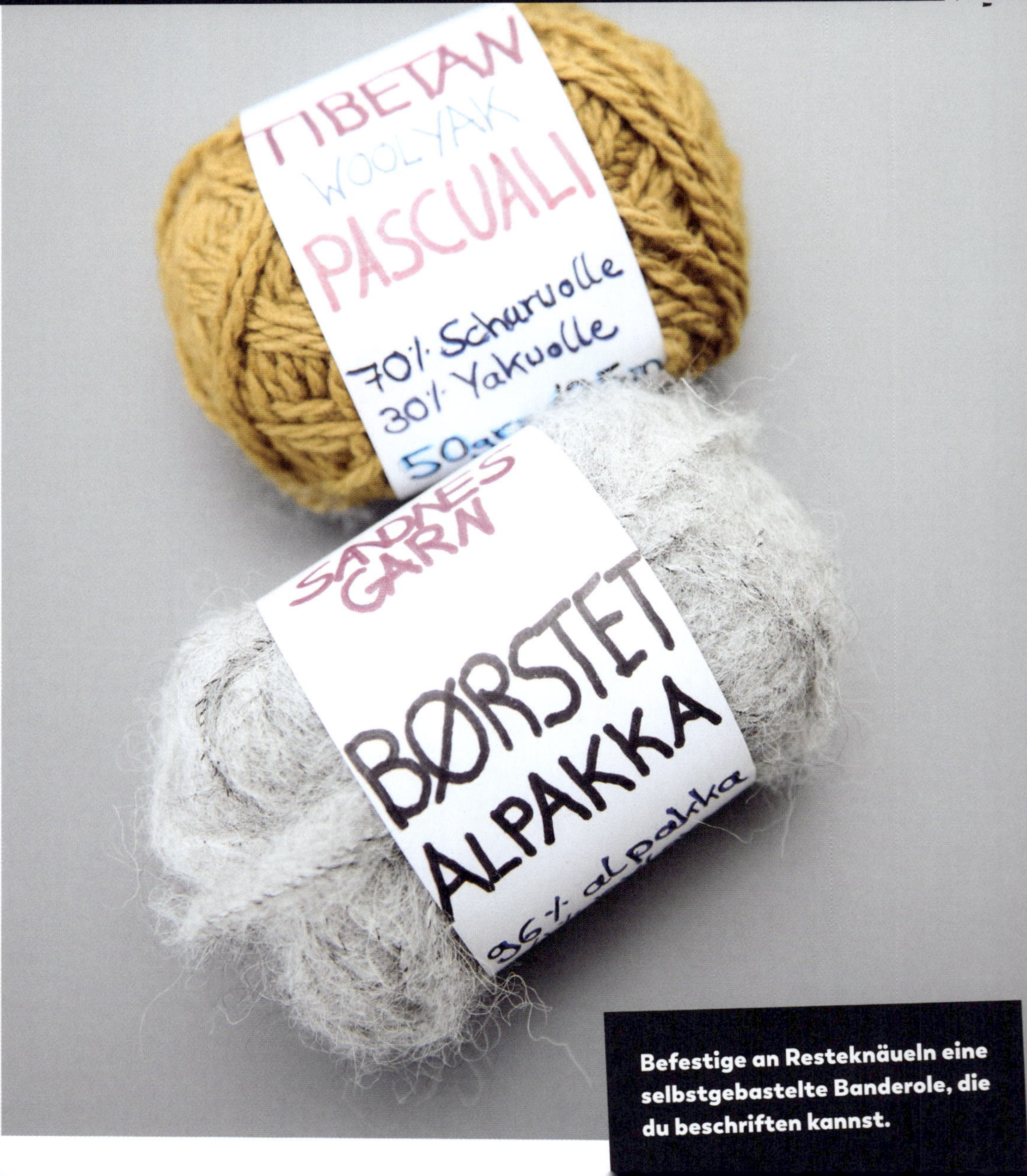

Befestige an Resteknäueln eine selbstgebastelte Banderole, die du beschriften kannst.

Wenn du keine Aufbewahrung wie Projektbeutel oder Körbchen benutzt, drehe einfach die Banderole auf und stecke sie in die Mitte vom Knäuel. So kann sie nicht verlorengehen.

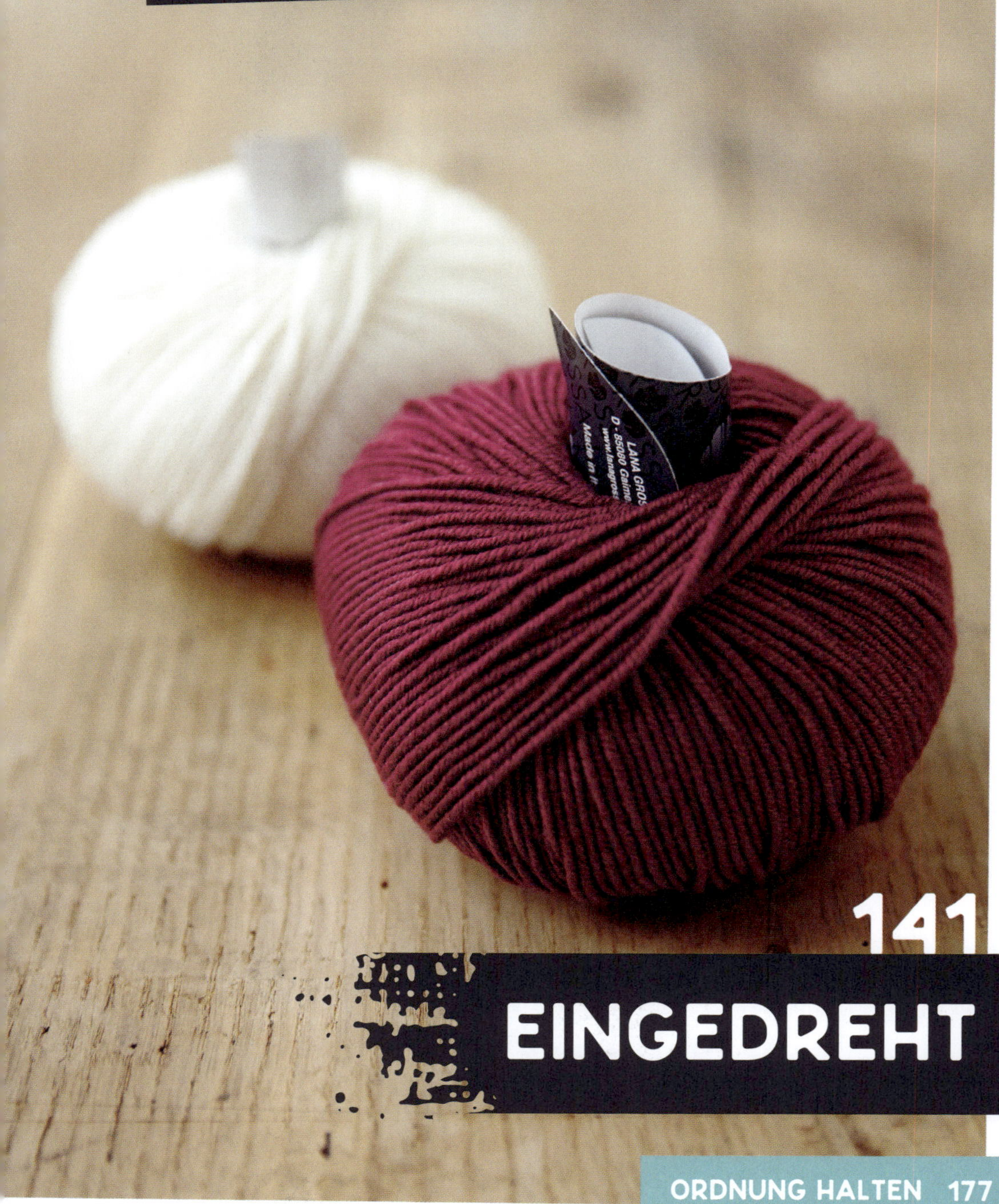

141 EINGEDREHT

142 WASSERDICHT

Foliere deine meist genutzten Anleitungen. So sind sie nicht nur sicher vor Schmutz und Nässe, sondern du kannst sie auch mit wasserlöslichem Stift beschriften.

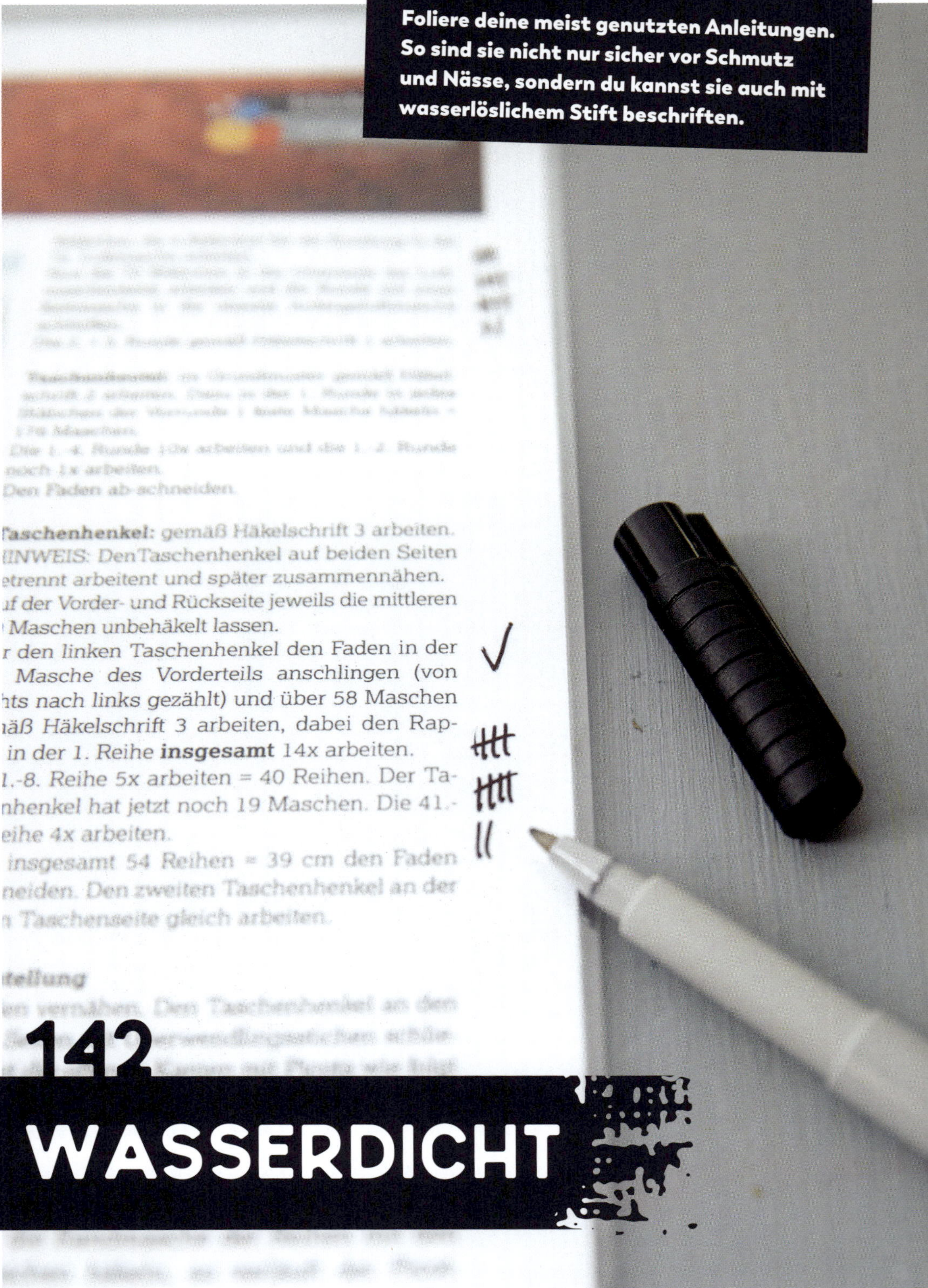

Fertige Musterkarten an. Klebe oben die Banderole auf, schreibe die Farbnummern an die Seite, laminiere das Papier. Danach kann der Rand gelocht und das Garn eingeknotet werden.

So hat man immer die Farben parat und kann sich bei einer Bestellung über das Internet nicht vergreifen.

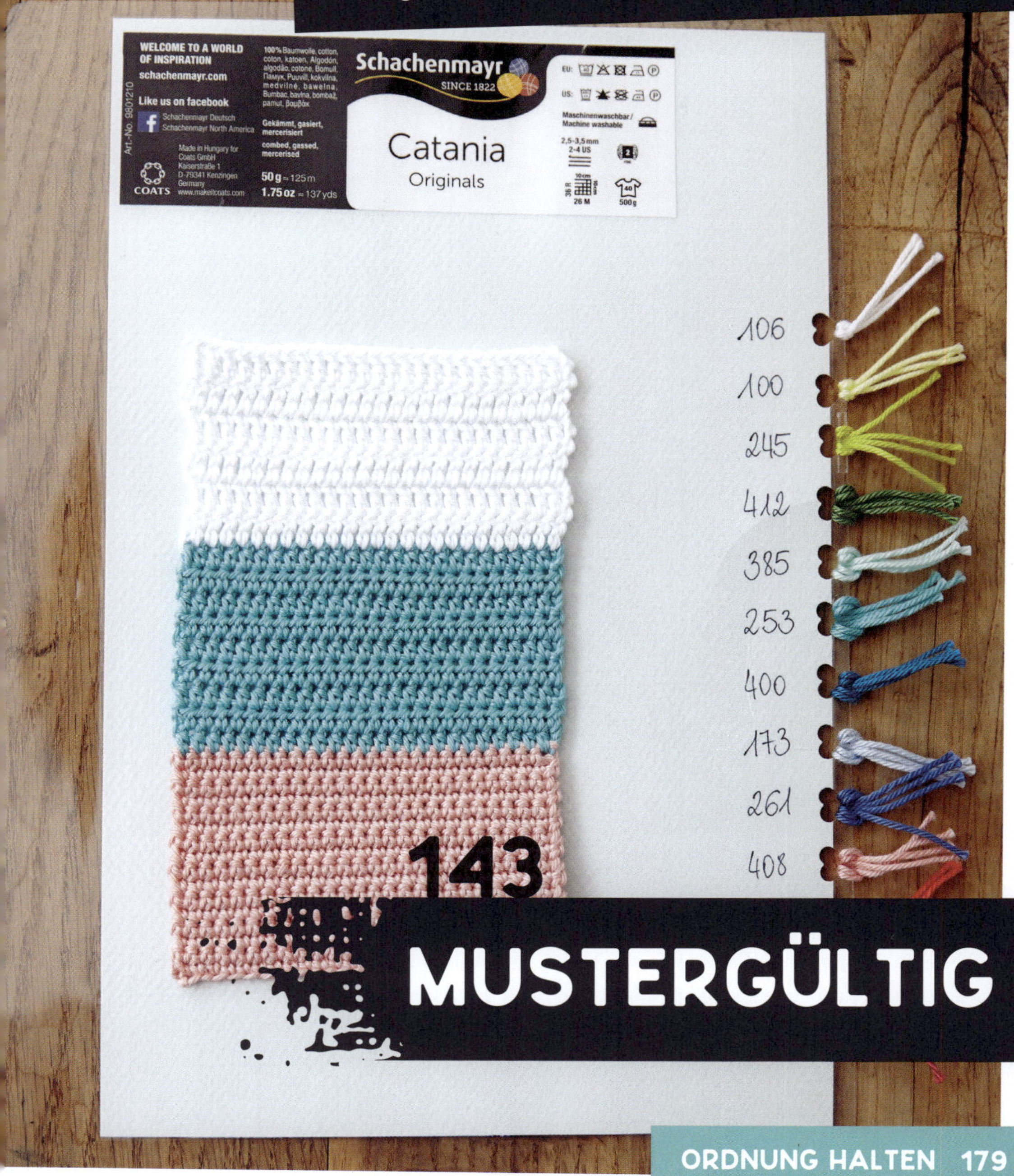

MUSTERGÜLTIG

144 GARNINVENTUR

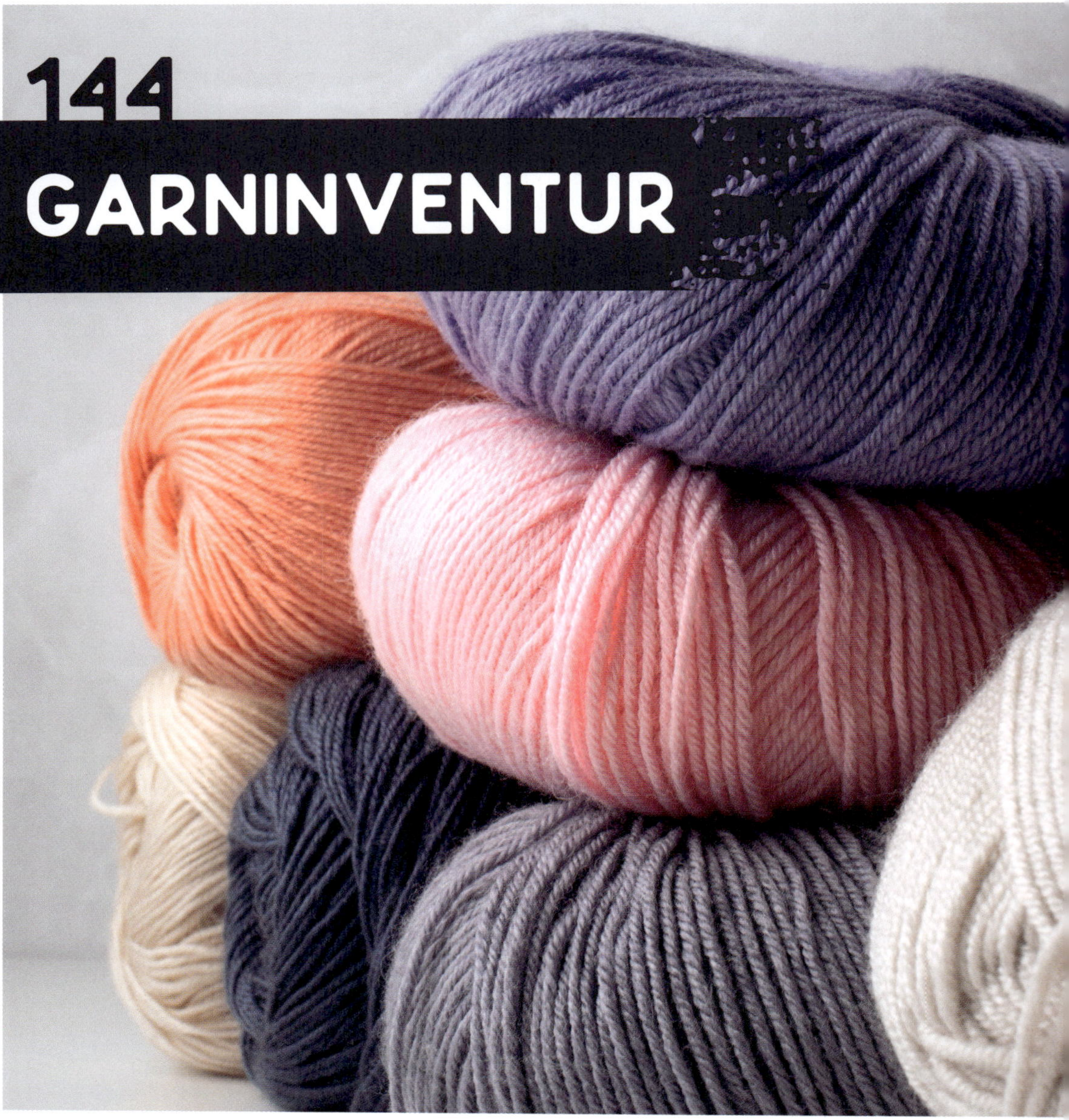

Verwende Apps oder Software, um dein Garnlager und deine Projekte digital zu verwalten. Dies kann besonders hilfreich sein, um den Überblick zu behalten und immer zu wissen, welche Materialien du hast. Apps und Seiten wie „Stash2Go“ oder „Ravelry“ ermöglichen es dir, dein Garnlager zu katalogisieren.

Aus Filzwolle kannst du ein Mäppchen häkeln und in der Waschmaschine filzen, einen Reißverschluss einnähen – nun hast du Platz für alle deine Häkelnadeln.

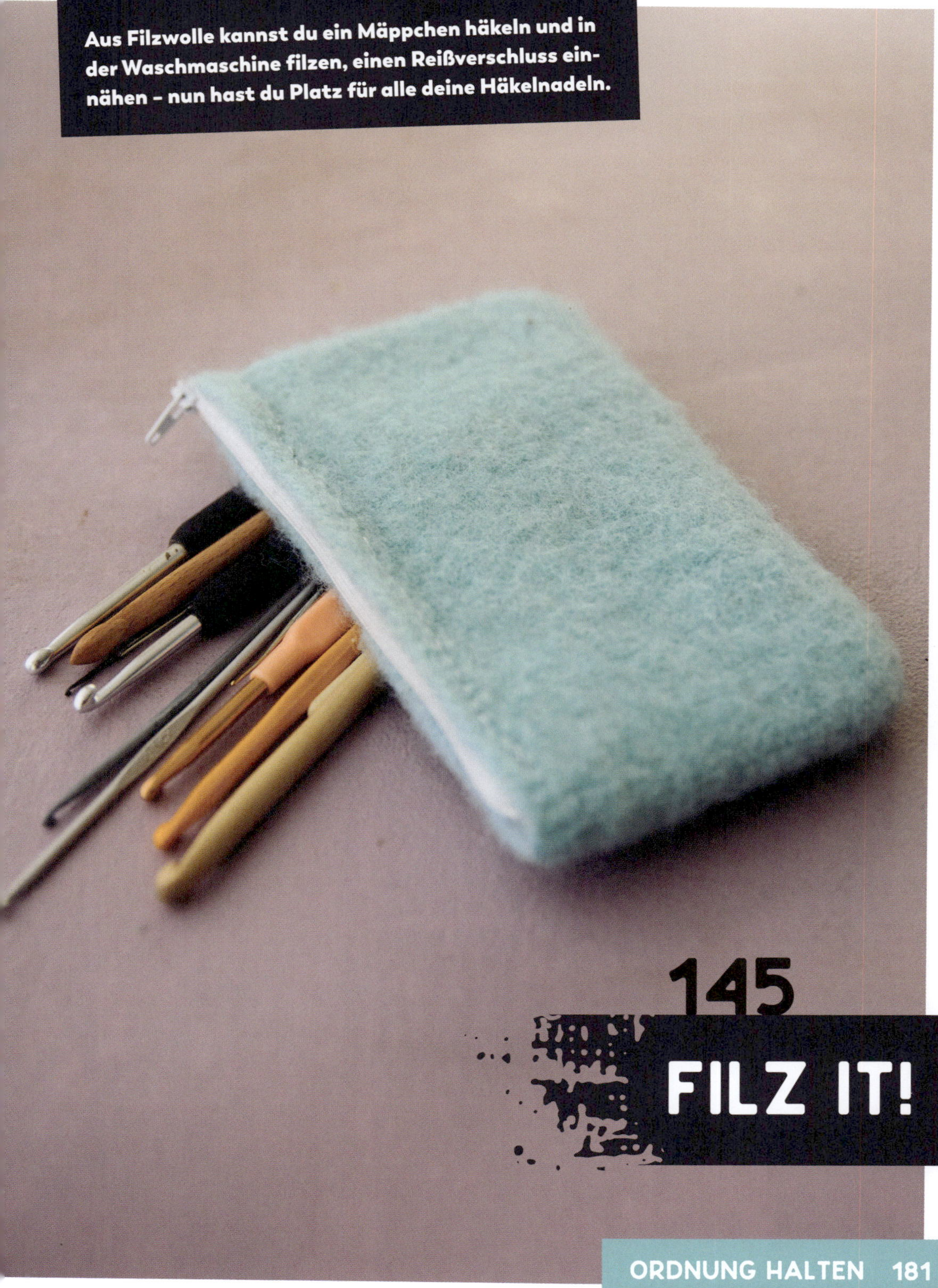

145 FILZ IT!

146
AUSGEDEHNT

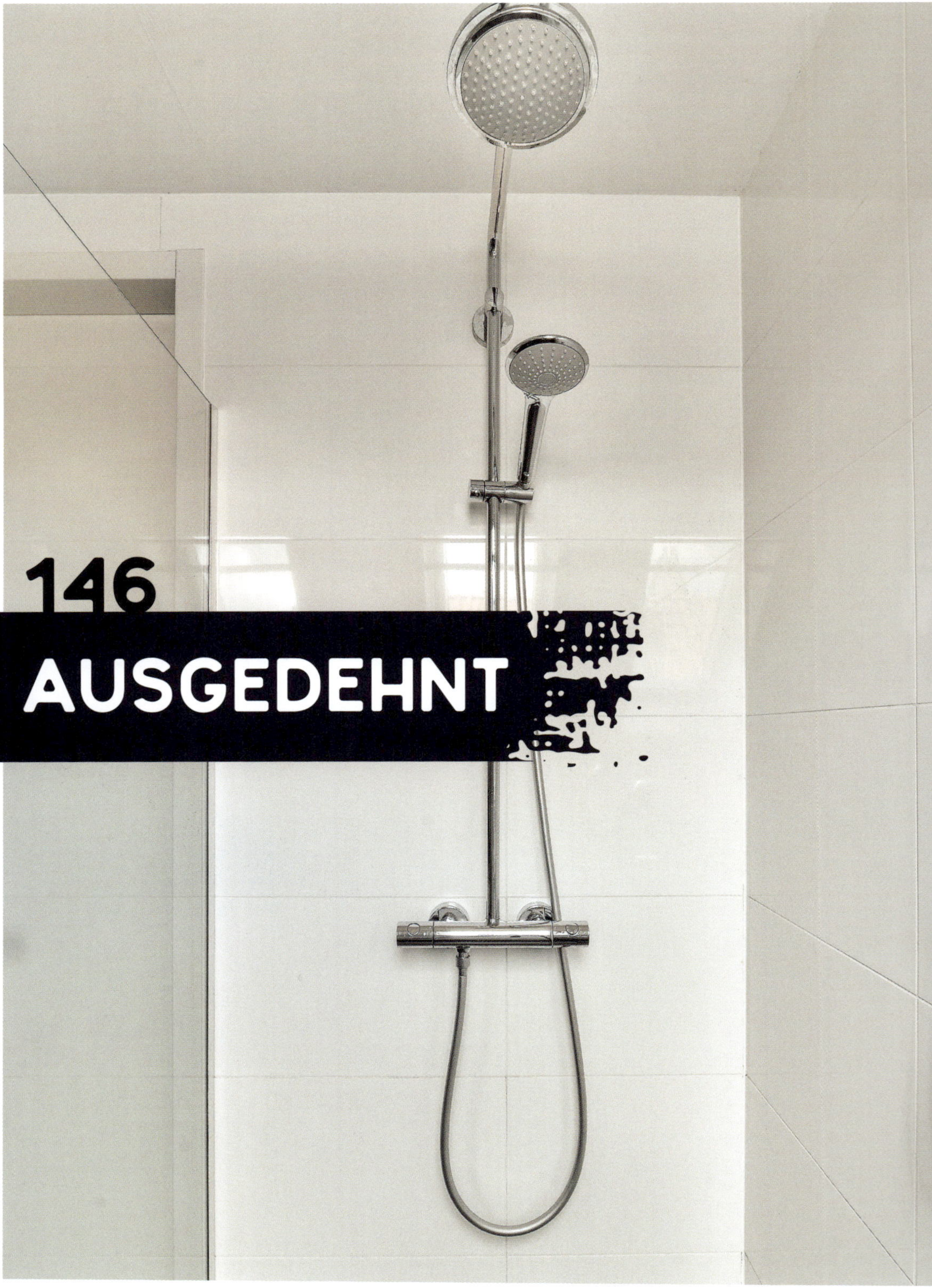

Seide wird beim 1. Waschen in der Regel länger und man ist dann frustriert, dass die Häkelprojekte nicht mehr figurgerecht sind. Um dies zu vermeiden, einfach den Seidenstrang nass machen, auf einen Kleiderbügel in die Dusche hängen und mit einer gefüllten Wasserflasche beschweren. So trocknet das Seidengarn gedehnt und es verändert sich bei den folgenden Waschungen nicht mehr. Ist das Seidengarn auf einem Knäuel, dann einfach das Häkelprojekt ein paar Zentimeter kürzer häkeln als vorgegeben. Die Ärmel dabei nicht vergessen.

147

BRILLENETUI ZUR AUFBEWAHRUNG

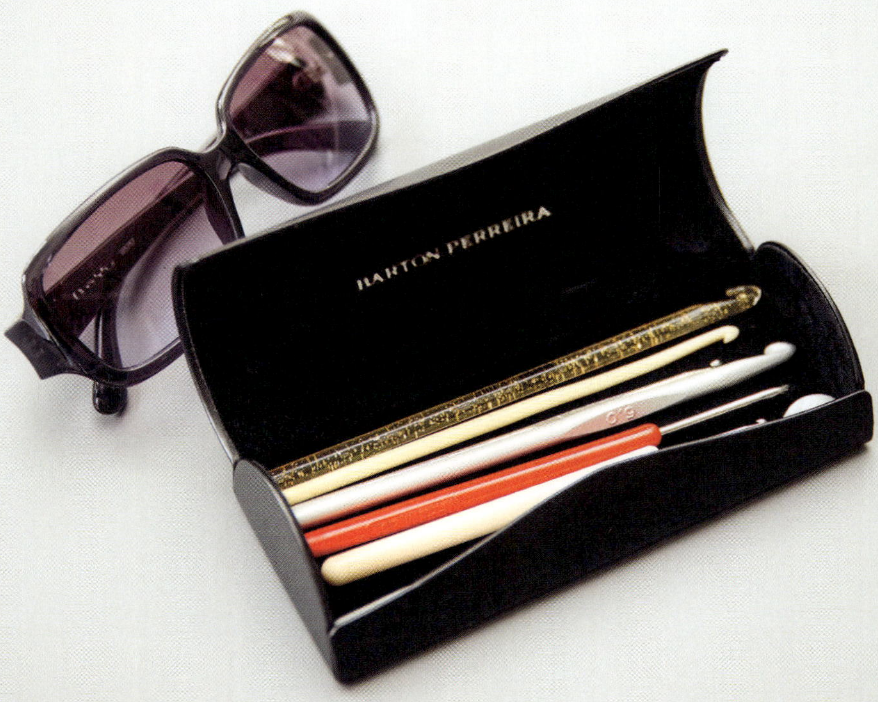

Falls schnell Häkelnadeln verstaut werden müssen, aber nichts zur Hand ist, kann einfach das Brillenetiu genommen werden.

NOTIZEN

Ver-schönern

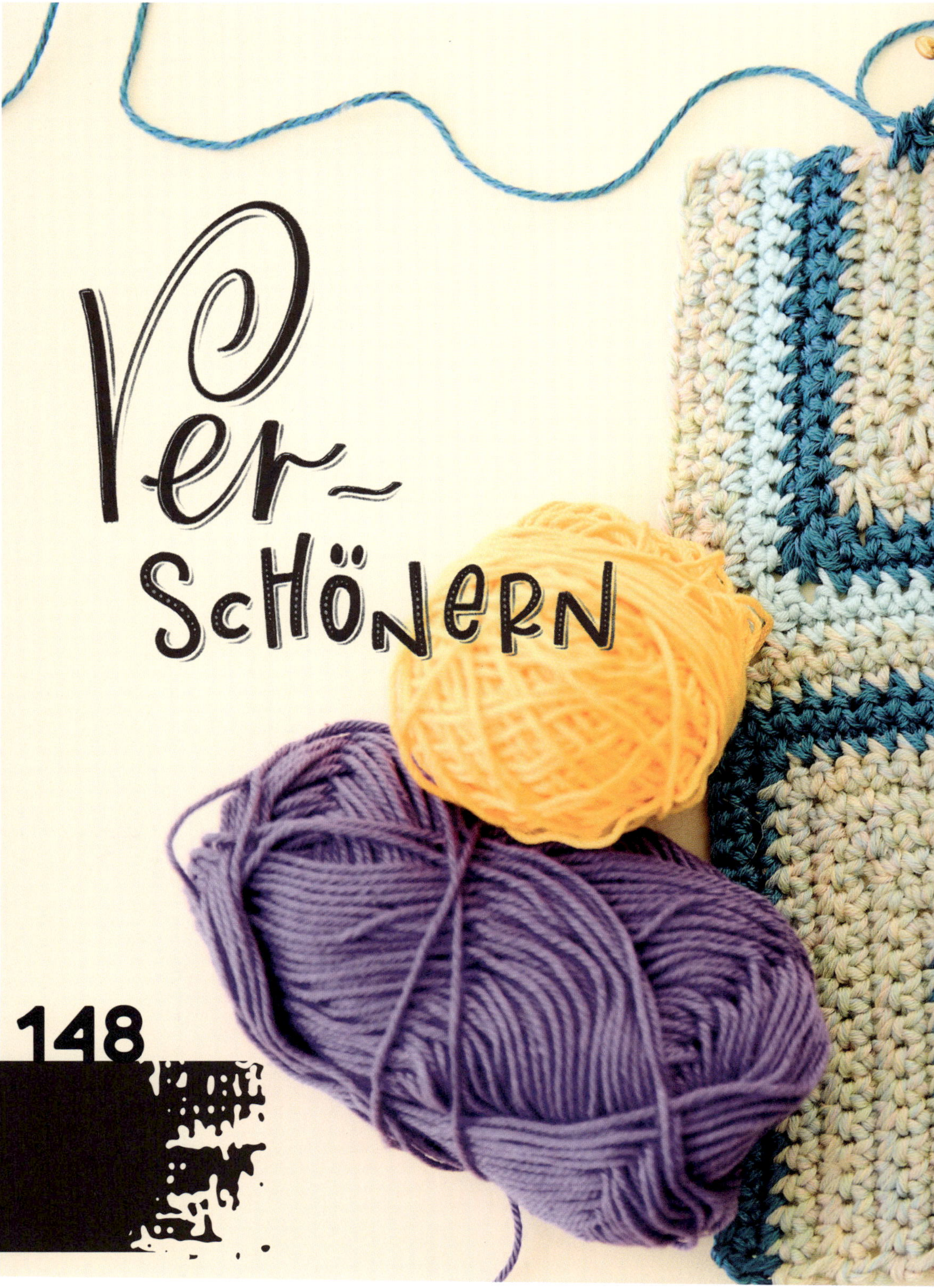

Hast du viele kleine Wollreste, dann kannst du sie zu einer Decke aus diagonalen Ecken verhäkeln.

& Reste-Verwertung

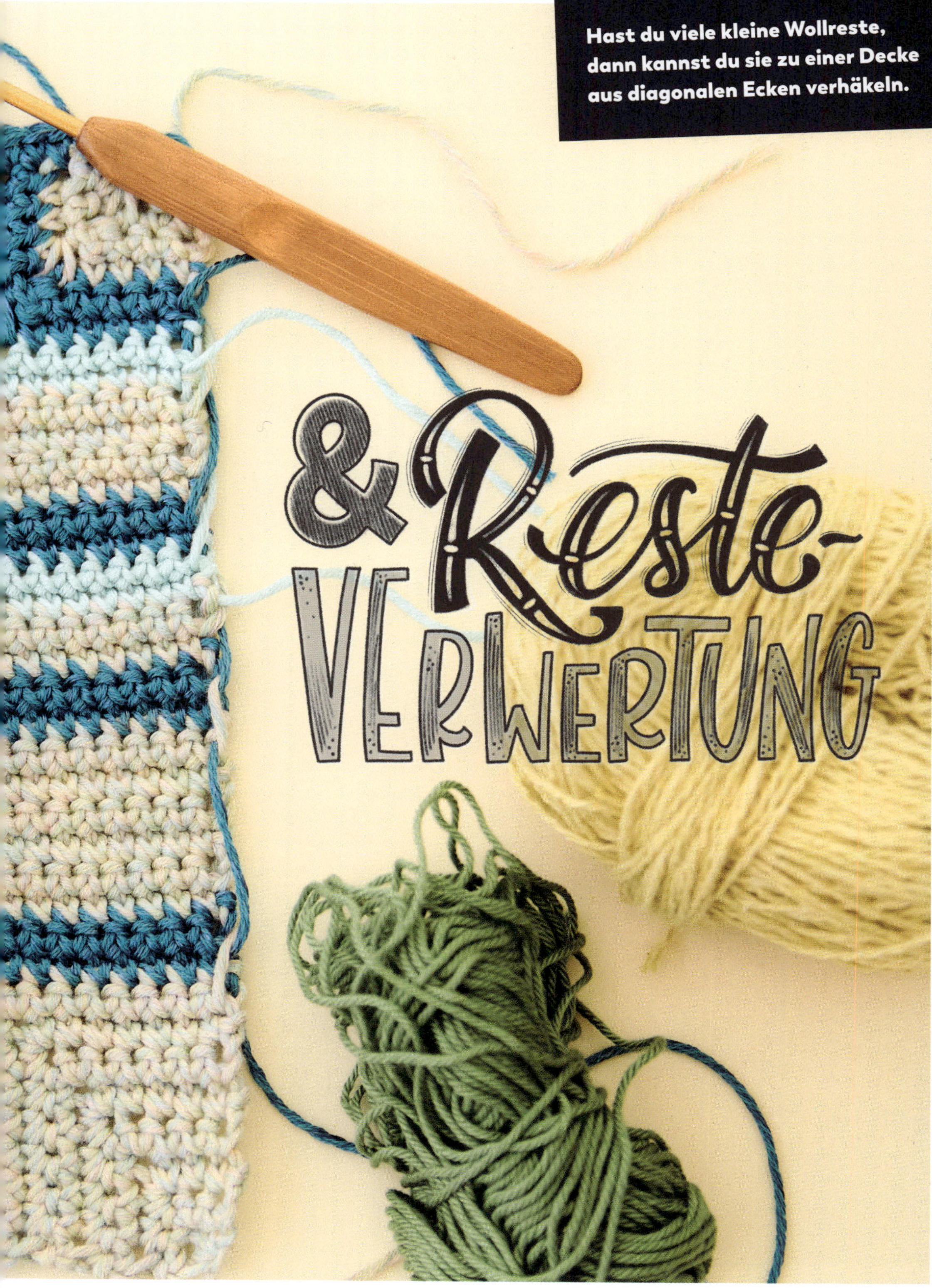

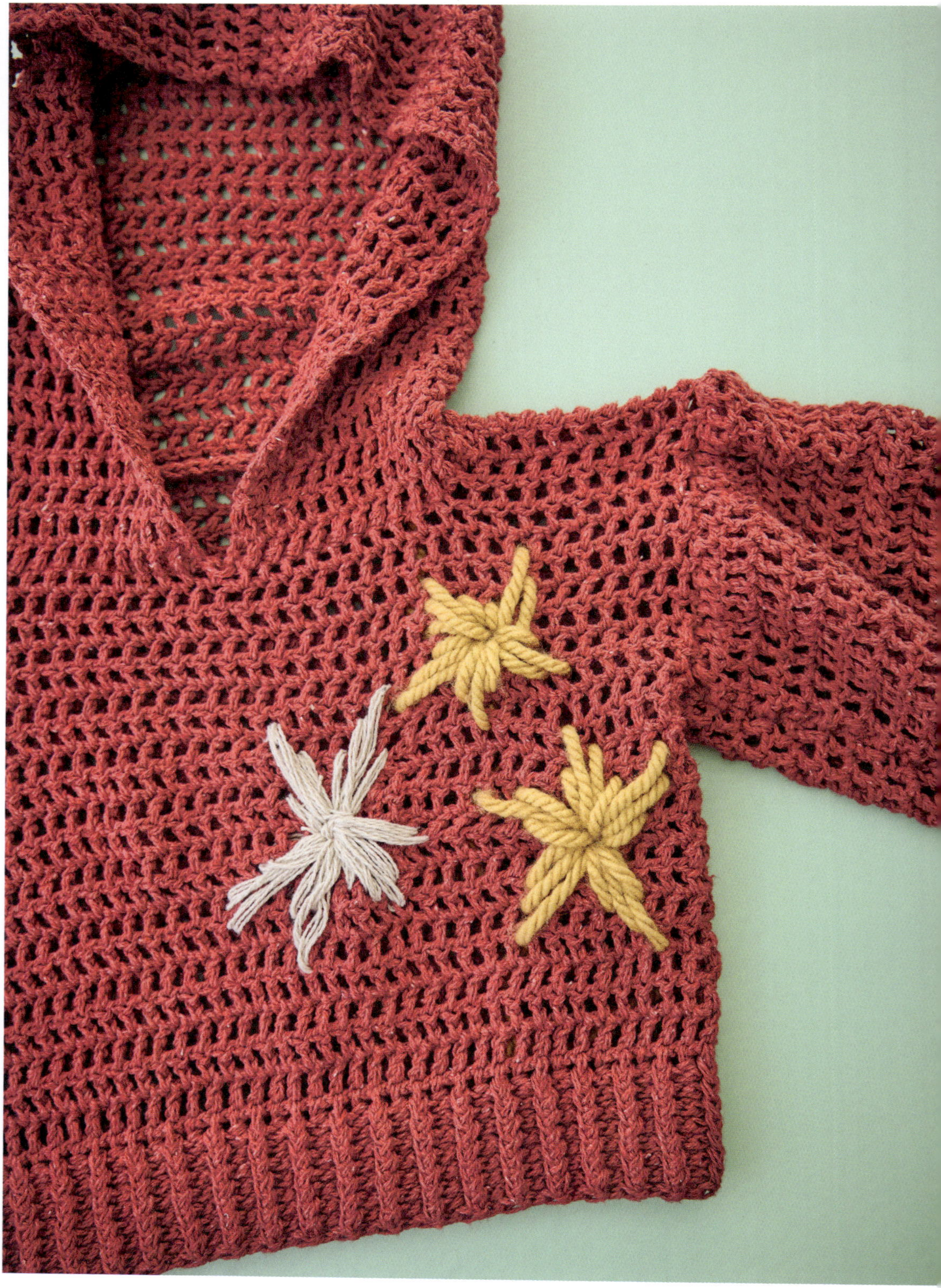

Du hast dein Häkelprojekt abgeschlossen, aber irgendwie fehlt das gewisse Etwas? Du weißt nichts anzufangen mit den vielen Garnresten, die sich bei Kreativen zwangsläufig irgendwann ansammeln?
In diesem Kapitel geben wir dir zahlreiche Tipps und Tricks, wie du deinem neuen Lieblingsteil den richtigen Pepp verleihen und Wunderschönes oder Nützliches aus Übriggebliebenem anfertigen kannst. Schöne Abschlüsse, Stickereien oder kleine Details – diese Tipps geben deinen Häkelprojekten den letzten Schliff.

149

FADENENDEN

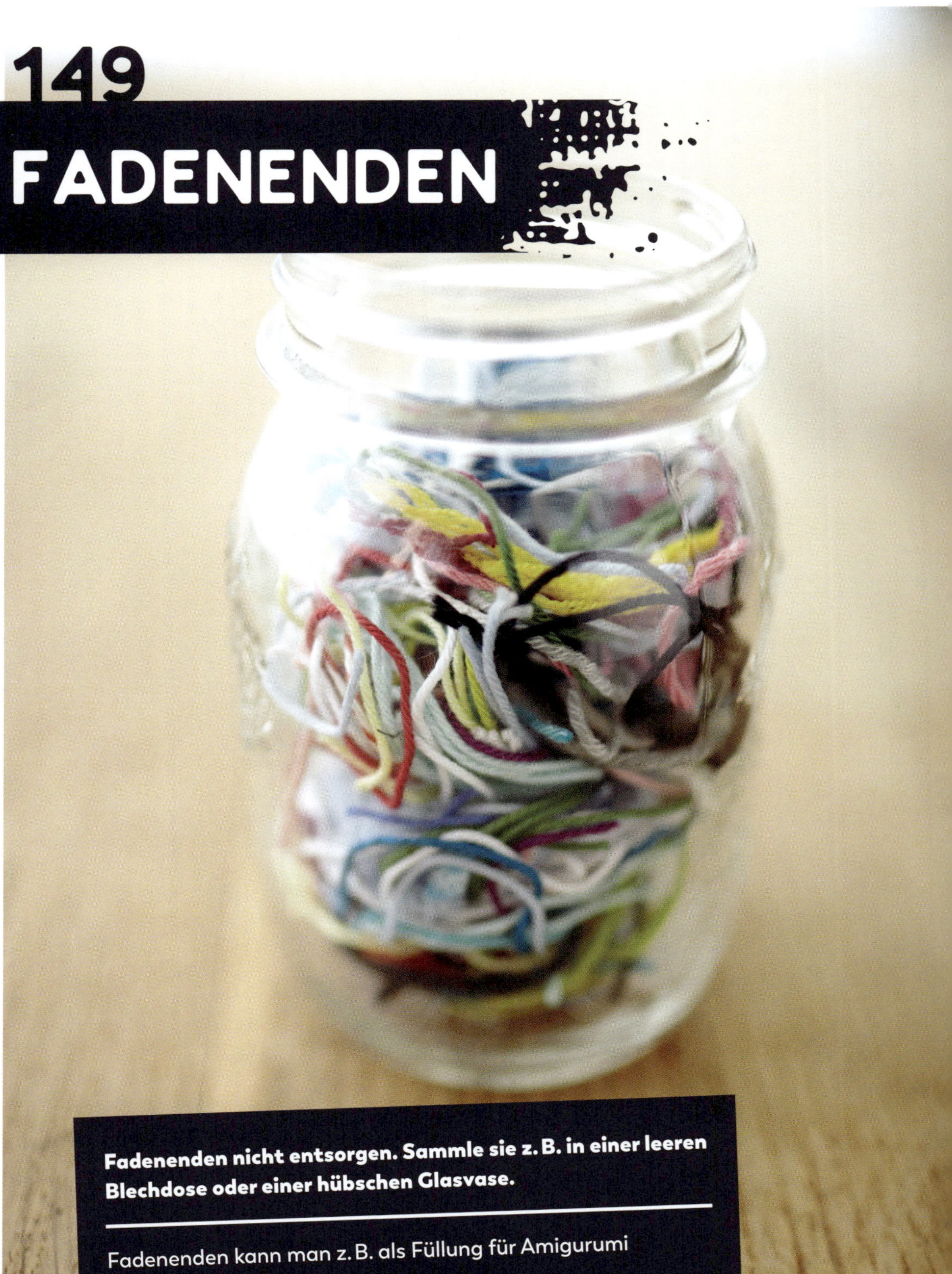

Fadenenden nicht entsorgen. Sammle sie z. B. in einer leeren Blechdose oder einer hübschen Glasvase.

Fadenenden kann man z. B. als Füllung für Amigurumi verwenden.

Häkle einen Mantel mit Fächern für die Blechdose. In den Fächern können Nadeln, die Schere und Stifte verstaut werden.

So hast du immer alles griffbereit.

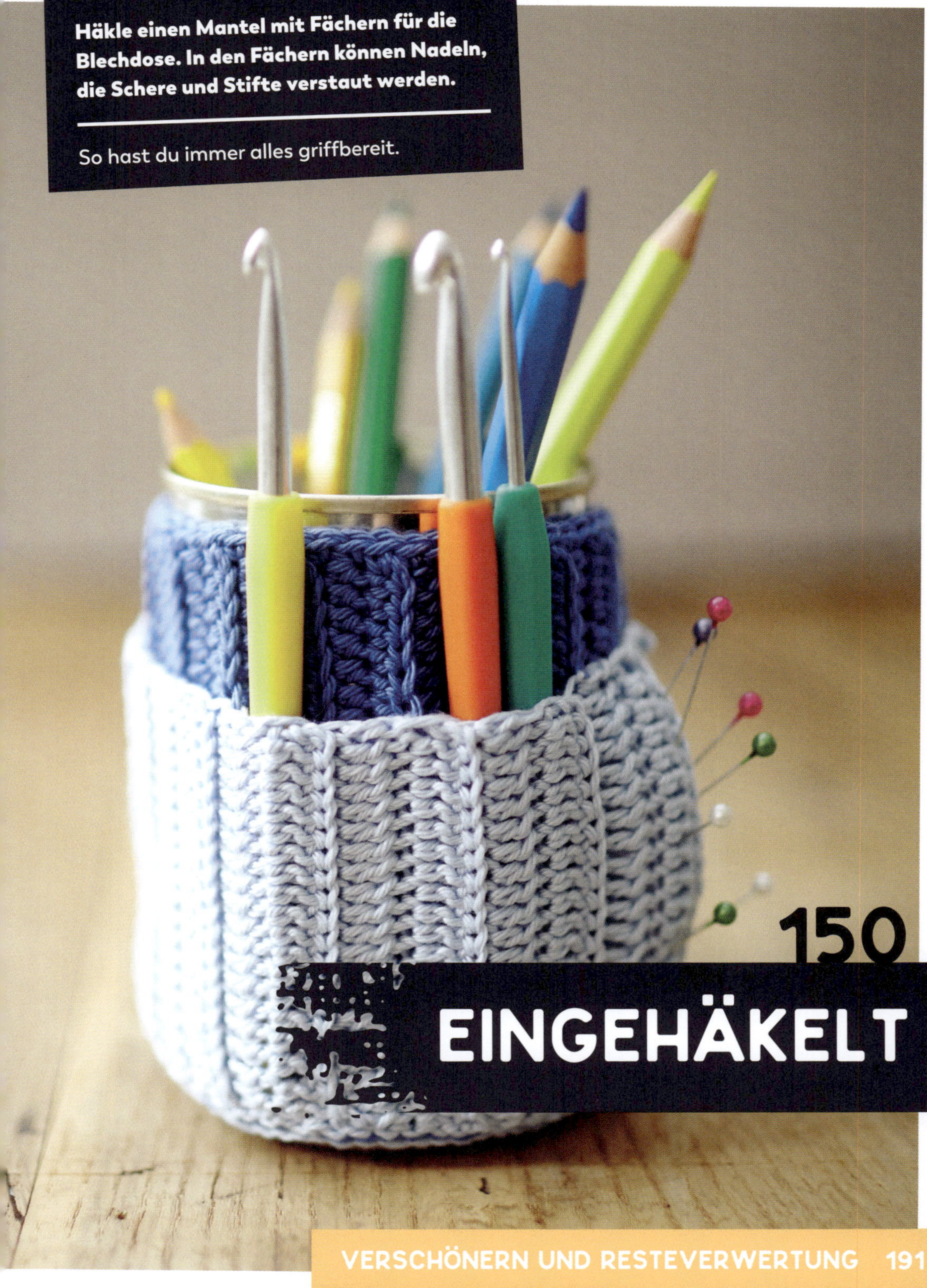

150 EINGEHÄKELT

151

GRANNY-RESTE

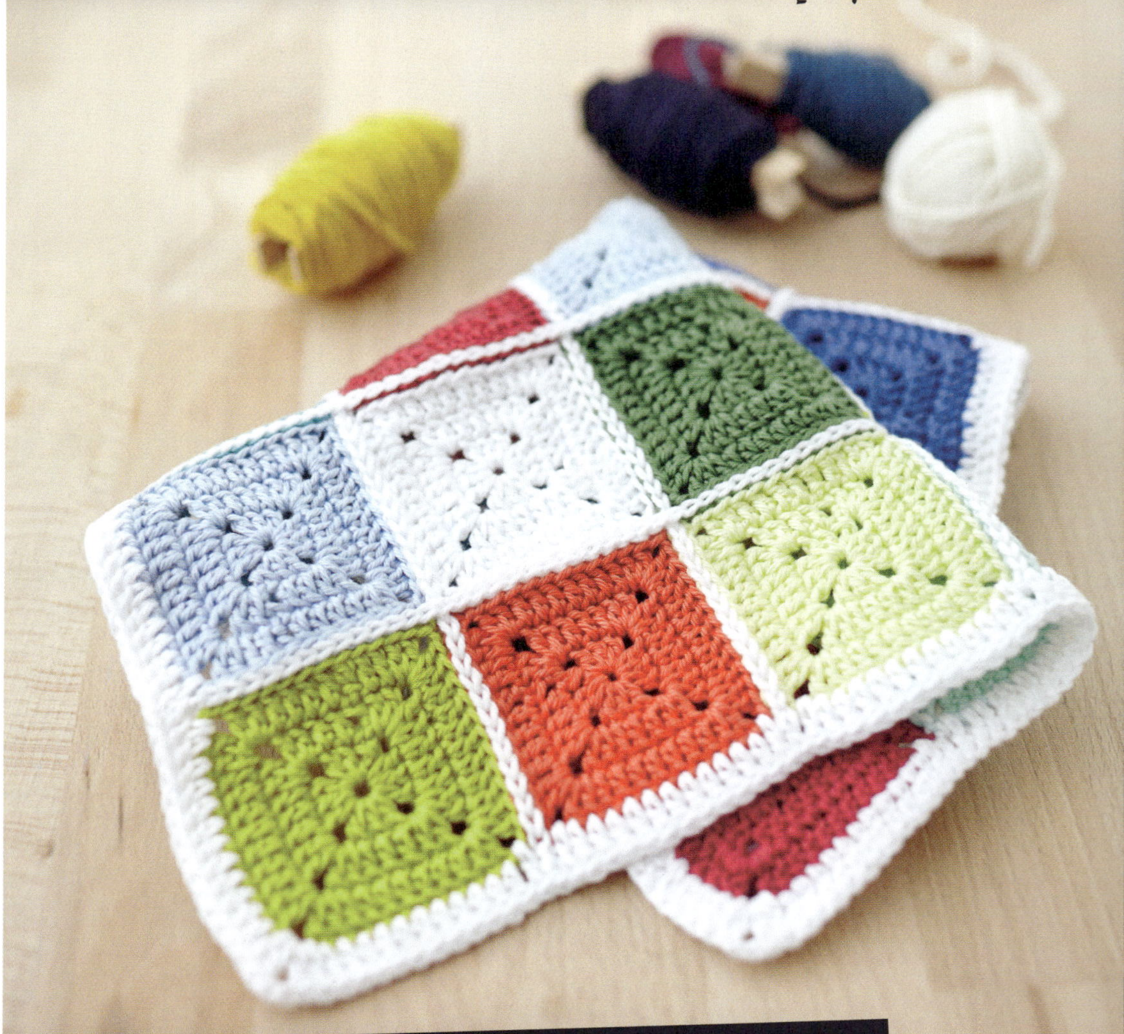

Garnreste kannst du zu kleinen Granny Squares verhäkeln und diese zu einem Teppich, einem Tischset oder einer Girlande zusammensetzen.

Alternativ können lange Fadenstücke fortlaufend miteinander verknotet werden. So entsteht ein kunterbuntes Knäuel.

Längere Garnreste kannst du übersichtlich aufbewahren, wenn sie auf Wäscheklammern gewickelt werden.

Die Banderole kann zusätzlich eingeklemmt werden. So weißt du auch, welches Garn aufgerollt wurde.

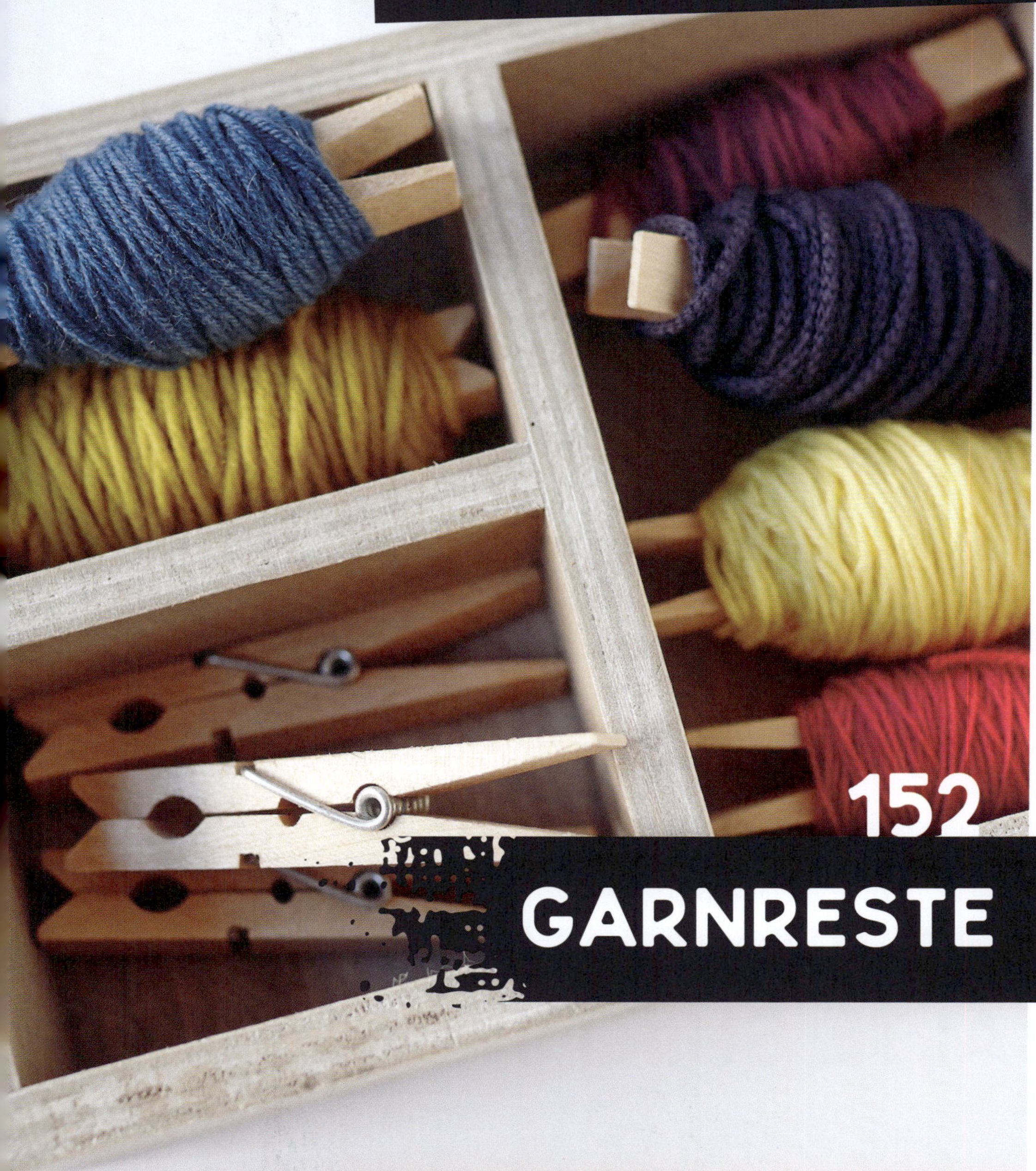

152 GARNRESTE

Alte Shirts werden mit Häkelborten wieder zu einem neuen Lieblingsteil.

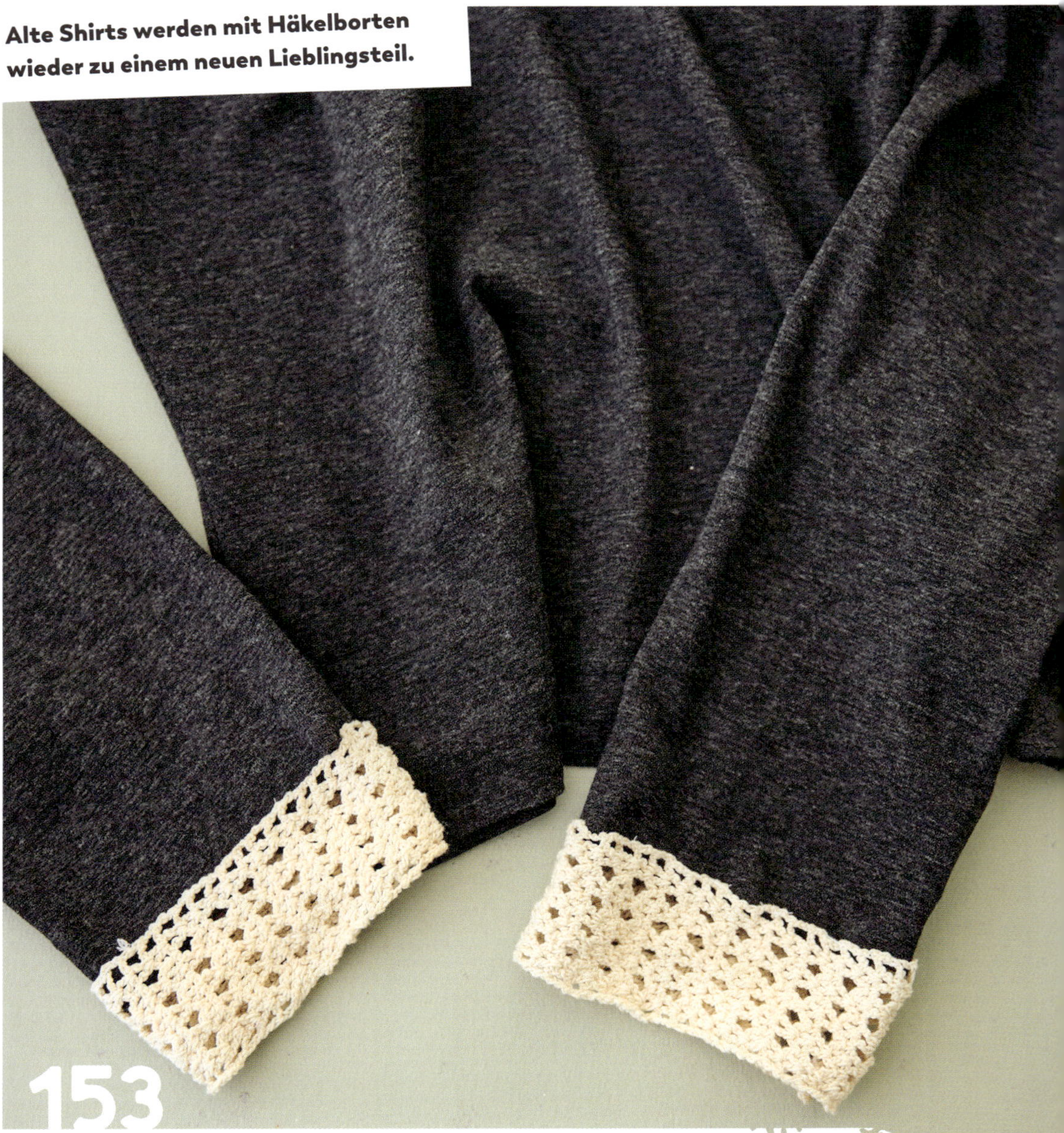

153 NEUES LEBEN FÜR ALTE SHIRTS

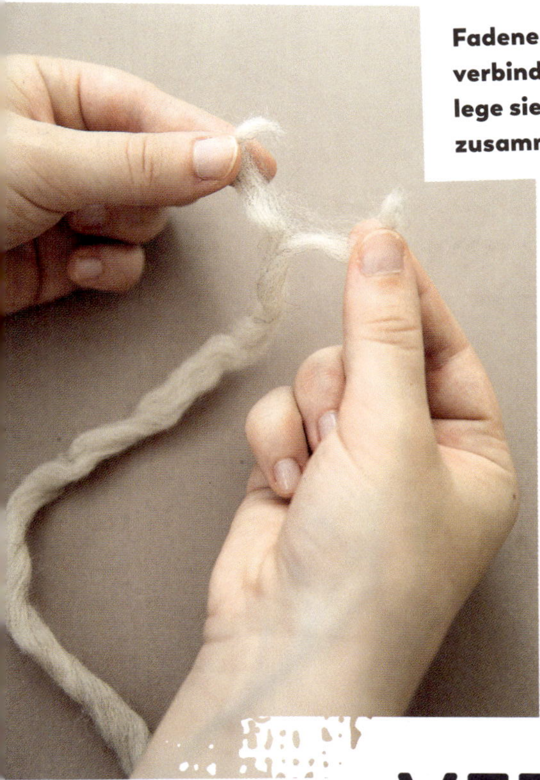

Fadenenden von Dochtgarnen lassen sich hervorragend verbinden: Ziehe beide Fadenenden etwas auseinander, lege sie in die Handflächen und reibe sie ein paar Mal zusammen, bis sie miteinander verfilzen.

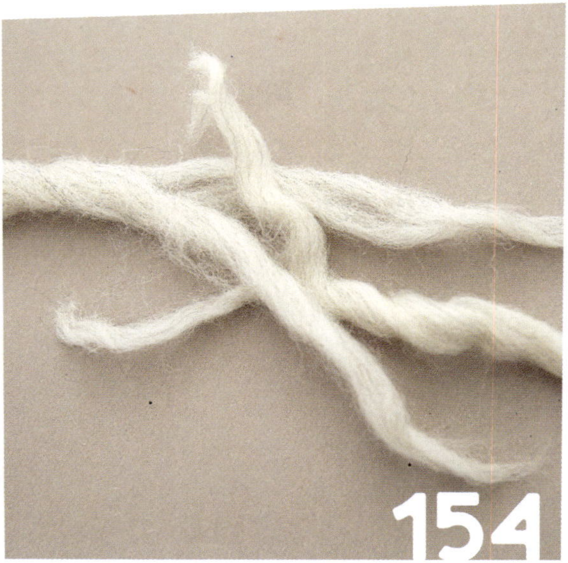

154

VERSCHMOLZEN

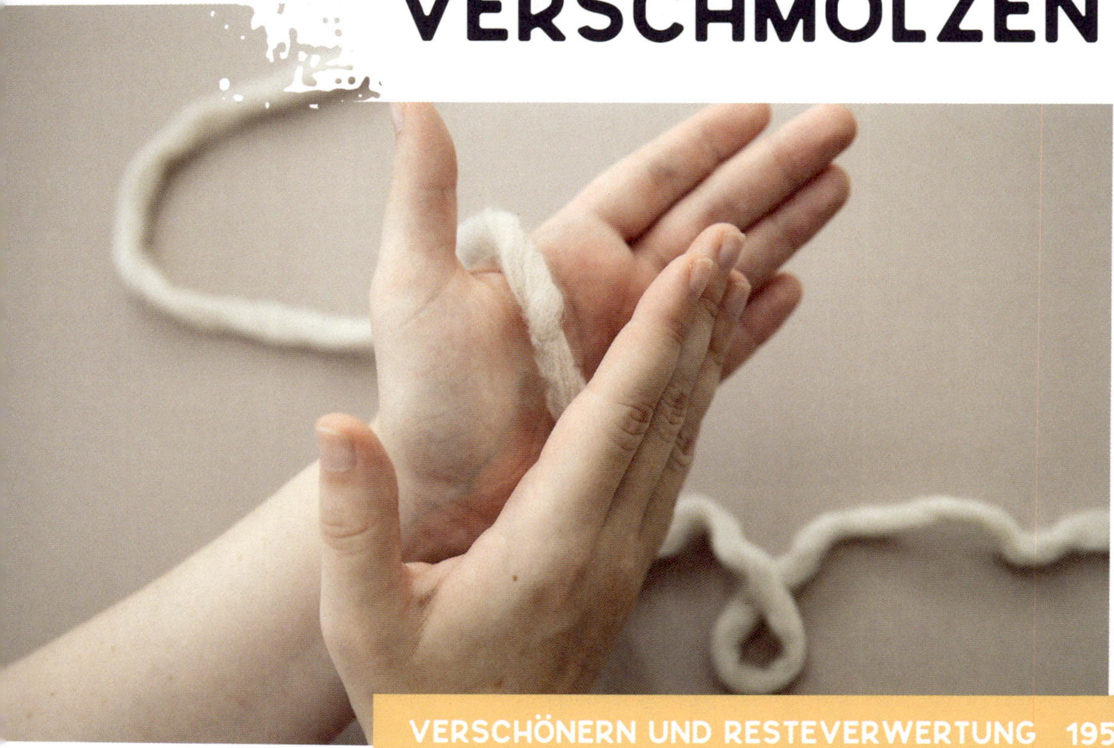

155

NEUES LEBEN FÜR ALTE PULLIS

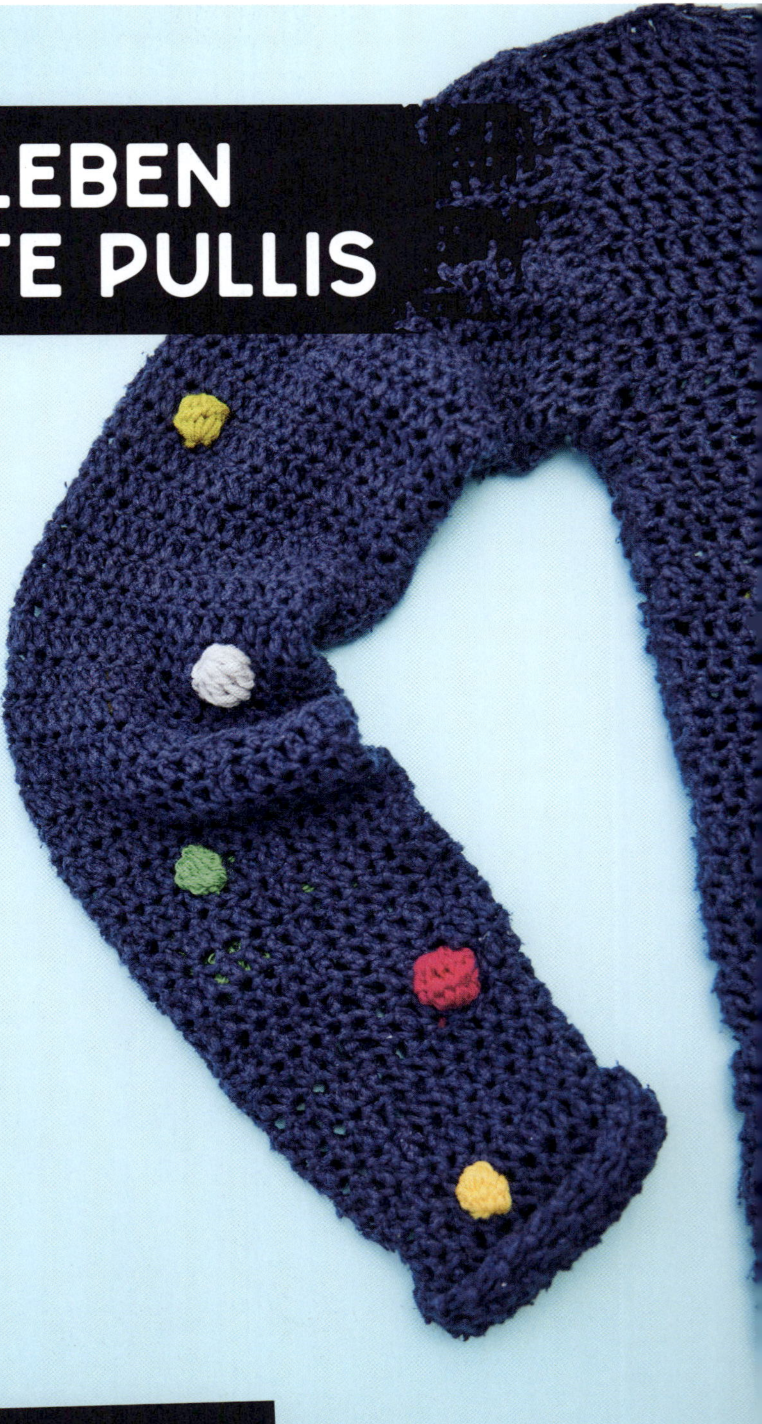

Einen alten Häkel- oder Strickpulli kann man mit bunten Noppen, die extra gehäkelt und angenäht werden, wieder aufpimpen.

Häkelpullis, die nicht mehr getragen werden, können als Kissen oder Nackenrollen ein neues Leben bekommen.

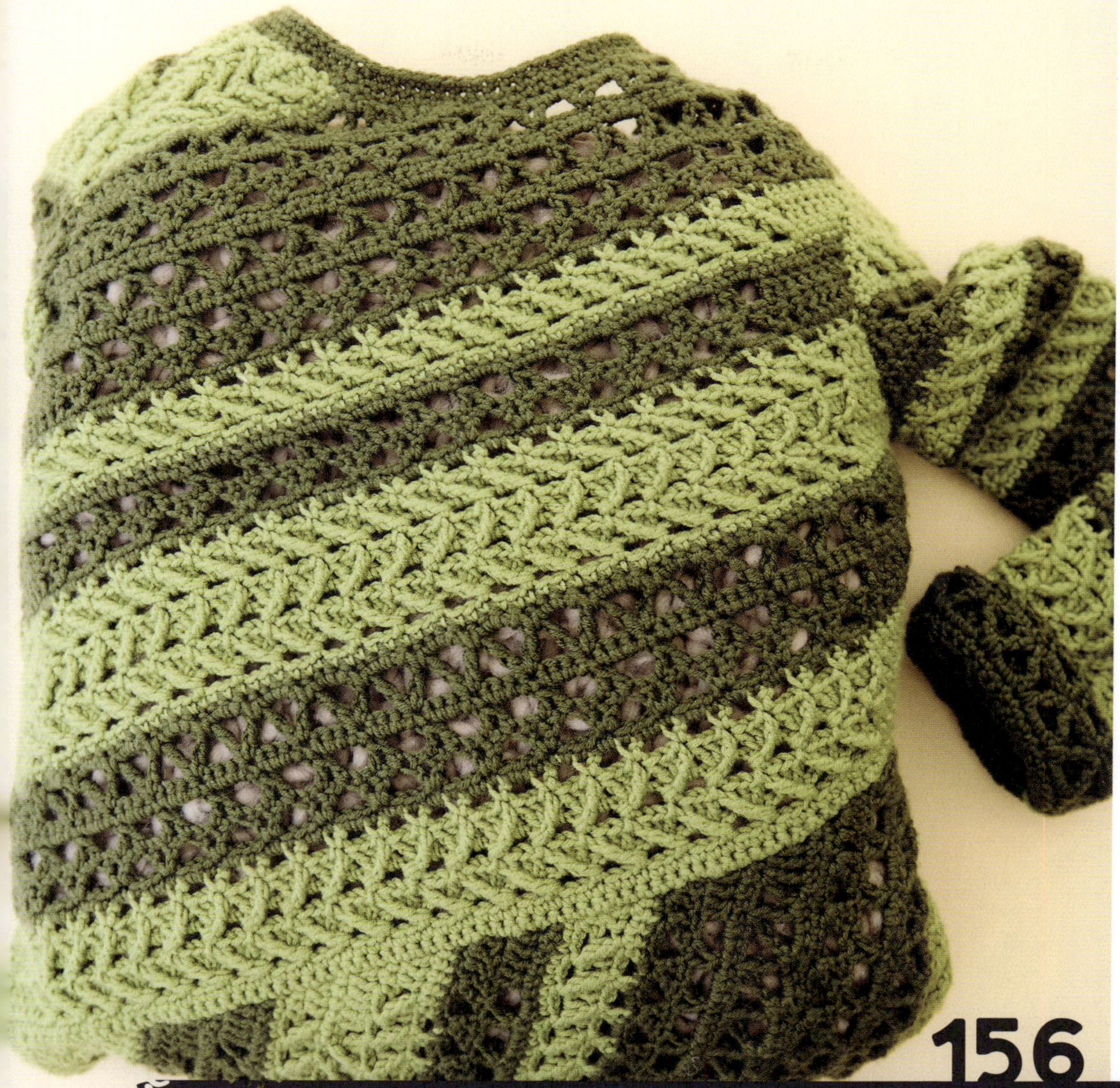

156 PULLI-UPCYCLING

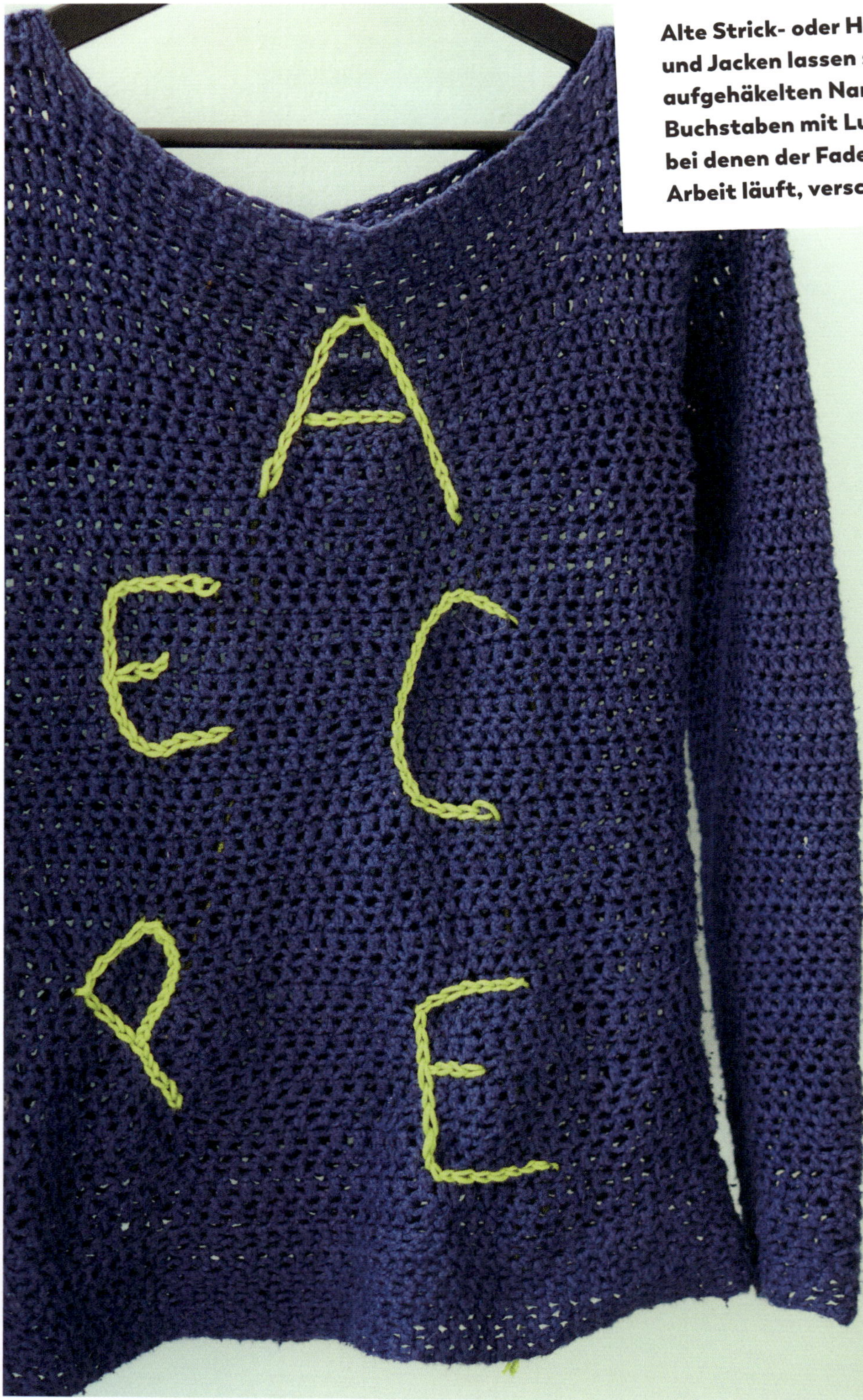

Alte Strick- oder Häkelpullover und Jacken lassen sich mit aufgehäkelten Namen oder Buchstaben mit Luftmaschen, bei denen der Faden unter der Arbeit läuft, verschönern.

157 PIMP MEINEN PULLI

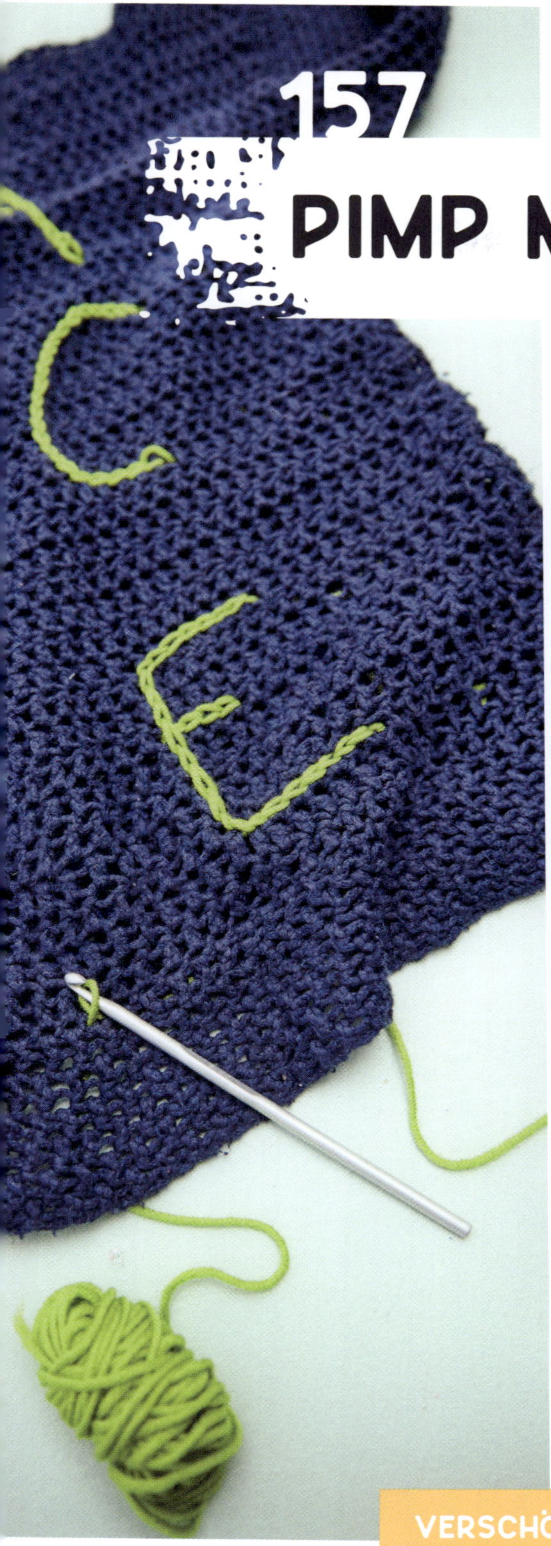

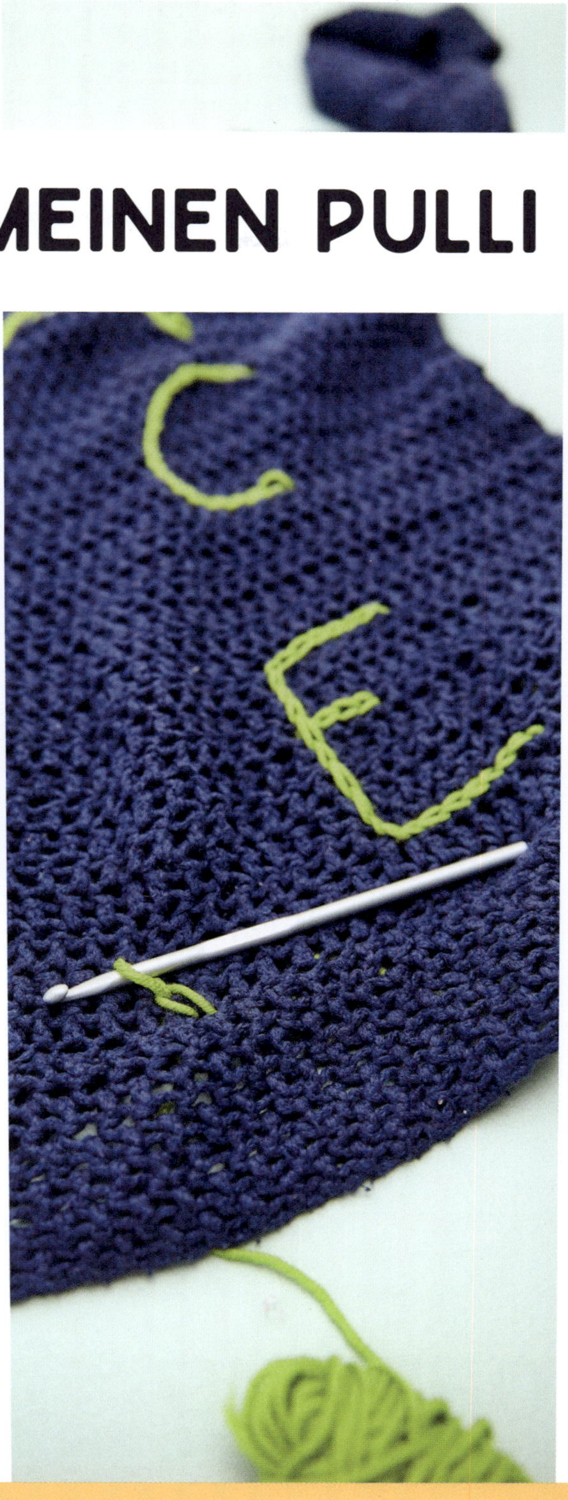

Mit ganz feinem Filetgarn kannst du winzige Blumen oder Motive häkeln und mit einer Perle an einem Ohrring befestigen.

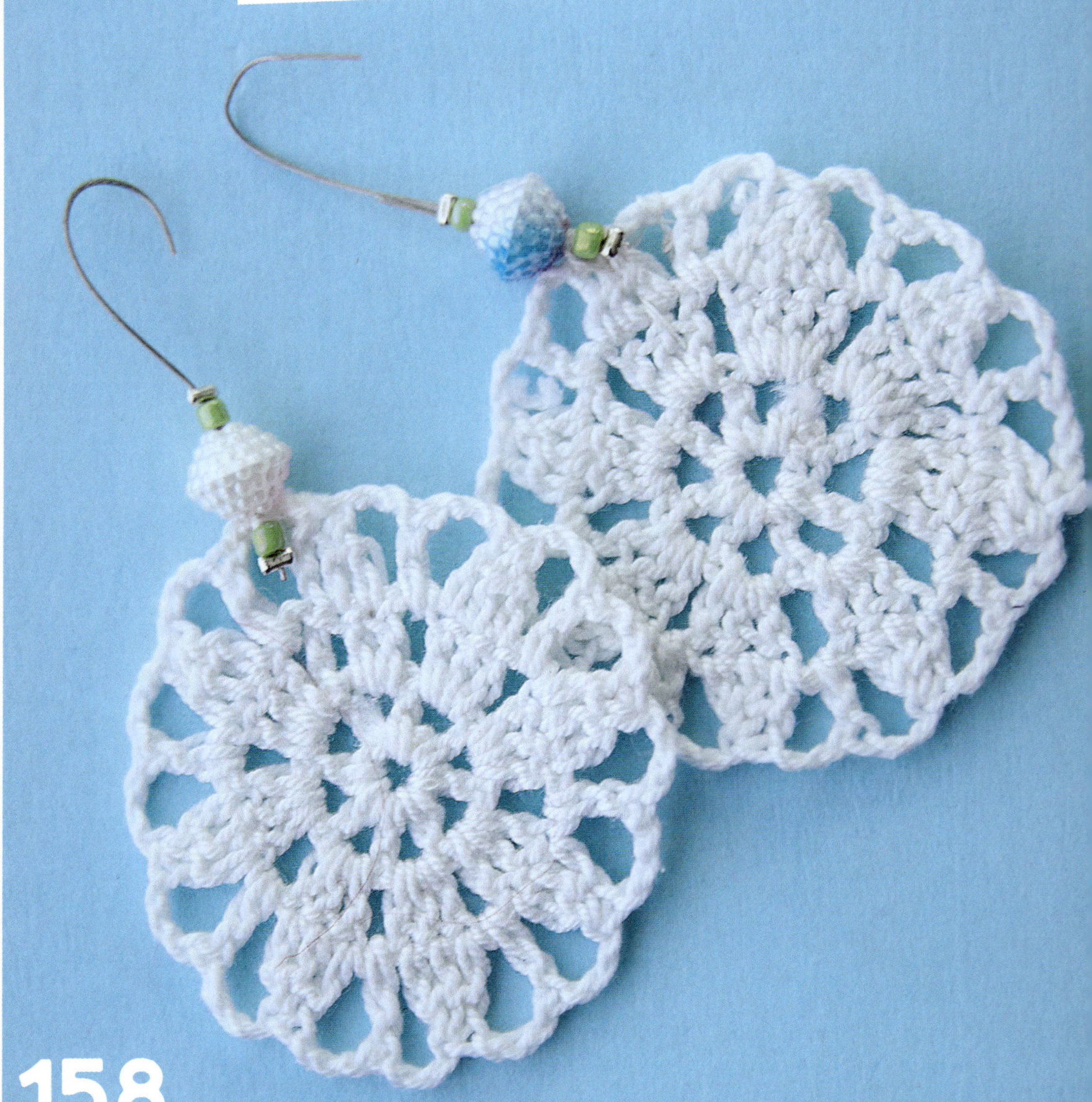

158 OHRRING

FRISCHE FARBE

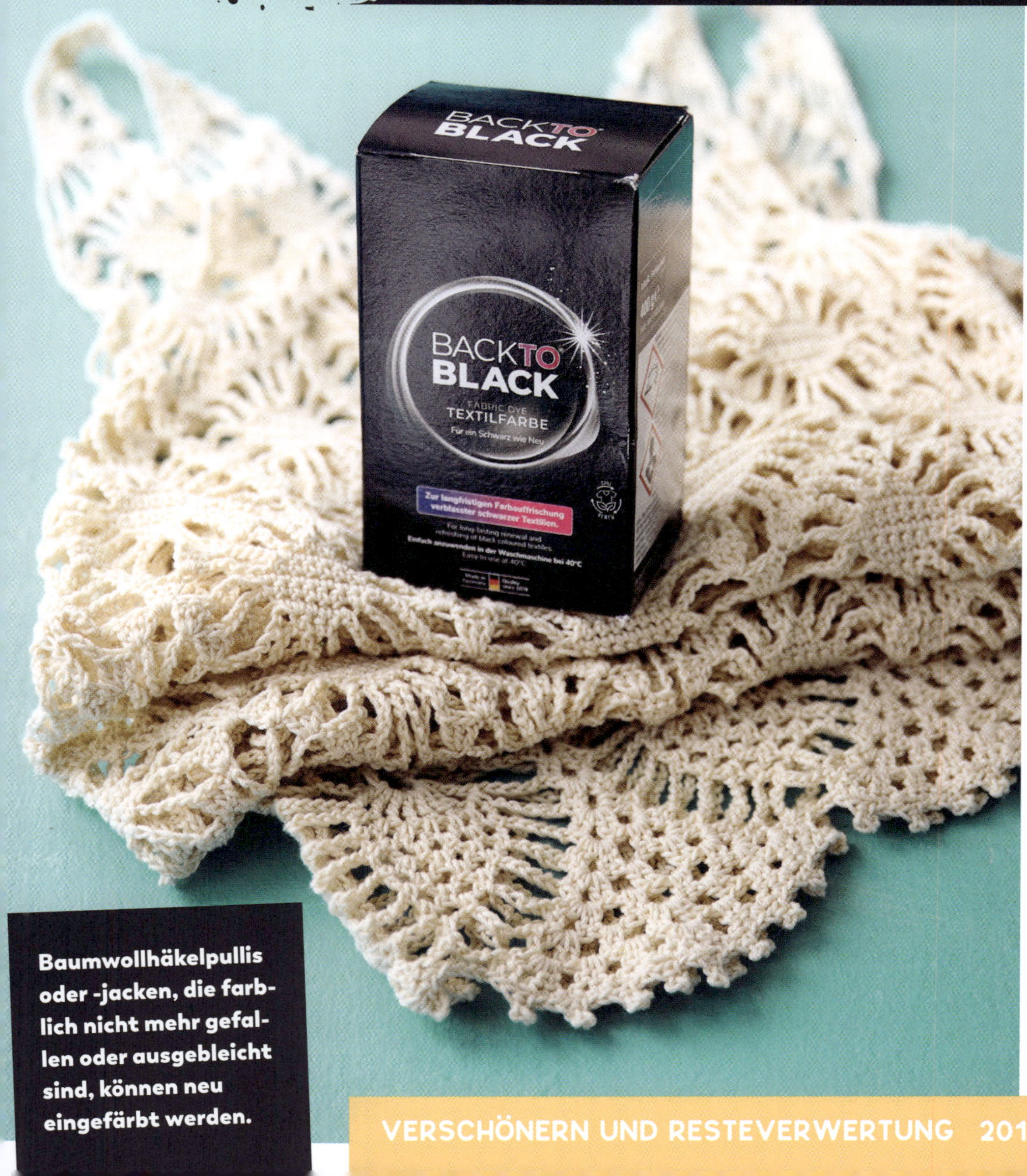

Baumwollhäkelpullis oder -jacken, die farblich nicht mehr gefallen oder ausgebleicht sind, können neu eingefärbt werden.

160

BUNTE PUNKTE

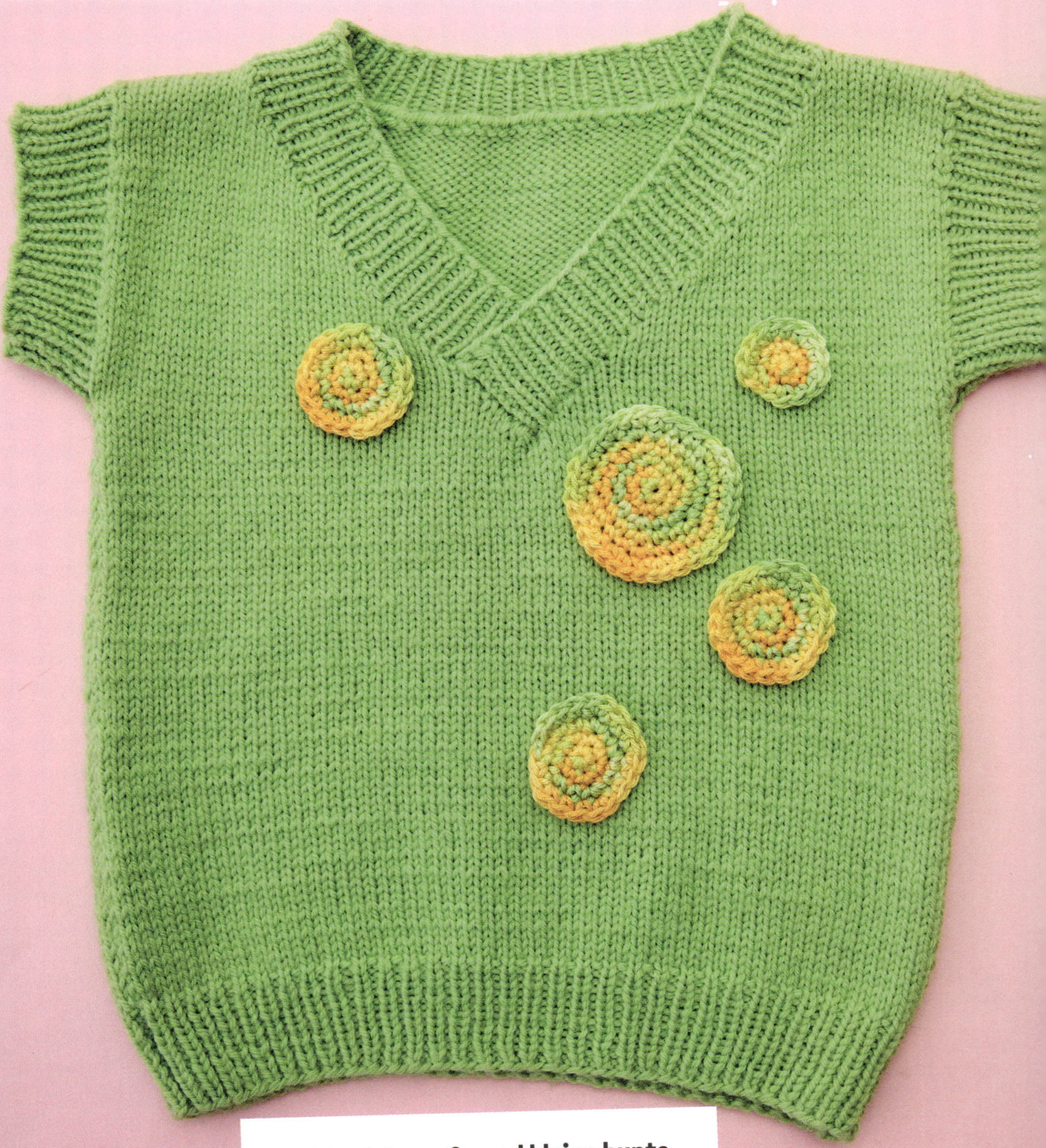

Häkle viele große und kleine bunte Kreise und nähe sie auf Kindershirts.

Einfache plastische Röschen häkelst du, indem du eine Luftmaschenkette von 8-10 cm anschlägst. In der 1. R feste Maschen häkeln und dabei jede Masche verdoppeln, in der 2. R feste Maschen häkeln und dabei jede 2. Masche verdoppeln. Anschließend die Häkelei zusammenrollen und fixieren.

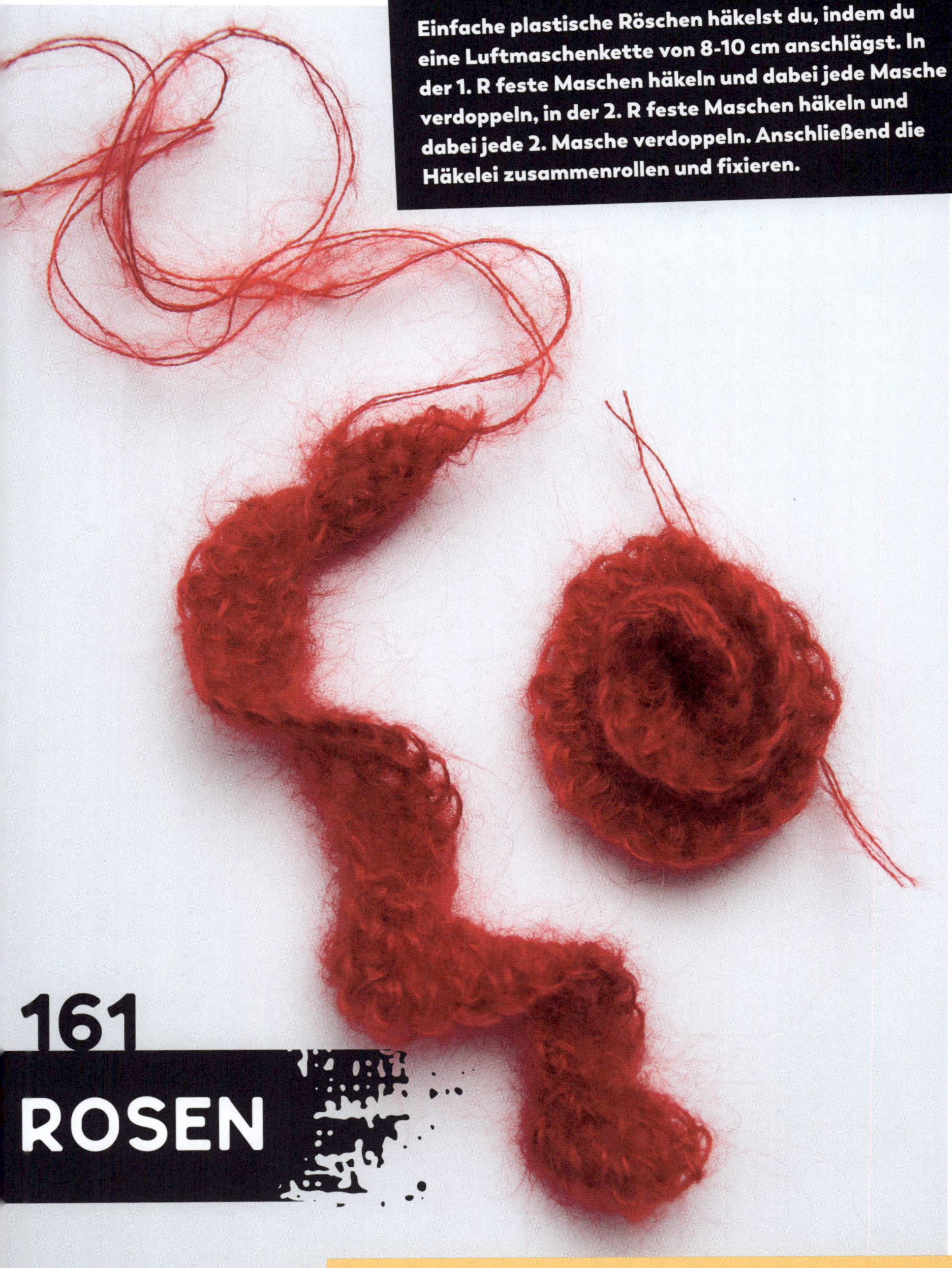

161 ROSEN

162 ZU KLEIN? KEIN PROBLEM!

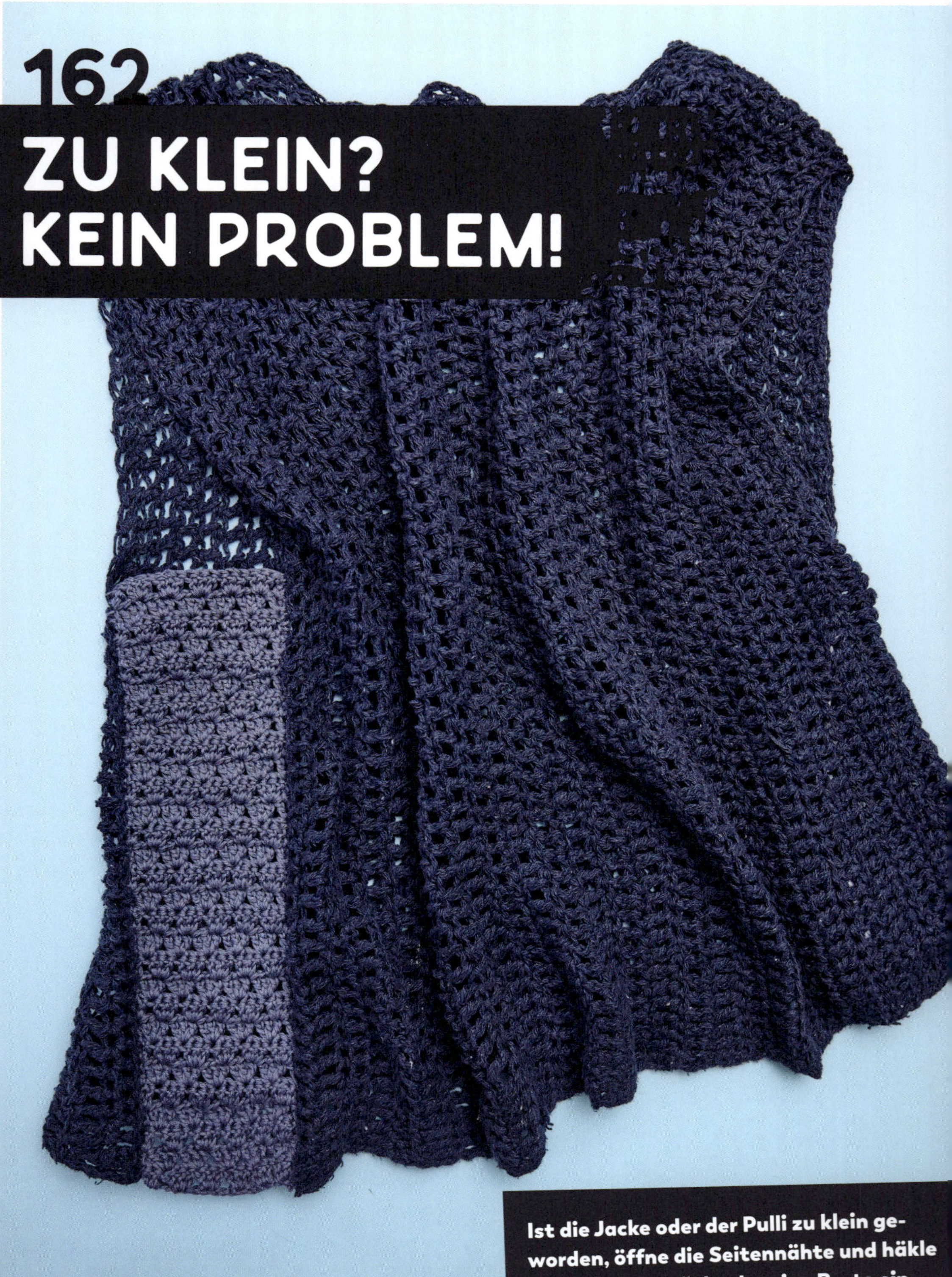

Ist die Jacke oder der Pulli zu klein geworden, öffne die Seitennähte und häkle ein Zwischenstück oder eine Borte ein.

Wenn ein Pulli an den Ärmeln oder am Hals zu weit ist, kannst du einen Fadengummi über zwei oder drei Runden einziehen.

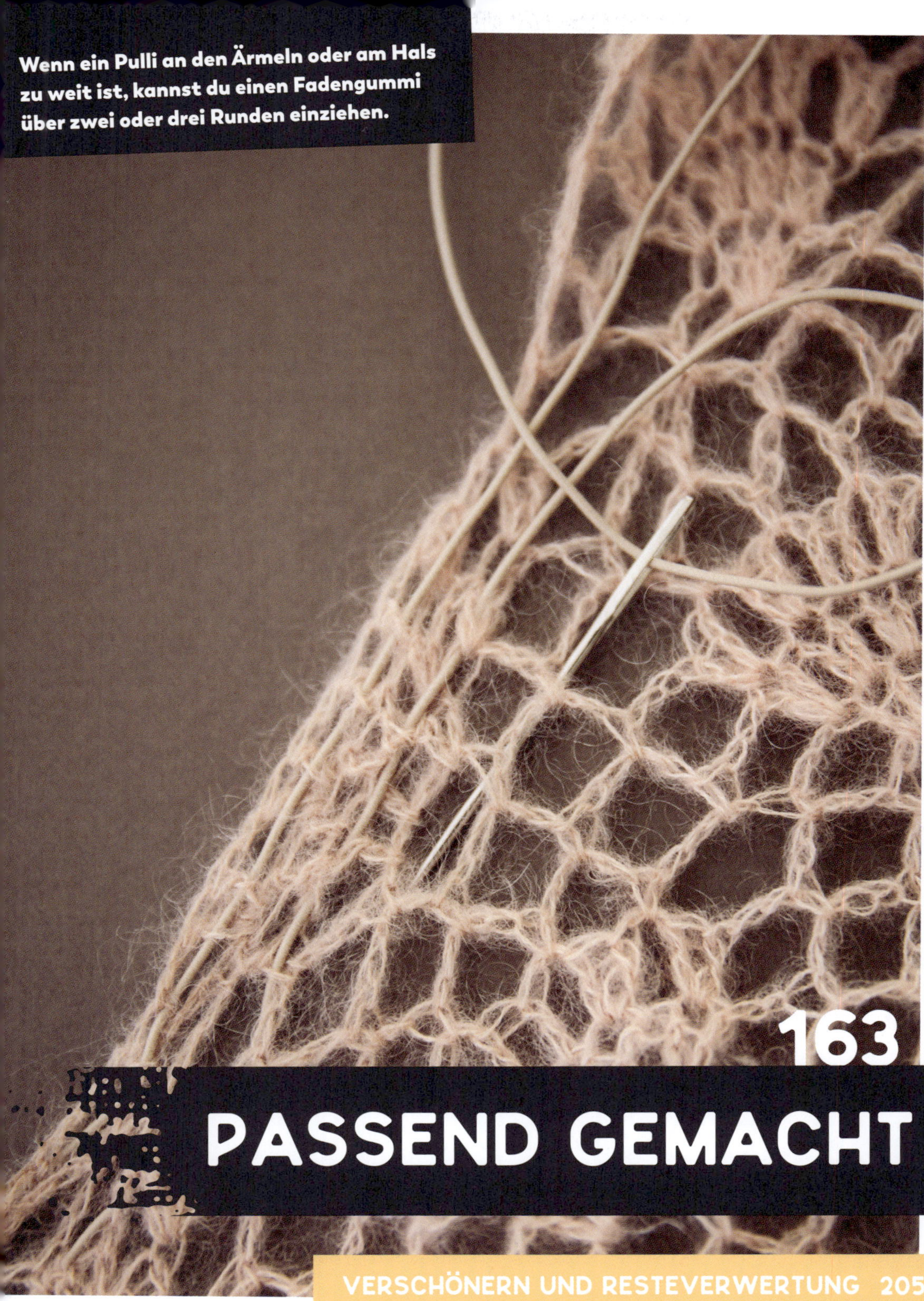

163

PASSEND GEMACHT

Wenn ein Häkelpulli zu schmal geworden ist, kann man einen Spickel häkeln und einsetzen.

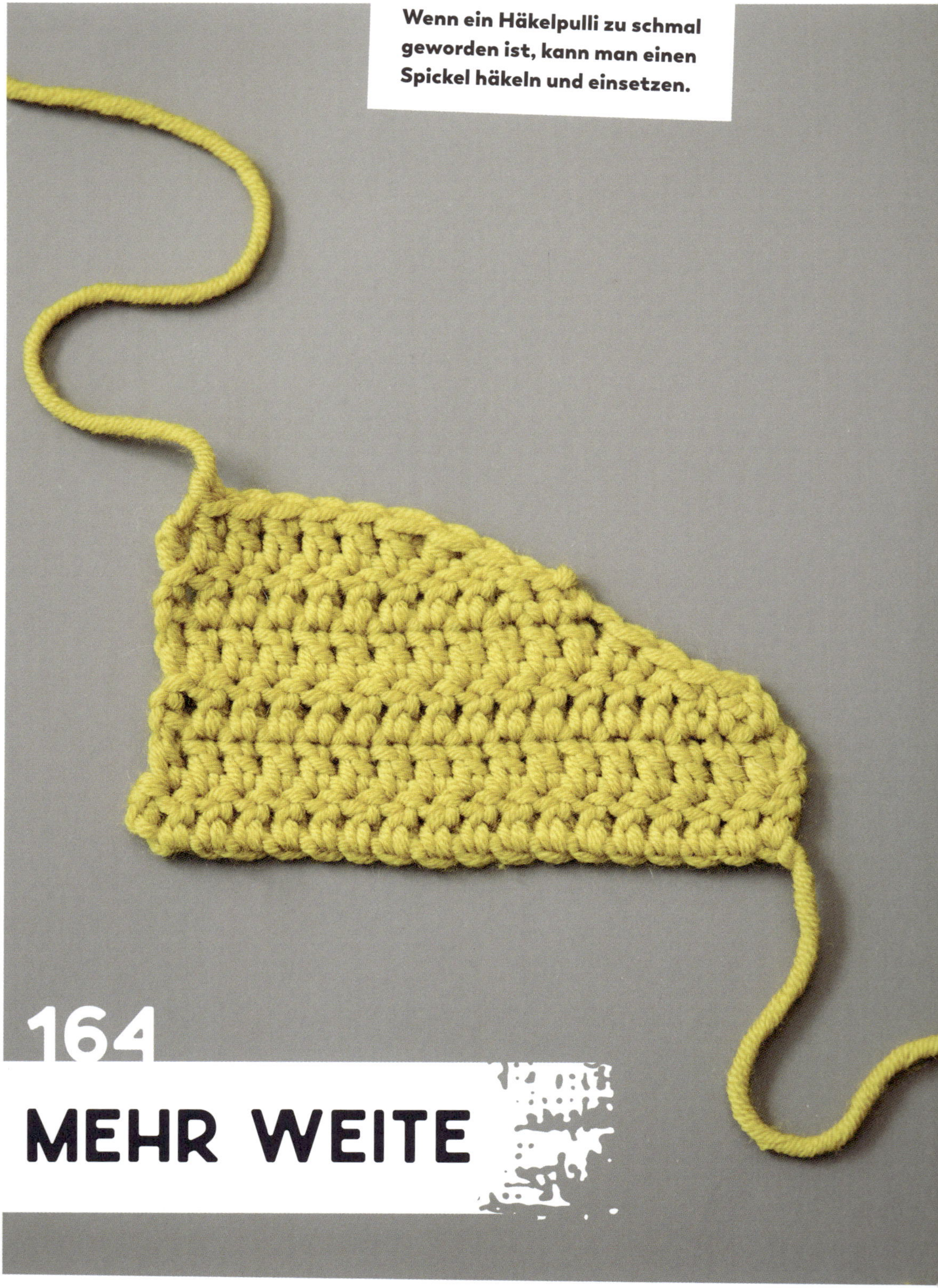

164

MEHR WEITE

Häkelpullis oder Jacken, die Kindern zu klein geworden sind, kann man ganz einfach verlängern, indem man nach oben und unten anhäkelt.

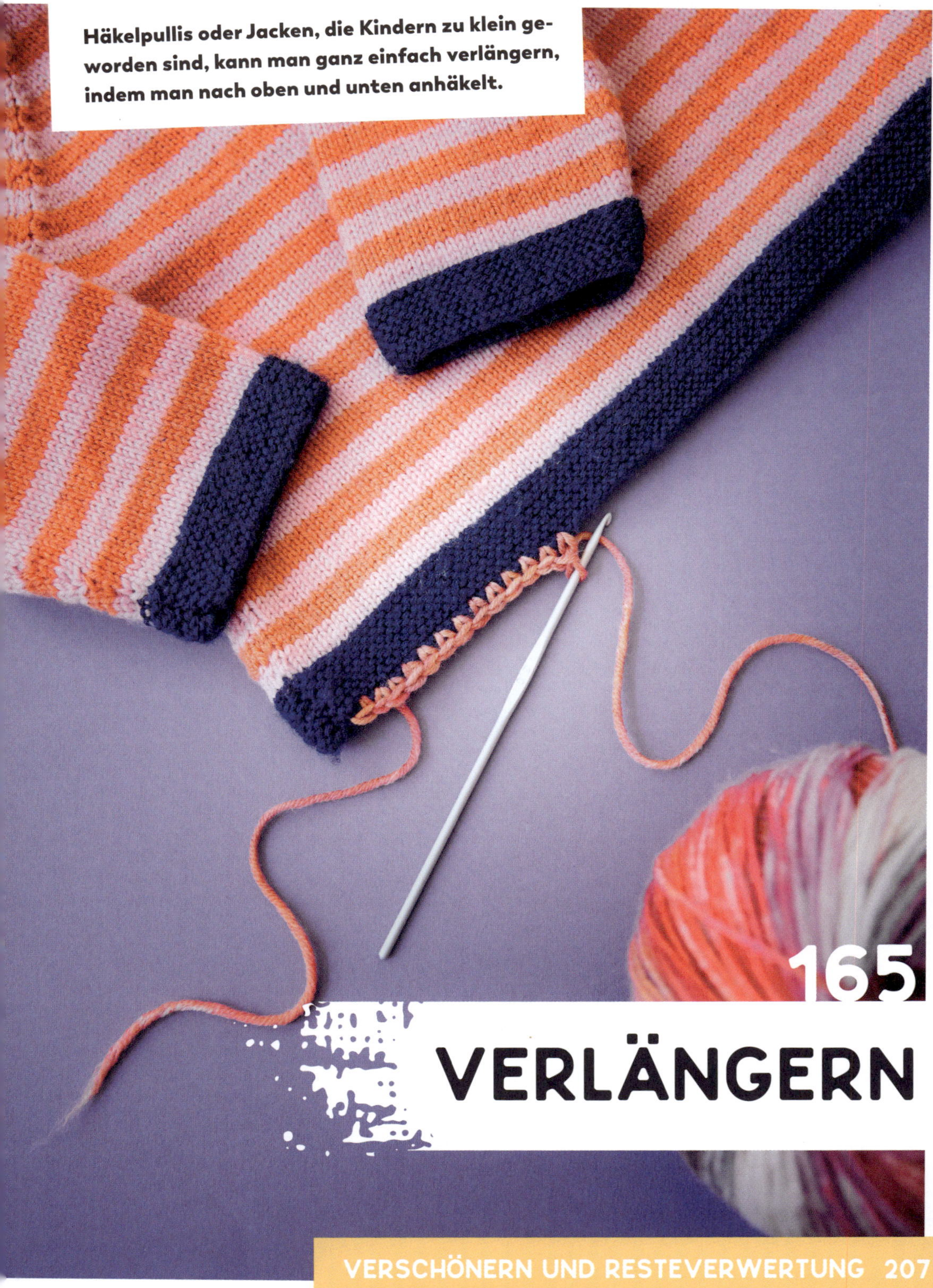

165 VERLÄNGERN

166
KREBSMASCHEN FÜR DEN AUSSCHNITT

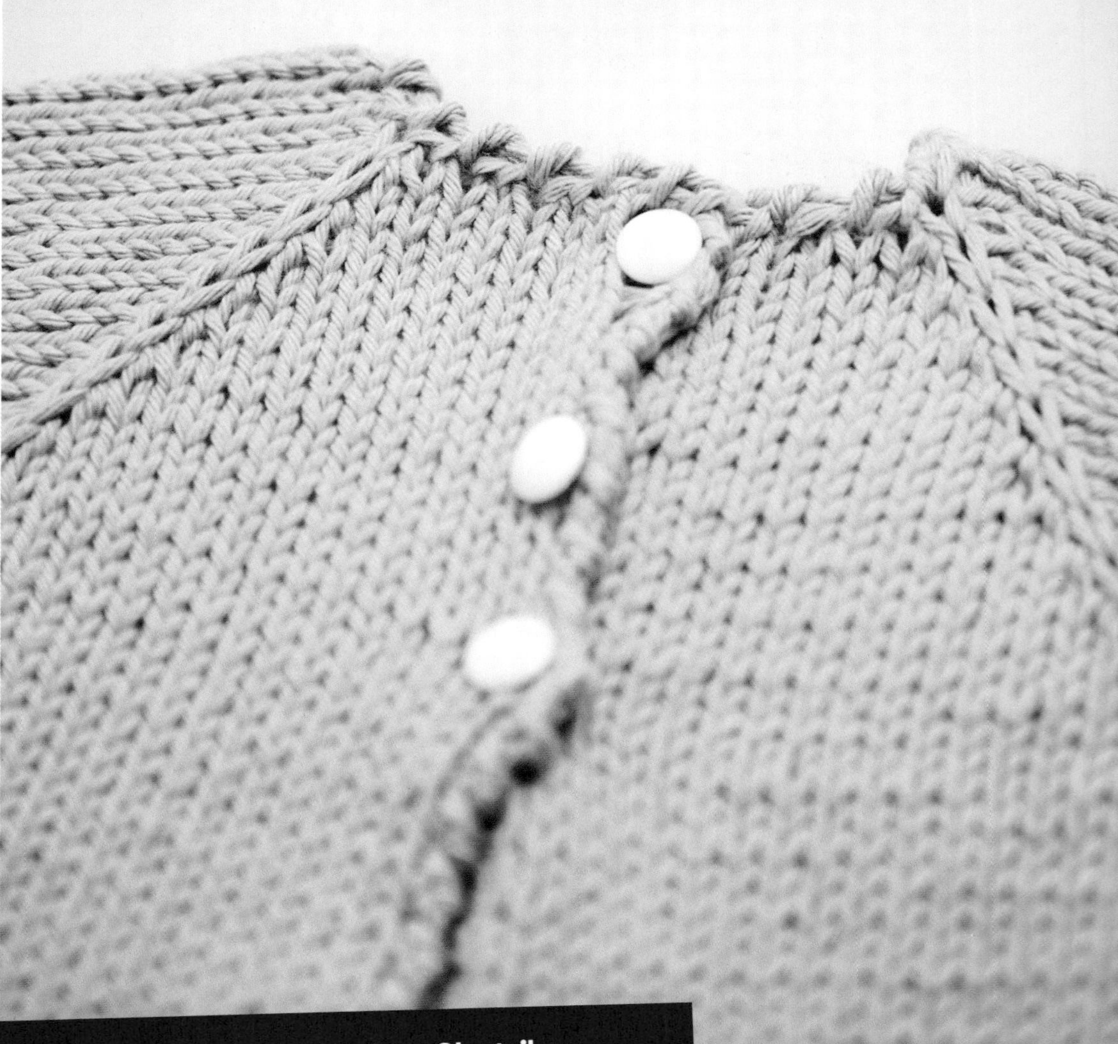

Wenn der Halsausschnitt bei einem Oberteil ausgeleiert ist, kannst du den Halsausschnitt mit einer runde Krebsmaschen umhäkeln und somit einhalten.

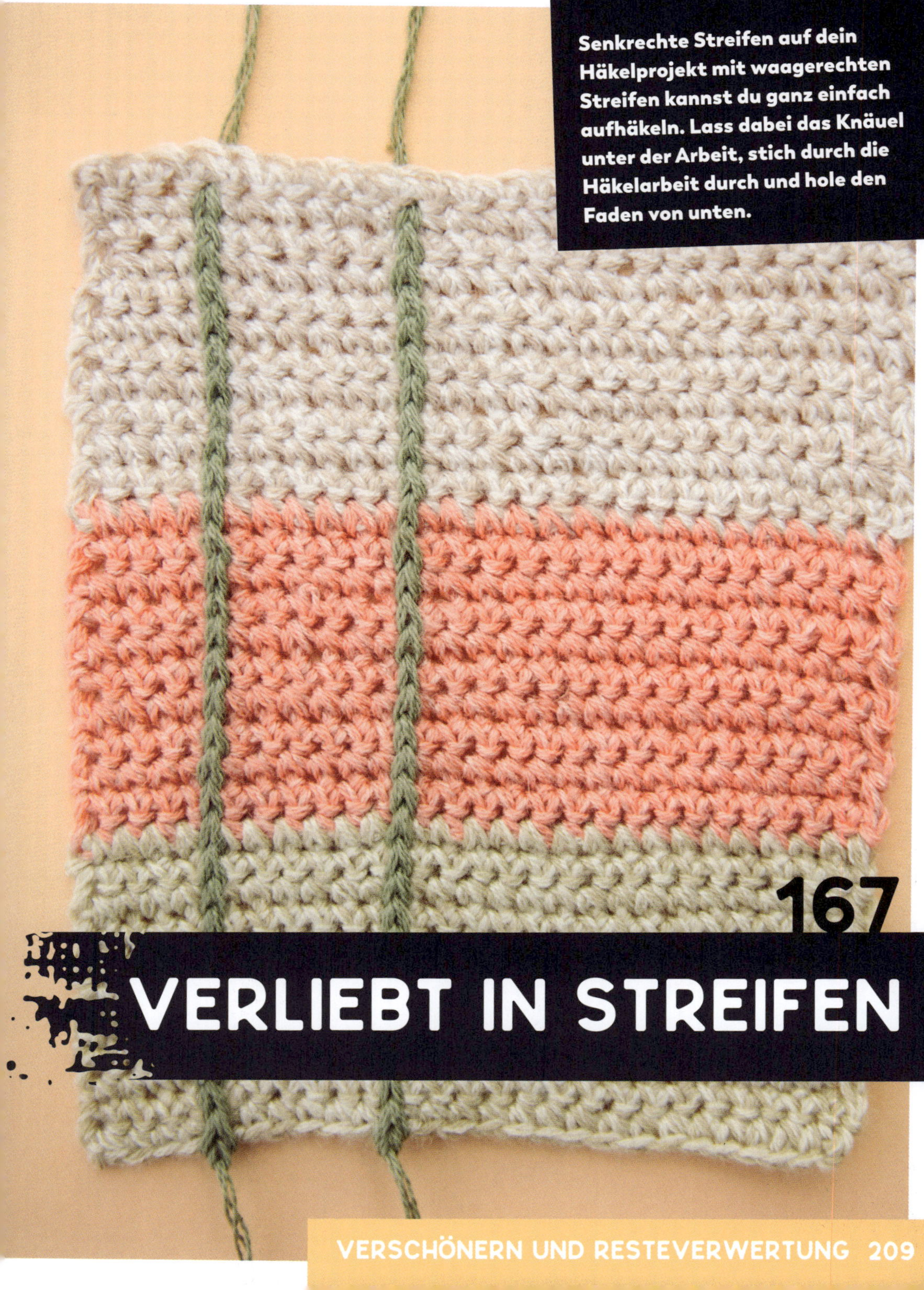

Senkrechte Streifen auf dein Häkelprojekt mit waagerechten Streifen kannst du ganz einfach aufhäkeln. Lass dabei das Knäuel unter der Arbeit, stich durch die Häkelarbeit durch und hole den Faden von unten.

167

VERLIEBT IN STREIFEN

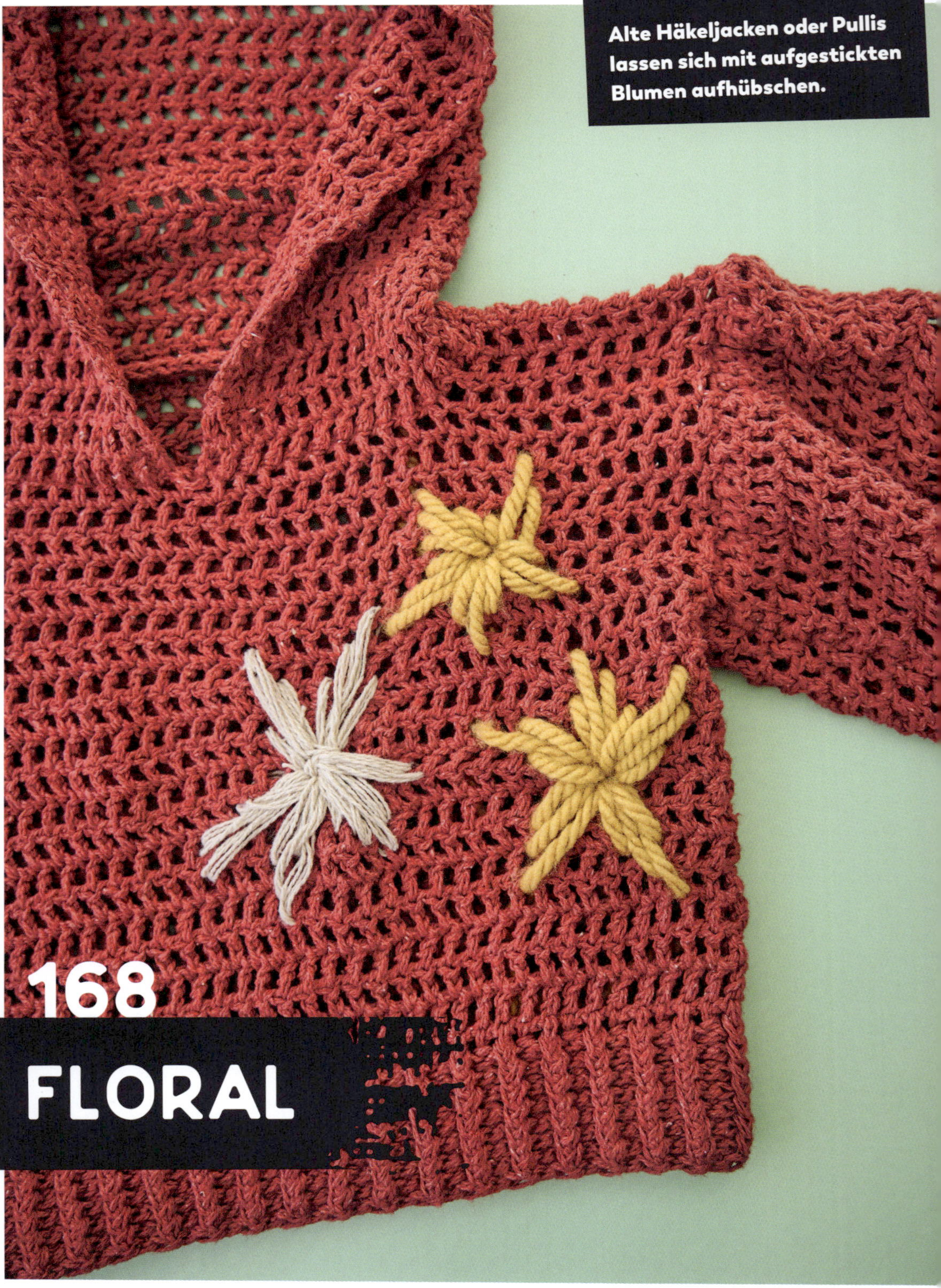

Alte Häkeljacken oder Pullis lassen sich mit aufgestickten Blumen aufhübschen.

168 FLORAL

Häkle dir eine große Blüte oder auch mehrere kleine Blüten und klebe diese mit einer Heißklebepistole auf Flipflops.

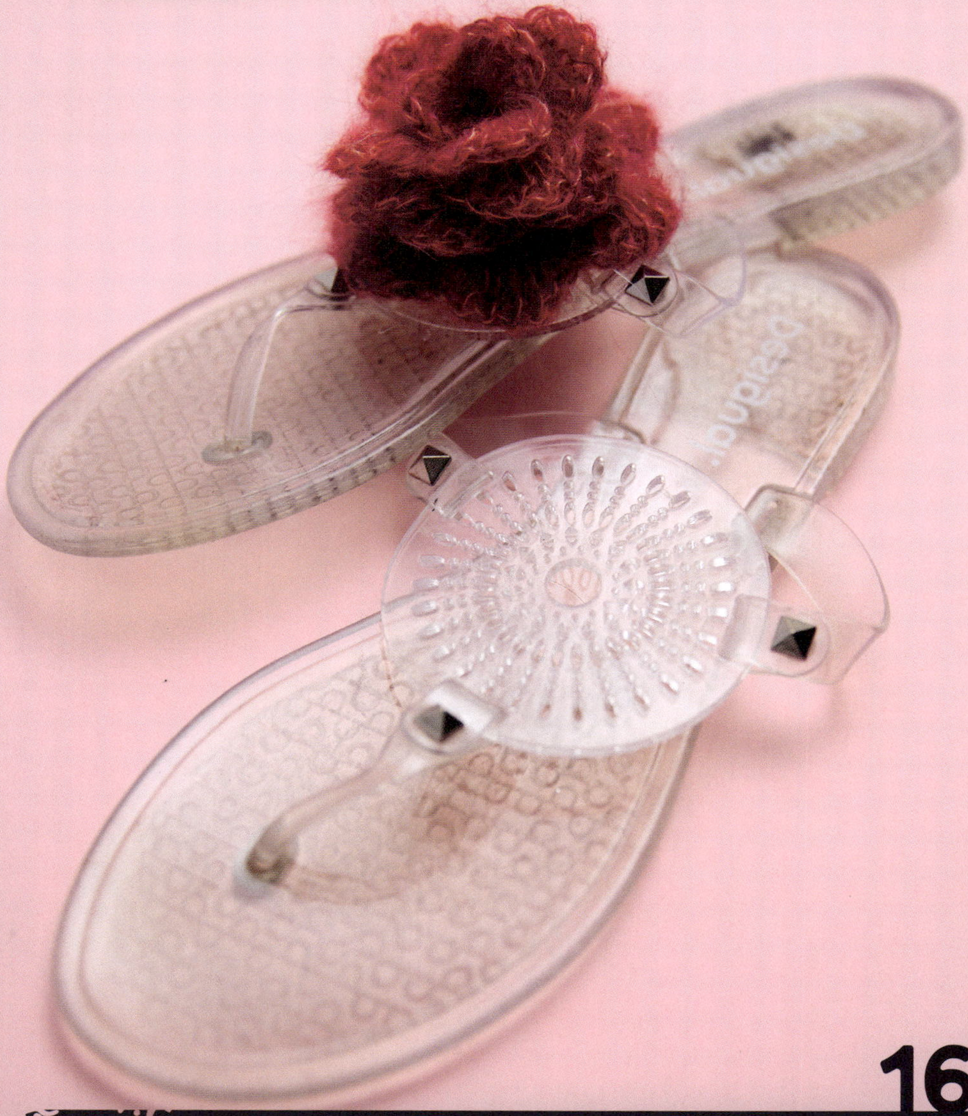

169

FESCHE FLIPFLOPS

170

BLÜTENMEER

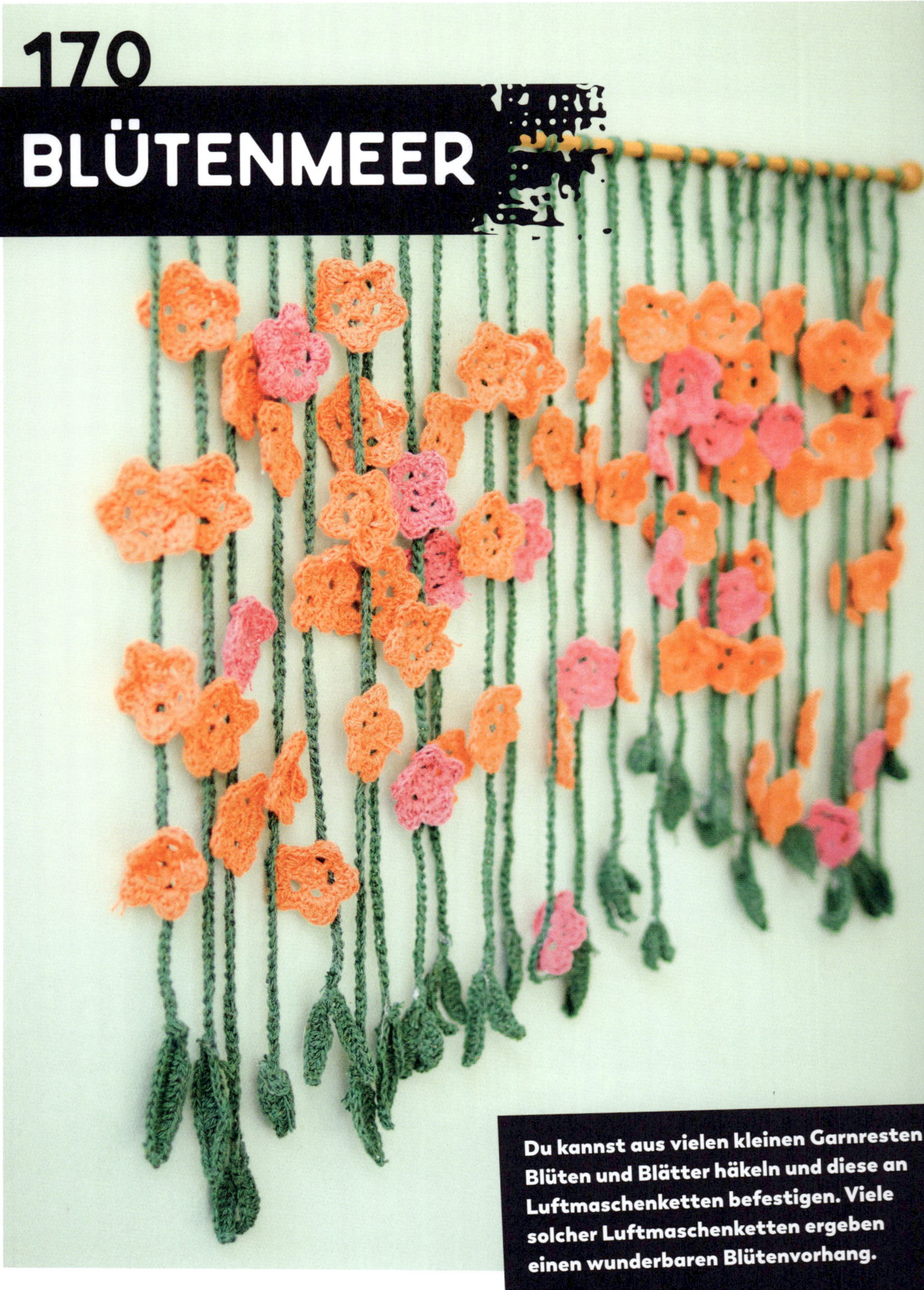

Du kannst aus vielen kleinen Garnresten Blüten und Blätter häkeln und diese an Luftmaschenketten befestigen. Viele solcher Luftmaschenketten ergeben einen wunderbaren Blütenvorhang.

Gehäkelte kleine Blumen machen aus Häkelprojekten wieder neue Designs.

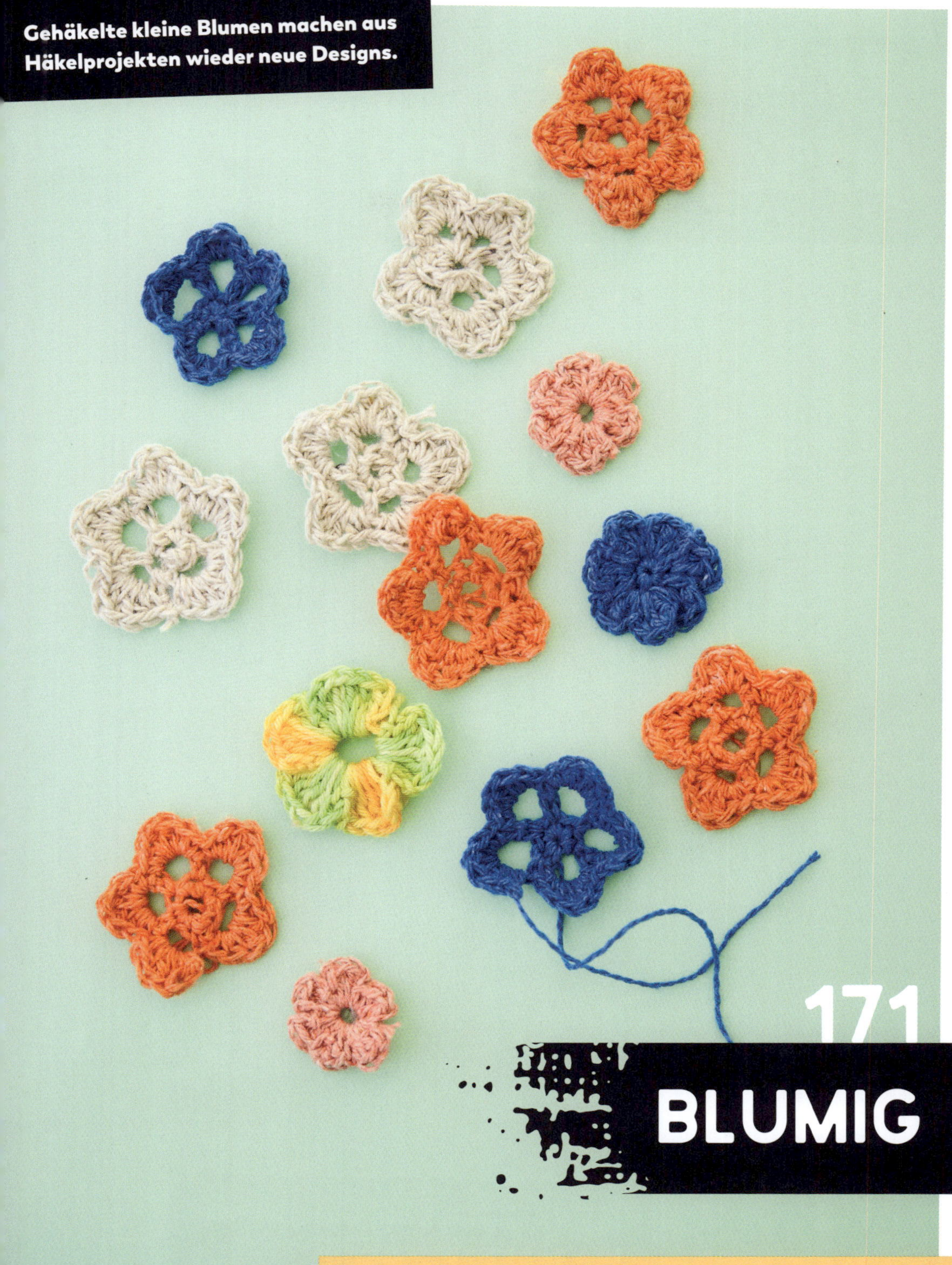

171 BLUMIG

172

AUSGEGLICHEN

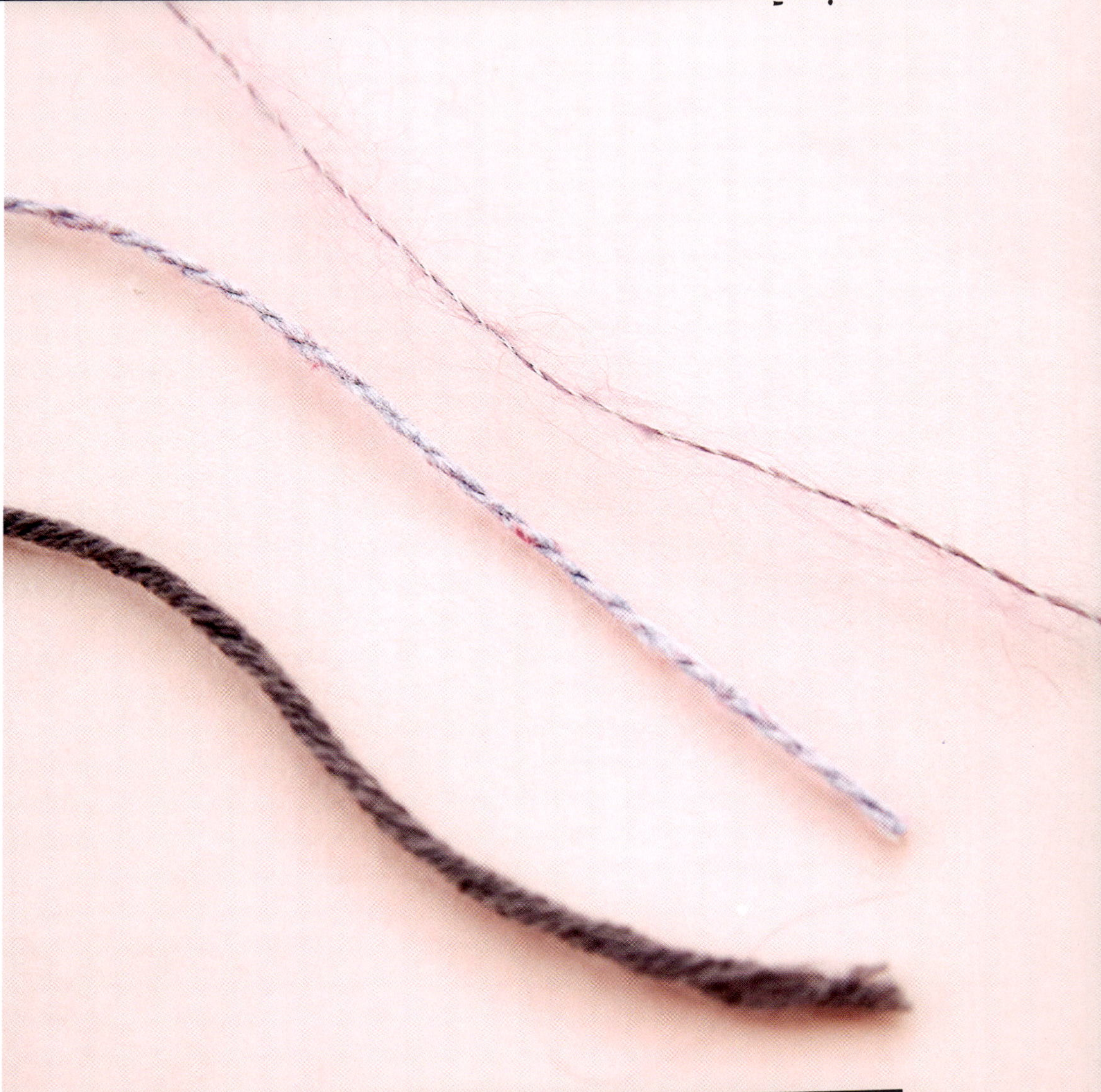

Häkelt man verschiedene Garnqualitäten kann auch mehrfädig gehäkelt werden, damit die gleiche Garnstärke entsteht.

173
ERBLÜHEN

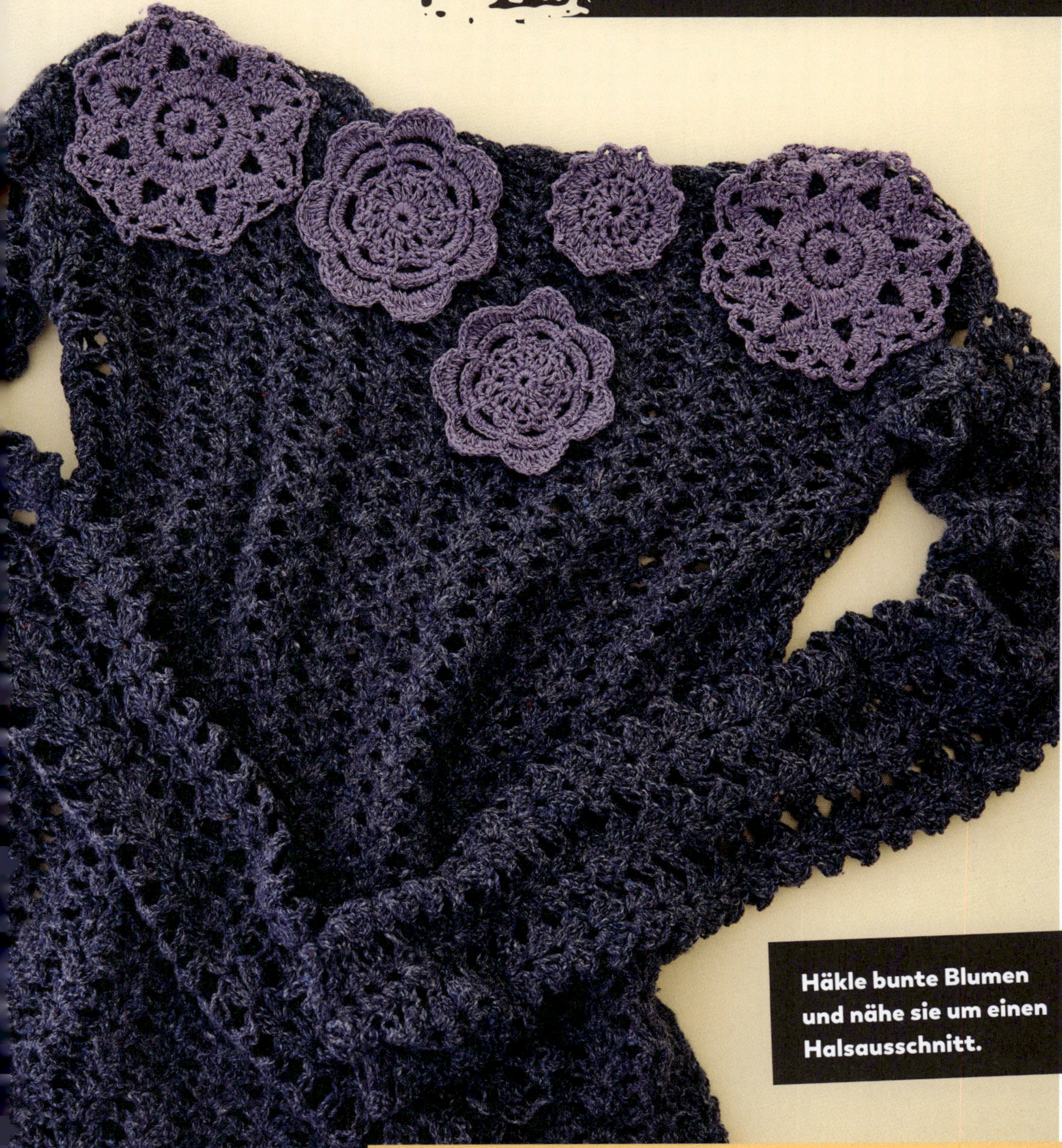

Häkle bunte Blumen und nähe sie um einen Halsausschnitt.

174

BUNT UND SCHÖN

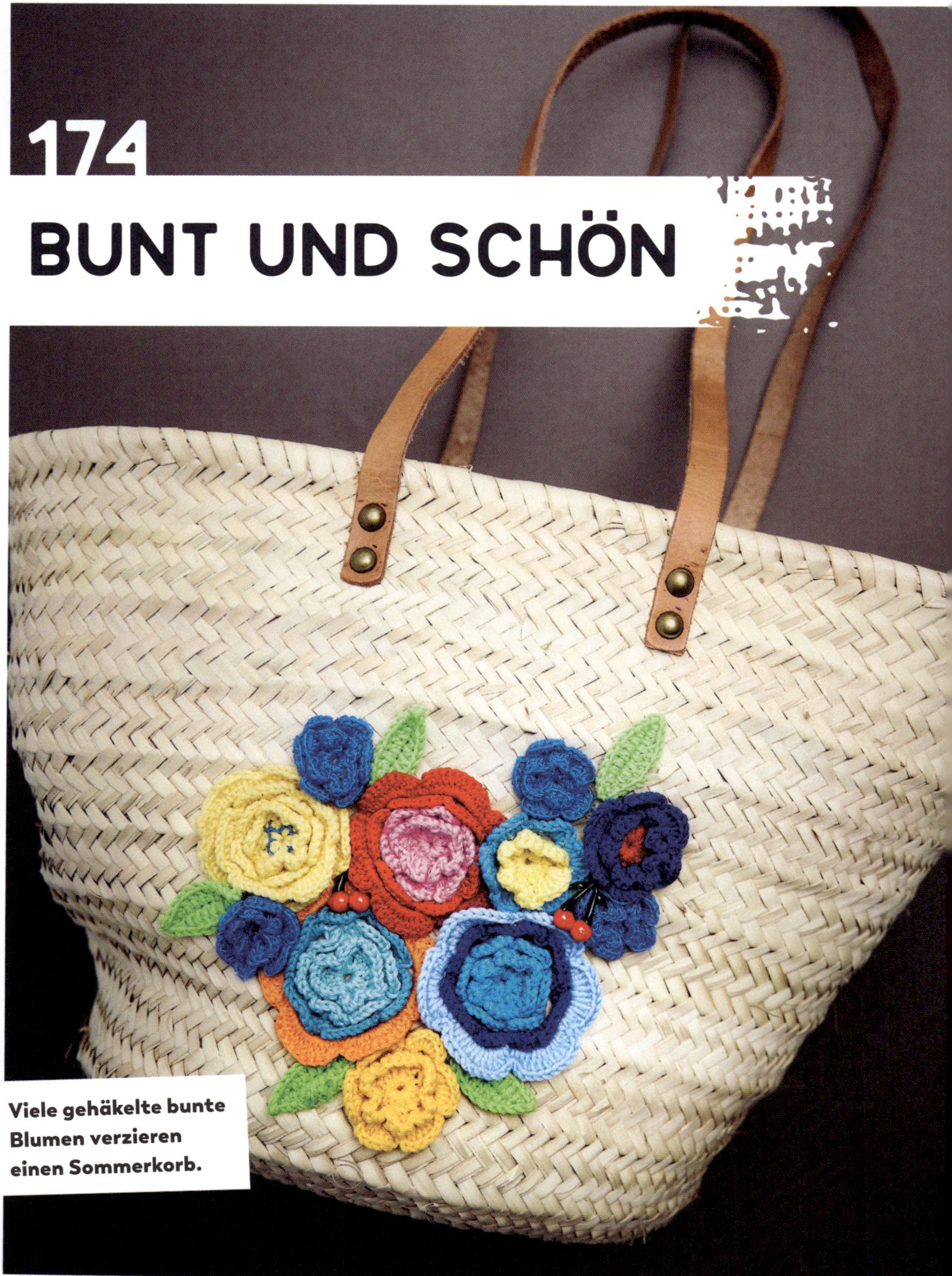

Viele gehäkelte bunte Blumen verzieren einen Sommerkorb.

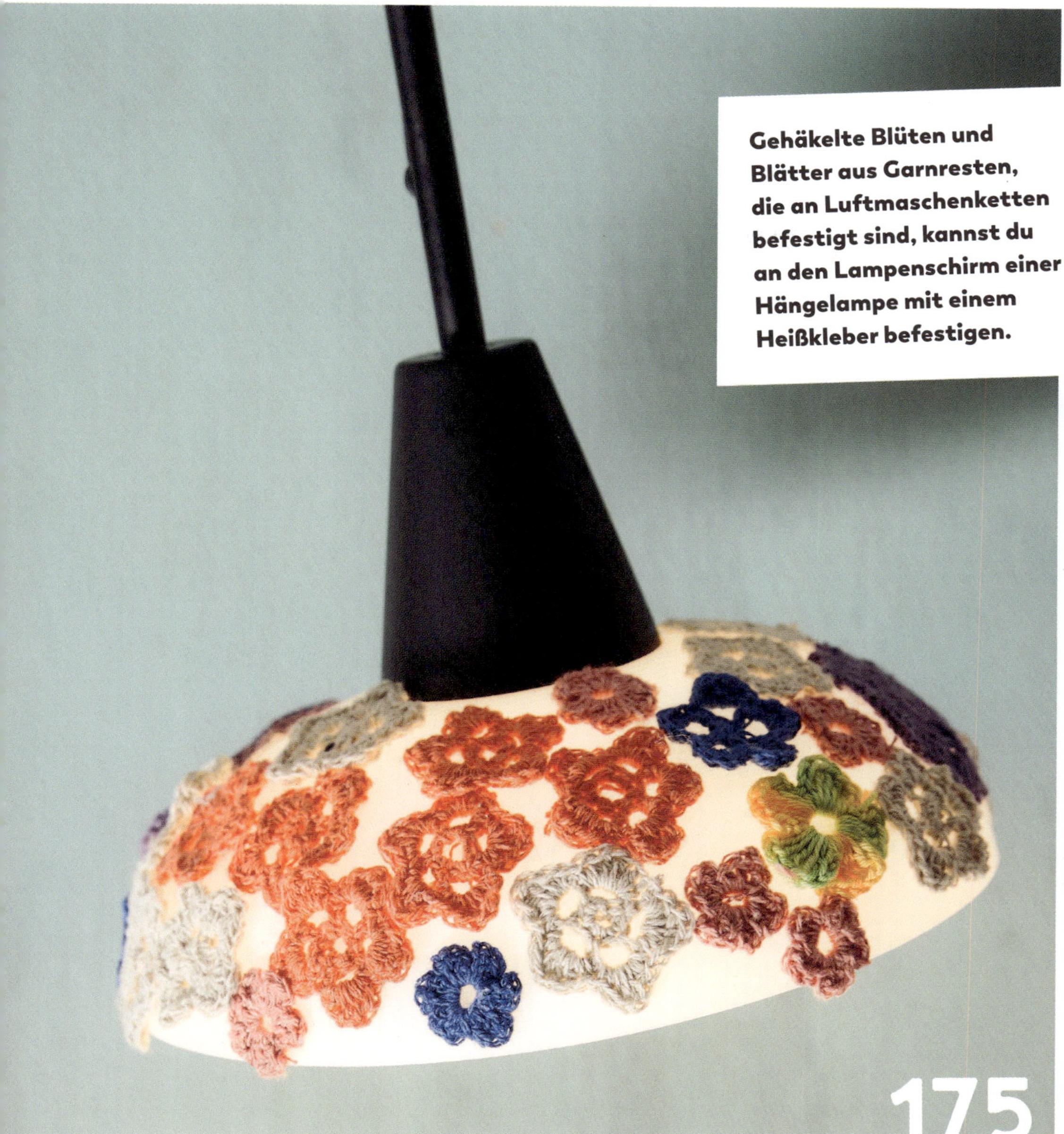

Gehäkelte Blüten und Blätter aus Garnresten, die an Luftmaschenketten befestigt sind, kannst du an den Lampenschirm einer Hängelampe mit einem Heißkleber befestigen.

175

BLUMIG-BUNTE LAMPE

176

MEIN KLEINER GRÜNER KAKTUS

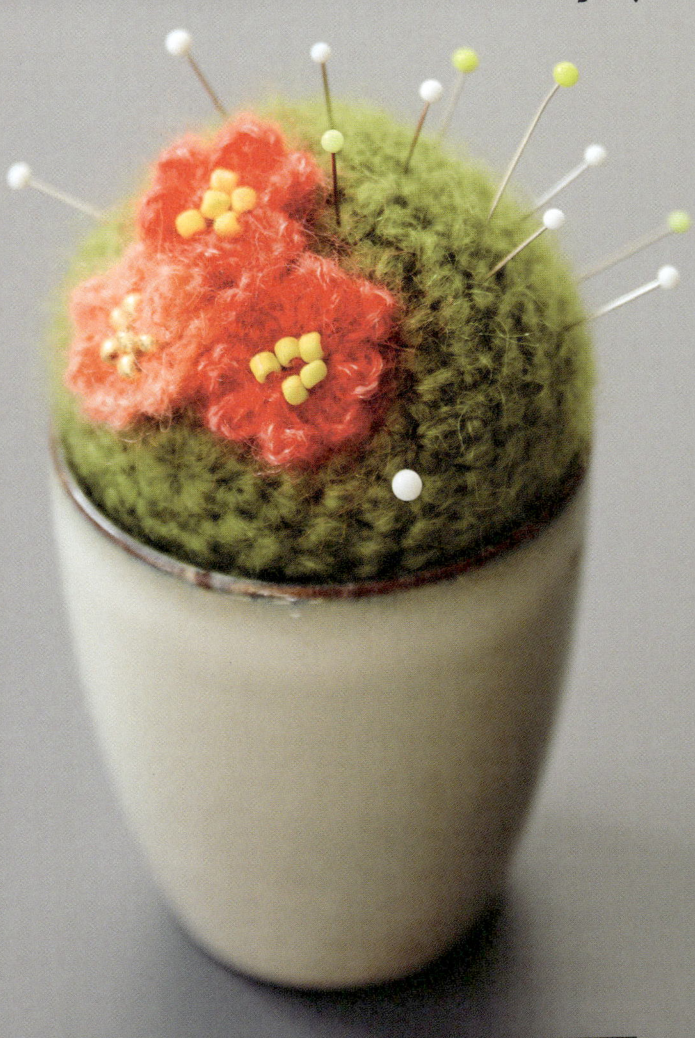

Nimm flauschige Wollreste und häkle dir einen Kaktus – den kannst du entweder auf das Fenstersims stellen oder auch als Nadelkissen benutzen.

Verschiedene kleine flache Serviettenringe kannst du umhäkeln und zu einem Pulli oder auch Tischsets zusammenhäkeln.

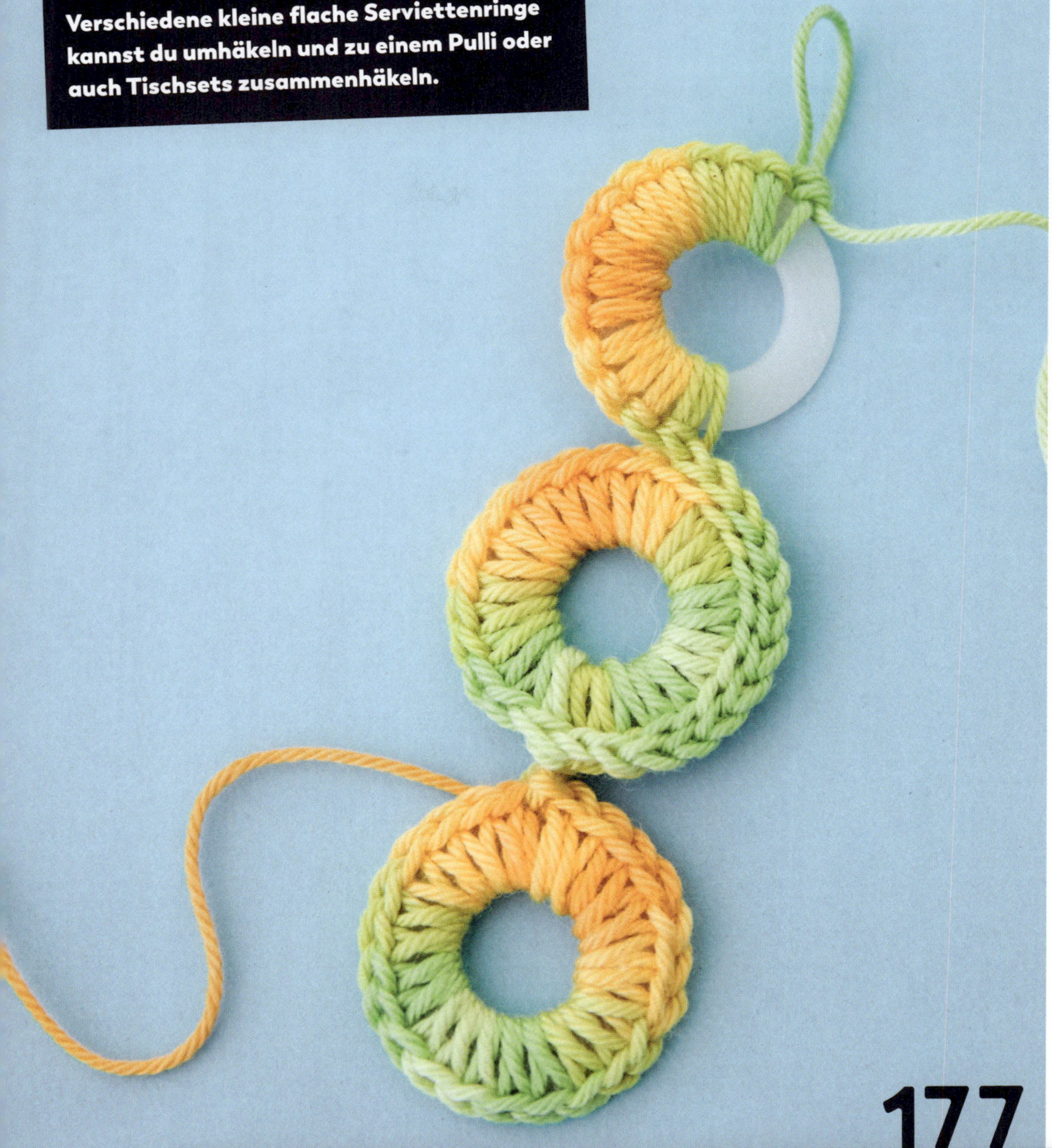

177

SERVIETTENRINGE

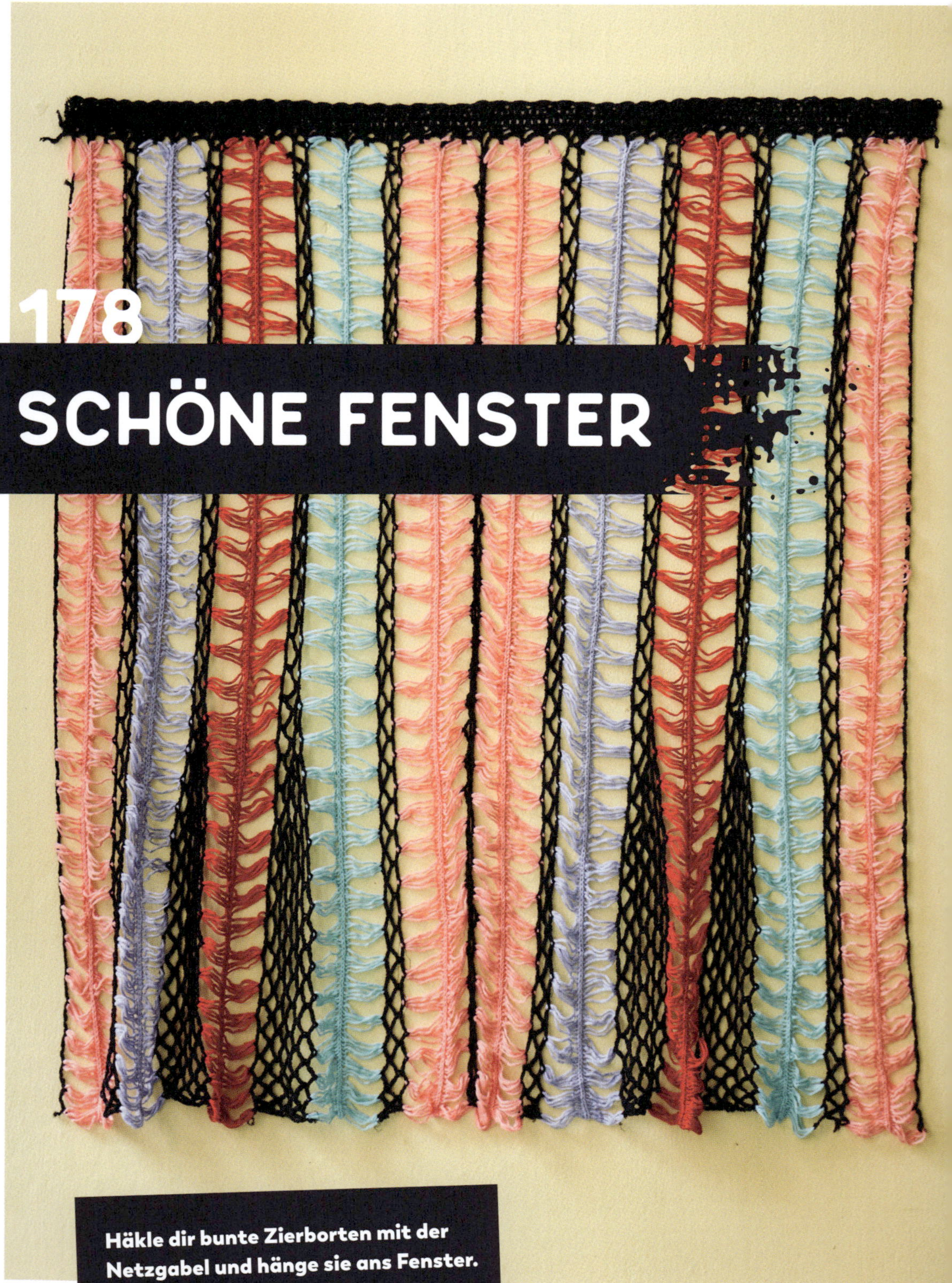

178 SCHÖNE FENSTER

Häkle dir bunte Zierborten mit der Netzgabel und hänge sie ans Fenster.

Du kannst dir mit Wollresten eine hübsche Hülle für eine Klopapierrolle häkeln.

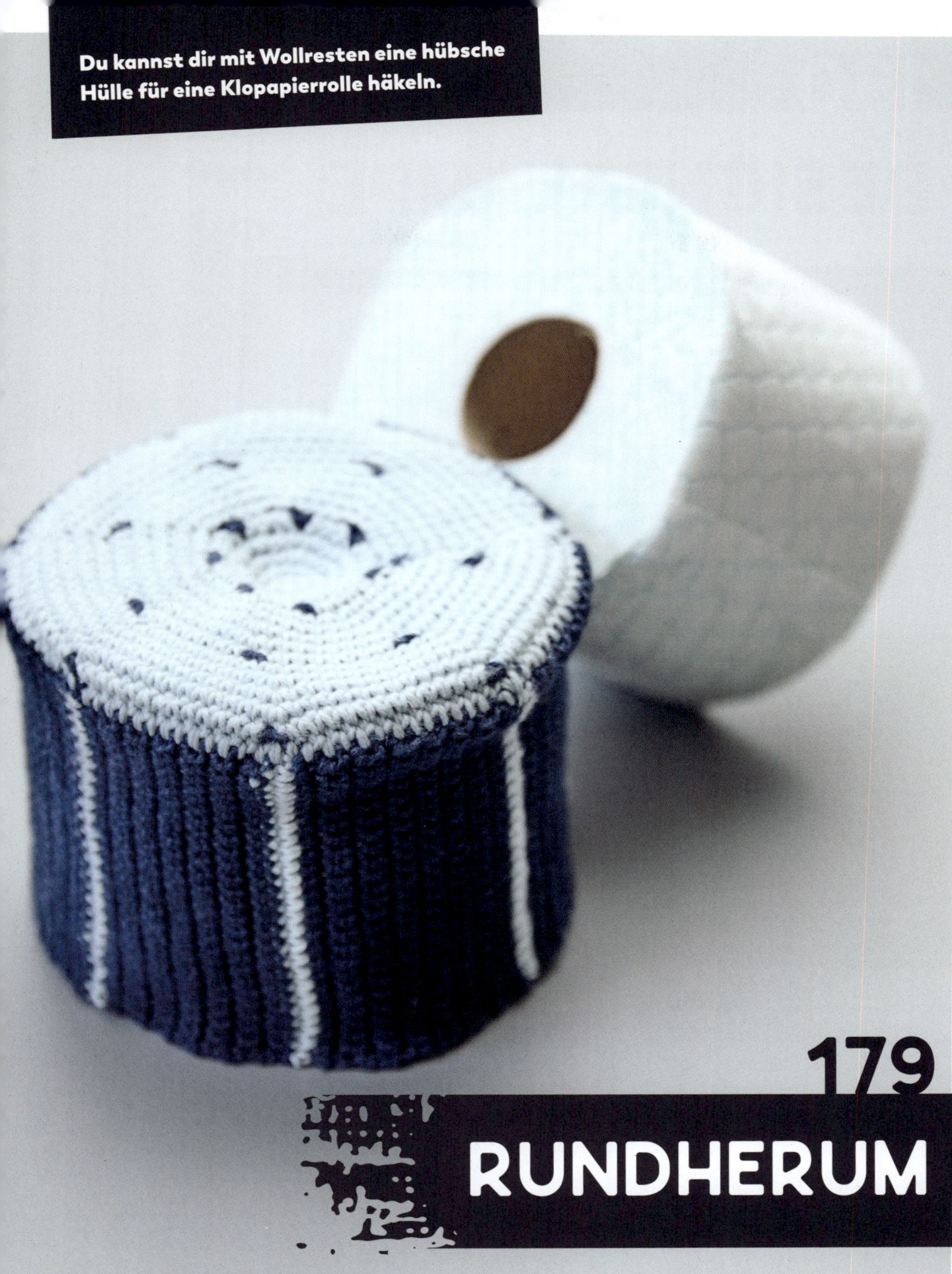

179 RUNDHERUM

180

DESIGNERLAMPE

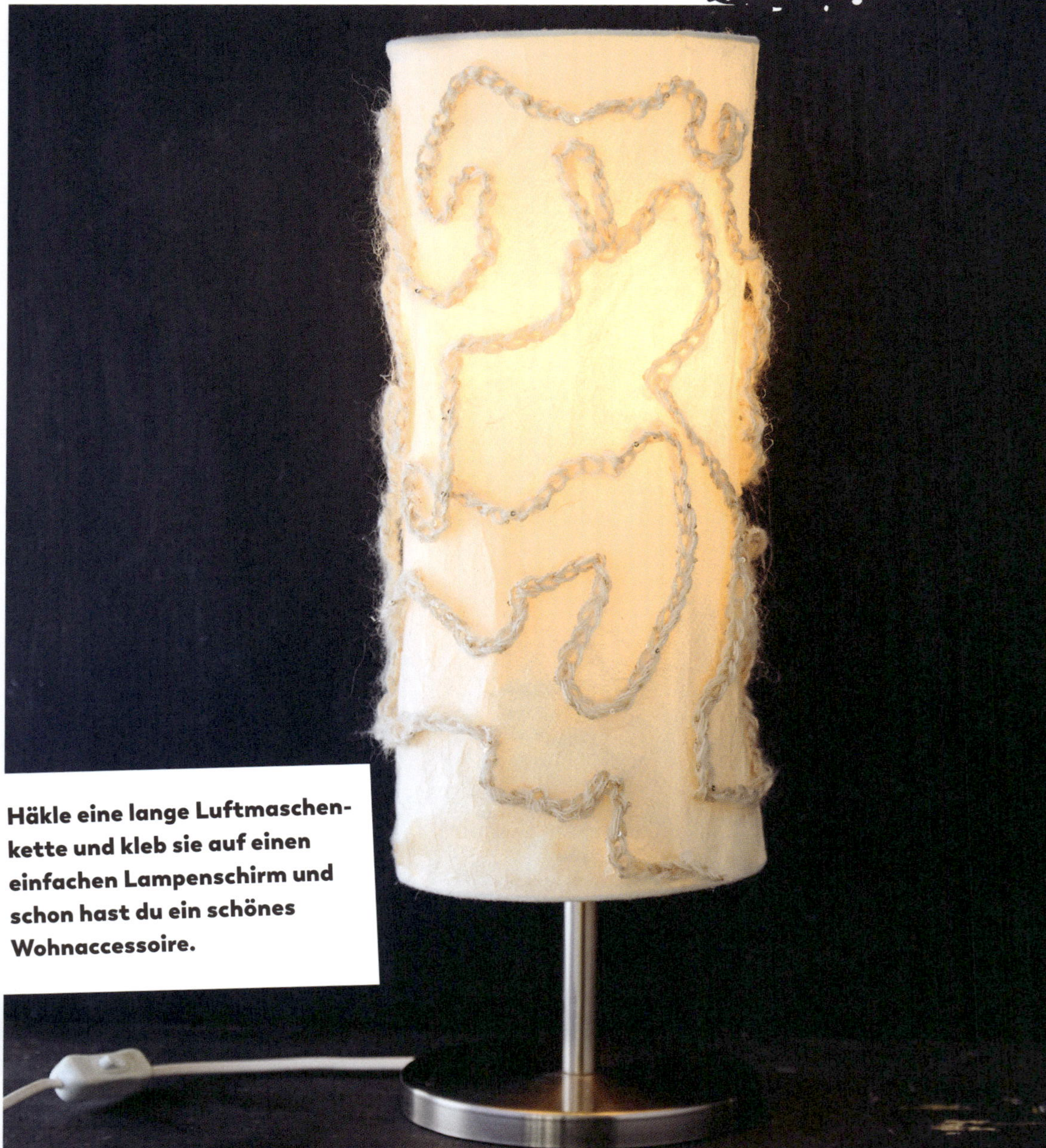

Häkle eine lange Luftmaschenkette und kleb sie auf einen einfachen Lampenschirm und schon hast du ein schönes Wohnaccessoire.

Häkel-Idee für Kinder: Schneide aus Karton ein Motiv aus, klebe eine Luftmaschenkette auf und befestige einen Notizblock.

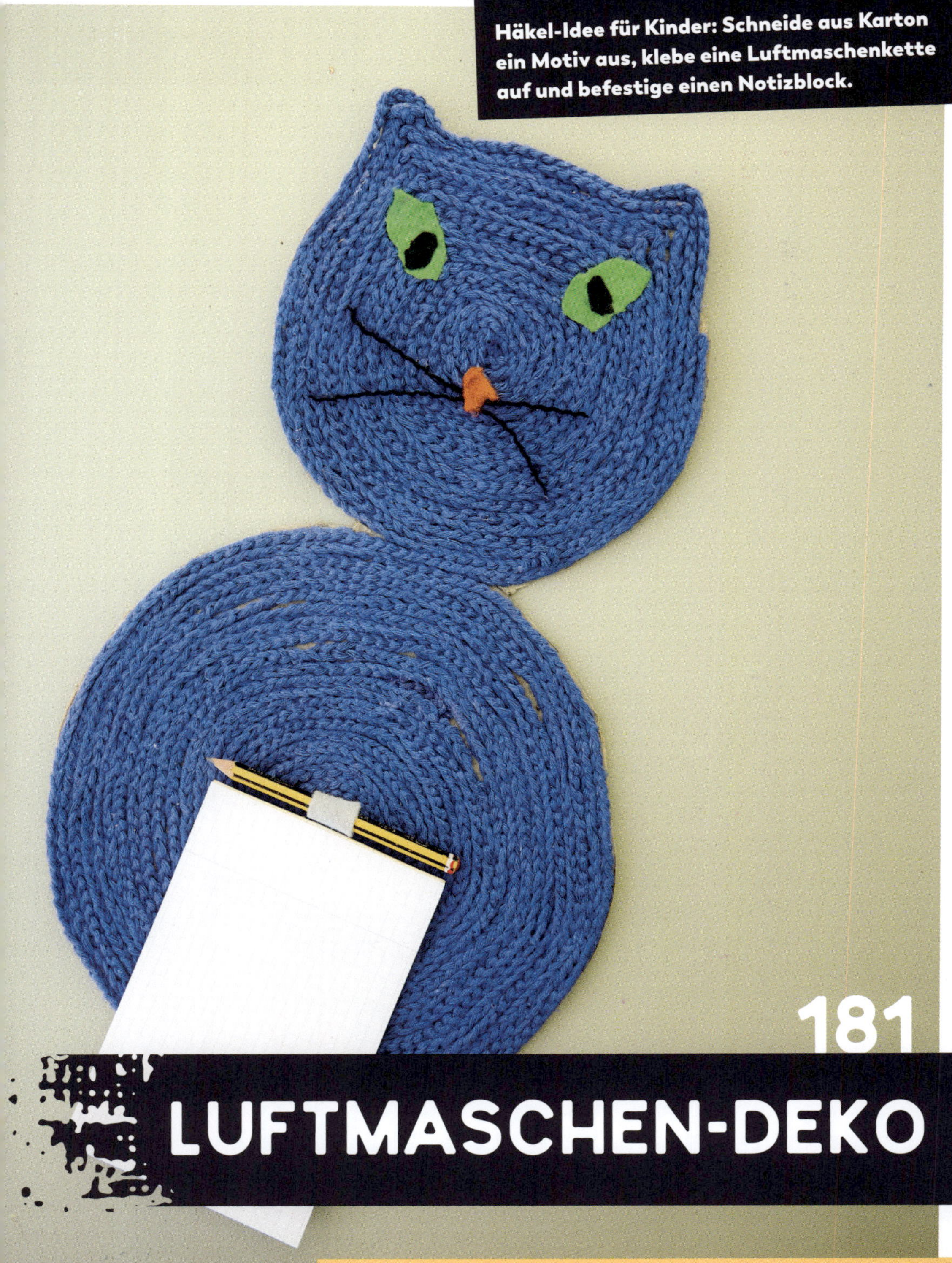

181 LUFTMASCHEN-DEKO

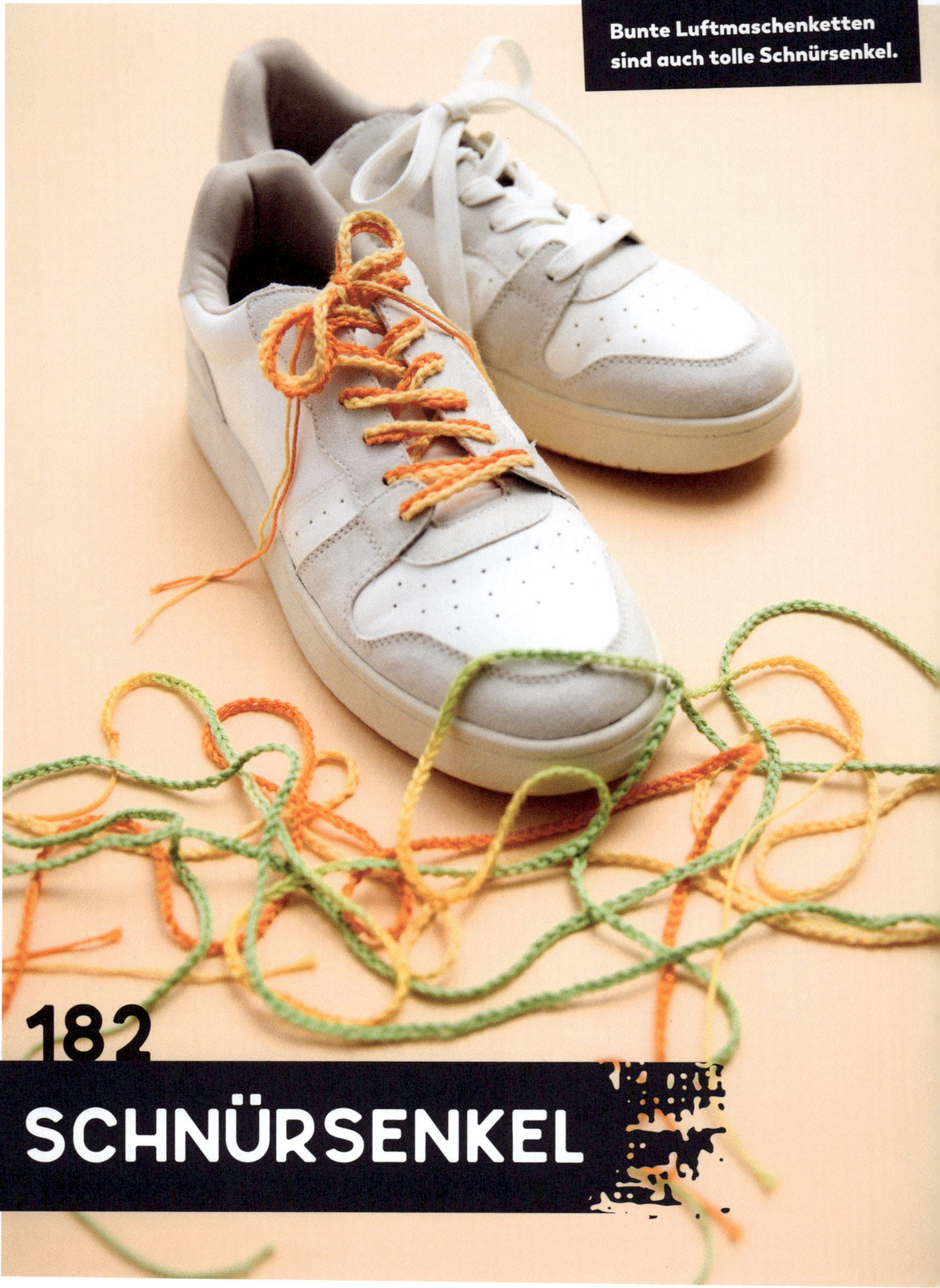

Bunte Luftmaschenketten sind auch tolle Schnürsenkel.

182 SCHNÜRSENKEL

183

FINGERHÄKELEI

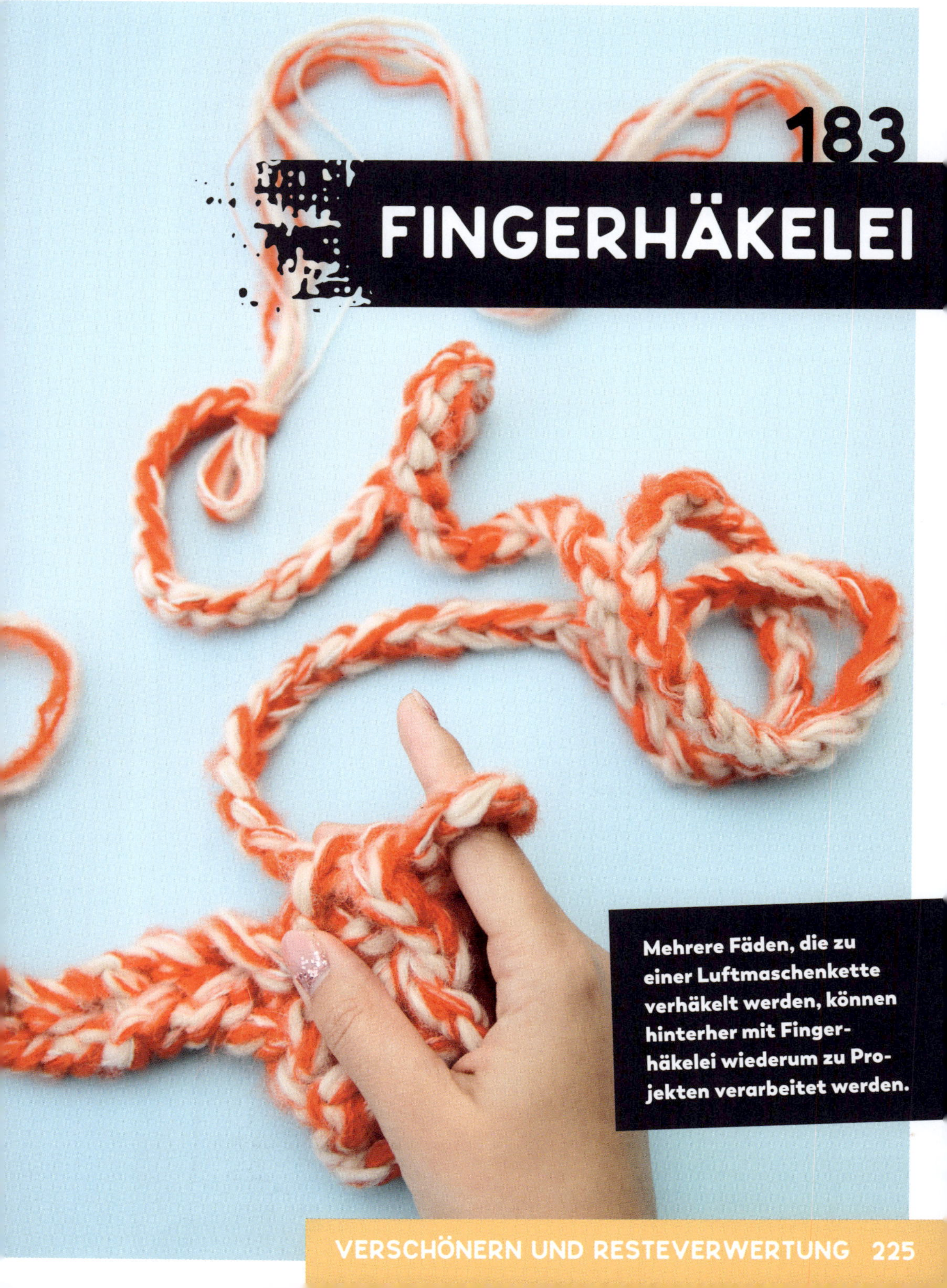

Mehrere Fäden, die zu einer Luftmaschenkette verhäkelt werden, können hinterher mit Fingerhäkelei wiederum zu Projekten verarbeitet werden.

184

KETTE FÜR KIDS

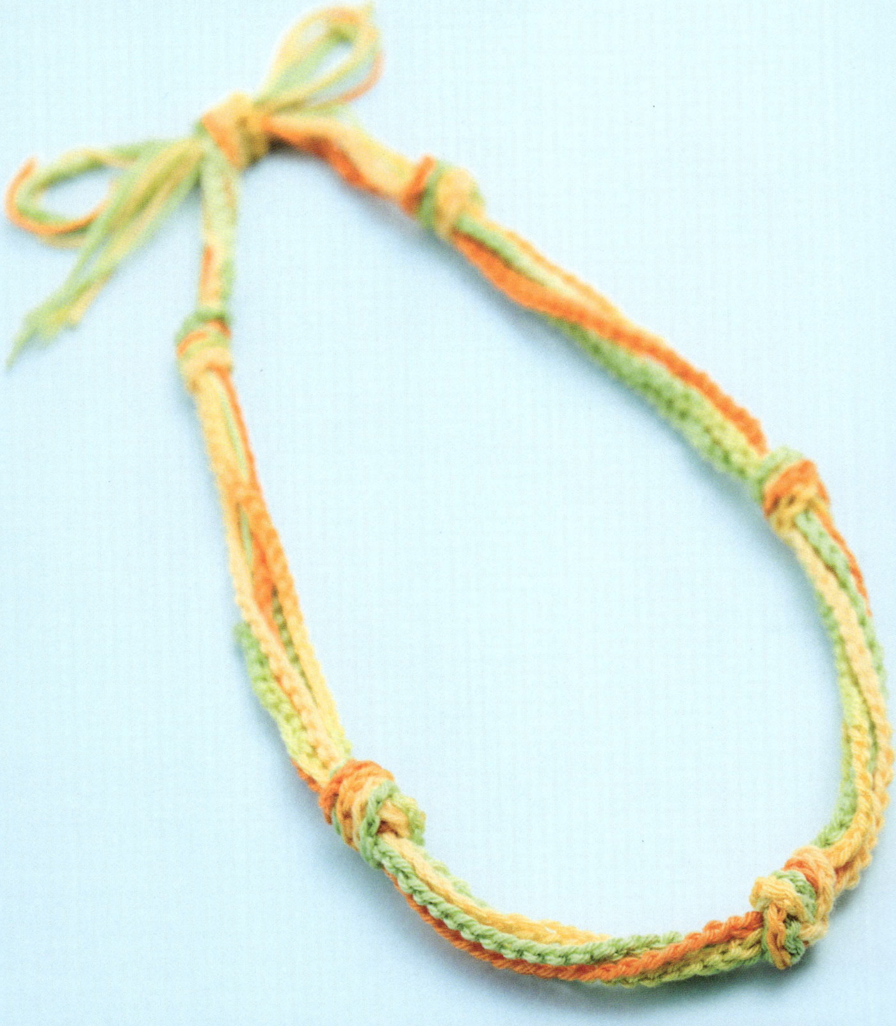

Mehrere bunte Luftmaschenketten nebeneinanderlegen, im Abstand von 10 cm verknoten und schon hast du eine stylische Kette. Ideal als Kinderprojekt!

Einen Haargummi kannst du mit bunten Garnen umhäkeln.

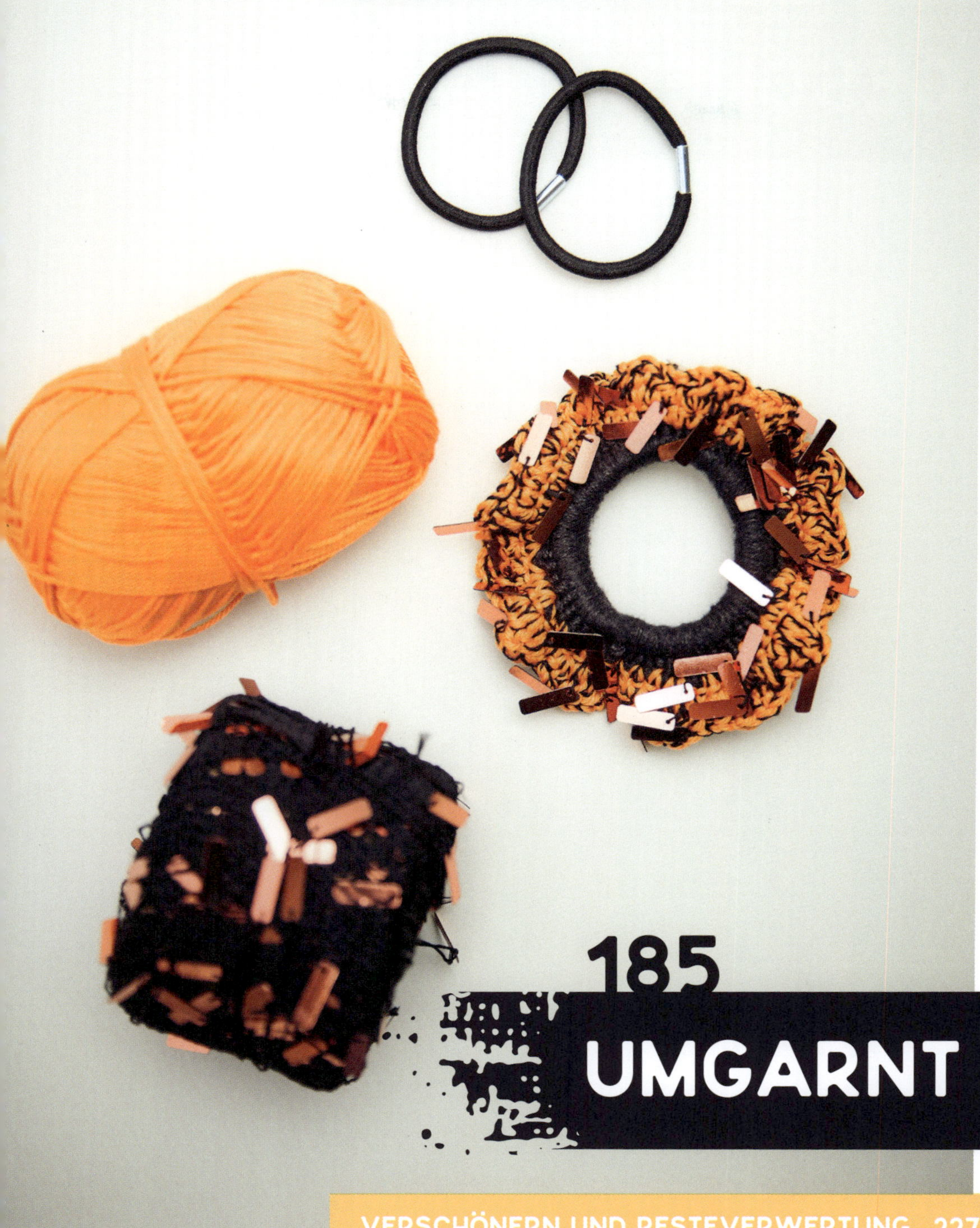

185 UMGARNT

186 GESCHENKT!

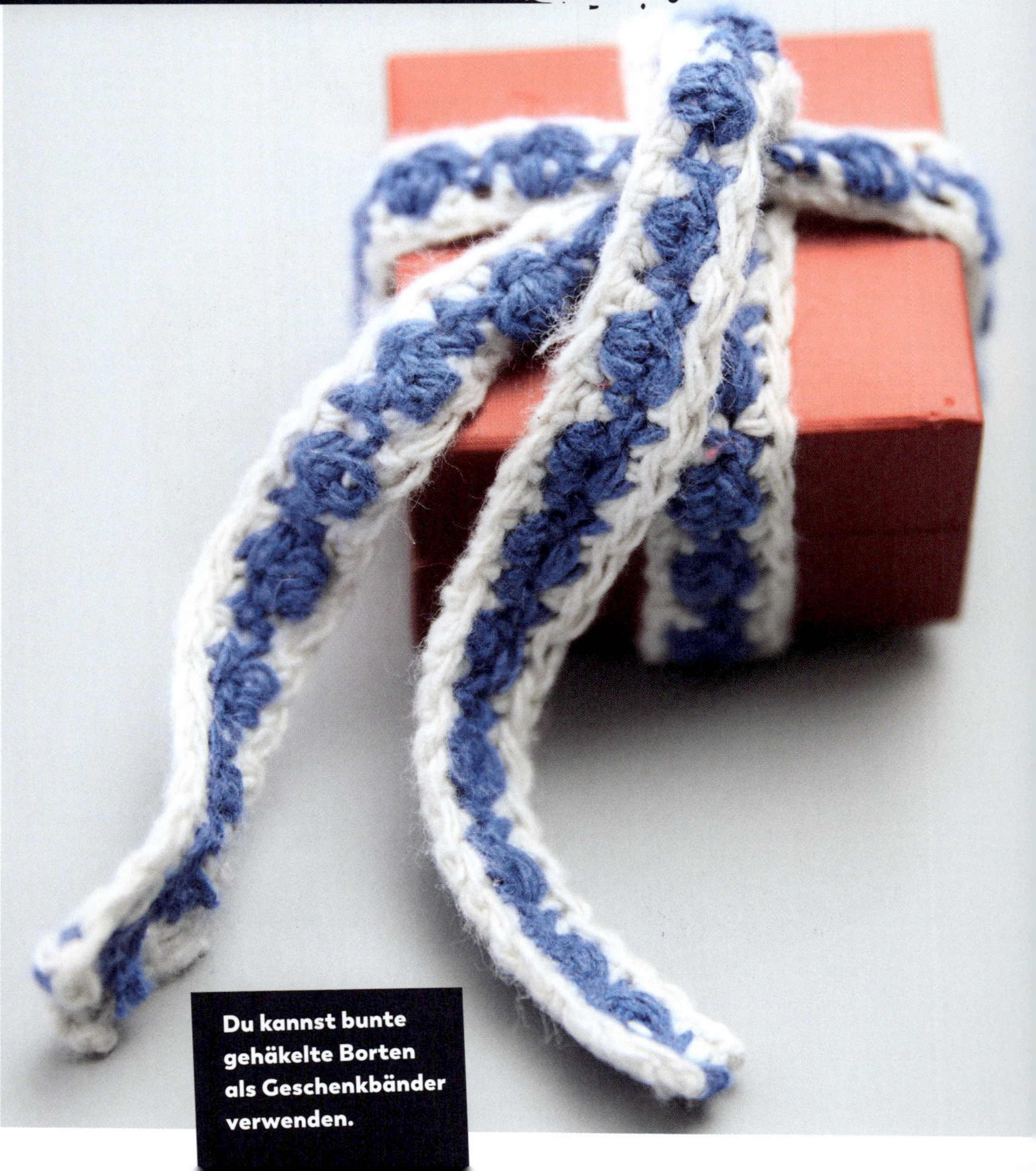

Du kannst bunte gehäkelte Borten als Geschenkbänder verwenden.

Häkle dir eine 3 cm breite Borte und binde eine Schleife, fixiere den Knoten und nähe unten einen Gummi an; so erhältst du eine tolle Haarschleife.

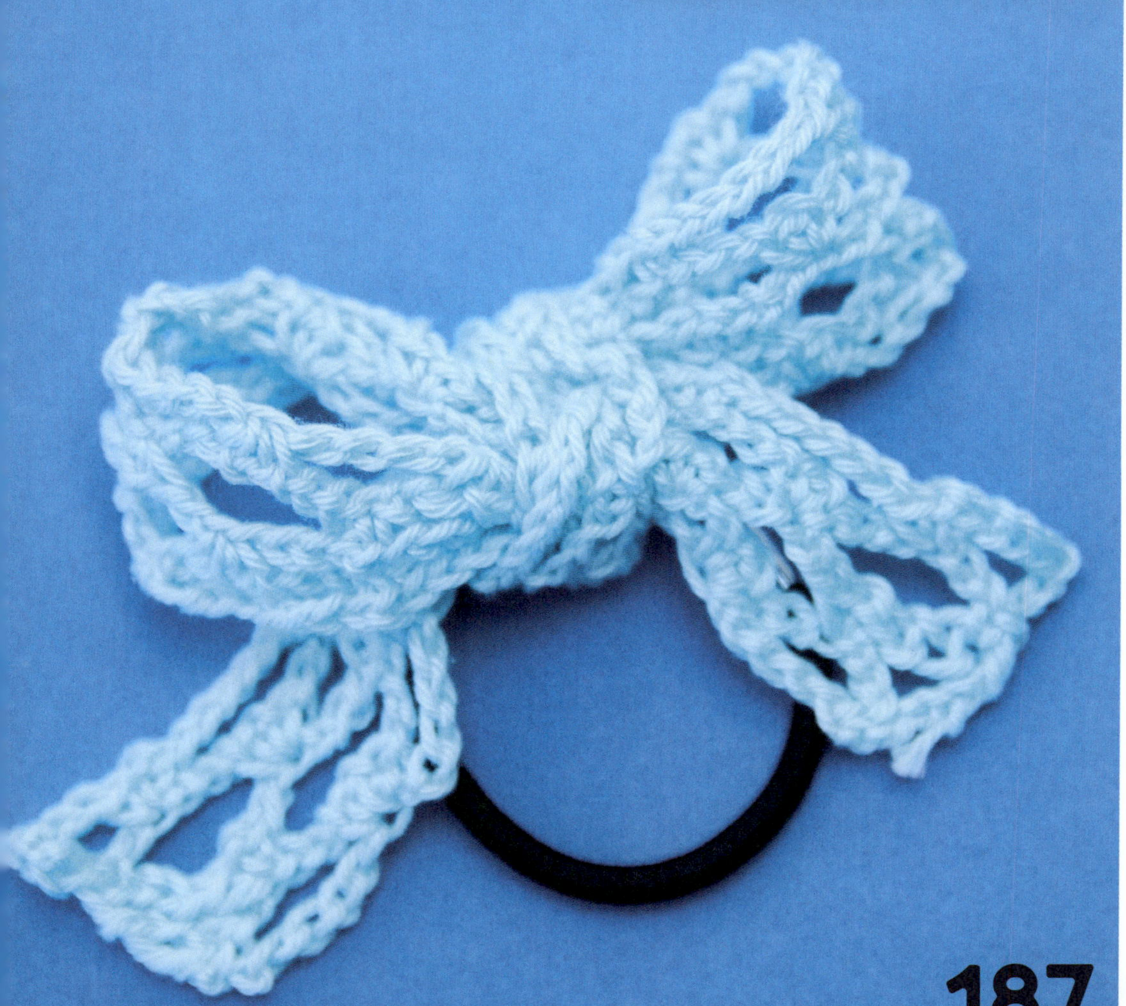

187

SCHLEIFE IM HAAR

188

GUT GESCHÜTZT

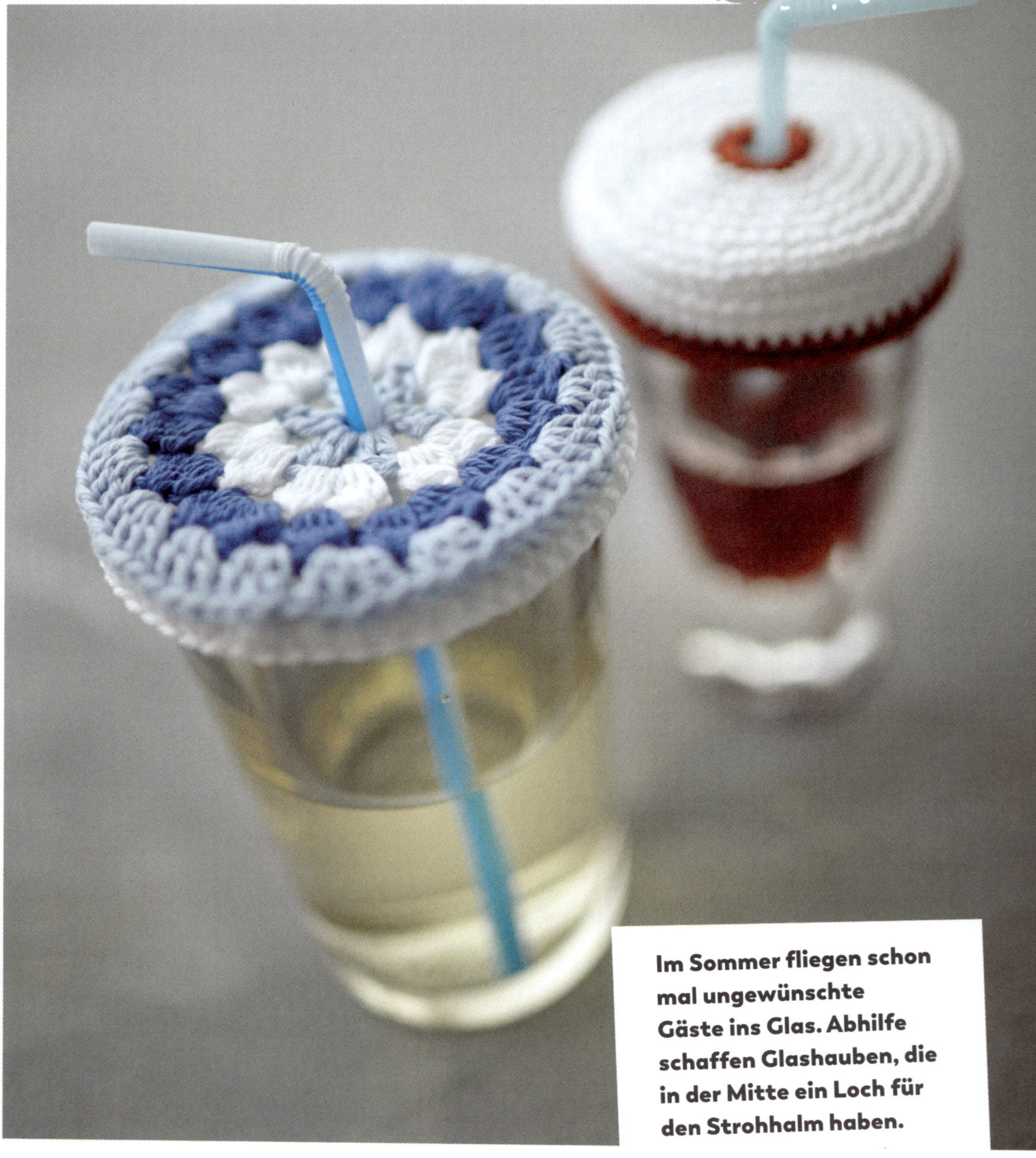

Im Sommer fliegen schon mal ungewünschte Gäste ins Glas. Abhilfe schaffen Glashauben, die in der Mitte ein Loch für den Strohhalm haben.

Häkelt man um eine Segelschnur, kann man wunderbare Taschen, Körbe oder Untersetzer anfertigen.

189 UMHÄKELT

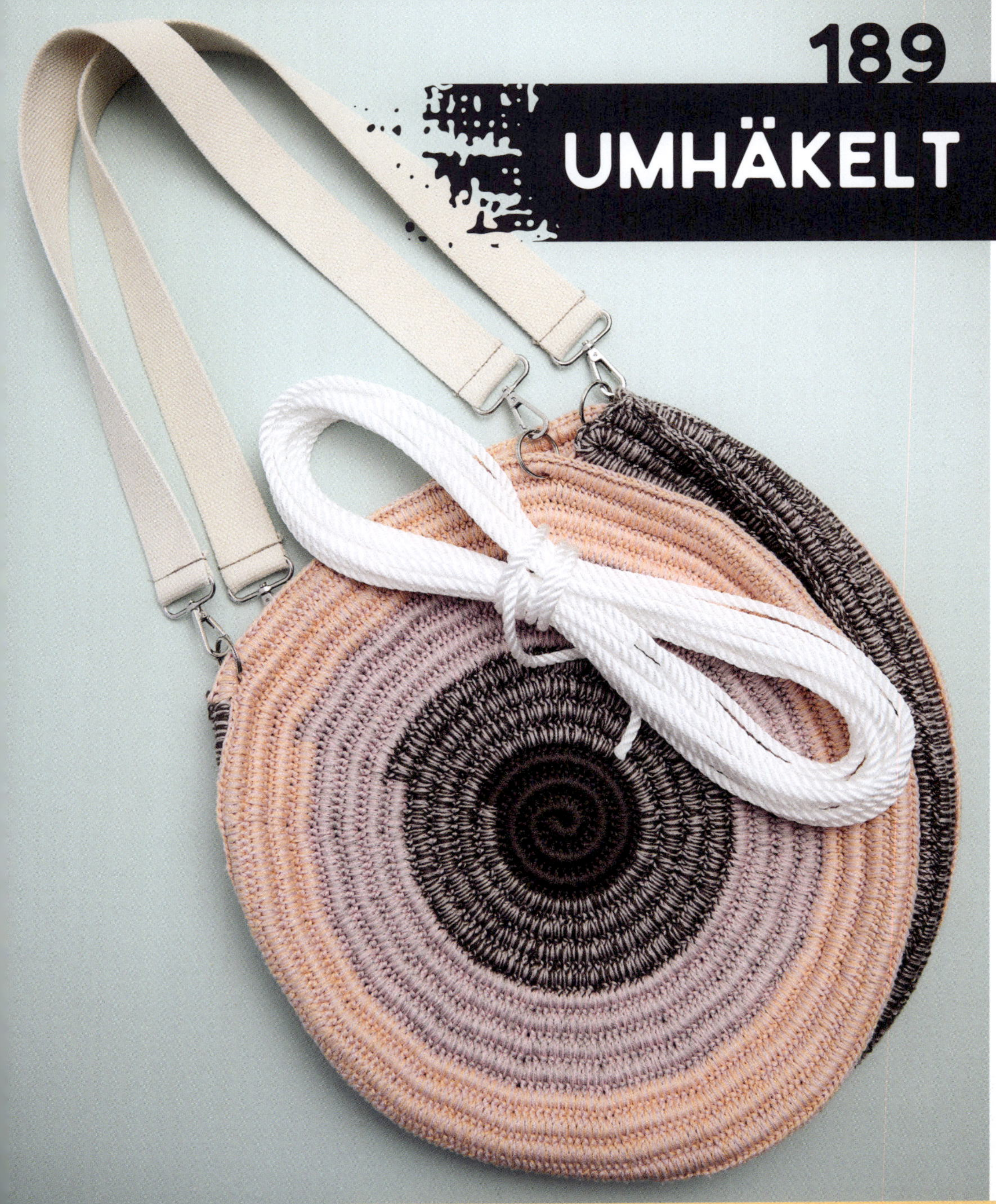

Ein Fahrradsattel kann im Sommer sehr heiß werden, deshalb behäkle ihn einfach.

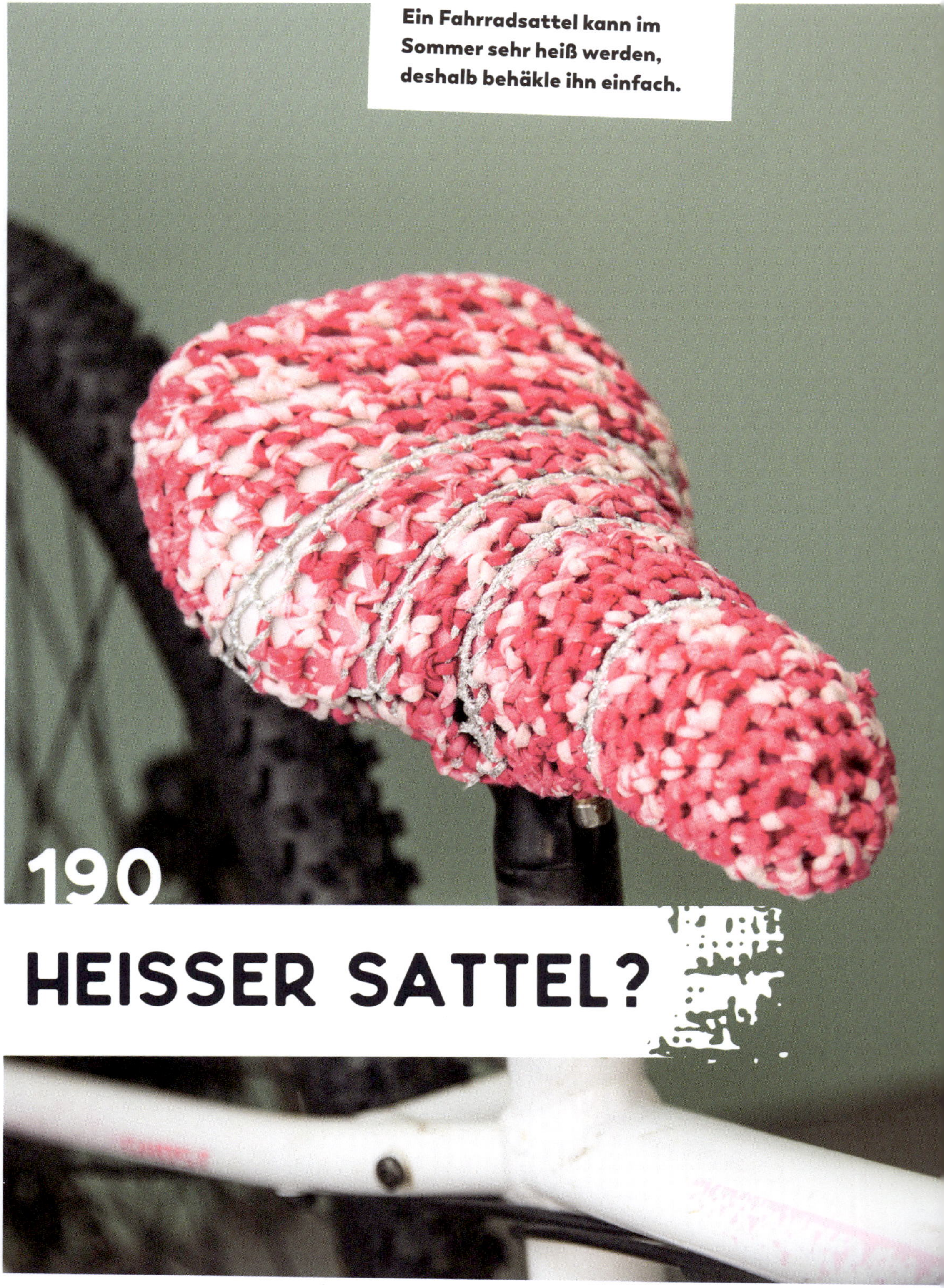

190

HEISSER SATTEL?

Damit du dir im Sommer nicht die Hände am Lenkerschutz verbrennst, häkle dir einen Lenkerschutz.

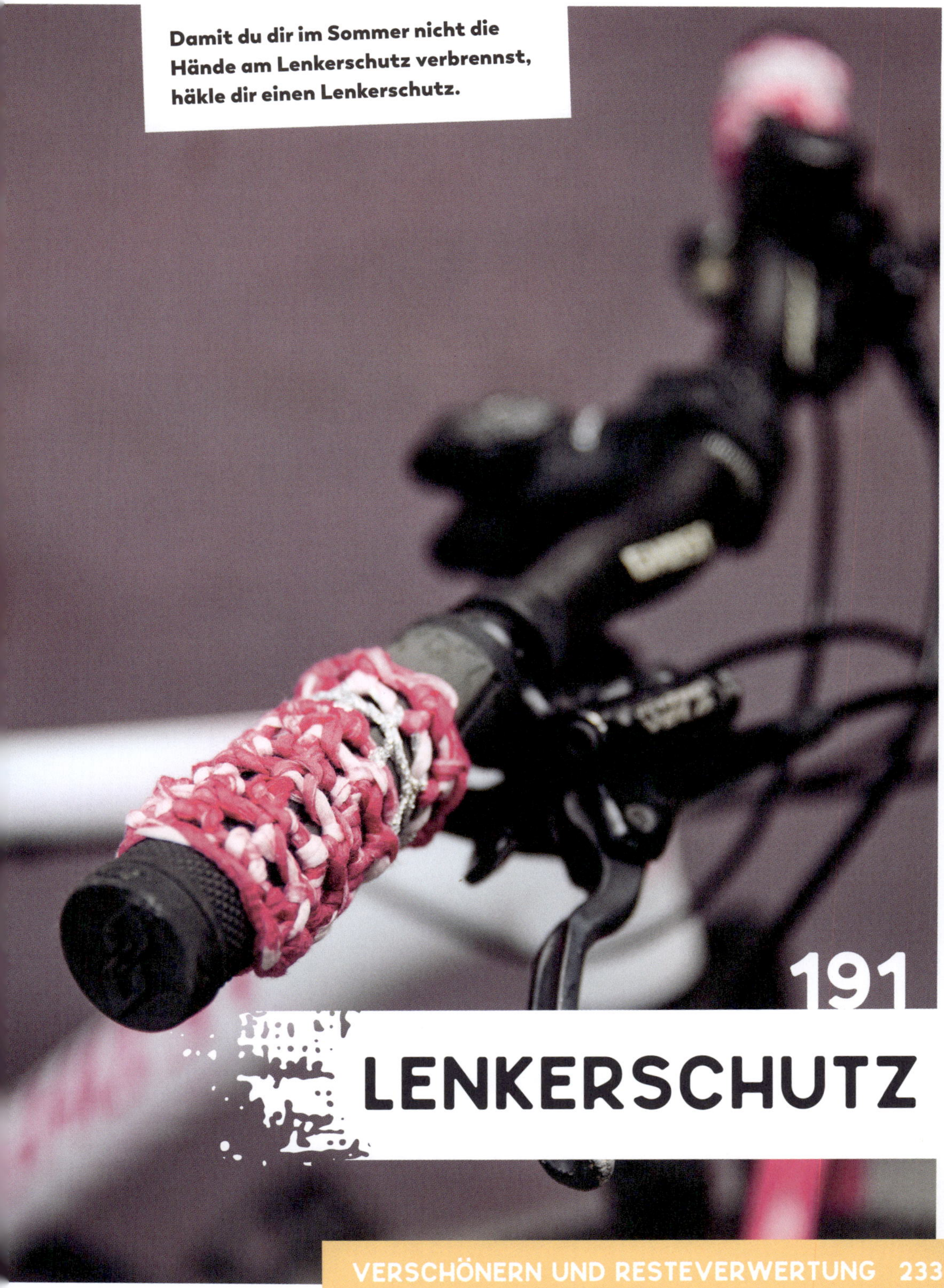

191 LENKERSCHUTZ

192 SIMPLE BEUTELTASCHE

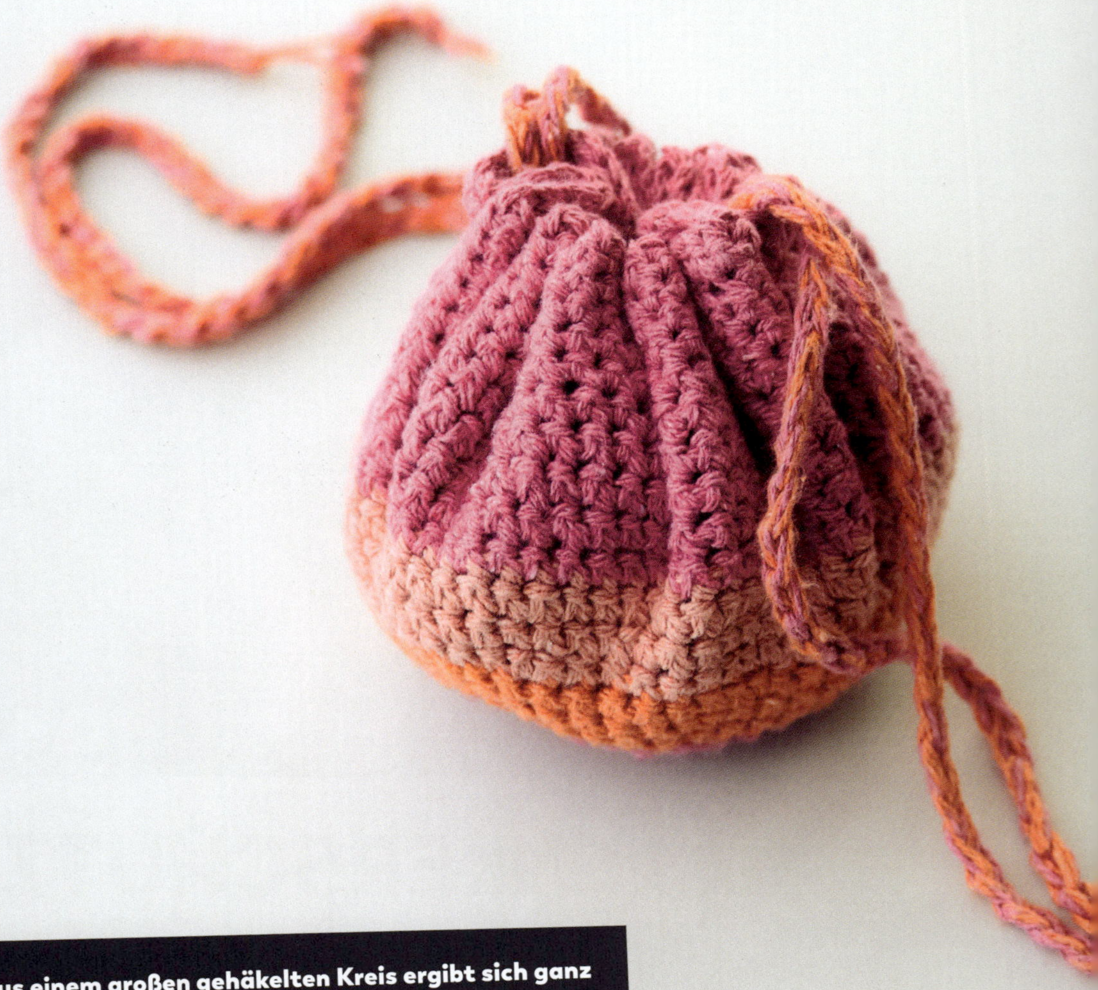

Aus einem großen gehäkelten Kreis ergibt sich ganz easy eine Beuteltasche. Verwende deine Wollreste für den Kreis, fertige eine Luftmaschenkette an, die du am äußeren Rand einziehst – fertig!

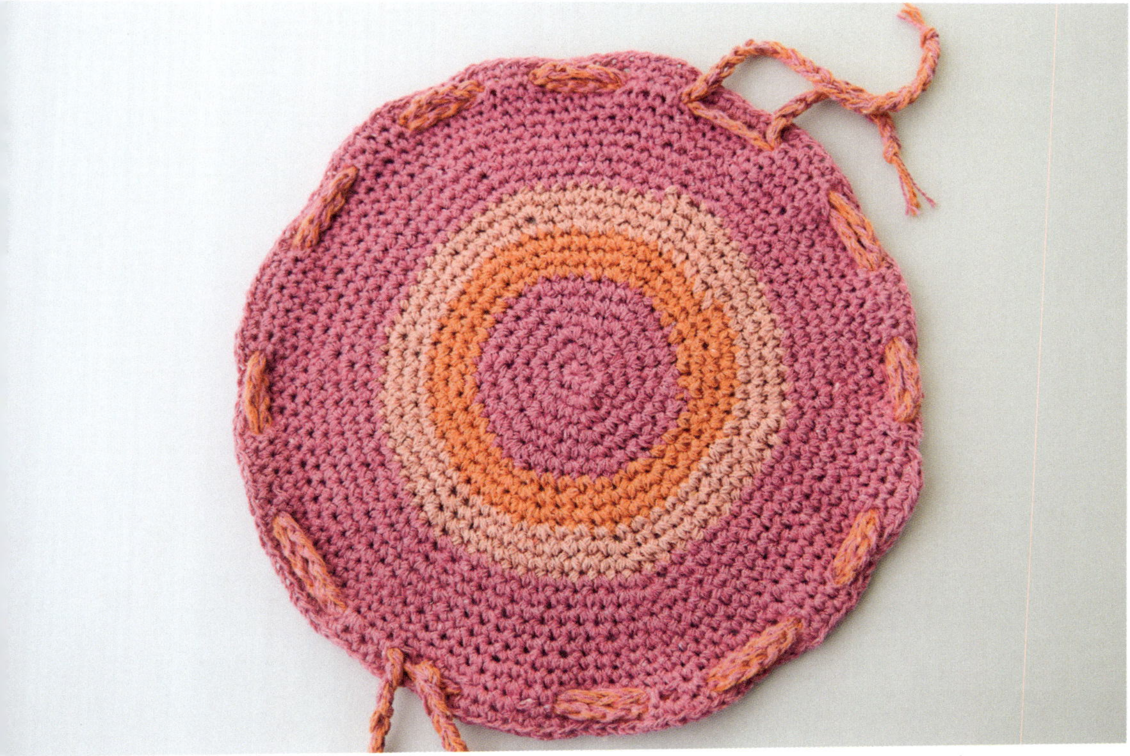

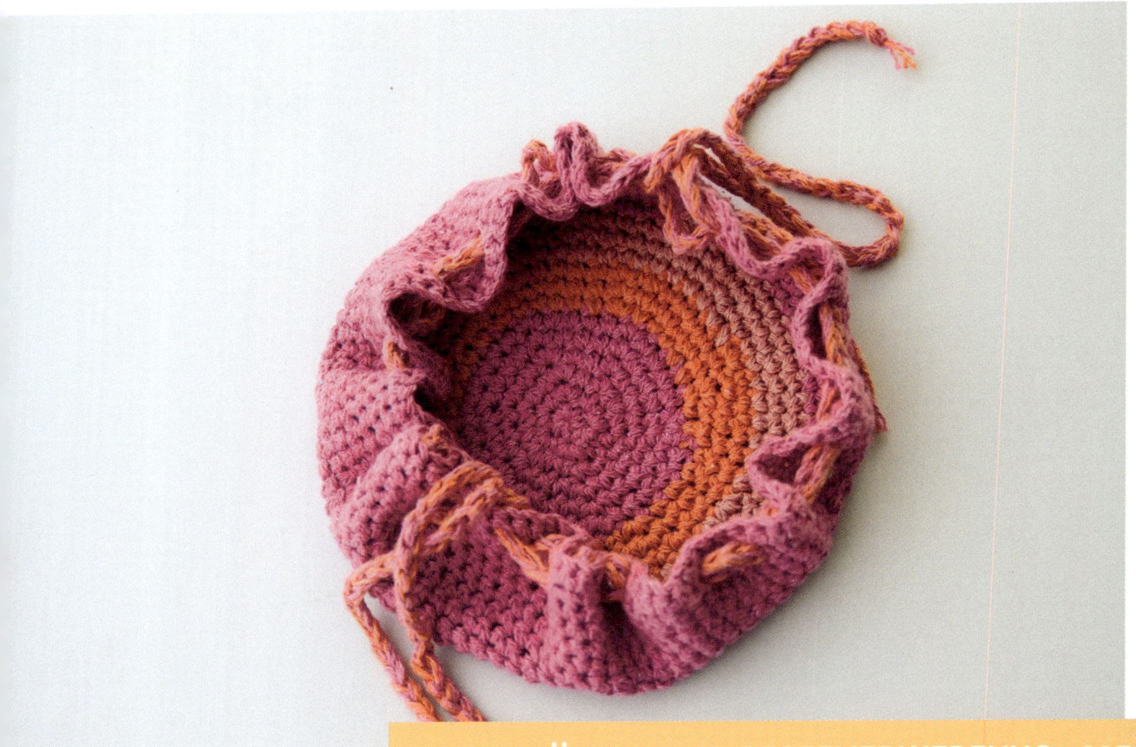

Eine Luftmaschenkette mit eingehäkelten Perlen ist eine hübsche Schnullerkette.

193 SCHNULLERKETTE

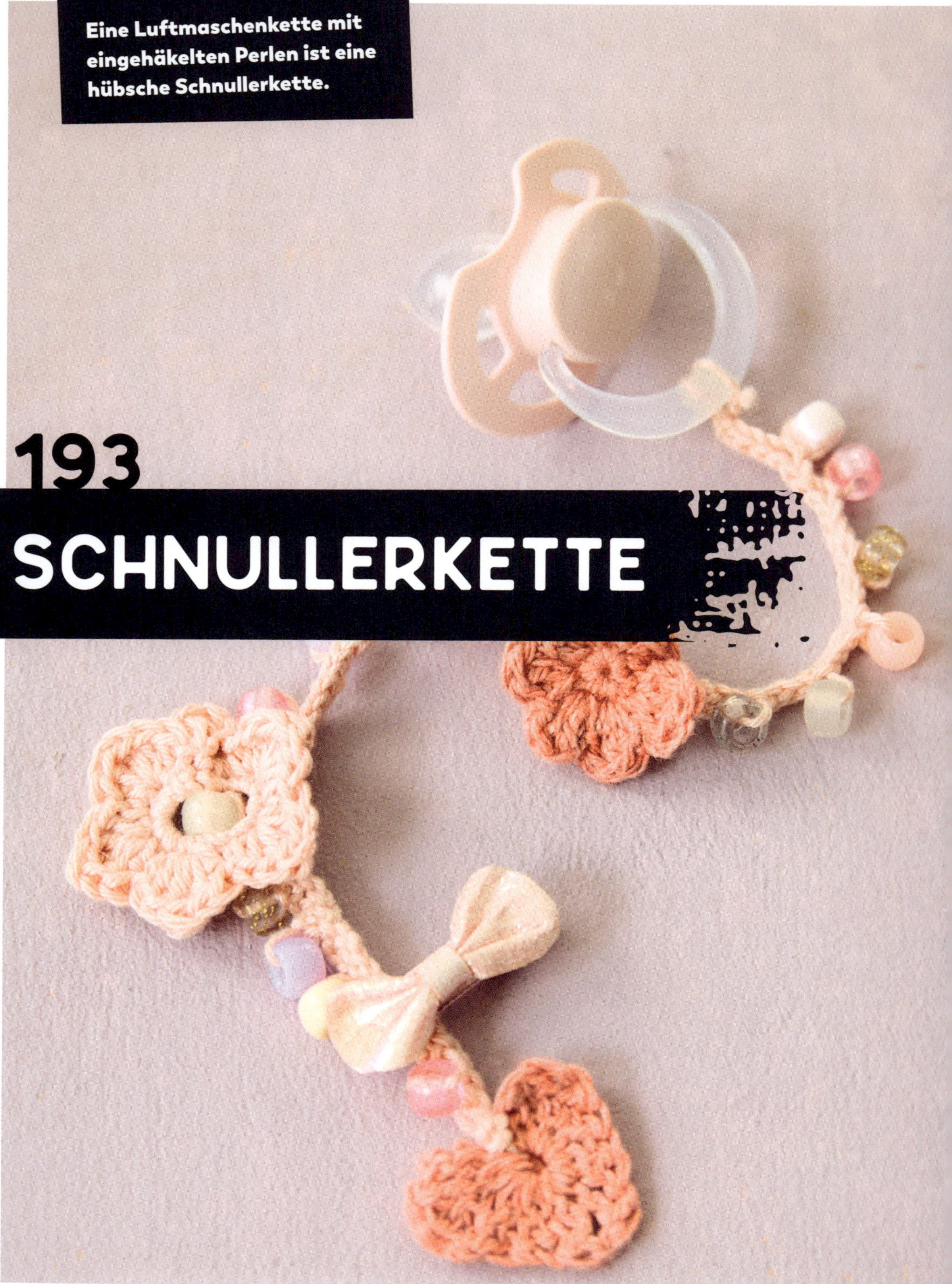

194

PERLEN

Eingehäkelte kleine Perlen sind bei Lace-Projekten wunderschön. Da werden die Perlen mit einer dünneren Häkelnadel auf die entsprechende Masche aufgefädelt.

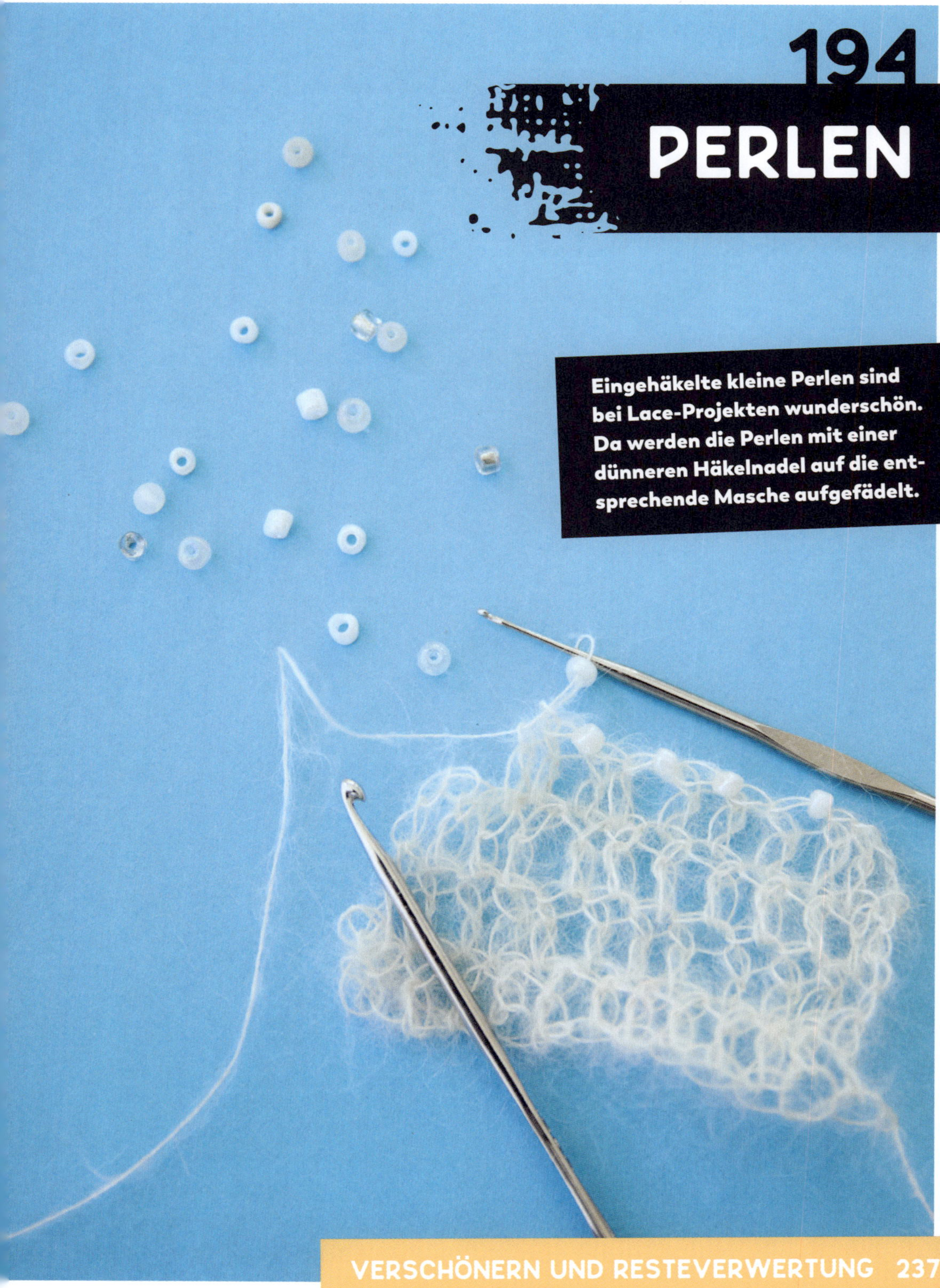

195

PERLEN VORHER AUFFÄDELN

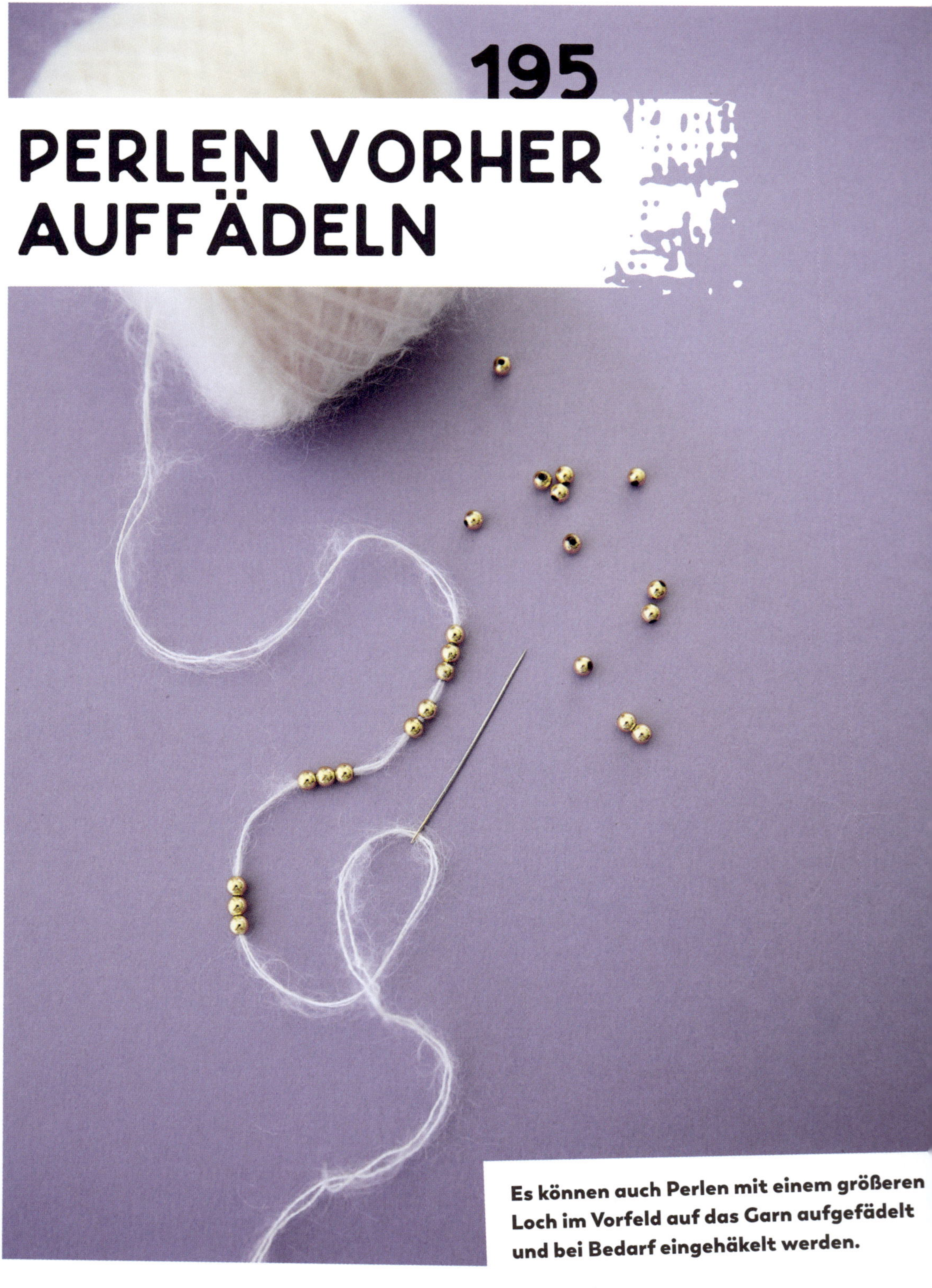

Es können auch Perlen mit einem größeren Loch im Vorfeld auf das Garn aufgefädelt und bei Bedarf eingehäkelt werden.

Kratzen deine Stühle über den Boden? Häkle doch einfach Stuhlsocken.

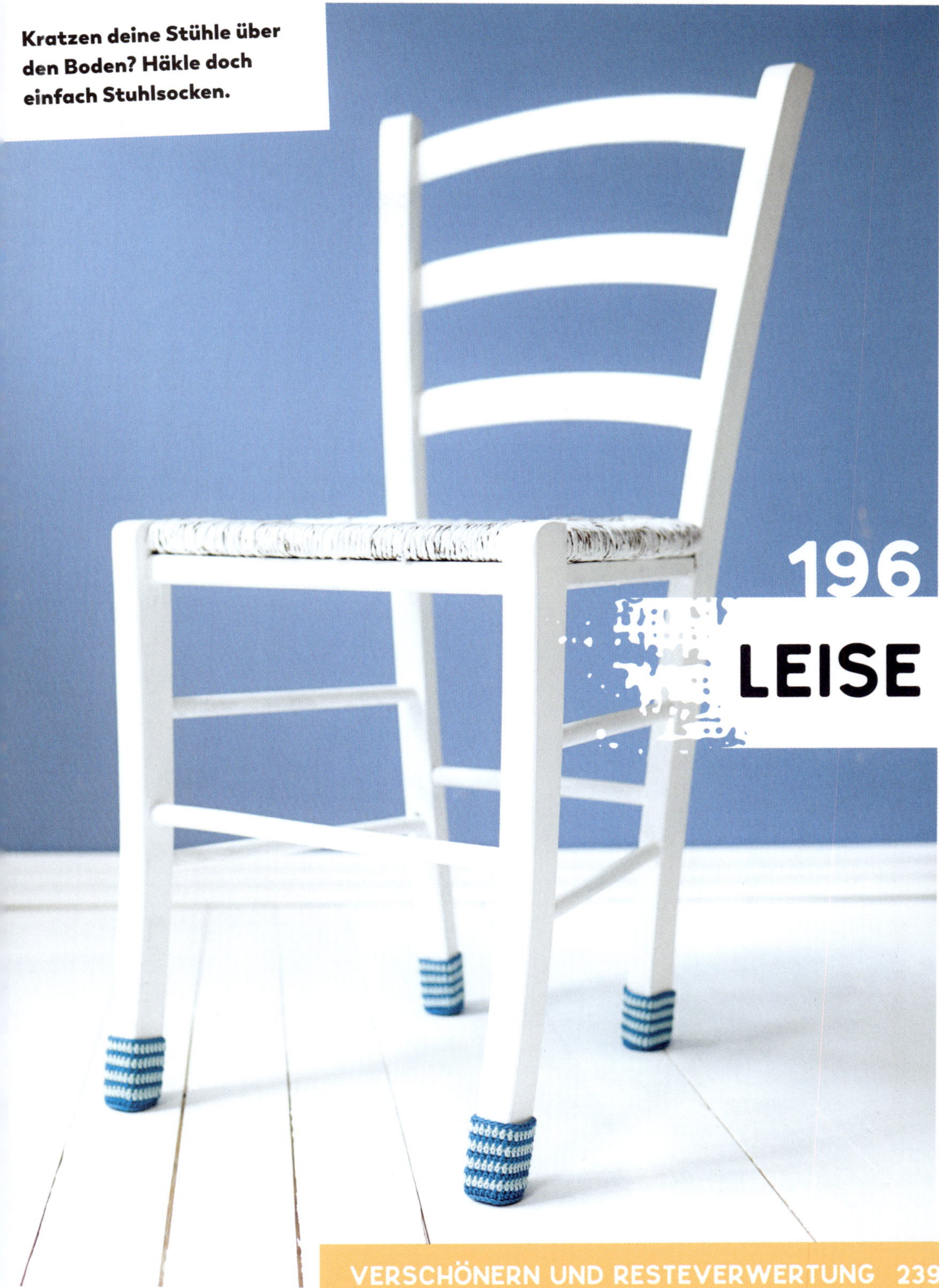

196 LEISE

197

ENTWIRRT

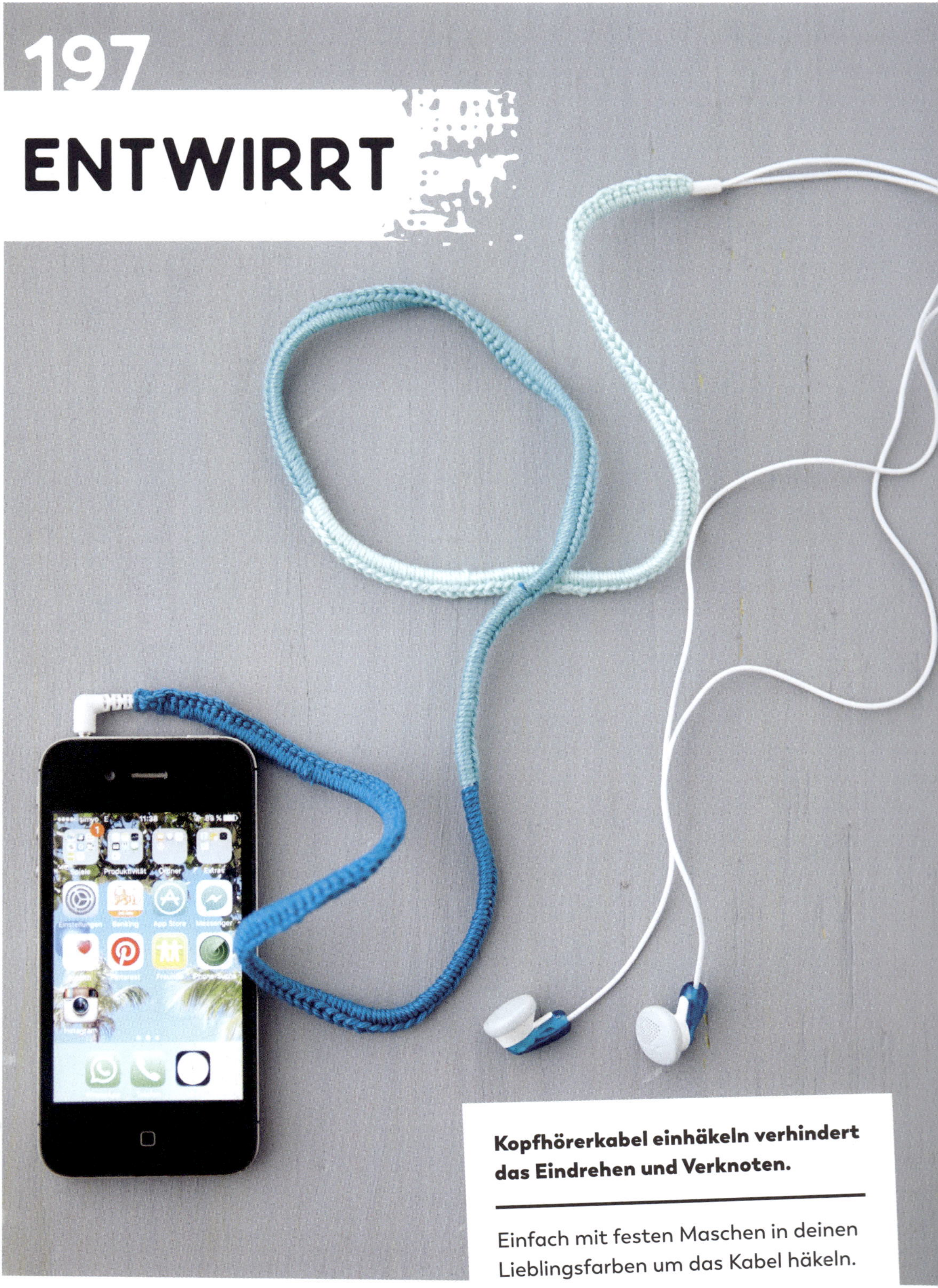

Kopfhörerkabel einhäkeln verhindert das Eindrehen und Verknoten.

Einfach mit festen Maschen in deinen Lieblingsfarben um das Kabel häkeln.

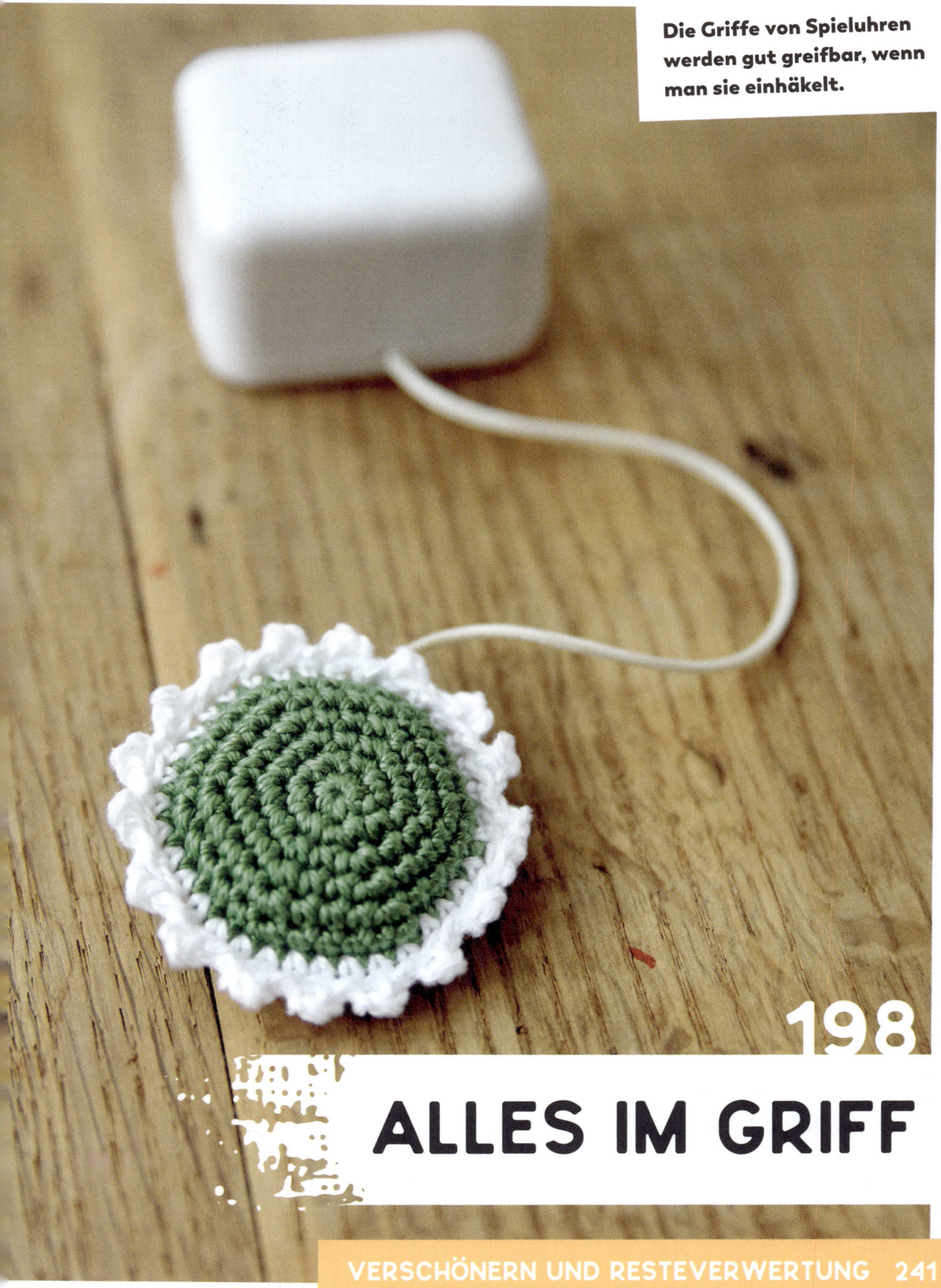

Die Griffe von Spieluhren werden gut greifbar, wenn man sie einhäkelt.

198

ALLES IM GRIFF

199 NEUANFANG

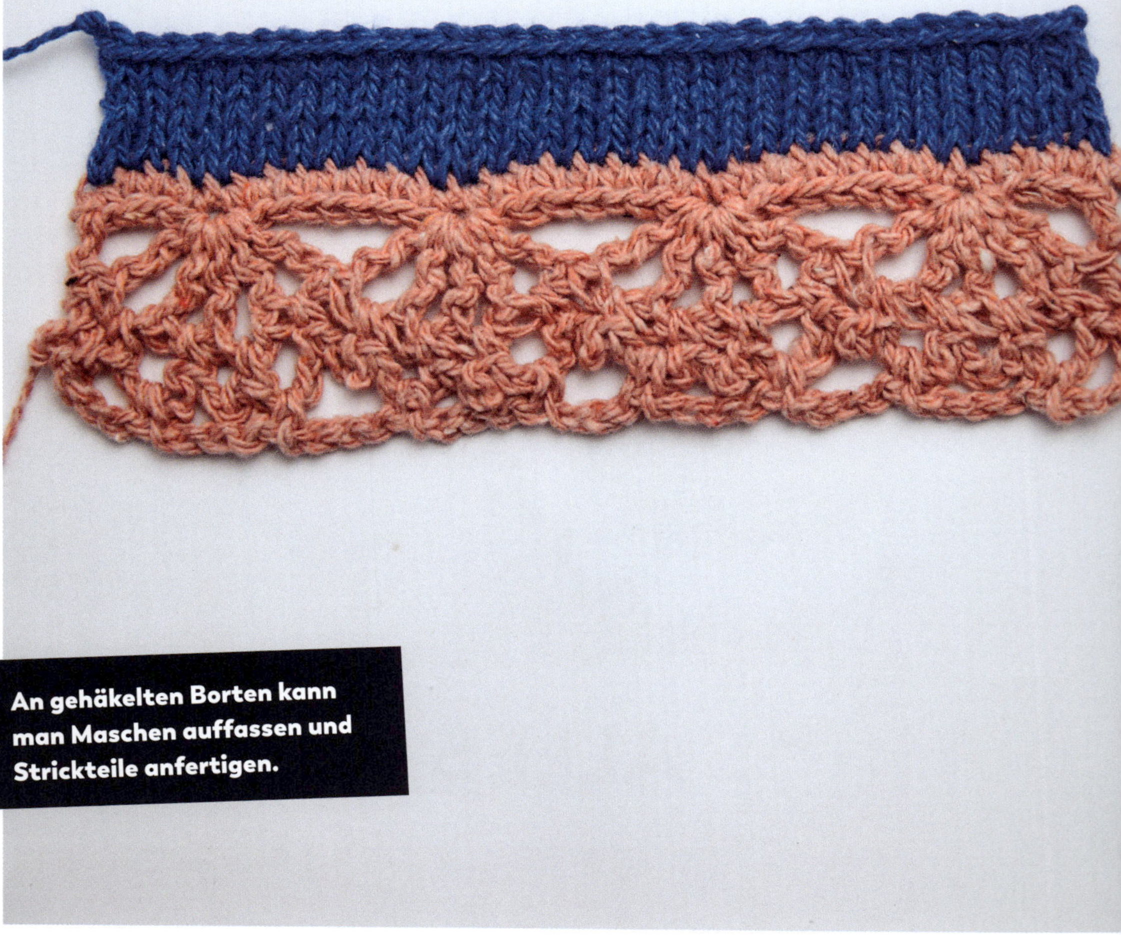

An gehäkelten Borten kann man Maschen auffassen und Strickteile anfertigen.

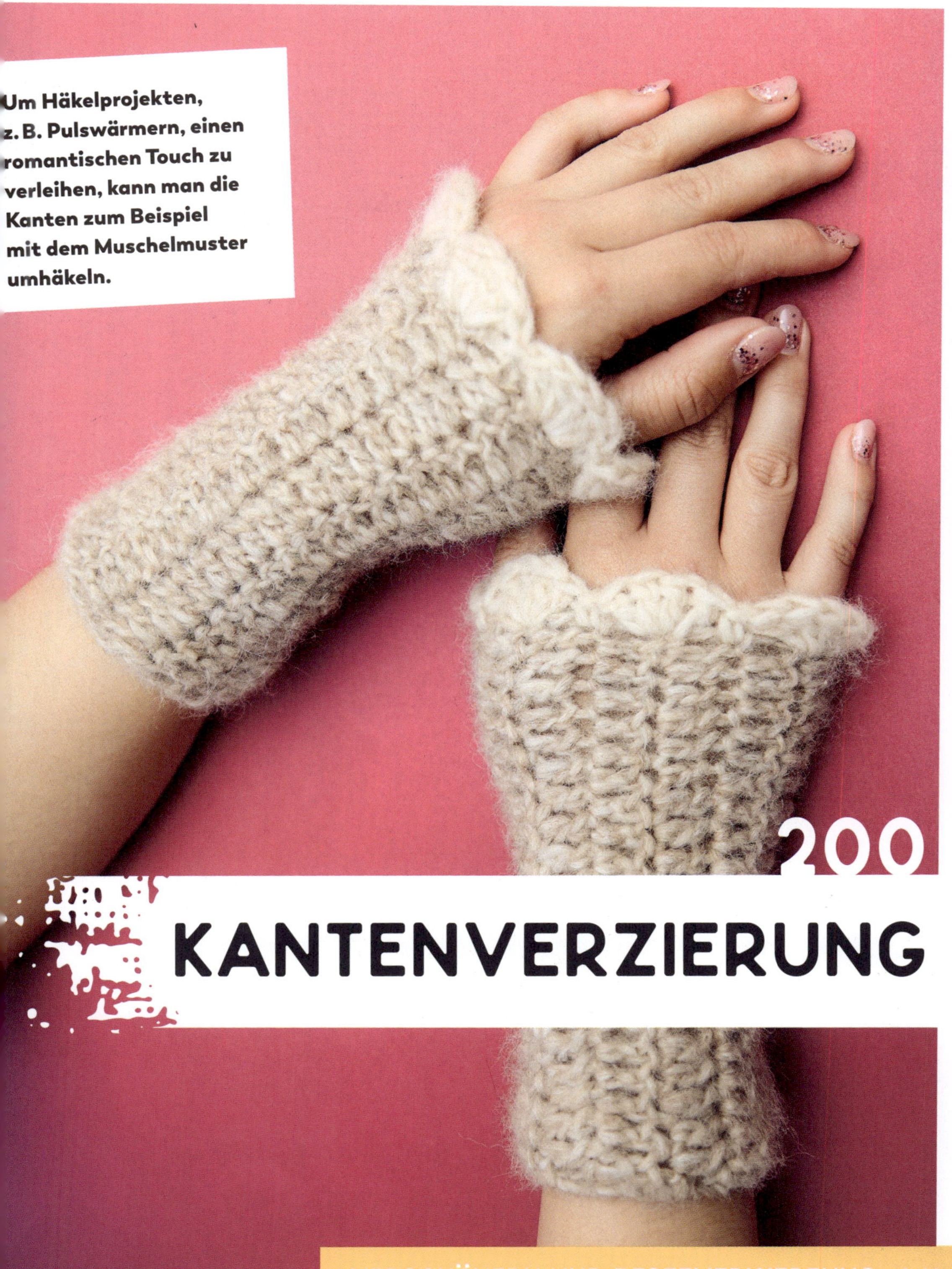

Um Häkelprojekten, z. B. Pulswärmern, einen romantischen Touch zu verleihen, kann man die Kanten zum Beispiel mit dem Muschelmuster umhäkeln.

200 KANTENVERZIERUNG

201

OH LALA

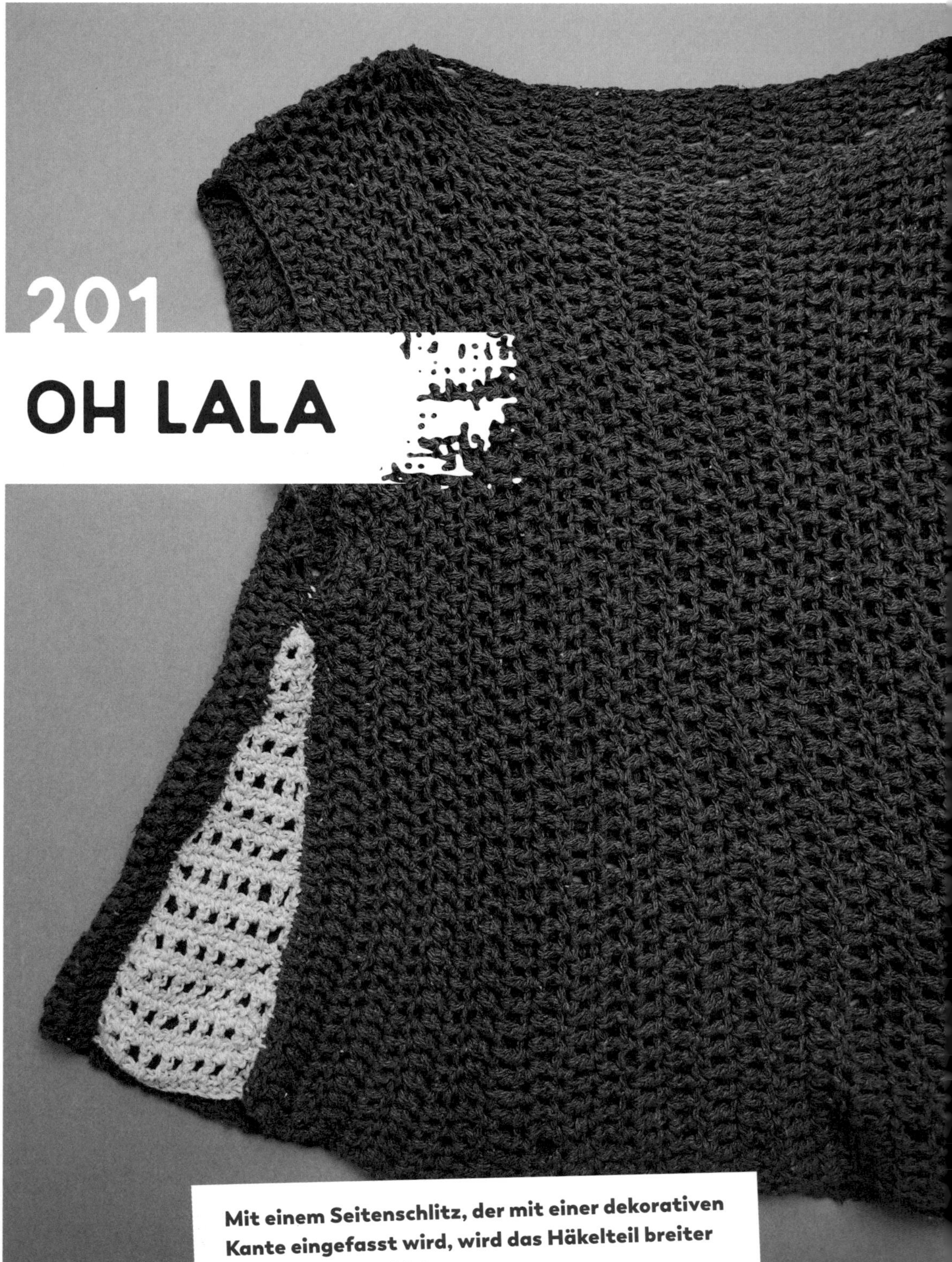

Mit einem Seitenschlitz, der mit einer dekorativen Kante eingefasst wird, wird das Häkelteil breiter und sieht sehr schick aus.

Picots oder Mäusezähnchen sind ein schöner Abschluss für Baby- und Kindermode.

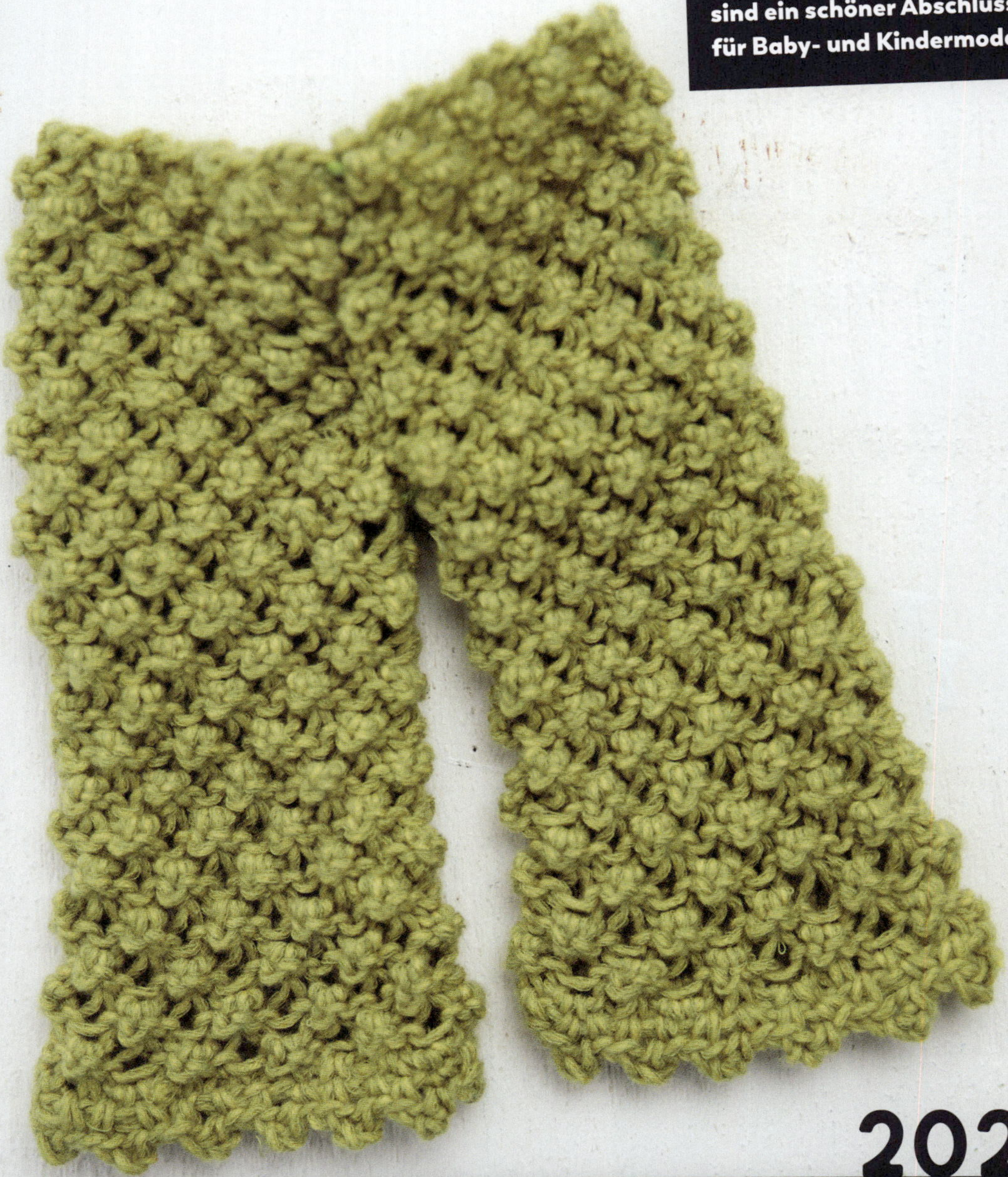

202

FÜR DIE KLEINSTEN

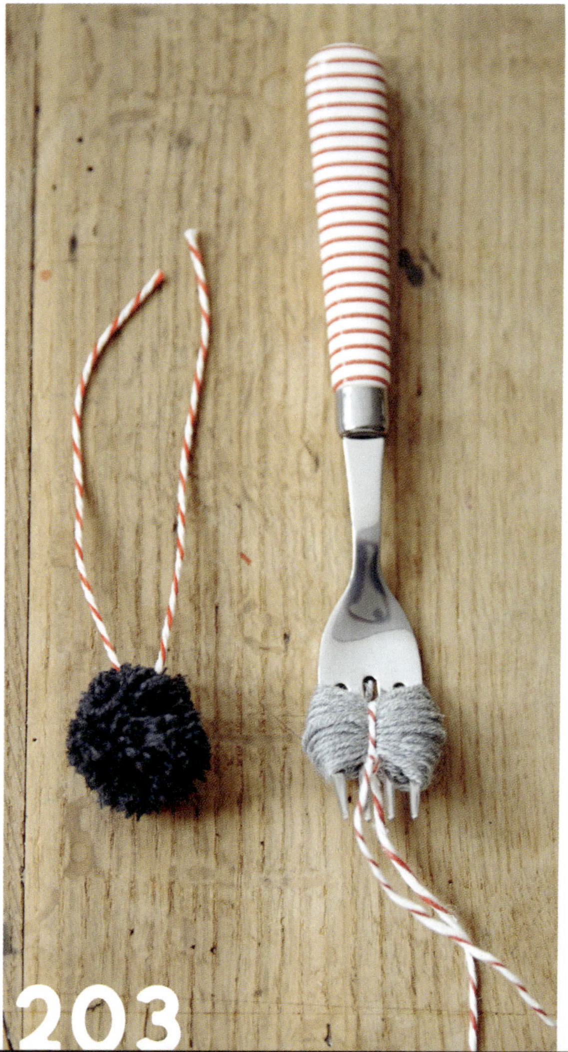

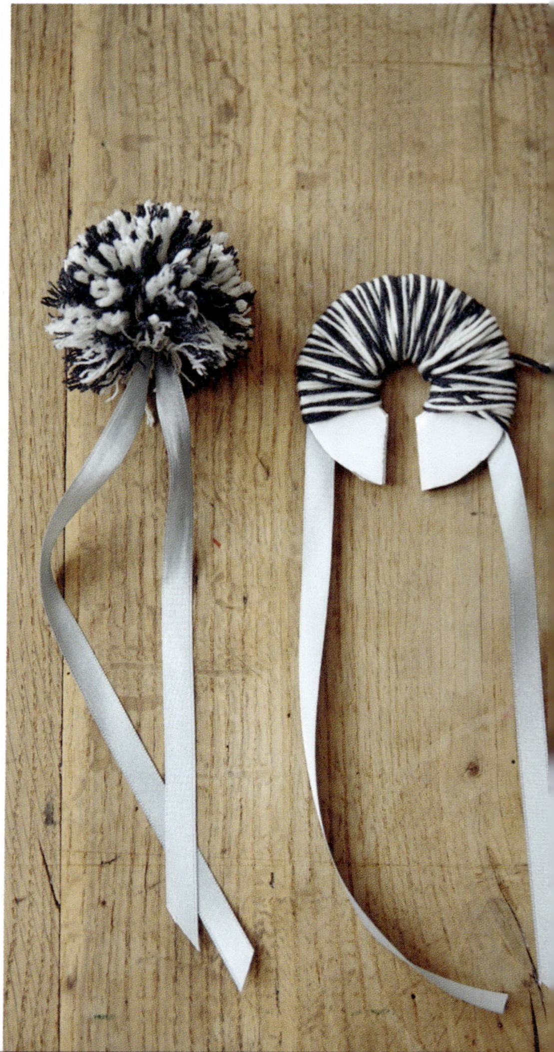

203

MÜTZENPOMPON DIY

Den Pompon kann man ganz einfach aus Wolle und Pappe selbst herstellen. Mit einer Gabel kannst du besonders kleine Exemplare machen.

Wenn es schnell gehen soll, kannst du das Garn auch um deine Hand wickeln. Nimm zum Binden einen festen Faden oder ein Band. Damit kannst du das Garn ganz fest zusammenbinden.

Pompons mit einem Band versehen und damit an Mützen und Co. befestigen. So können sie für die Wäsche abgenommen werden.

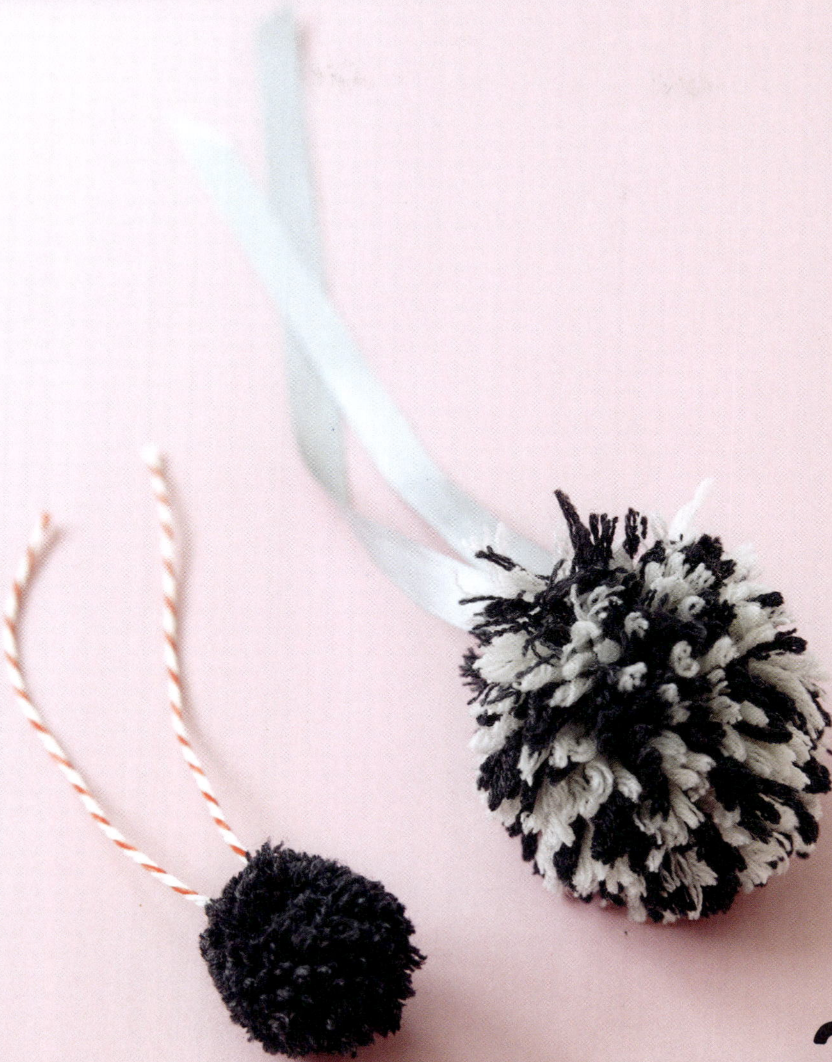

204 AM BAND

205

QUASTEN

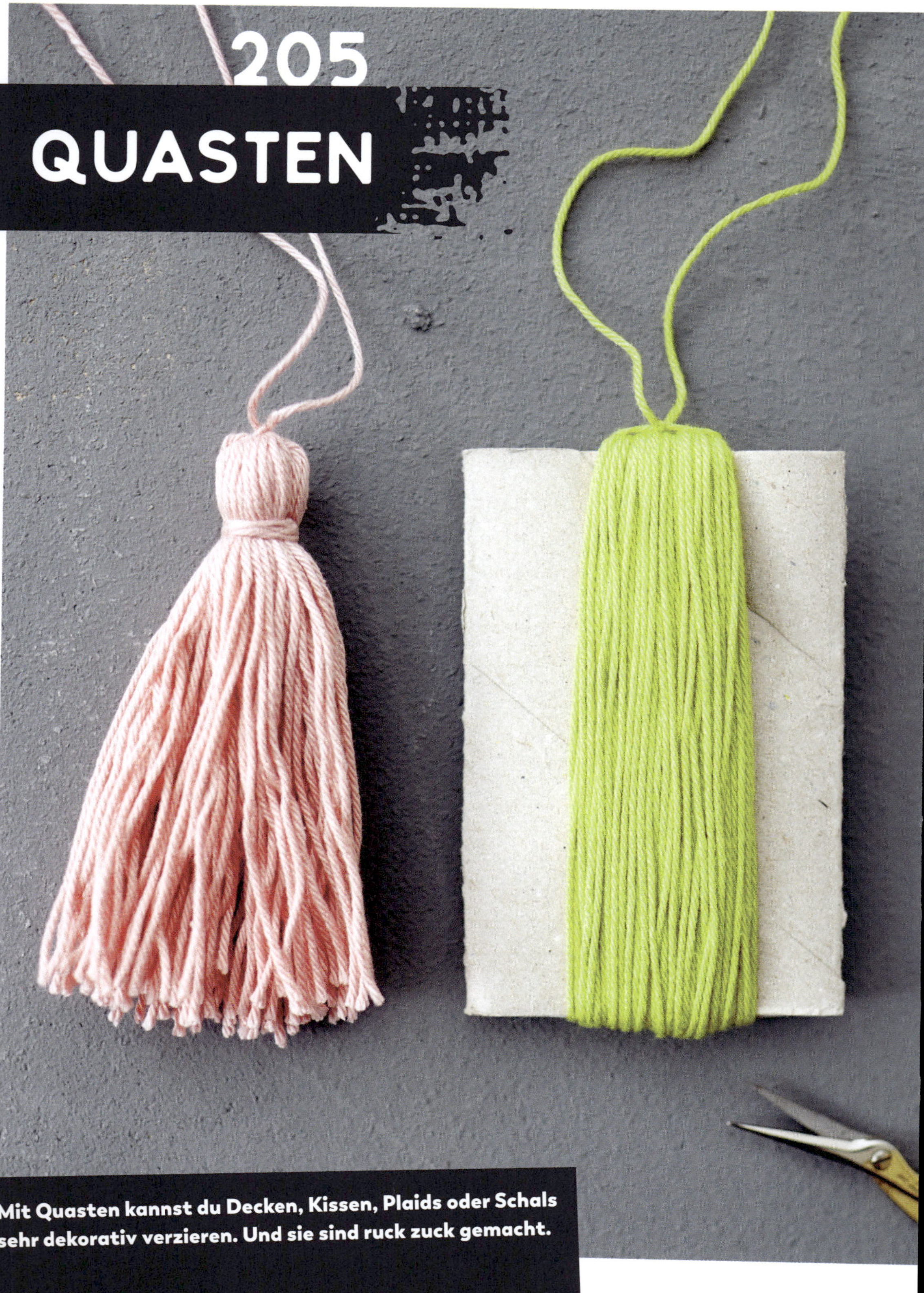

Mit Quasten kannst du Decken, Kissen, Plaids oder Schals sehr dekorativ verzieren. Und sie sind ruck zuck gemacht.

Aus Garnresten kannst du individuelle Karten basteln.

Gewünschte Silhouette ausschneiden und Fadenenden von hinten waagerecht einkleben.

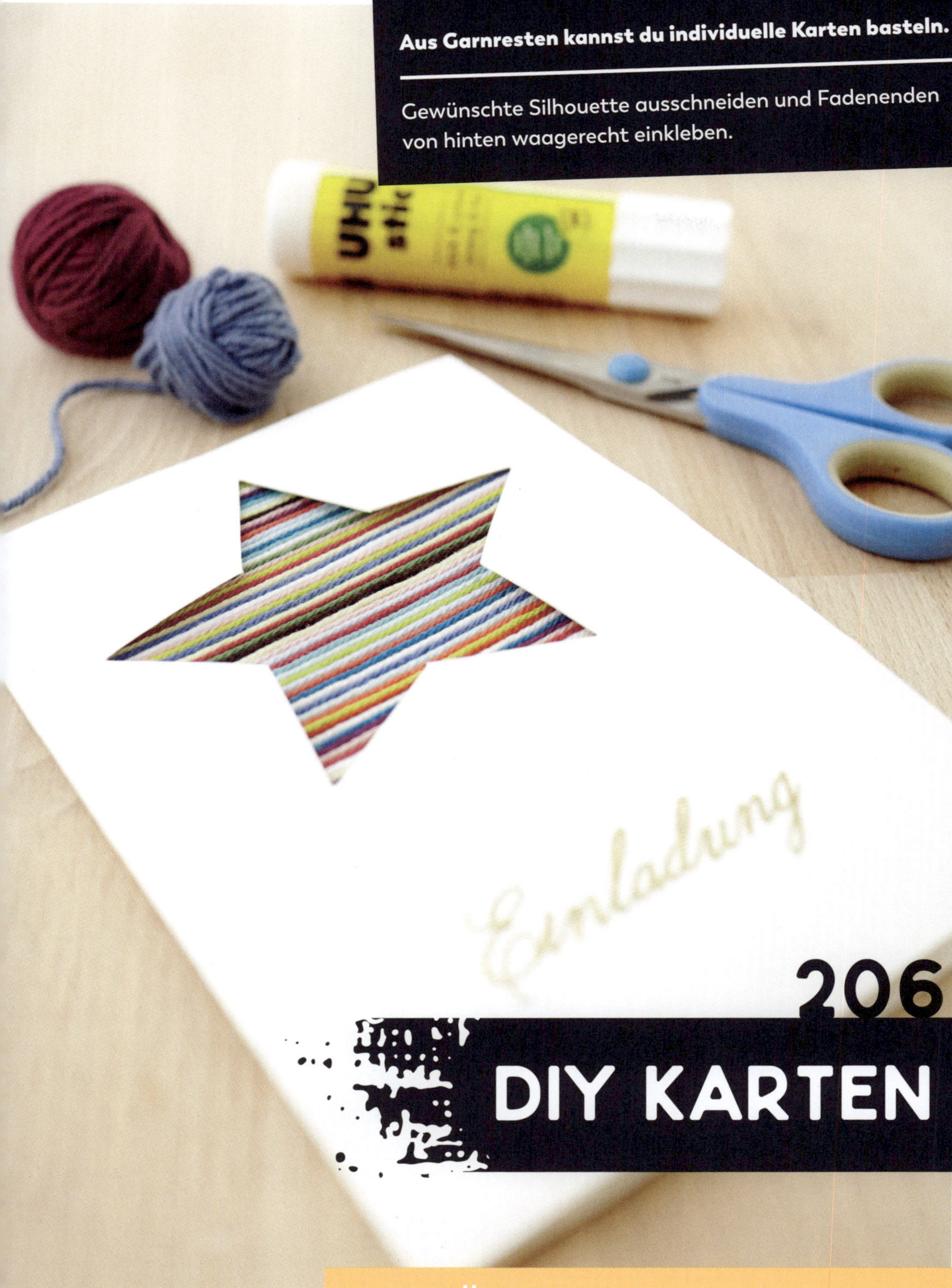

206 DIY KARTEN

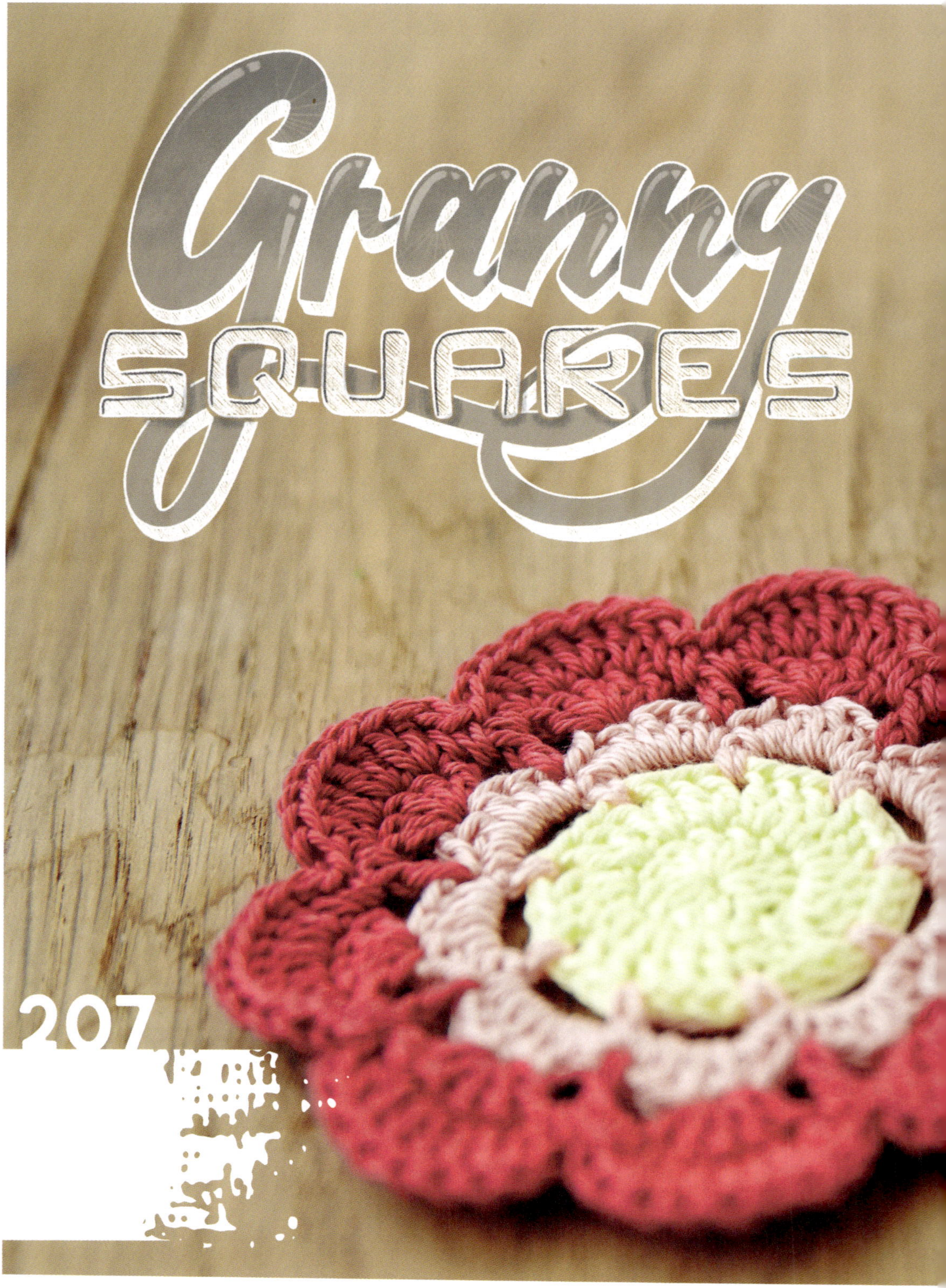
Granny
SQUARES
207

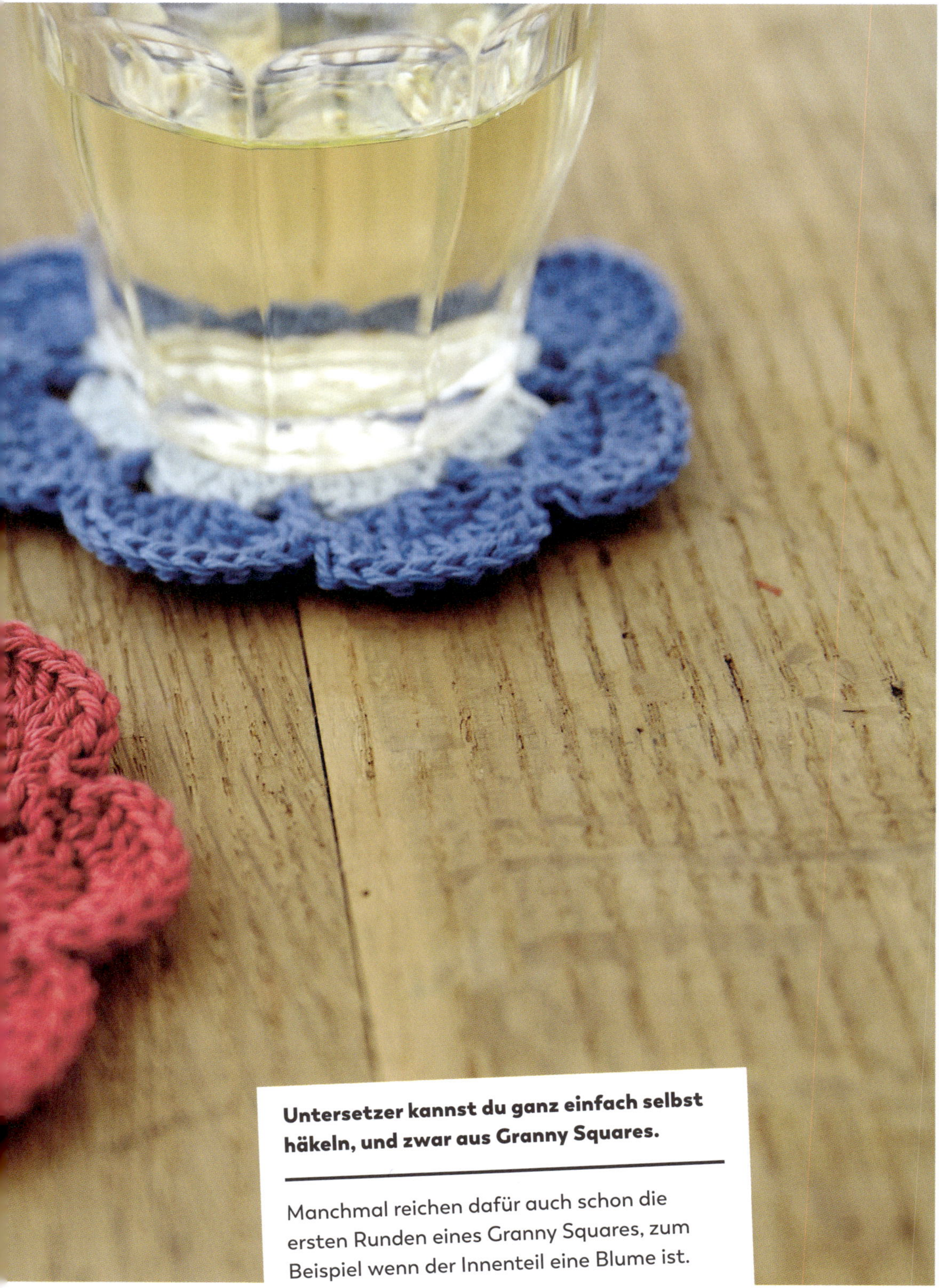

Untersetzer kannst du ganz einfach selbst häkeln, und zwar aus Granny Squares.

Manchmal reichen dafür auch schon die ersten Runden eines Granny Squares, zum Beispiel wenn der Innenteil eine Blume ist.

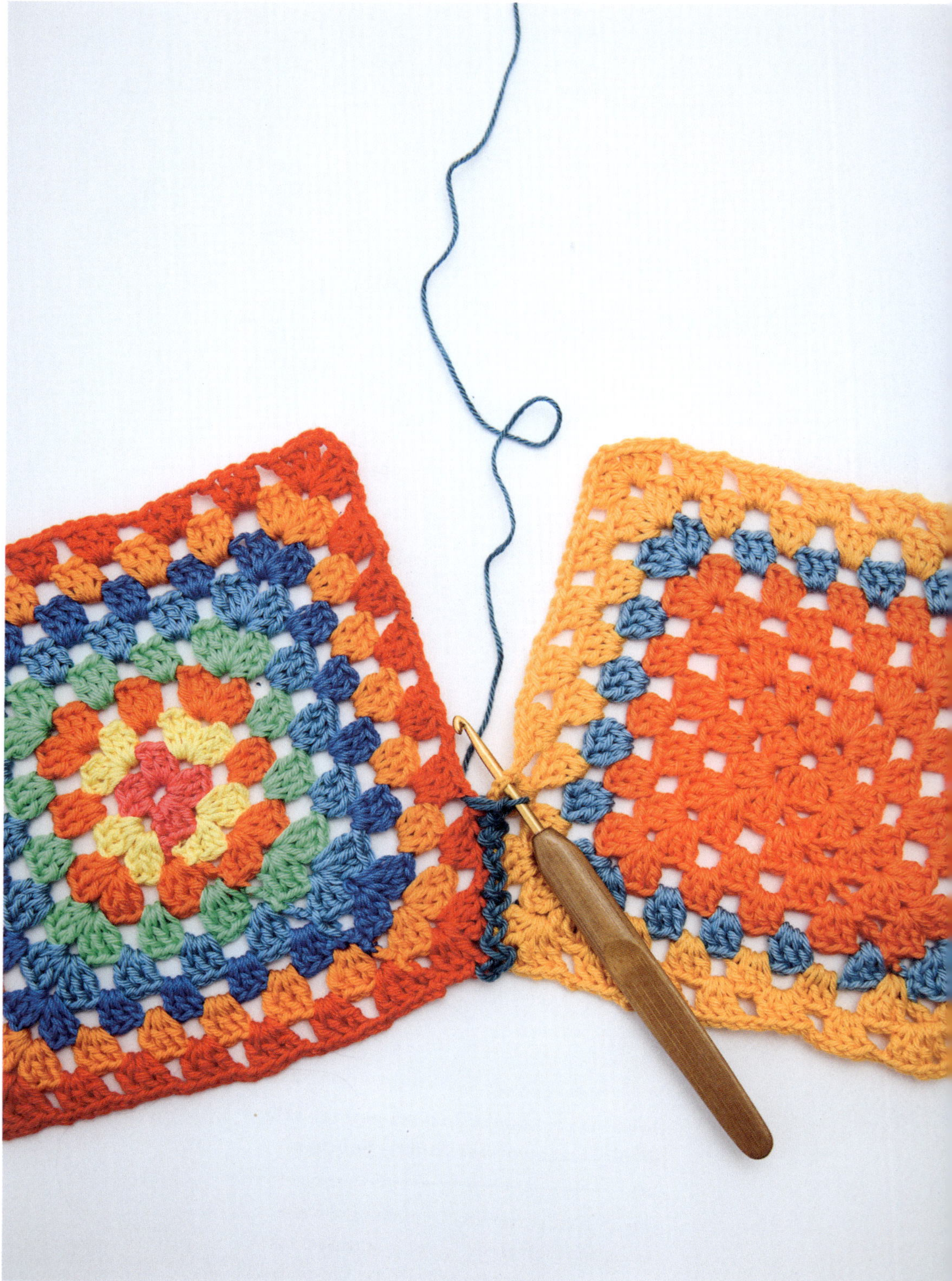

Jeder liebt gehäkelte Granny Squares und das Beste ist, dass sich fast alles daraus machen lässt! Decken, Taschen, Mützen, Jacken und was immer Ihnen an Ideen in den Sinn kommt – und auch bei Grannys gibt es so einige Tipps und Tricks...

208

GRANNY-PROJEKT ZU KLEIN?

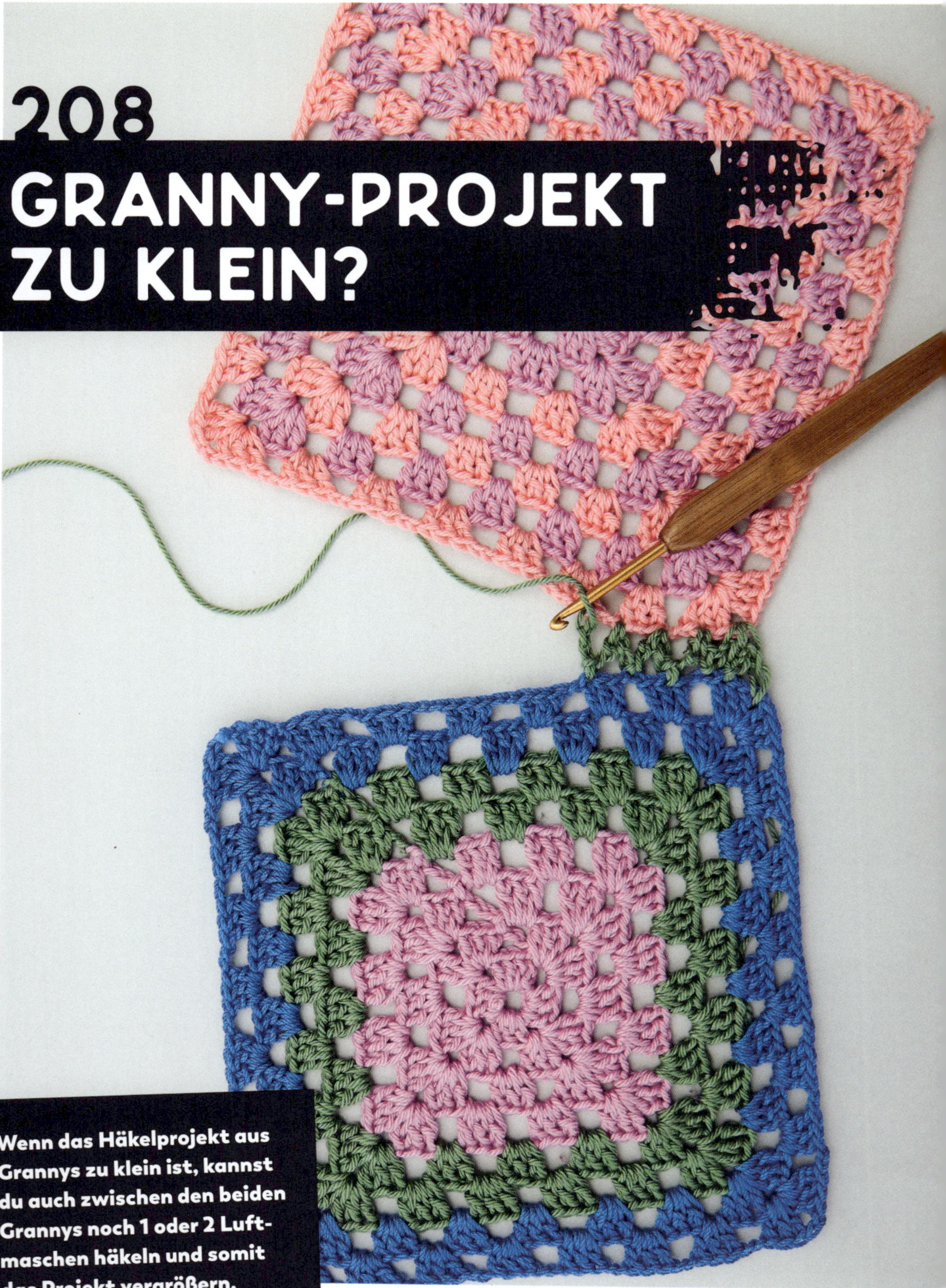

Wenn das Häkelprojekt aus Grannys zu klein ist, kannst du auch zwischen den beiden Grannys noch 1 oder 2 Luftmaschen häkeln und somit das Projekt vergrößern.

Bei den Häkelschriften von Grannys kannst du die Runden mit verschieden farbigen Textmarkern anmalen, so verrutscht du nie im Muster.

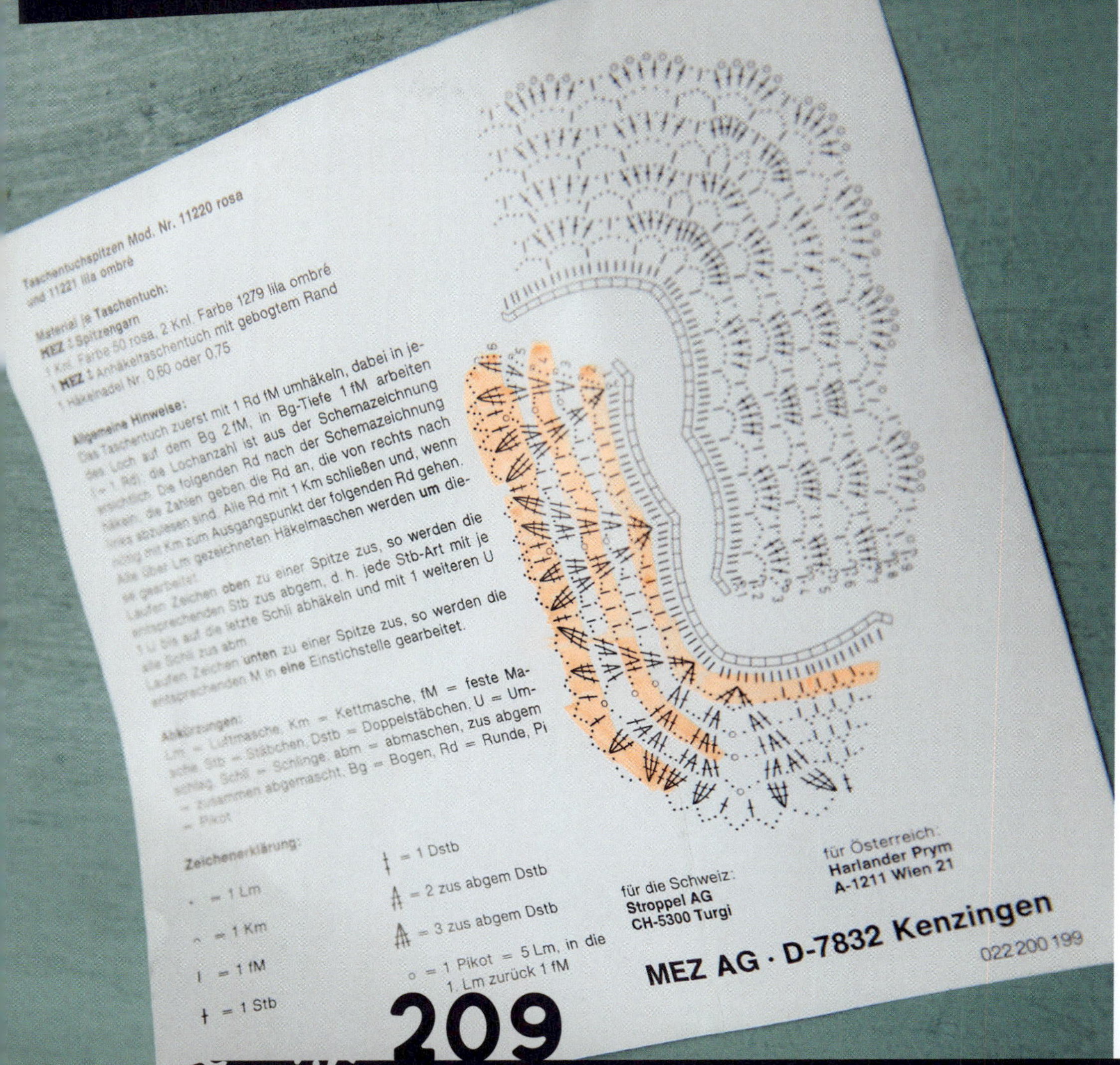

209 GRANNY-HÄKEL-SCHRIFTEN

210

GRANNY SQUARES ZUSAMMENHÄKELN

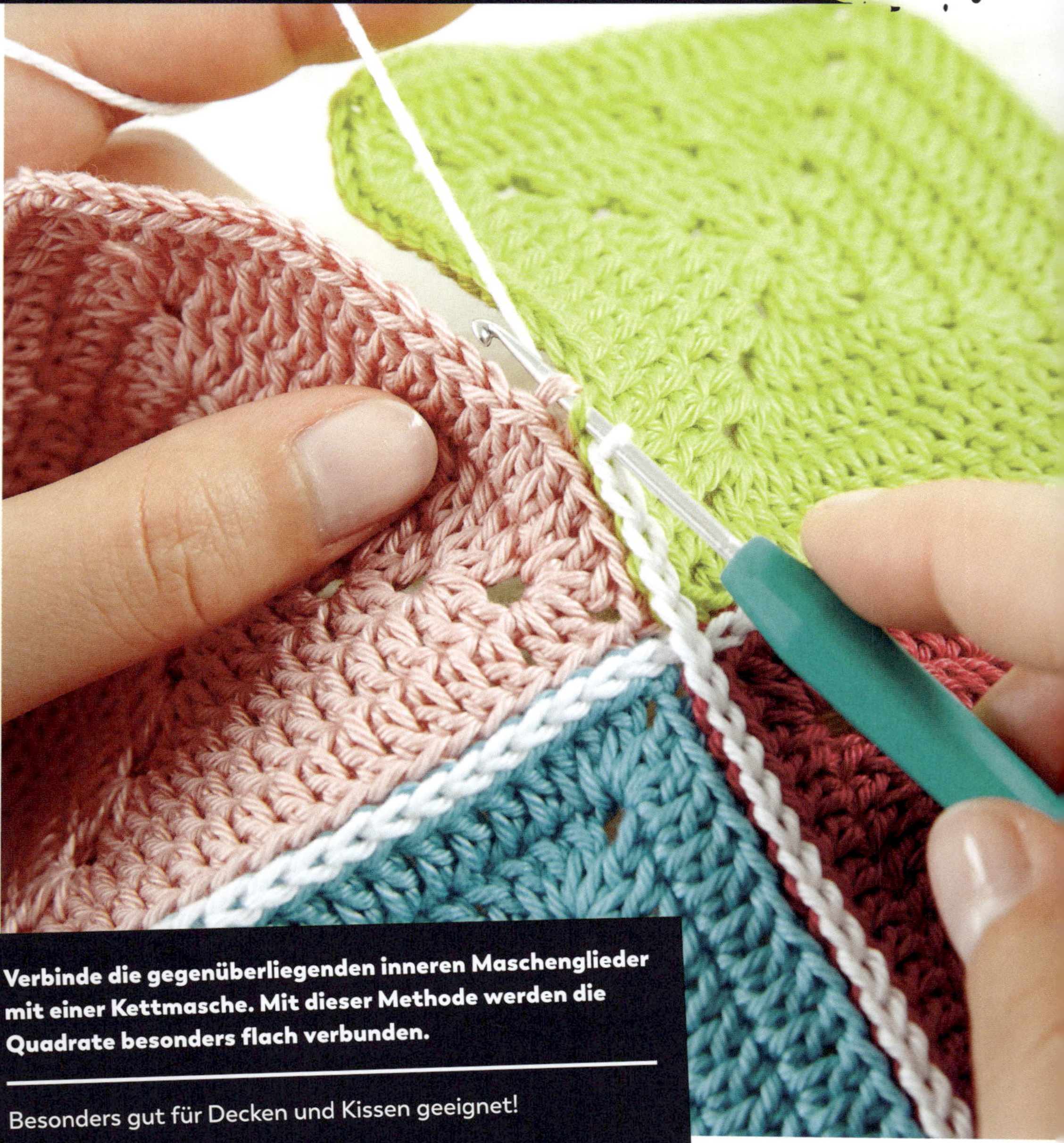

Verbinde die gegenüberliegenden inneren Maschenglieder mit einer Kettmasche. Mit dieser Methode werden die Quadrate besonders flach verbunden.

Besonders gut für Decken und Kissen geeignet!

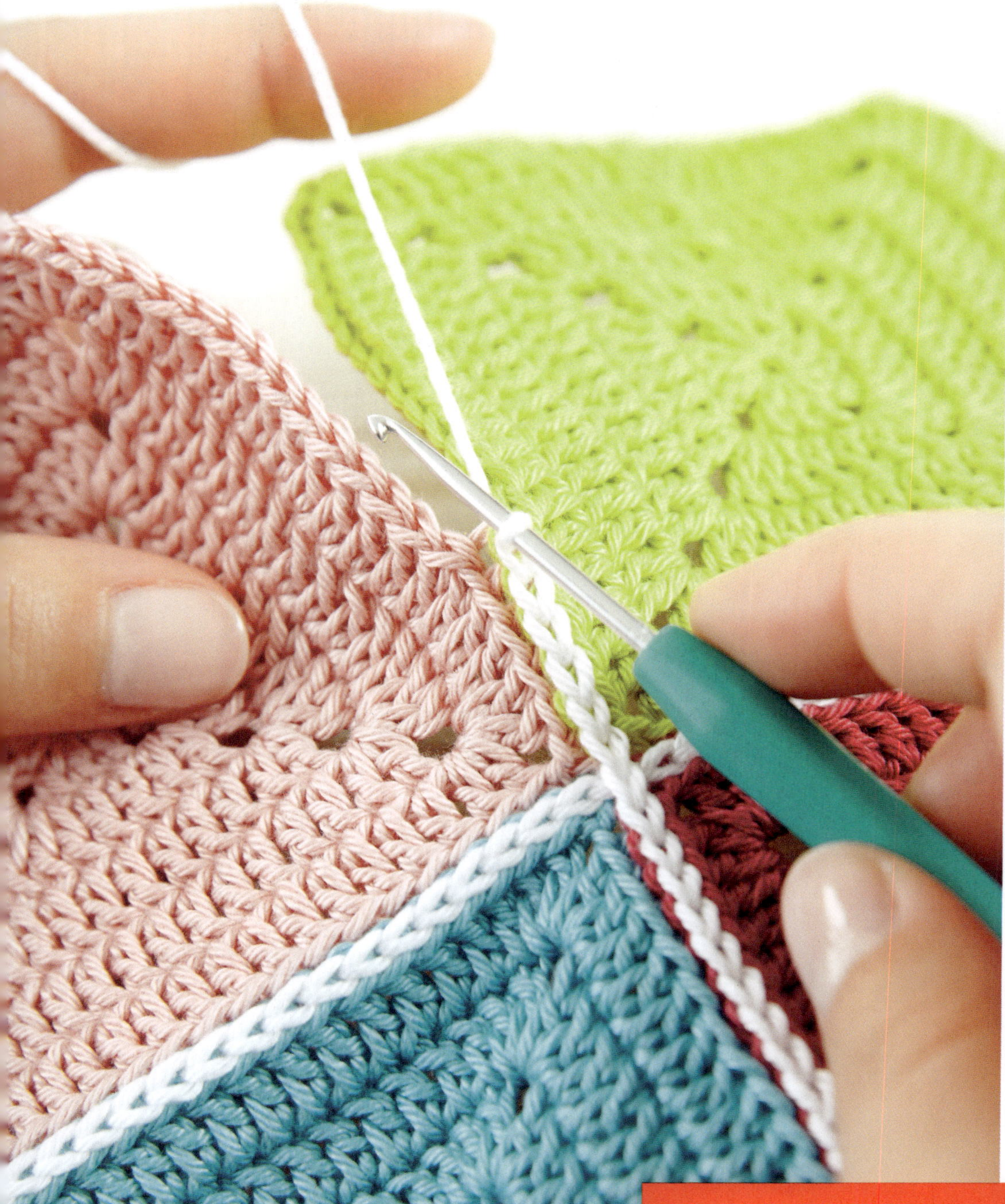

Wenn man eine plastische Naht zwischen den Grannys haben möchte, legt man sie aufeinander und sticht durch beide Grannys mit der Häkelnadel durch und häkelt sie mit Kettmaschen oder festen Maschen zusammen.

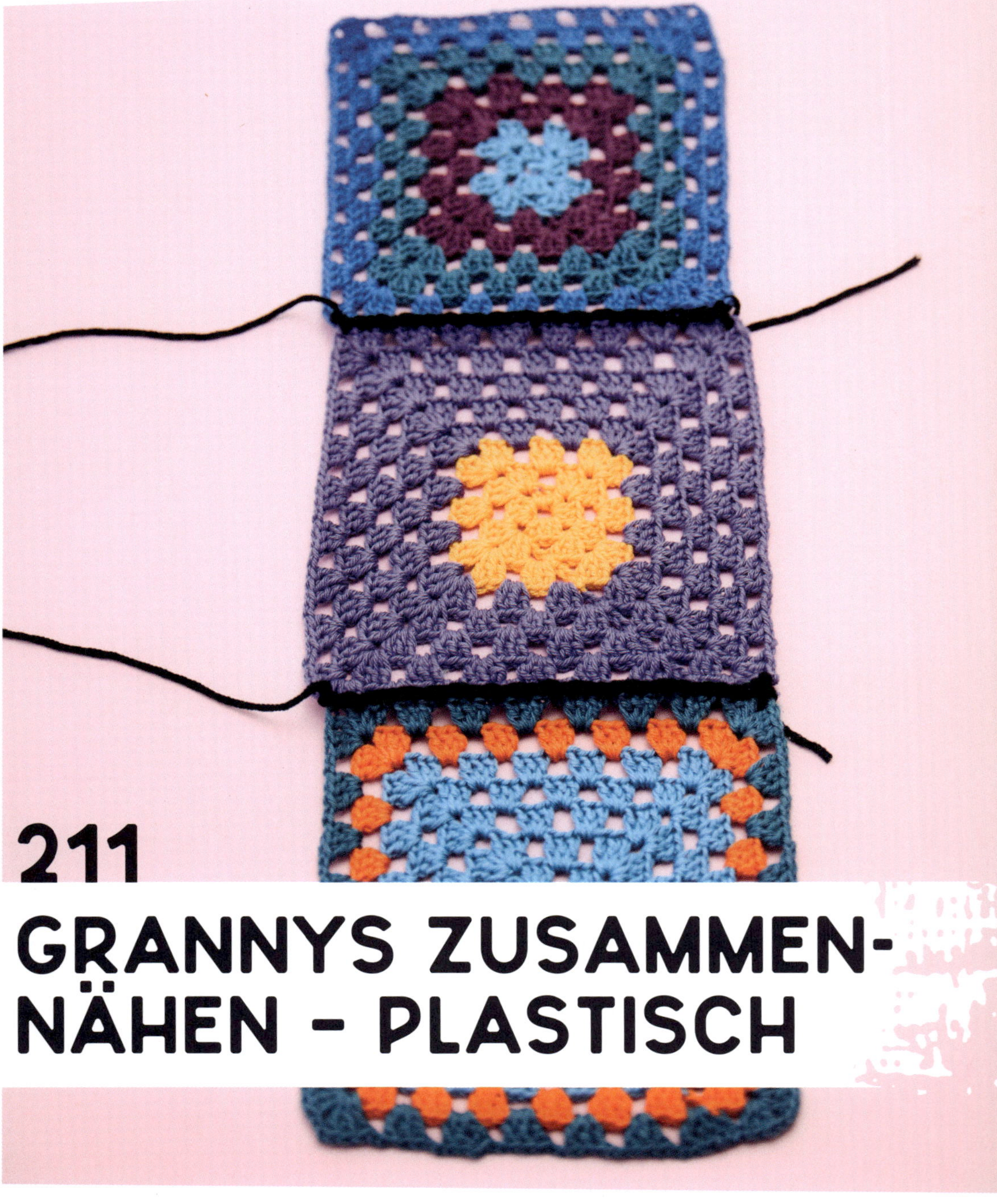

211 GRANNYS ZUSAMMENNÄHEN – PLASTISCH

212

GRANNYS ZUSAMMEN-NÄHEN – FLACH

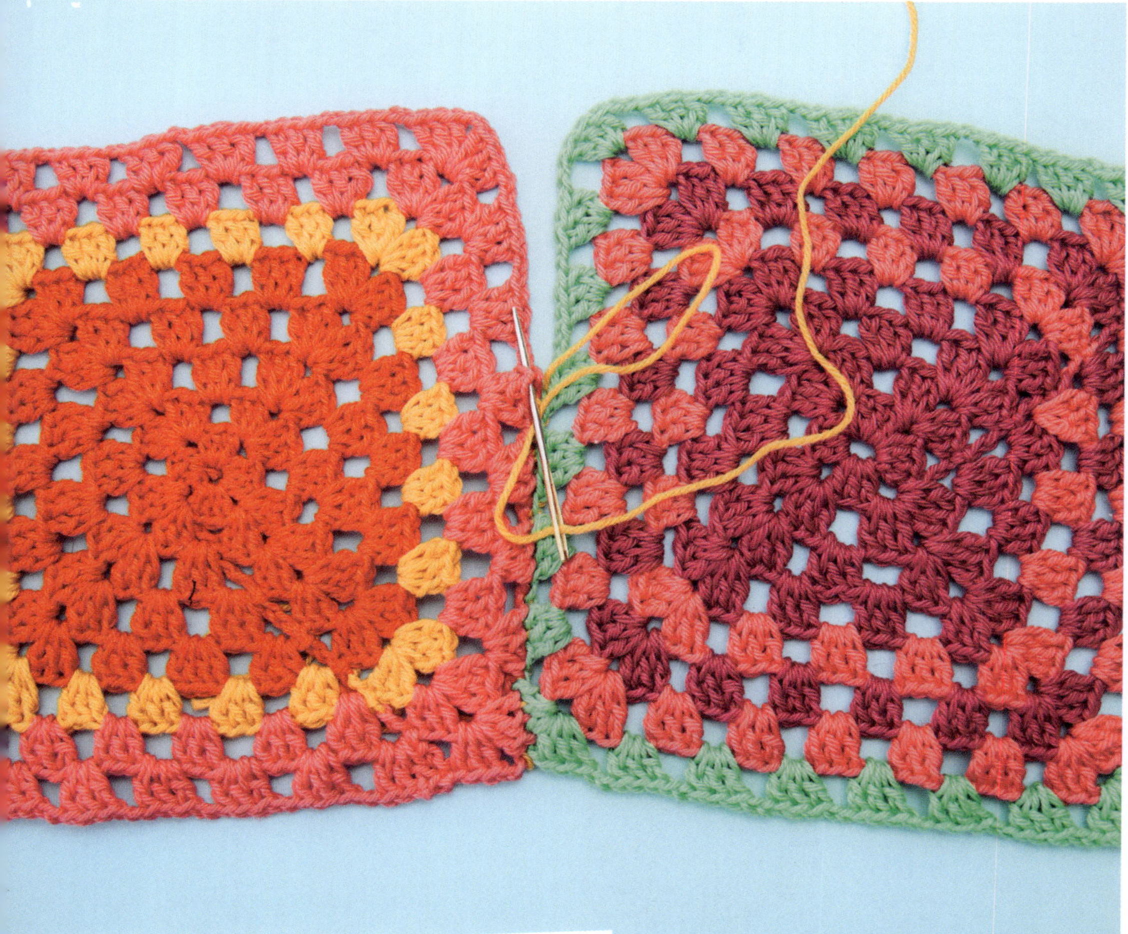

Wenn zwischen den Grannys eine flache Kante sein soll, legt man die Grannys aneinander, sticht mit einer Wollnadel zuerst in die vordere Masche des linken Grannys und anschließend in die vordere Masche des rechten Grannys. Wiederhole diesen Schritt bis beide Grannys vollständig miteinander verbunden sind.

Mit vielen einzelnen dieser abstrakten Granny Squares kannst du dein eigenes Kleidungsstück selbst designen.

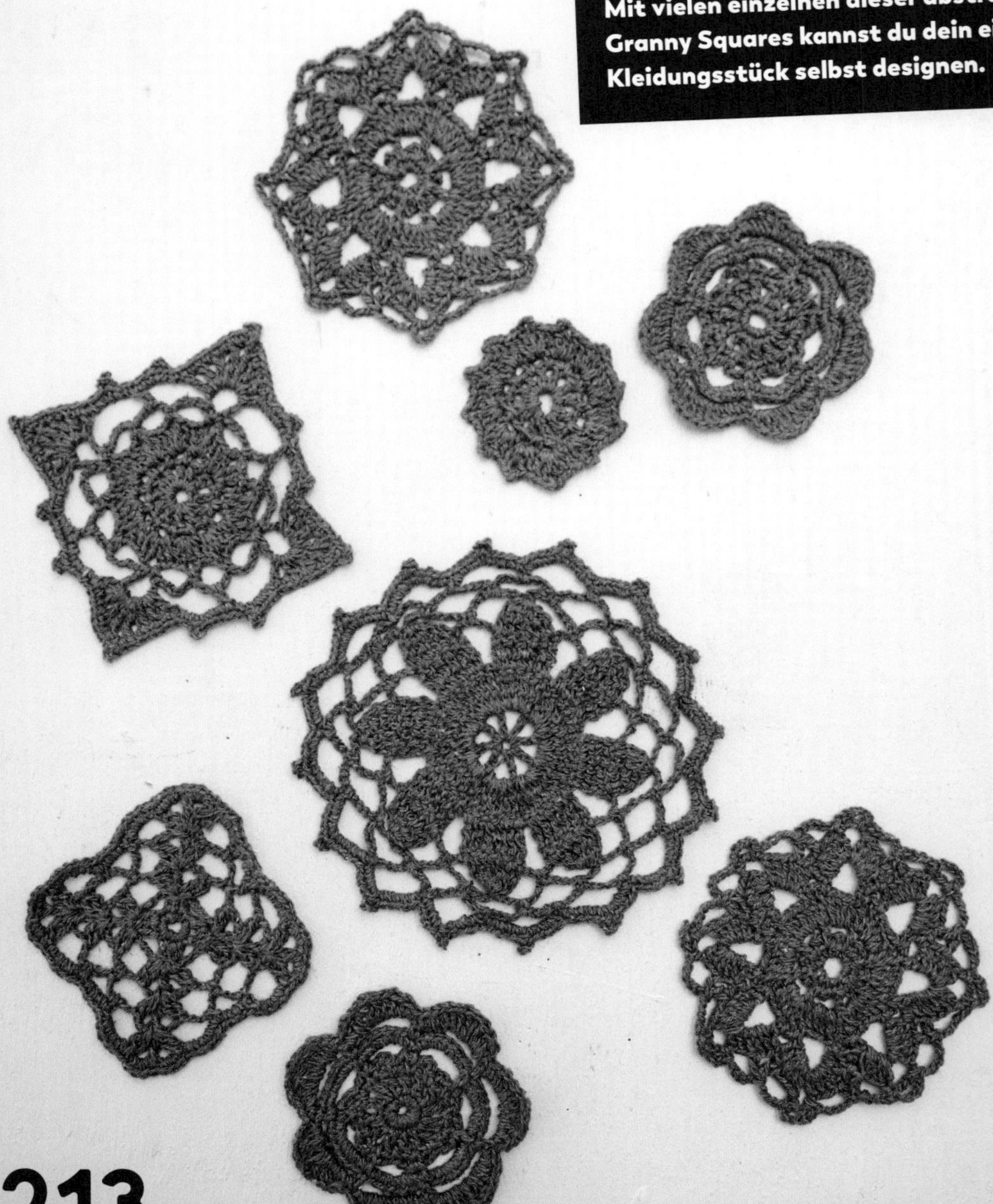

213 ANDERE GRANNY SQUARES

214 ZUSAMMENHÄKELN OHNE FADEN

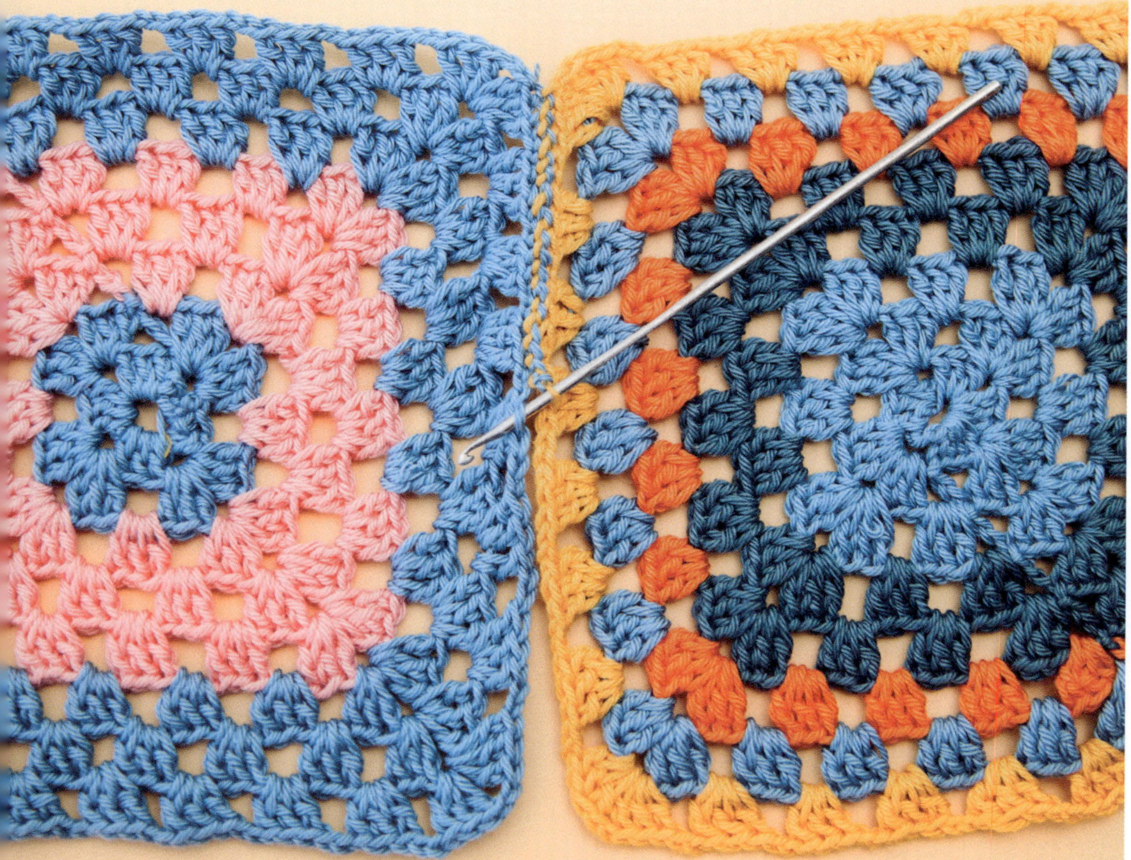

Falls kein Faden zum Zusammennähen der Granny Squares da sein sollte, können die Granny Squares auch mit Hilfe der hinteren Maschenglieder zusammengehäkelt werden.

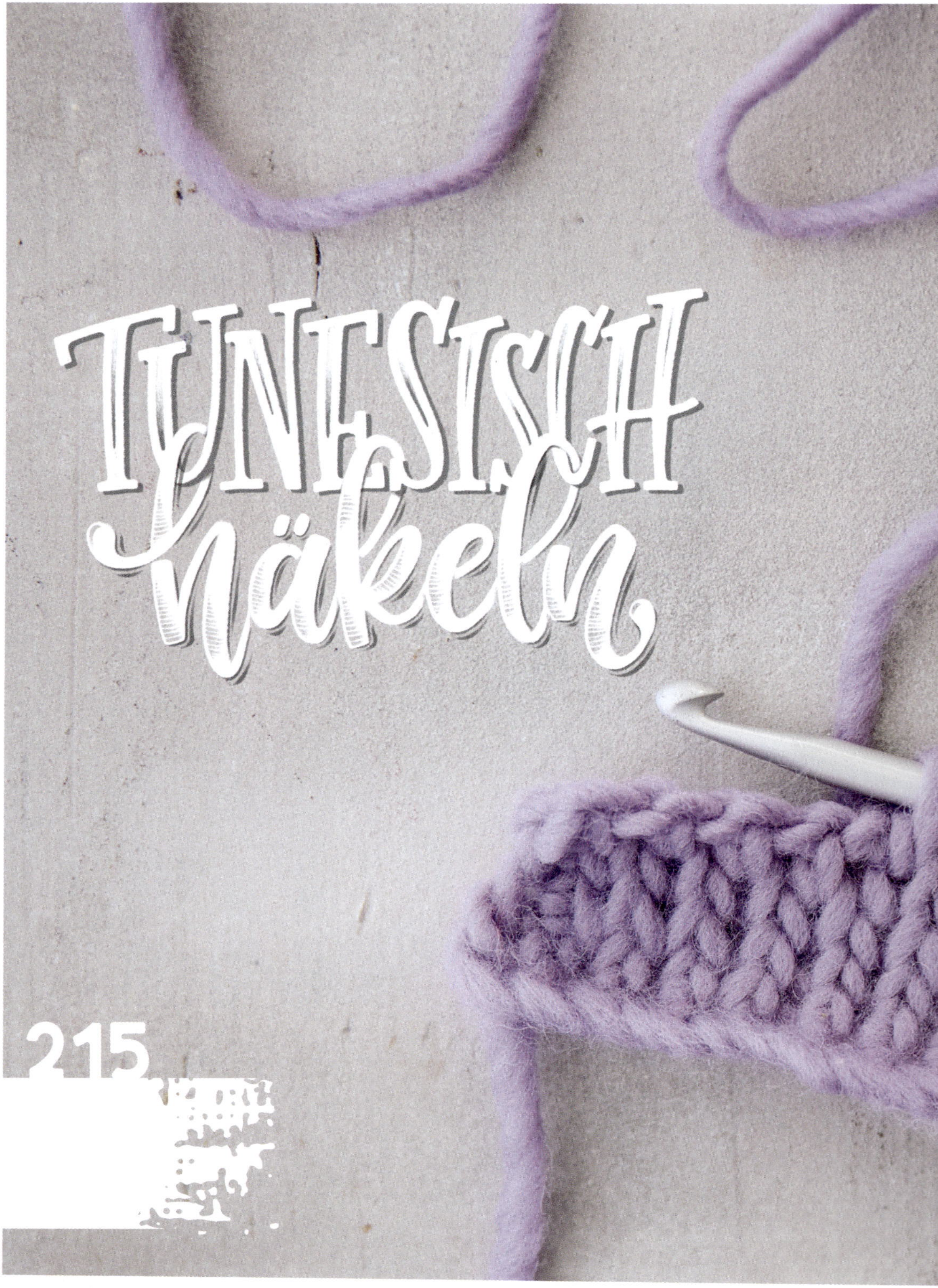
TUNESISCH
häkeln
215

Wusstest du, dass Tunesisch Häkeln auch Sträkeln genannt wird, da es eine Mischung aus Häkeln und Stricken ist. Die fertige Struktur sieht dem Weben sehr ähnlich.

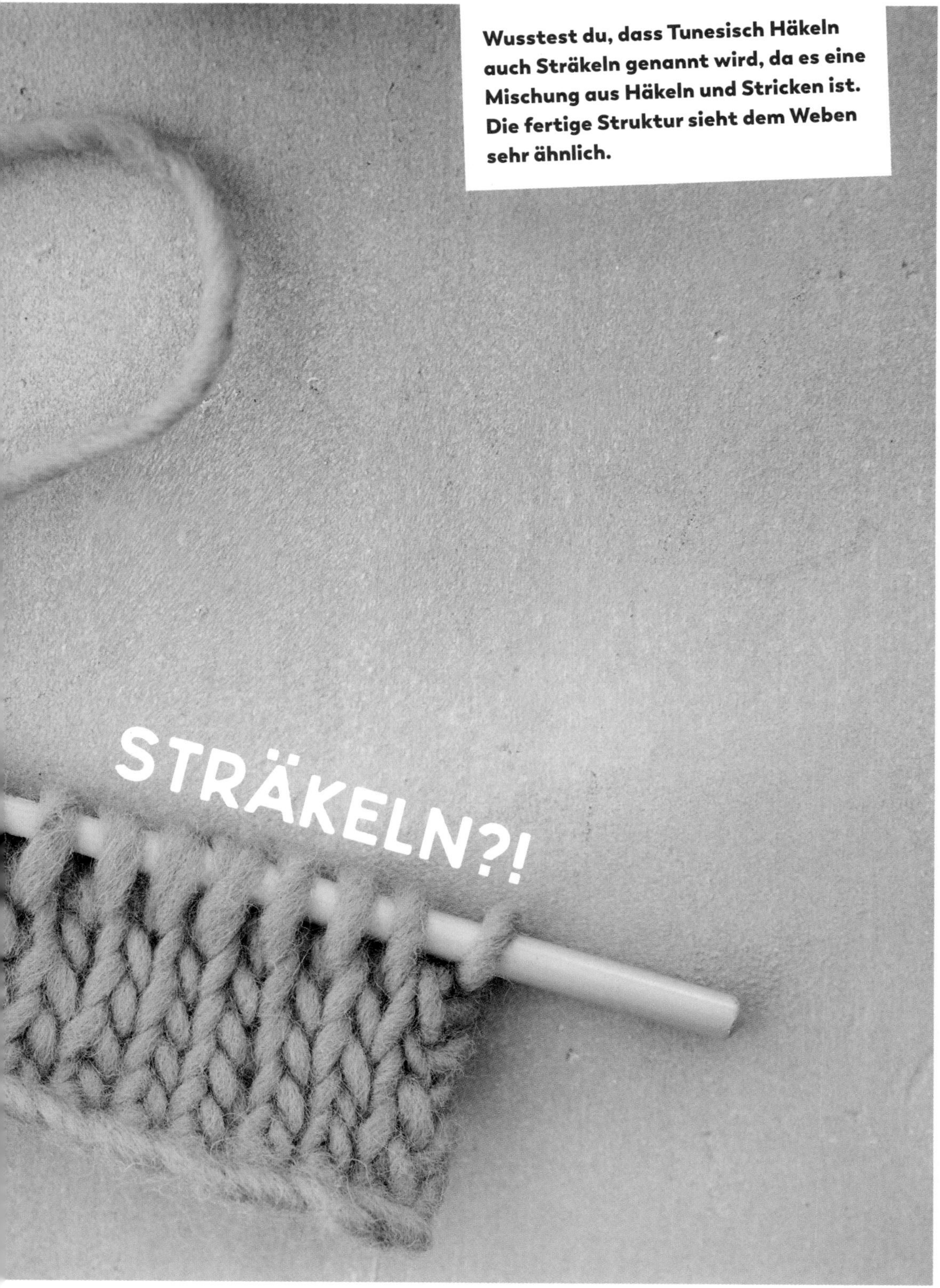

STRÄKELN?!

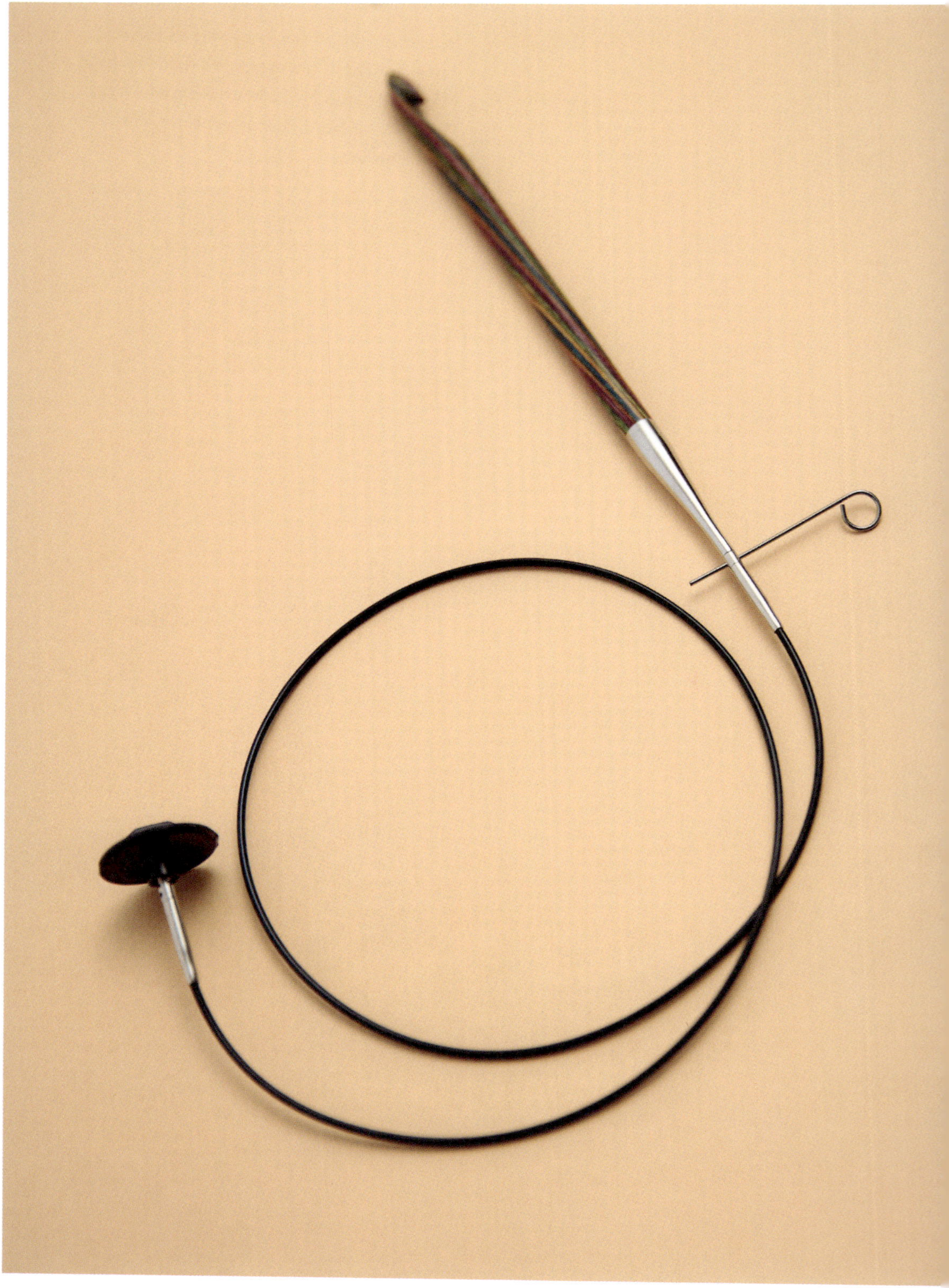

Tunesisches Häkeln ist vor allem bei Häkel-Einsteigerinnen und -Einsteigern sehr beliebt. Doch auch für Häkel-Profis bieten sich viele neue Möglichkeiten in der Gestaltung an. In diesem Kapitel findest du zahlreiche Tipps und Tricks für die faszinierende Technik.

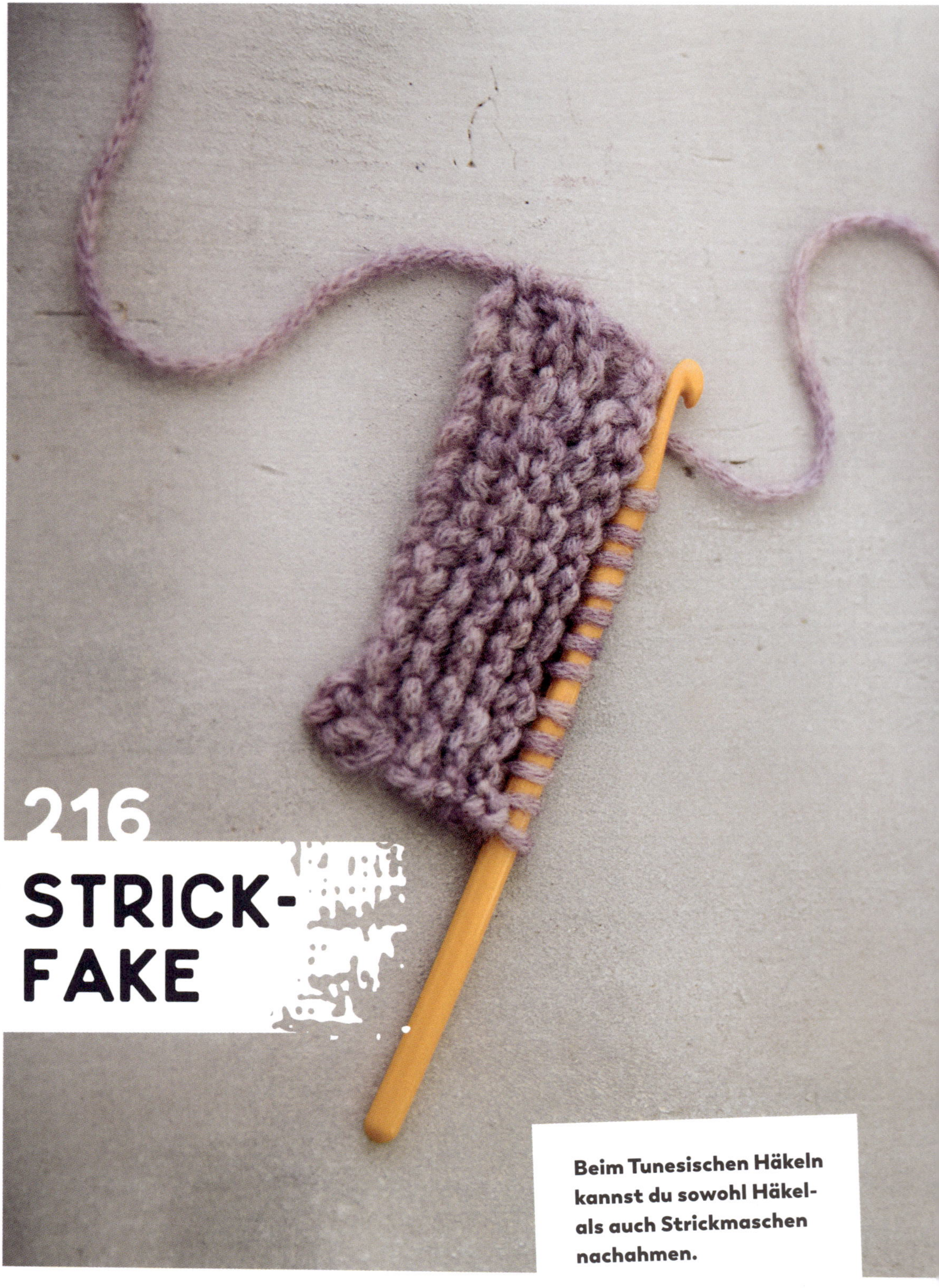

216

STRICK-FAKE

Beim Tunesischen Häkeln kannst du sowohl Häkel- als auch Strickmaschen nachahmen.

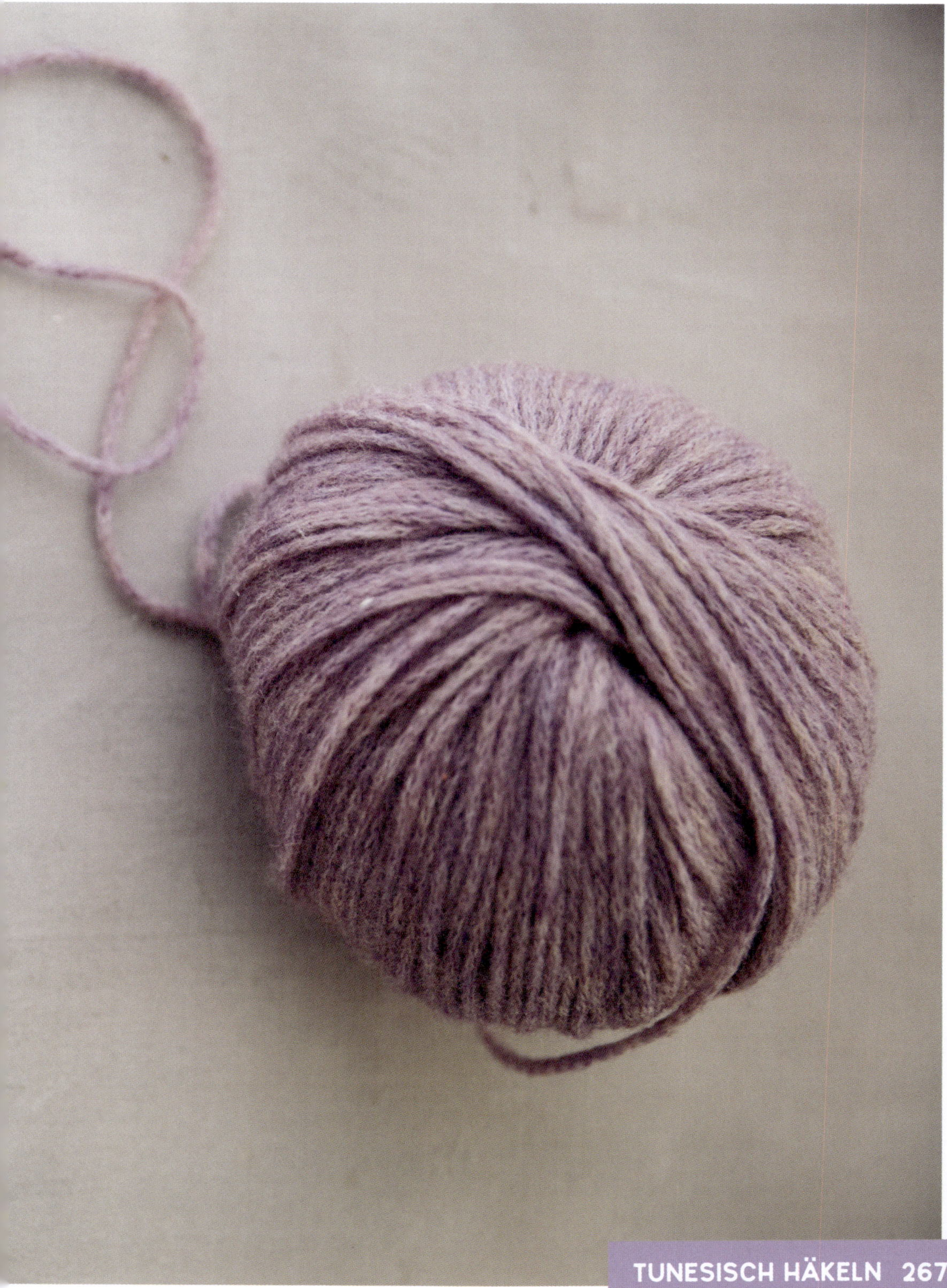

217

NADEL AM SEIL

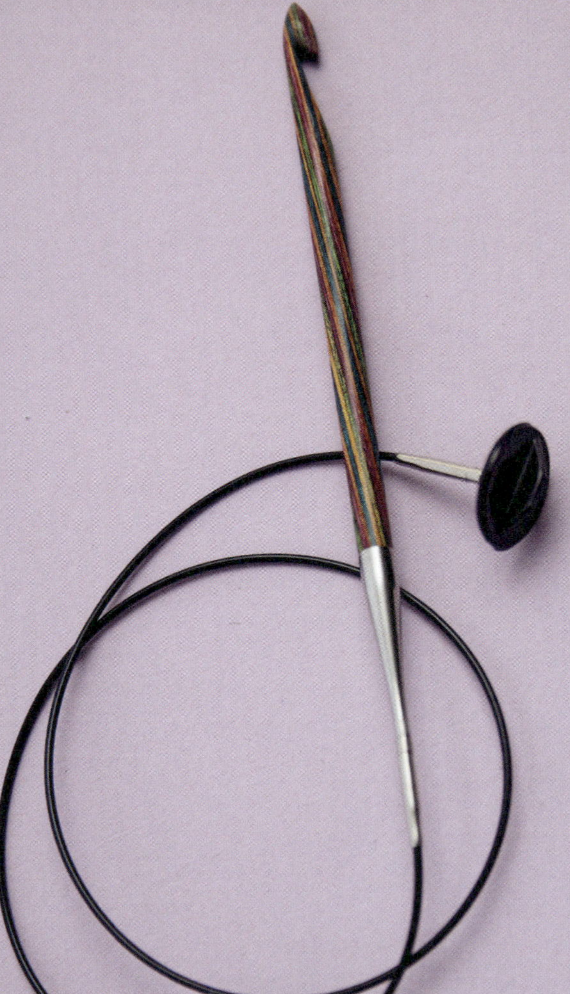

Beim tunesischen Häkeln ist es von Vorteil, wenn die du die Nadel am Seil verwendest, denn wenn du viele Maschen hast und ein großes Teil häkelst, liegt es auf deinem Schoß. Tunesische Häkelei ist viel fester als reguläre Häkelprojekte und dadurch auch schwerer.

Beim Sträkeln von Kleidung verwendest du am besten eine Nadel, die 1,5-2 Nummern größer ist als auf der Banderole des Garns angegeben, da das Sträkeln sehr fest und unelastisch ist.

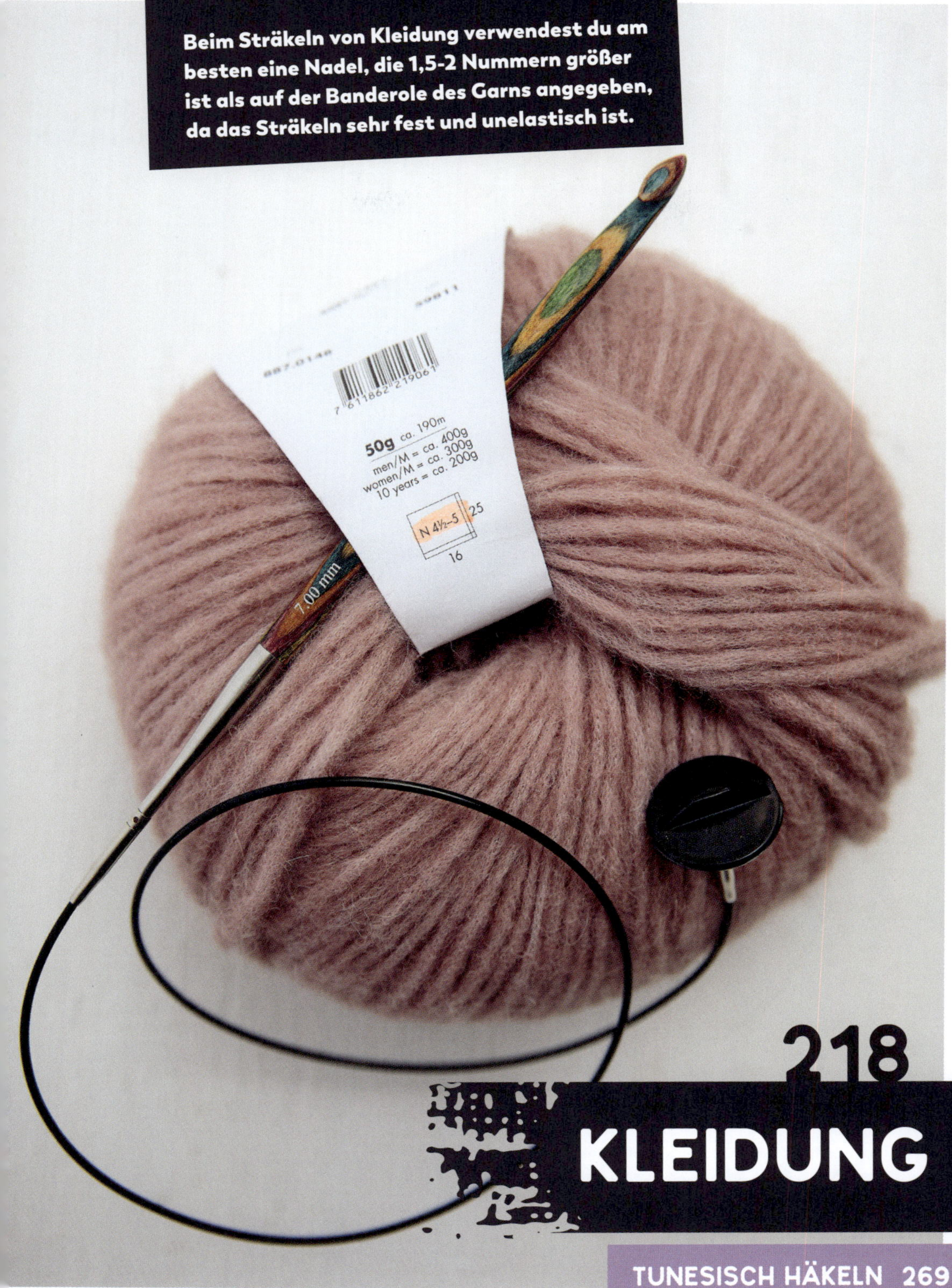

218 KLEIDUNG

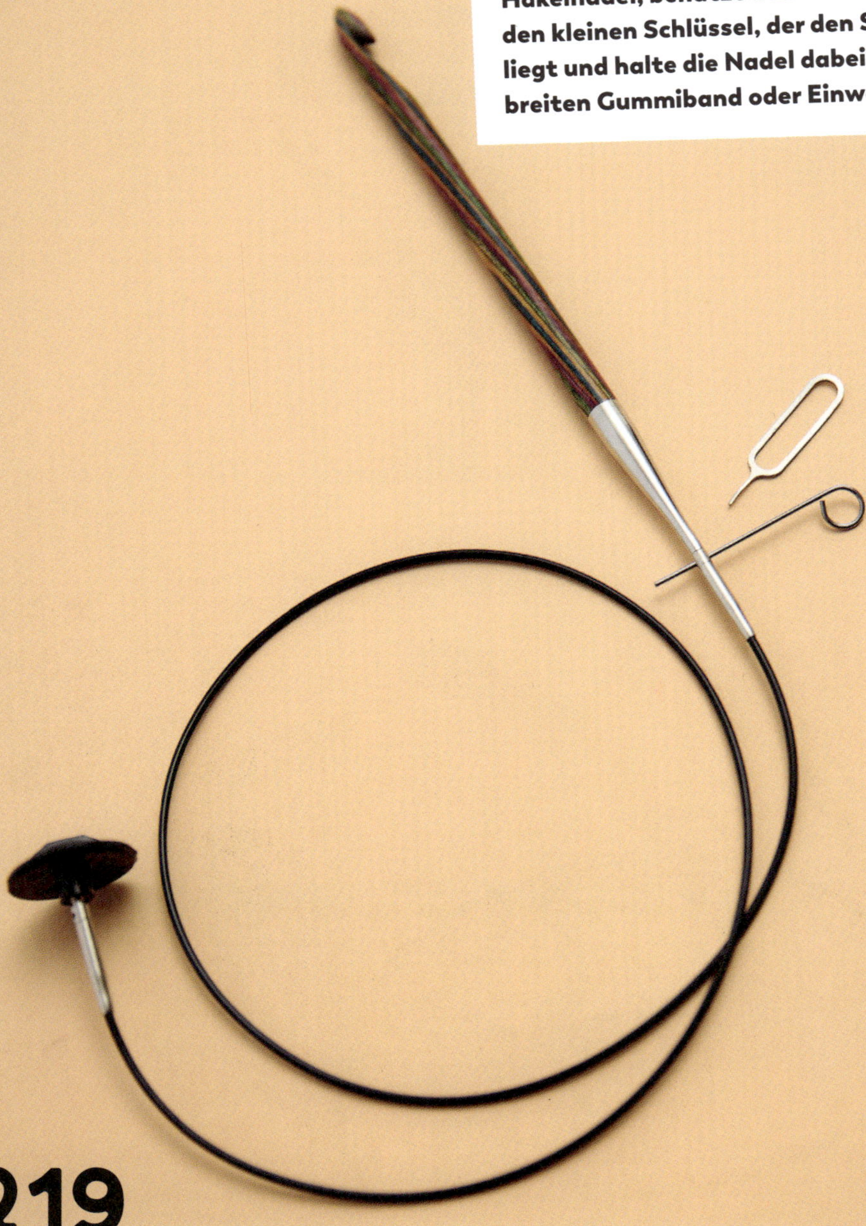

Lockert sich das Seil bei deiner tunesischen Häkelnadel, benutze beim Anschrauben den kleinen Schlüssel, der den Seilen beiliegt und halte die Nadel dabei mit einem breiten Gummiband oder Einweckring fest.

219

LOCKERES SEIL

220

TUNESISCH IN FORM

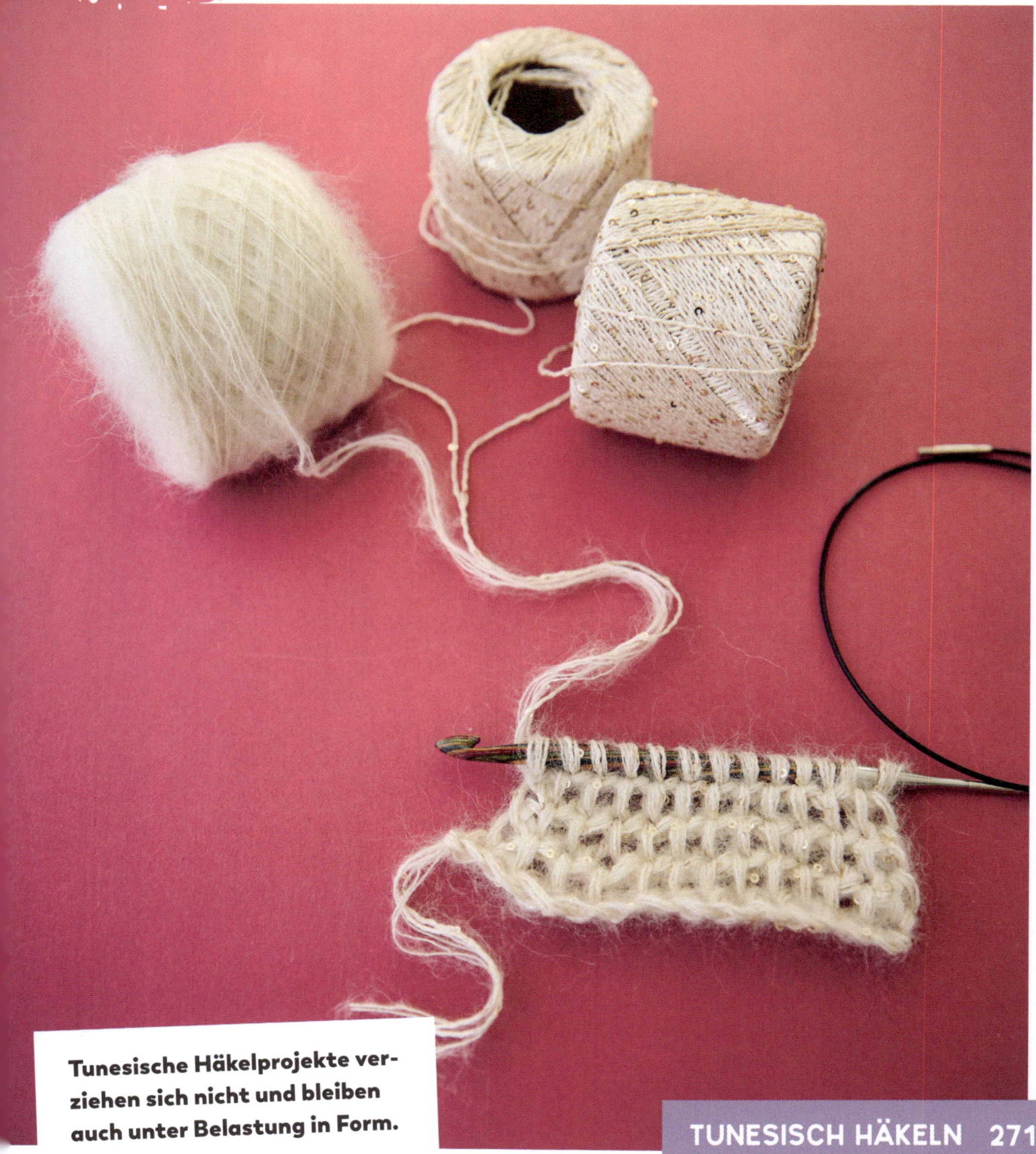

Tunesische Häkelprojekte verziehen sich nicht und bleiben auch unter Belastung in Form.

Eine Maschenprobe sollte mindestens 12 x 12 cm, besser noch 15 x 15 cm groß sein, um ein aussagekräftiges Ergebnis zu erzielen. Sehr wichtig ist es, die Maschenprobe vor dem Auszählen zu waschen und vollständig trocknen zu lassen, da sich viele Garne (insbesondere Merino und Seide) durch das Waschen noch verändern.

221

ERST WASCHEN, DANN MESSEN

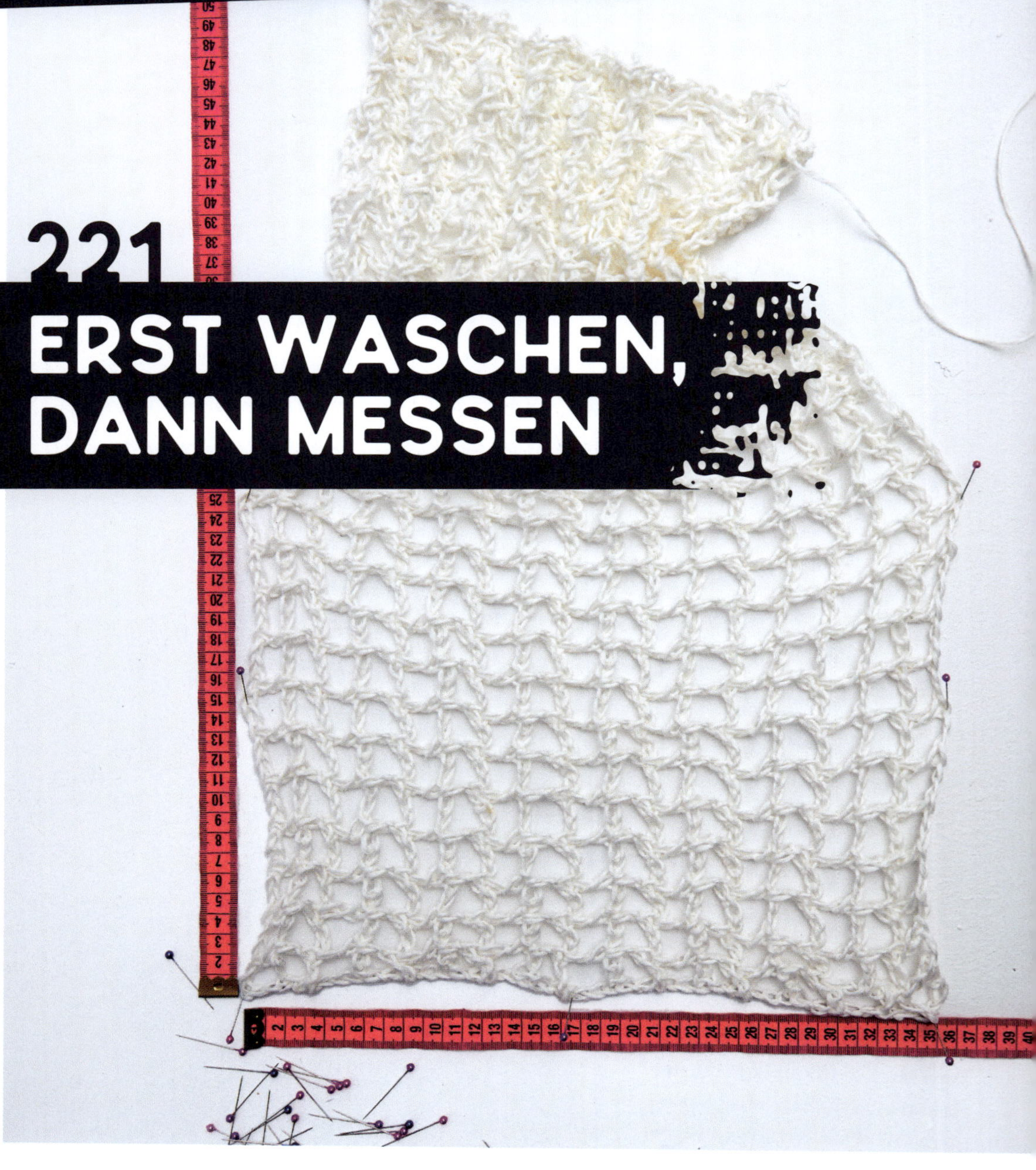

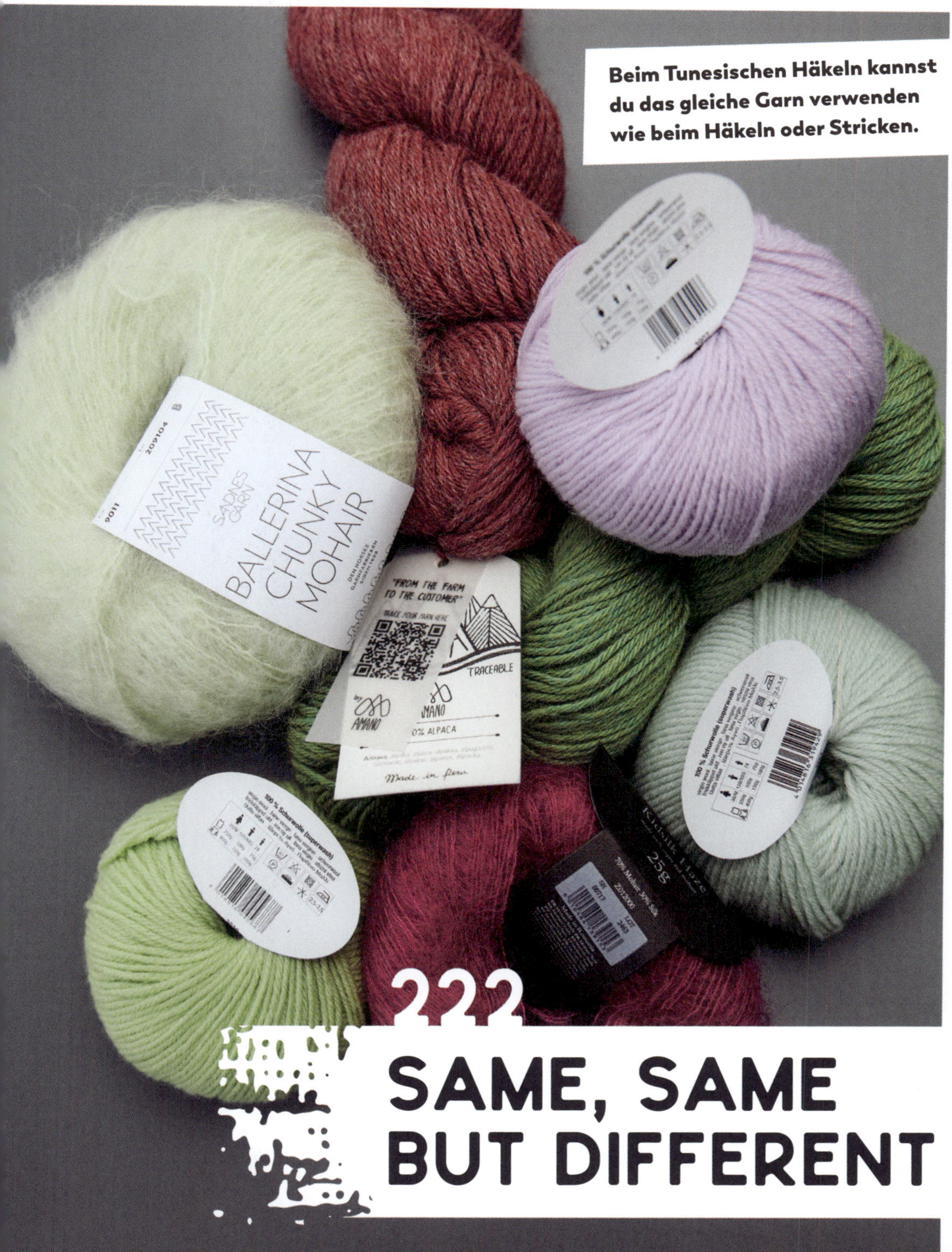

Beim Tunesischen Häkeln kannst du das gleiche Garn verwenden wie beim Häkeln oder Stricken.

222

SAME, SAME BUT DIFFERENT

NOTIZEN

NOTIZEN

REGISTER

DIE AUTORINNEN

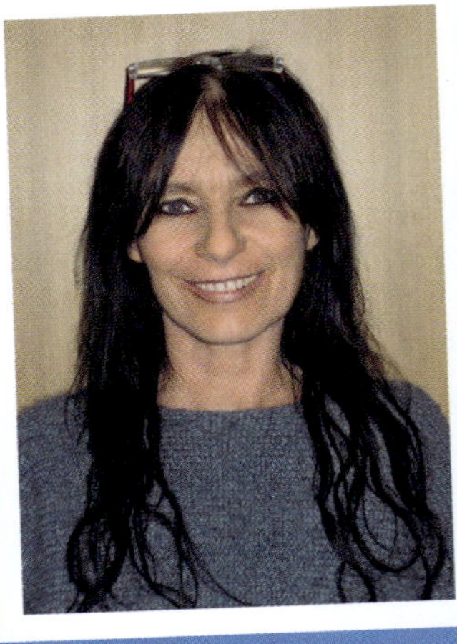

MANUELA SEITTER

ist eine innovative Strickdesignerin, Inhaberin der Kreativoase Rock'n Woll und Kopf der Ulmer Strickguerilla. Mit ihrer Begeisterungsfähigkeit animiert sie alle Generationen, mit Wolle und Nadeln kreativ zu arbeiten und dadurch tolle Unikate anzufertigen. So haben schon mehr als 1.000 Kinder und Jugendliche in ihren Kursen Stricken und Häkeln gelernt. Nebenbei ist sie als Designerin für Verlage und Garnfirmen tätig.

MARTINA HEES

Ich lebe und arbeite in Hamburg. Den Ausgleich zu meinem stressigen Berufsalltag als selbständige Steuerberaterin finde ich seit 30 Jahren in meiner Leidenschaft für das Stricken, das ich mir mit 19 anhand von Büchern selbst beigebracht habe. Seit einigen Jahren stricke ich fast ausschließlich nur noch eigene Entwürfe, in erster Linie Pullover und Jacken für mich, aber auch für meine Familie und meine Mitarbeiterinnen. Meine gemütliche Single-Wohnung über den Dächern der Hansestadt teile ich mir mit meinen beiden heißgeliebten Katern, meiner umfangreichen Strickbuchsammlung und 120 kg Wollvorrat. Wenn ich mal nicht stricke, lese ich sehr gerne oder lege Puzzles.

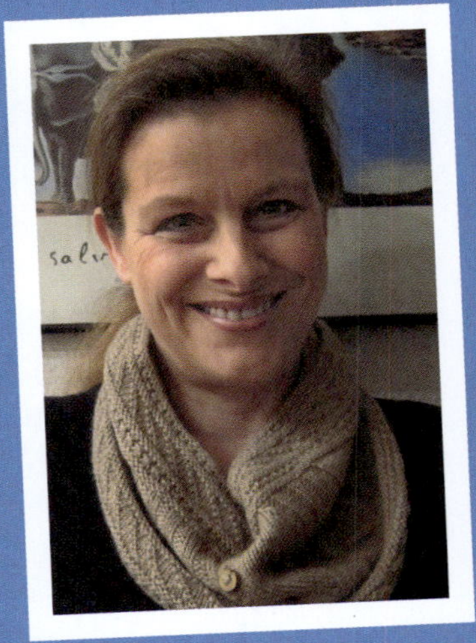

DIE AUTORINNEN

VALENTINA SOBOTA

Ich heiße Valentina Sobota, bin 37 Jahre alt, und wohne im wunderschön grünen Bielefeld. Nach der Elternzeit arbeite ich wieder als Bürokauffrau und suche nach dem Alltag mit zwei wilden Jungs meine Entspannung im Häkeln. Das Hobby habe ich vor langer Zeit in der Schule gelernt und vor drei Jahren wiederentdeckt. Meine Freude an der Arbeit, Tipps und Anleitungen teile ich auf meinem Blog valentinahaekelt.wordpress.com, Facebook und Instagram.

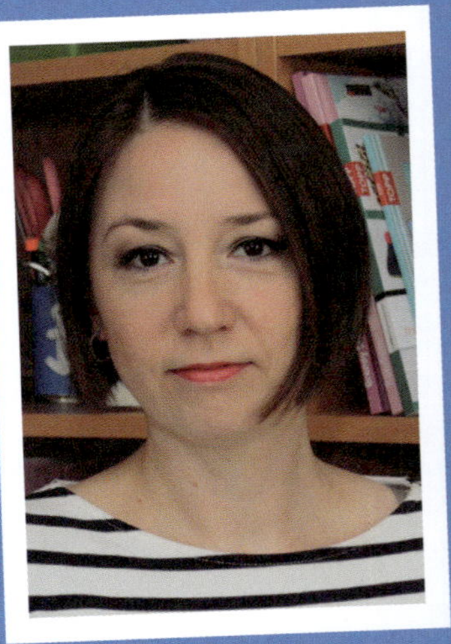

NOTIZEN

Wer wir sind, wie wir arbeiten, was wir lieben ...

Auf Instagram, Facebook und Pinterest findest du mehr über uns und unsere Arbeit und wirst immer schnell und einfach mit den neuesten Infos versorgt.

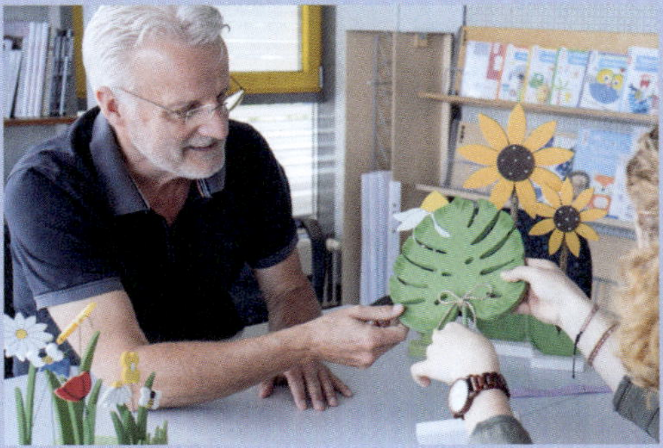

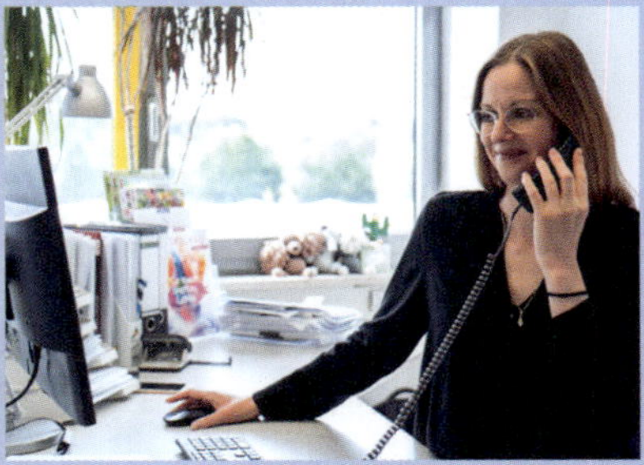

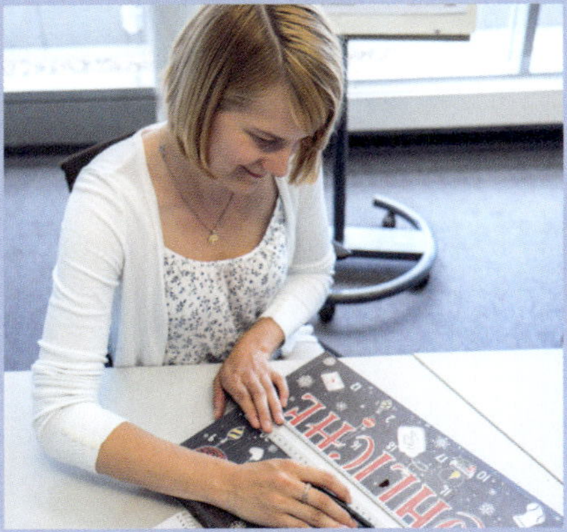

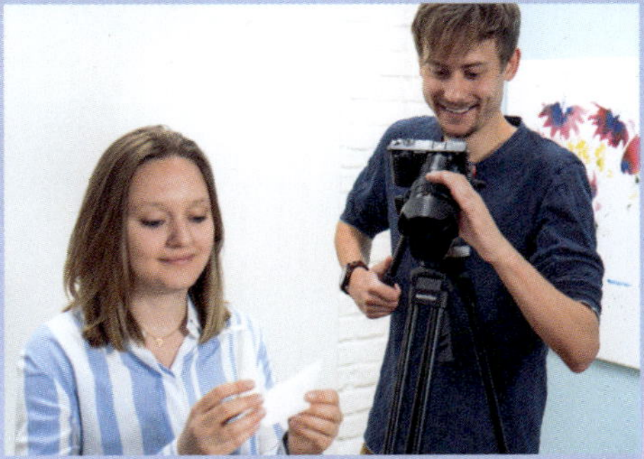

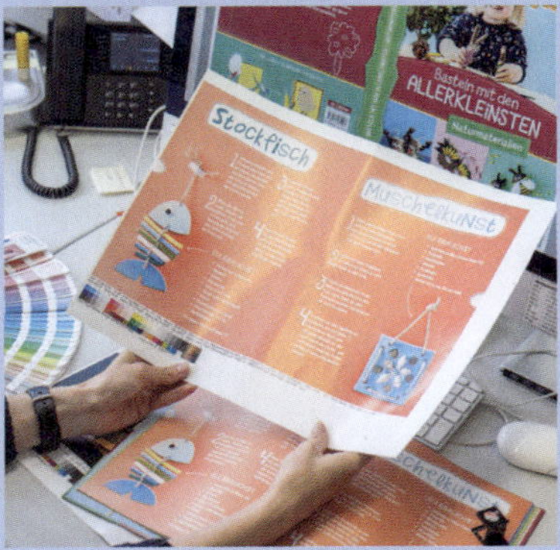

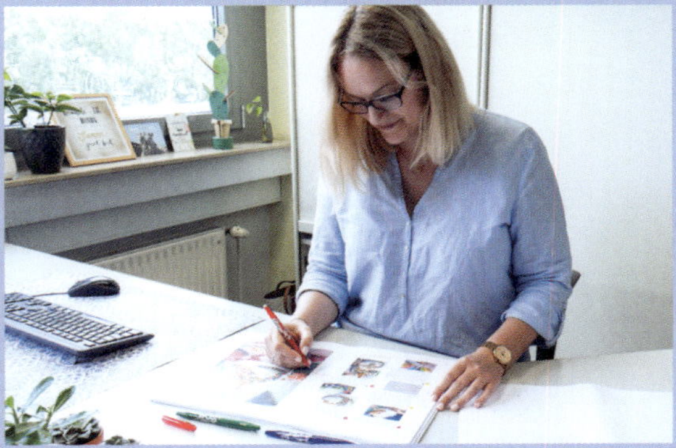

Alle News, alle Infos und alle Links findest du auf www.TOPP-kreativ.de

Buchtipps für Dich

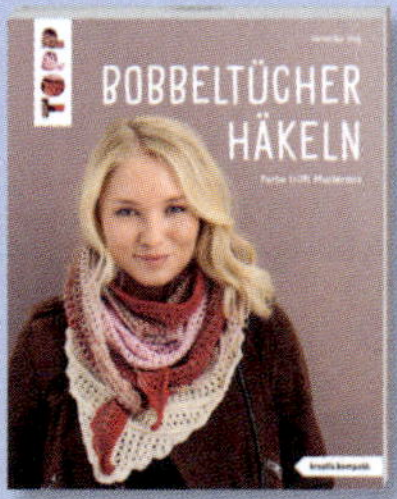

ISBN 978-3-7358-7133-6

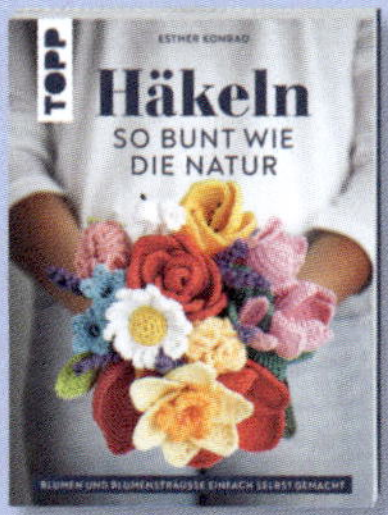

ISBN 978-3-7358-7097-1

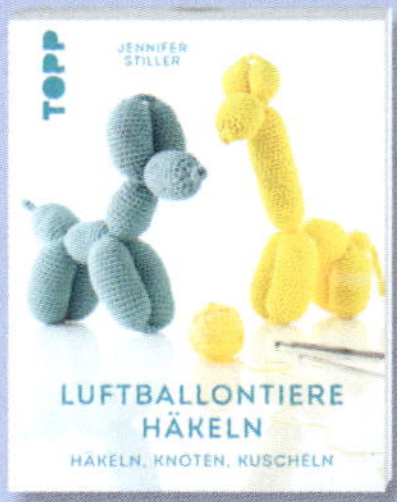

ISBN 978-3-7358-7103-9

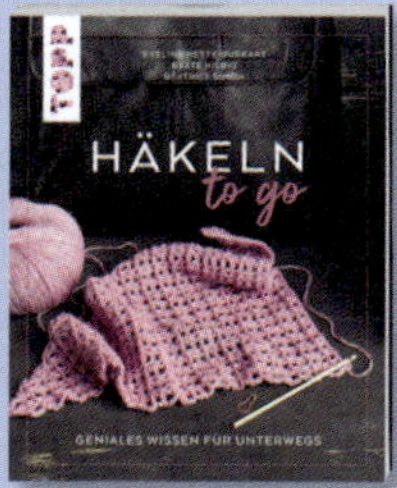

ISBN 978-3-7358-7112-1

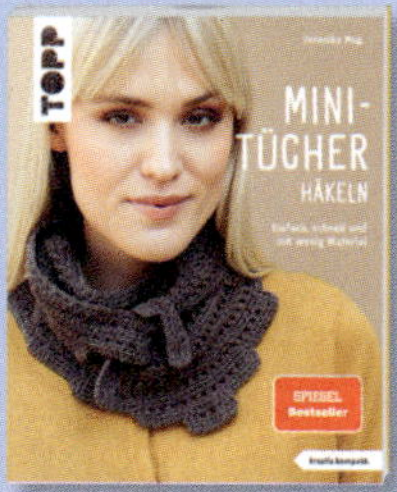

ISBN 978-3-7358-7102-2

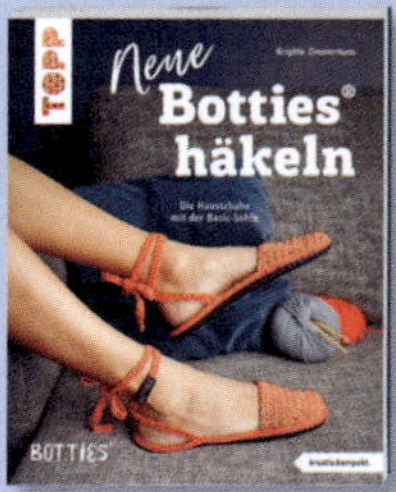

ISBN 978-3-7358-7059-9

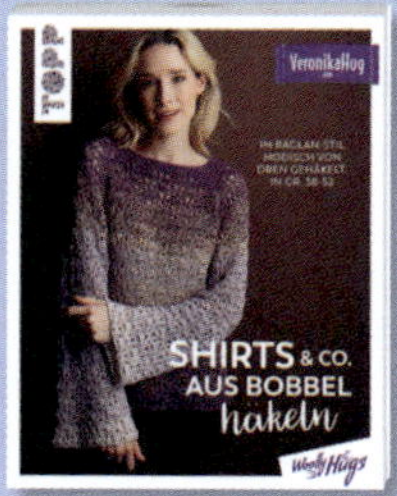

ISBN 978-3-7358-7075-9

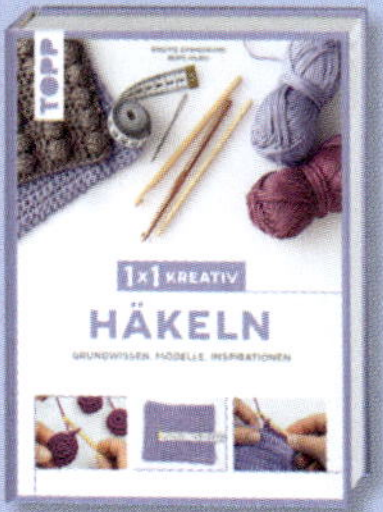

ISBN 978-3-7358-7033-9

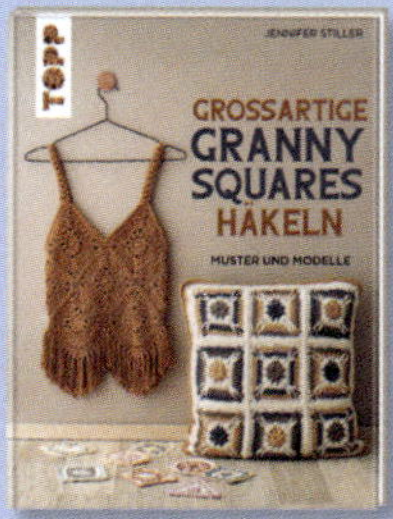

ISBN 978-3-7358-7043-8

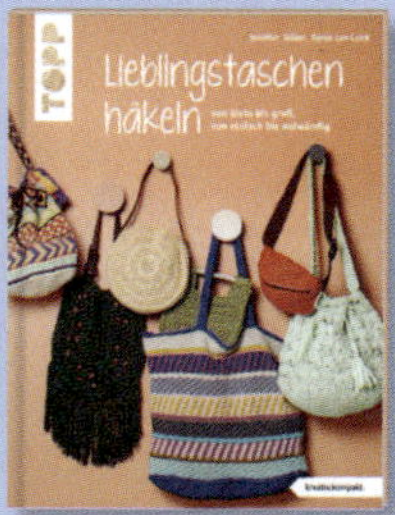

ISBN 978-3-7724-6851-3

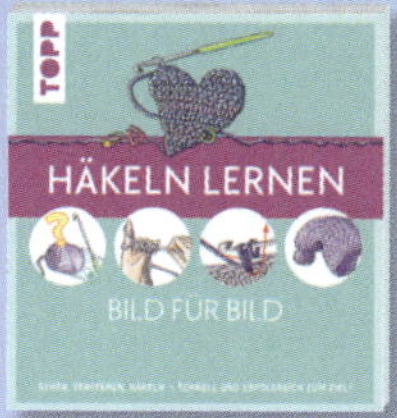

ISBN 978-3-7358-7106-0

Viele weitere Kreativ-Bücher findest du auf www.TOPP-kreativ.de

Buchtipps für Dich

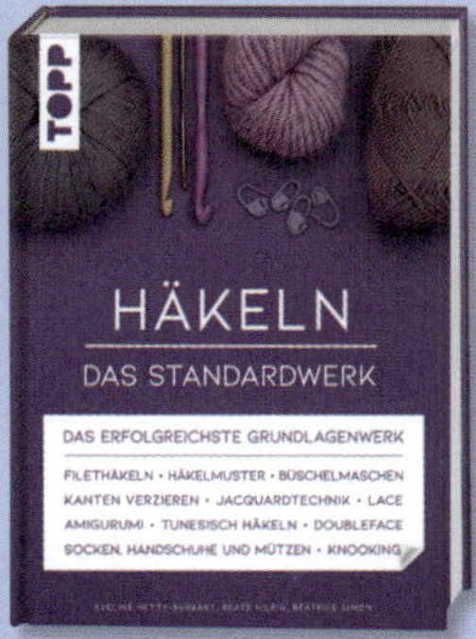

ISBN 978-3-7724-4885-0

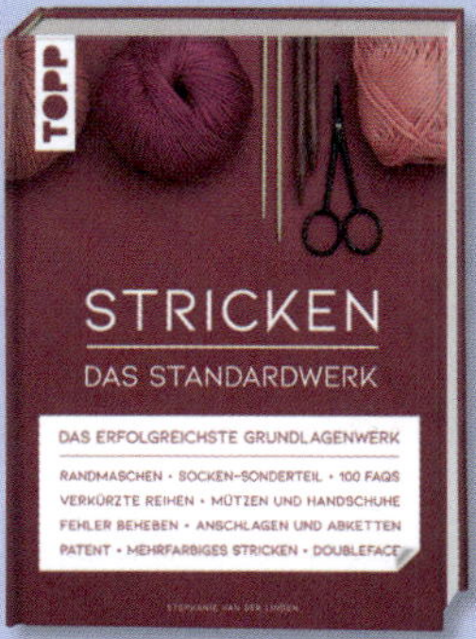

ISBN 978-3-7724-4884-3

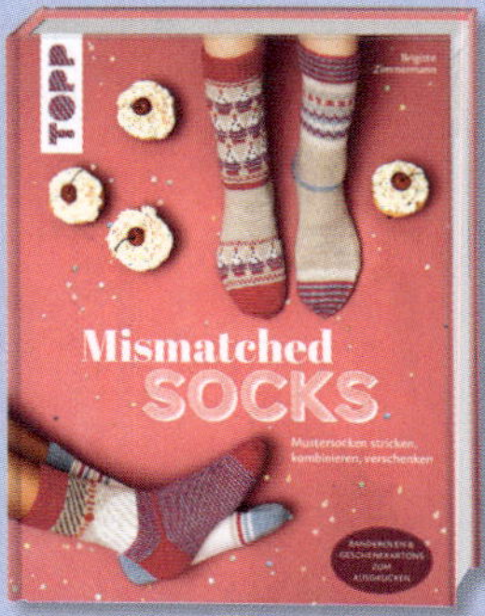

ISBN 978-3-7358-7092-6

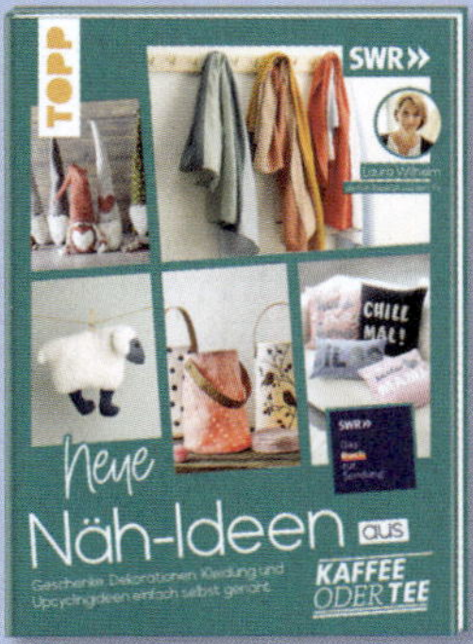

ISBN 978-3-7358-7091-9

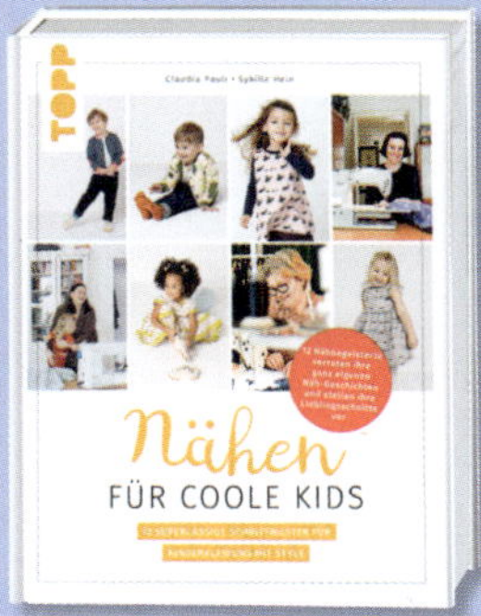

ISBN 978-3-7358-7099-5

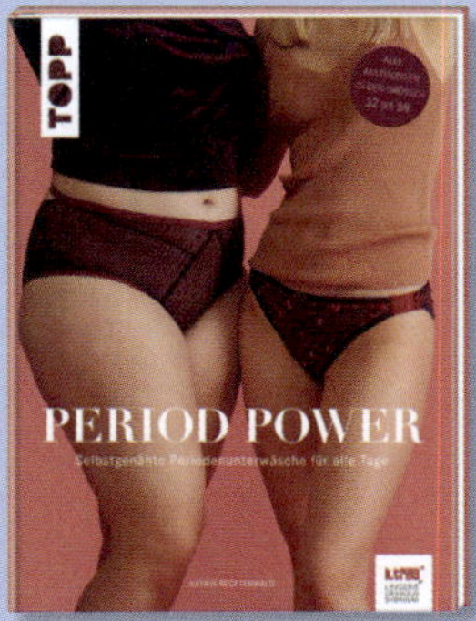

ISBN 978-3-7358-7082-7

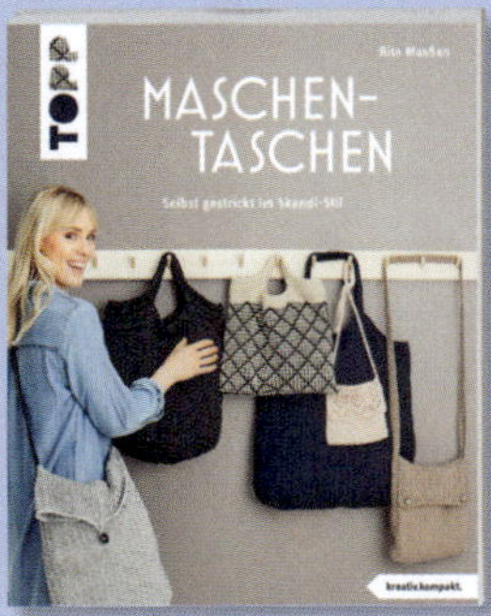

ISBN 978-3-7358-7095-7

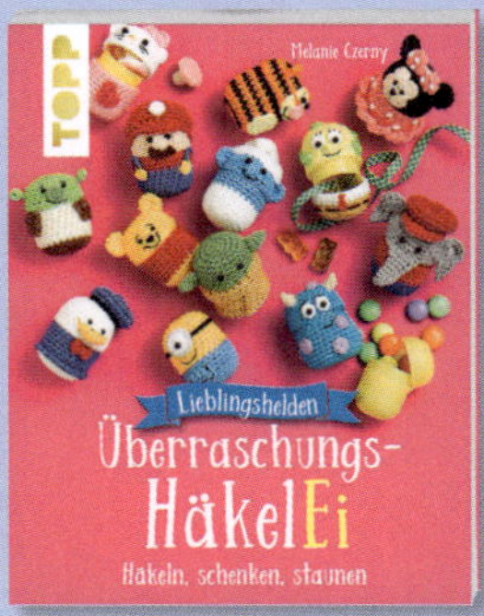

ISBN 978-3-7358-7110-7

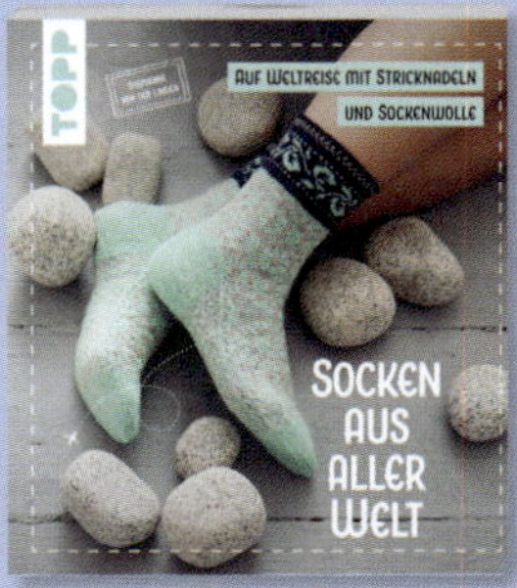

ISBN 978-3-7358-7084-1

IMPRESSUM

Die DigiBib – Alle Updates für dich

Hier findest du alle aktuellen Infos zu deinem Produkt, außerdem Extras, Videos, Vorlagen und mehr!

www.topp-kreativ.de/digibib

Freischaltcode: 55470

FOTOS: frechverlag GmbH, 70839 Gerlingen; lichtpunkt, Michael Ruder, Stuttgart
PRODUKTMANAGEMENT: Lisa Braunert
LEKTORAT: Lisa-Marie Weigel
COVER: Petra Schmidt
HERSTELLUNG: Heike Koehl
LAYOUT UND SATZ: Fotosatz H. Buck, Kumhausen
DRUCK UND BINDUNG: POLYGRAF PRINT spol. s r.o.

1. Auflage 2024

ISBN: 978-3-7358-7118-3 • Best.-Nr.27118

MIX
Papier | Fördert gute Waldnutzung
FSC® C023577
FSC www.fsc.org

Penguin Random House Verlagsgruppe
FSC® N001967